BISON BOOKS

HOPI COYOTE TALES
Istutuwutsi

Ekkehart Malotki
Michael Lomatuway'ma

Illustrations by Anne-Marie Malotki

University of Nebraska Press

Lincoln and London

First paperback printing: 1984
Most recent printing indicated by first digit below:
6   7   8   9   10   11   12   13   14   15

Library of Congress Cataloging in Publication Data
Malotki, Ekkehart.
Hopi coyote tales = Istutuwutsi.
(American tribal religions; v. 9)
1. Hopi Indians—Legends. 2. Indians of North
America—Arizona—Legends. 3. Coyote (Legendary
character) 4. Hopi language—Texts. I. Lomatu-
way'ma, Michael. II. Title. III. Title: Istutuwutsi. IV.
Series.
E99.H7M33   1984   398.2'452974442'09791   83–
23412
ISBN 0-8032-3088-5
ISBN 0-8032-8123-4 (pbk.)

Contents

[v]

Preface

Hopi Coyote tales, in a monograph series dedicated to American Indian religious documents, require a few words of explanation. First to be mentioned is their availability for crosscultural comparative studies. The authors of this volume have limited their efforts strictly to the Hopi realm, nevertheless, the publication of their work as companion volume to Father Berard Haile's *Navajo Coyote Tales* (ATR, 8) will enhance the opportunity for subsequent comparative studies. A number of Hopi and Navajo tales contain striking similarities which suggest a history of intertribal contacts. A similar bilingual collection of general *Hopitutu-wutsi, Hopi Tales* has been published by Ekkehart Malotki in 1978 (Flagstaff), and an additional volume, pertaining to the "Gullible Coyote," is in preparation by the same author and will be published soon. On the Navajo side, Father Berard's companion volume in this series can be read comparatively with Roessel and Platero's version of *Coyote Stories of the Navajo People* (Phoenix, 1974). J. Barre Toelken has given an excellent account of an actual Coyote story narration (see "The 'Pretty Language' of Yellowman...," in *Hasifrut/Literature*, Tel Aviv, 1975, pp. 211-235). Toelken's larger work on the Navajo Coyote is still in preparation.

Only slowly is the portrait of the Navajo Coyote being rounded out and made available in print. Clyde Kluckhohn's classic study, *Navaho Witchcraft* (Boston, 1944), has exposed Coyote's involvement in the darker dimension of Navajo cultic life; this writer's book, *Coyoteway...* (Tucson and Flagstaff, 1979) has revealed him as a god. But Coyote, in the Indian traditions of the Greater Southwest, is not simply a witch-person for some people and a god for others without apparent good reason. To roaming Stone Age hunters, who competed with him on the open range, Coyote was indeed a formidable trickster. On the other hand, this legitimate predator-trickster of the hunter era is out of tune with the lifestyle of sedentary planters, such as the Hopi Indians. Hopi Coyote tales therefore tend to reduce, more straightforwardly than their Navajo counterparts, the Coyote person to the level of a laughable fool. In the course of the history of religions, archaic gods who are in the process of being replaced by newer divinities have, aside from accepting subordination or oblivion, only two alternate survival routes open to them. These include continuation of being taken seriously, but as an evil devil-being, and, survival as a harmless fool at the level of an entertaining fairytale figure. In Navajo tradition, which happens to thrive still close to the culture stratum of hunters, Coyote is taken very seriously, both as a demonic witch-person and as a god. In the present volume of Hopi stories he roams still as hunter, but at the level of comfortable harmlessness.

The introductory essay, "Coyote in Navajo and Hopi Tales" (ATR, 8), is intended also for the present volume (ATR, 9). Some issues for the history of religions field, pertaining to the significance of Coyote for the understanding of religions in general, are identified there and discussed. Coyote's wide range of status levels, from corpse to divinity, has been delineated in comparable Navajo and Hopi diagrams. A systematic study of the present volume might profitably begin with the perspective that is offered in that introduction.

A little over half of the stories in this volume were provided by Michael Lomatuway'ma, a Third Mesa Hopi from Hotevilla. Over the past five years, while studying for his B.A. degree at Northern Arizona University, he assisted Ekkehart Malotki in various Hopi projects. Their professional relationship has developed to the point where they now can present this bilingual volume as co-authors.

All Coyote tales collected by Ekkehart Malotki, whether from Michael Lomatuway'ma and his wife Lorena, or from various other storytellers, were recorded in Hopi. Since the art of storytelling is hardly practiced any more among Hopis, certain "flaws" or variations occured in the original recordings. These were ironed out and adjusted with the help of Michael Lomatuway'ma in strict adherence to the Hopi linguistic and cultural point of view. All stories, therefore, bear the distinct mark of the co-author's style. The editorial task, in which both authors participated, included the following steps: (1) Stories which were collected outside the Third Mesa villages were adjusted phonologically, morphologically and lexically, to the Hopi majority dialect which is spoken in the Third Mesa area. (2) Passages of narratives which were remembered subsequently, thus obtained out of sequence, were realigned and placed. (3) Story details which were omitted by narrators, but which were known to Michael Lomatuway'ma, were added by him. (4) Occasional English words in the narratives were translated back into original Hopi. (5) Unfinished sentences, rephrasings, repetitions, grammatical mistakes, awkward passages—which are all acceptable features in oral delivery— were reworked into edited prose.

Karl W. Luckert

Acknowledgements

Almost half of the narratives in this volume were contributed by Hopi narrators who prefer to remain anonymous. The authors regret the anonymity of these people, but nevertheless wish to express their appreciation and admiration—first for their concern for the preservation of their oral literary heritage, also for their brilliant memories as storytellers who, in most cases, had last heard these stories told some twenty or thirty years ago. Equal gratitude is expressed to those Hopi consultants who contributed to the Glossary.

Anne-Marie Malotki did the illustrations, inspired by various regional types of Indian petroglyphic art. In addition, only her husband and the desk lamp will ever know the countless hours which she spent proofreading the Hopi and English texts.

Inasmuch as the majority of the stories were initially collected by Ekkehart Malotki as part of his larger effort to gather data for a Hopi grammar, he gratefully acknowledges support received from the NAU Organized Research Committee during the past three years.

Susan Lang-McMonagle, Edward Bowell, Jill Settlage, Keith Cunningham, and Muriel Jacobsen made valuable suggestions toward upgrading the English translations. Henry Hooper, Associate Vice President at NAU, arranged for typing assistance. Louella Holter did outstanding work on the word processor with both the Hopi and English manuscripts. Robert Kemper, Director of NAU Libraries, facilitated duplication of manuscript materials and illustrations. To each of the above we would like to say a heartfelt *kwakwhay*.

Finally, we express our sincere gratitude to Karl W. Luckert for incorporating this collection of Coyote narratives in his American Tribal Religions monograph series and for producing bilingual composition, and to Heidi Luckert for typesetting the Glossary.

Ekkehart Malotki   Michael Lomatuway'ma

HOPI COYOTE TALES

Iisawniqw Muungyaw

Handwritten annotations:
nok pú yöw
úum mungayu a'ove yöw
muunayow tuwt cea'tu.
Yöw ismu' wulpê yúsi'ywca.

Aliksa'i. Yaw ismo'walpe yeesiwa. Noq pep yaw i' iisaw kiy'ta. Noq pu'
yaw ayam mungya'ove yaw muungyaw tuwat kiy'ta. Noq puma yaw a'ni
naakwatsimu. Niiqe yaw puma oovi naami kiikinumtongwu. Himuwa
yaw hiitawat aw kiikinumtoq pu' yaw aapiy hikishaqam talqw pu' yaw
mi'wa tuwat ayo'watningwu. Pay yaw puma sutsep pep naahoy pantsaki.
Pay yaw puma tuwat naami pite' pay yaw puma naanap hiita naami
yu'a'atangwu. Ephaqam mamantuy pu' ephaqam pay piw songqa pasva
hiita haqamniqey piw yu'a'atangwu. Pay yantsaki yaw puma'ay.

Noq yaw puma pay pas su'awwuyavo qa naami kiikinumto. Noq yaw
oovi iisaw yan wuuwa, "Pas kya nu' pu' mihikqw kwaats aw kuyvatoniy,"
yaw kita. "Pay nu' oovi haak qa hiita nöst pay awni. Pay pi pam sutsep
hakiy nopnangwuy," yaw kitaaqe pay yaw oovi tapkiqw qa nöösa. Qa nöst
pu' masiphikqw pu' yaw pam pangqw pangso'oy, mungya'omi. Pu' yaw
pam ep pituuqe pu' yaw aqwhaqami pangqawu, "Haw, kuwawata-
ngwuy!"

Paasat pu' yaw angqaqw kwaatsi'at antsa paki'a'awna, muungyaw.
"Paki'iy, um hak waynumaa!" yaw angqaqw kita.

[2]

Coyote and Porcupine

Aliksa'i. They say they were living at Ismo'wala. Coyote's den was there. And over at Mungya'ovi stood Porcupine's house. The two were the best of friends, and they visited each other regularly. Coyote would call on Porcupine, and a few days later Porcupine, in turn, would go over to Coyote's house. This visiting was always going on, back and forth, and whenever the two met, they would talk about all sorts of things. Once in a while they would chat about girls, and other times they would talk about what they had harvested from their fields. This is what the two kept doing.

It so happened that for a good length of time one had not shown up at the other's place. So Coyote thought, "Maybe I'll go visit my friend tonight. I won't eat anything now, but run over to his house. He always gives me something to eat." For that reason he did not fix any supper. Having skipped his evening meal, Coyote headed for Mungya'ovi at dusk. Upon arriving he called into Porcupine's house, "I am here! How about inviting me in?"

Sure enough, his friend, Porcupine, asked him to enter. "Come on in, whoever is out there!" he shouted from inside.

[3]

Pu' yaw pam oovi aqw paki. Yaw aqw pakiqw naat yaw muungyaw hiita sumataq noovalawuy. Kwangwahovaqtu yaw kiiyat epeq. Pas piw yaw sumataq sikwitpey'taqat pan hovaqtu. Pu' yaw iisaw pas pi pantaqe kwangwtoya. Pavan yaw motsovuy angqw lengiy hortoynakyangw ang lengitsmita. Pavan yaw lengiikukuyi, pavan yaw tutsvala'at nan'ivoq weheheta.

Pantaqw pu' yaw kwaatsi'at aw pangqawu, "Pay um haak qatuniy," yaw aw kita. "Pay itam hiisavoniqw pay songqa tuumoytaniy," yaw aw kita. "Itam pas naasanniy. Um piw su'an angqaaqw," yaw aw kita.

Pu' yaw oovi pam muungyaw hiita noovalawqey yaw put namtöknangwu. Is, yaw pam put hiita namtöknaqw pavan yaw pam a'ni tsirimte' yaw qöpqömiqwat tsirimtiqw pavan yaw uuwingw angqw wupa'lekngwu, wiisikwit yaw tuupey'ta sumataq. Pantsakkyangw pu' yaw kur yukuy. Pu' yaw pam piw kur aw hurusukta. Paasat pu' yaw pam yukuuqe pu' yaw aw tunösvongyaatat pu' yaw aw pangqawu, "Ta'ay, yangqw aw hoyokuu'," yaw kita, "itam pas kwangwanösni. Tsangaw um piw angqaaqw," yaw aw kita.

Pu' yaw puma oovi aw qatuptu. Pu' yaw puma tuumoyva. Is ali yaw sikwi. Pu' yaw puma hurusukit enang. Pas yaw puma put hööna. Pantit pu' yaw pay hak angqw ayo' hoyoyoykye' pay tuupelmo taatsikngwu pepeq muungyawuy kiiyat epeq. Pankyangw pu' yaw puma pay hiita ya'a'alawu. Noq pu' paasat pay yaw kur pas mihi. Pu' yaw iisaw pangqawu, "Pay pi kya pas mihiy," yaw kita. "Pay pi nu' hoytaniy," yaw kita. "Pas nu' kwangwanösay, noq pay nu' pas kur hin oovi ung qa tuuvingtaniy," yaw aw kita. "Ya itam put hiita sikwiyat nöösay?" yaw aw kita. "Ya um put haqam hiita'ay?"

"Hep owiy," yaw kita, "pay nu' as naat ung aa'awnaniy," yaw aw kita.

"Hep owiy, nu' pan wuuwaqe oovi sen tuwat naap hisat um inuminiqw nu' haqam putniqey oovi'oy," yaw iisaw kita.

"Pay pi pam qa pas himu as'ay," yaw aw kita. "Pay pi yang oova i' tuve'tsotski a'ni'iy," yaw kita. "Pay nu' pep oove it sukw tuve'tsokit puukyayat ang qaapuknay," yaw aw kita. "Put nu' hiisakwniqey paasakw nu' ang qaapuknat pu' nu' put kwusivaqe pu' nu' put yep tavit pu' nu' iyaqamiq it sukw ikutay akw a'ni nan'ivoq söskwiy," yaw aw kita. "Pu' angqw ungwtiqw pu' nu' put tuve'et puukyayat ang soosovik put akw paas lelwiy," yaw aw kita. "Pantit pu' nu' put tuupe. Pay oovi qa pas himu as'ay," yaw aw kita.

"Niikyangw pas hapi himu kwangway," yaw kita iisaw. "Pay hak qa sööwunit tuwat kiikinumtongwuy," yaw aw kita. "Noq um as nuy sukw uukutay angqw maqaniy, kwaats," yaw pam put aw kitaqw pu' yaw oovi pam muungyaw put sukw aw tavi.

Yan yaw pam put ngemnat pu' yaw pangqaqw nima. Pu' yaw pam pitu. Pu' yaw pam puwt qavongvaqw pay yaw pam qa sööwunit pu' yaw

So Coyote stepped in. Obviously, Porcupine was in the middle of preparing a meal. A delicious smell permeated his house. No doubt, it was the fragrance of a roast that Coyote noticed. And because this is Coyote's nature, he was already looking forward to the food. Eagerly he kept sticking out his tongue and licking his snout. His tongue moved in and out, and saliva dripped from both sides of his mouth.

When his friend saw him like that, he said, "Have a seat! We'll be eating in a little while, for sure. We'll have a feast. You came at a good time."

Presently Porcupine flipped over the food he was preparing. How it sizzled! Something also splattered into the fireplace, for the fire leaped up in long flames. No doubt, he had a fat roast cooking. Soon he was finished. He had also made hurusuki to go with it. Finally, he spread out the food and said, "All right now, come over here. We'll have a good meal. I'm glad you dropped in again."

So the two settled down to the food and started to eat. How delicious the meat was! They ate the hurusuki with it. Not a trace did they leave. When they were through, they moved over and reclined against the stone bench in Porcupine's house. Then they fell to chatting. Finally, quite a bit into the night, Coyote said, "Well, I suppose it's late. I'll be moving along. I enjoyed the food a great deal. But I cannot help but ask you this question: What kind of meat was it that we ate? Where did you get it?"

"Well, yes," Porcupine replied, "I was still planning to tell you."

"Yes, of course, I just thought that if you come to my house one day, I would like to know where to get that kind of meat," Coyote said.

"It's really nothing special," Porcupine continued. "Up on that mountain top are many greasewood trees. There I peeled off the bark from one of the trees. I removed as much bark as I wanted and took it home. When I arrived, I set it down right here. I then poked one of my quills into each of my nostrils. When the blood began to flow, I smeared it carefully all over the greasewood bark. Then I baked it. So, you see, it is really nothing fancy."

"But it was really savory," Coyote replied. "Be sure to call on me soon. By the way, could you spare one of your quills, my friend?" Coyote asked. Whereupon Porcupine let him have one.

Thus, having extended his invitation, Coyote went home. He spent the night there and the next morning without delay he headed up to the

pay tuwat pangso oomihaqami'i. Pam haqe' kya pi tuve'tsotskiniqw pep
pu' yaw pam put sukw pavan paas namorta. Pavan yaw pam pööngalat
qaapuknat pu' yaw pam pangqw put yawkyangw nima.

Pu' yaw pam oovi pituuqe pu' yaw put pep kiy aasonve hiita ang
tsokyat paasat pu' yaw kuutay horokna. Muungyawuy kuutayat
horoknaqe pu' yaw yaqamiq pi'ep as tuwantangwu aqw söökwiknaniqey.
Pay yaw oovi pam as qa suus tuwantat pay yaw pam qa suutaq'ewa. Nit
pu' yaw pangqawu. "Son pi nu' kwaats qa tuwat nopnanikyango," yaw
pam yan wuuwaqe pu' yaw oovi paasat aqw söökwikna. Pu' hapi yaw ang-
qaqw antsa ungway. Pu' yaw piw ayoqwat. Yaw pam oovi nan'ivoq söö-
kwiknaqw pu' hapi yaw angqaqw ungwa. Pu' yaw pam pep put tuve'et
puukyayat ang ungway tsölölötoyniy'numa. Pas yaw pam oovi put paas
ang aptsina. Pu' yaw pam namtöknaqe pu' yaw piw pangqwwat.

Naat yaw pam pep put ang pantsakkyangw pay hapi yaw hin
unangwti. Pas yaw pam qa hohongvi. Pu' yaw pam aw qatuptuqe aw
yankyangw pay yaw pam pangso mooki, ungwa'at ang sulawtiqw. Paasat
pu' yaw pam pephaqam naat as put kwaatsiy engem sikwitpenikyangw
pay yaw pam put aw kur pankyangw mooki.

Noq pu' yaw tapkiqw pu' yaw muungyaw pangqawu, "Kur nu' kwaats
aw kuyvaniy," yaw kita. "Pay pi pas pi hiita suutuptsiwngwuniiqe haqam
hin pi yukuy," yaw kitaaqe pu' yaw pam pangqw tuwat pangso iisawuy
awi'.

Pu yaw pam ep pituuqe pu' yaw aqwhaqami pangqawu, "Haw,
kuwawatangwuy!" Pay yaw qa hak angqw aw hingqawu. "Puye'emoy,"
yaw kitaaqe pu' yaw pam aqw paki. Yaw aqw pakiqw pay yaw okiw
angqe' kwaatsi'at mootokiwtay, tuve'et puukyayat awi'. Naat yaw
yaqangaqw ungwa mumuna, niikyangw pay yaw paapu hihin.

Paasat pu' yaw pam put aw pangqawu, "Pas pi um naapas hiita
suutuptsiwngwuy," yaw aw kita. "Son pi pas antsaniqöö'," kita yaw pam
kwaatsiy awnit pu' pangqaqw ahoy nima. Yan yaw pam naap kwaatsiy
niina. Pay pi oovi son pam pu' haqam qa piw sukw kwatsta. Pay yuk
pölö.

mountain top. True enough, greasewood trees were growing there. He selected a good specimen, peeled off the really thick bark, and hauled it to his den.

Back home he placed it in the middle of his house and then got Porcupine's quill out. Again and again he attempted to poke it up his nose. He tried several times, but each time he hesitated to go through with it. Finally he said, "I should really feed my friend too." With this thought he rammed the quill up into one of his nostrils. Blood poured forth. Presently he drove it up the other nostril. Now that both of his nostrils were punctured the blood was really flowing. Next he dripped his blood over the greasewood bark. He made sure that he sprinkled enough over all of it. He even turned the bark over and also covered the other side.

Coyote was still busy doing that when he began to feel strange. He felt quite weak and had to sit down. Sitting by the bark he died, after all his blood had drained out. Coyote had intended to roast some meat for his friend, but instead he bled to death, there by the bark.

When evening came around, Porcupine said, "Let me go and look in on my friend. He is so gullible; who knows how he made out?" With that he ambled over to Coyote's place.

When he arrived he shouted down into the house, "It's me! How about some words of welcome!" But there was no answer. "I knew it" Porcupine uttered as he let himself into Coyote's den. He stepped in and found his friend slumped over by the greasewood bark. Blood was still oozing out of his nose, but at a steadily decreasing rate.

Porcupine blasted Coyote, "Why do you have to believe everything? What I told you had to be a lie!" That is all he said to his friend; then he returned home. Thus Porcupine had caused the death of his own friend. But, he probably made friends with somebody else, somewhere. And here the story ends.

Iisawniqw Paalölöqangw

Aliksa'i. Yaw orayve yeesiwa, niikyangw yaw pep wukoyesiwa. Noq yaw pep orayviy taavangqoyve leenangwvaniqw yaw sinom pangsoq kuywisngwu. Noq pu' pepeq leenangwvaveq yaw i' paalölöqangw kiy'ta. Noq pu' paasat ismo'walpe yaw i' issaw tuwat kiy'ta. Niikyangw yaw puma a'ni naakwatsimu. Niiqe pay yaw puma hisat naakwatstaqe pay yaw puma paapiy sutsep naami kiikinumtongwu. Pay yaw pas naap hisat himuwa hiitawat u'ne' pu' pay piw kwaatsiy aw pootatongwu, noq panta yaw puma'. Noq pay yaw naat puma tsaayomniiqe naat wungwiwma.

Noq yaw hisat paalölöqangw talavay nöst pu' pay kwangwaqtuwkyangw yaw pam kwaatsiy u'na, iisawuy. Niiqe pu' yaw pangqawu, "Sen kwaats iisaw haqam hintsaki?" yaw pam naami kita. "Pay pi nu' qa yephaqam yantat aw kiikinumtoni," kita yaw pam naaminiiqe pu' yaw pam oovi pangqw kiy angqw yamakqe pu' yaw pangso ismo'walmi.

Pu' yaw pam aw haykyalaqw pay yaw antsa angqaqw kwiikwitsi. "Pay kur qatuy," yaw pam yan wuuwankyangw angqw aw hoyta. Pu' yaw pam aw pituuqe pu' yaw oovi aqwhaqami kivamiq pangqawu, "Haw, kuwawatangwuy!" yaw pam aqwhaqami kita. "Ya kwaats qa qatu?"

[8]

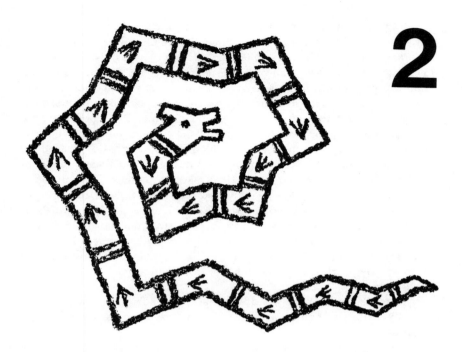

Coyote and Water Serpent

Aliksa'i. They say people were living at Orayvi. A great many people were there. On the west side of Orayvi was Leenangw Spring where the villagers went to fetch water. At that spring lived Water Serpent. Coyote, in turn, had his house at Ismo'wala. Both he and Water Serpent were very good friends. They had made friends long ago, and ever since they regularly went to visit each other. Whenever one happened to remember the other he would go and check on his friend; both of them were like that. They were still young and growing.

One morning, when Water Serpent had just eaten and was relaxing after his meal, he thought of his friend Coyote. He said to himself, "I wonder what my friend is doing? Why, instead of just sitting here, I'll go and drop in on him." So he emerged from his home and headed over to Ismo'wala.

When Water Serpent neared his destination he could clearly see smoke rising into the air. "Obviously, he's home," he thought as he approached. When he finally arrived he shouted into the kiva, "Hey! How about some words of welcome! Is my friend home?"

[9]

Pu' yaw iisaw su'pawuutaqaniiqe angqaqw pangqawu, "Paki'iy, um hak waynumay!" yaw angqw kita. "Pay nu' qatuy," yaw aqw kita.

Paasat pu' yaw pam paalölöqangw pangsoq papki. Noq yaw pam lölöqangw pi yaw yaasavaniikyangw naat yaw pam piw wungwiwma. Naat yaw pam hiisayniqey qa paasayniikyangw pay yaw pas hoskaya. Pu' yaw pam pepeq kivaapeq oovi pas yuupkyaqe poniwma. Pantsakmakyangw yaw pam iisawuy kivayat epeq oopokiwma. Pu' yaw iisaw okiw suutsepngwat qöpqöy aw hoyta. Su'aw yaw pam oovi pas qöpqöy aqwhaqami qatuptuqw pu' yaw kur lölöqangw soosoy paki. Paasat pu' yaw puma naami yu'a'ata. Yaw puma naami mu'alawu. Kwangwa'u'nanta yaw hakimuy orayve mamantuy. Pantsaki yaw puma'a. Noq yaw iisaw okiw qöpqöy aqw huur pölöwta, okiw yaw pam huur tsukuniwkyangw put aw yu'a'ata. Pay yaw piw hin wuuwankyangw pam kwaatsiy aw yu'a'ata. Yanti yaw pamniqw pu' yaw pay puma yan yu'a'alawqw pu' yaw paalölöqangw pangqawu, "Pay pi nu' pay nimaniy," yaw pam kita, "pay pi tapkiwma. Taq nu' pite' nu'· naat piw hiita nösniqey aw hintiniy. Pay nu' oovi payni. Hak qa sööwunit tuwat kiikinumtongwuy," yaw pam kwaatsiy aw kita.

"Antsa'ay," yaw pam aw ahoy kita, "pay nu' son tuwat ason qa uuminiy," kita yaw pam kwaatsiy awniqw pu' yaw oovi paasat lölöqangw pangqw yayma.

Niikyangw yaw pam se'elhaq yayma. Pas pi yaw pam yaasavaniiqe hisatniqw pu' yaw soosoy yamakma. Panis yaw pam yamakmaqw pu' yaw pay iisaw piw wuuwanva, "Hinte' sen nu' tuwat pas an yukunani? Hin nuy yukunaqw nu' as tuwat pan aw naa'oyni. Pas pi nuy okiw hiisaq qenitoynaqw pas pi nu' okiw hiisaqhoyat ep qatuwta. Pay pi kur nu' hiita haqami hepniy," yaw pam yan wuuwaqe pu' yaw oovi pam pay sunösa.

Sunöst pu' yaw pam pangqw kiy aqlavohaqami. Pangqe' yaw a'ni hoqlöy'ta. Pangso yaw pamniiqe pu' yaw pam pep it hohut ang laapuyat siingyannuma. Niiqe pu' yaw pam oovi pas wuuhaq put laaput pang siingya. Pangqaqw pu' yaw pam put wukotawimokta. Pu' yaw moohot piw enang. Pituuqe pu' yaw pam put paas sisngi. Pam yaw put pantiqw pam yaw suphingputini. Niiqe yaw pam oovi pisoq put mapririta. Pantit pu' yaw pam put laaput mupiminkyangw pu' put somlawu. Pu' yaw pam put muupiwyungqat moohot akw namisomlawu. Pu' yaw pam put soosok namisomtaqw pavan yaw pam yaasapti. Niiqe yaw pam yukuqw pas yaw pam put lölöqangwuy suruyat su'anhaqam sonilti, lomahinti yawi'. Pavan pas yaw pam put aw tumalay'ta neengem surulawqe. Paas yaw oovi pam put yukut pu' yaw pam aw wuuwa, "Sen nu' it hintsanqw ikwatsi it qa aw maamatsniy," yaw pam yan piw wuuwa.

Nit pay pi yaw pam piw pas tuhisaniiqe pu' yaw pam naapa pöhöy sookyanva. Wuuhaq yaw pam put naapa soskyat pu' paasat yaw pam piw put lapusuruy ang paas piw saanat akw pitamna. Yaw pam yukuuqe aw

Coyote, being a friendly fellow, replied, "Come on in, whoever is about! I'm home," he shouted up to the skyhole.

Presently Water Serpent began coming in. He had a long body, but he was still growing. And even though he was not yet fully grown, he was already enormous. Inside the kiva he made a circuit, following the far end of the wall. In that manner he began filling up Coyote's den. Further and further Coyote had to retreat to the fireplace. Just as he reached the edge of the open fire pit, Water Serpent had completely entered. This is what he did. Then the two friends fell to chatting. They talked about the opposite sex, in particular their nice memories with some Orayvi girls. That's all they kept doing. Poor Coyote was in a pitiful position. He was all hunched up and squatting tightly as he talked with his friend. Yet, already he was scheming and planning ahead. Eventually Water Serpent remarked, "I should be going home right now, it's getting late. When I get home I still have to fix supper for myself. So, I really need to be going. Don't be too long in paying me a visit."

"All right," Coyote answered. "I'll be looking in on you." After this response from his friend, Serpent began making his exit.

It took Water Serpent quite a while to get out. He was of such great length that quite a bit of time passed before he had completely emerged. No sooner was he out than Coyote began plotting. "How on earth can I get back at him the same way? I'd like to pay him back in exactly the same manner. He left me so little room that I really suffered as I sat in that tiny spot. I guess, I'll go out looking for something." This is what he decided. So he ate quickly.

Having supped in a hurry, Coyote ran to a place in the vicinity of his den which was densely covered with juniper trees. There he went from tree to tree, peeling off the bark. He stripped off a large amount and returned with a huge quantity in his arms. He also brought along some yucca leaves. Back home he thoroughly kneaded the bark until it became soft and pliable. Coyote was very busy rubbing it in his hands. Next he rolled the bark into bundles and tied them together. Then he fastened the bundles end to end by means of the yucca fibers. Soon all of the bundles were strung together and formed a long piece. When the work was completed, the result looked almost like the Serpent's tail; it really was nicely made. How hard Coyote had labored to fashion that tail for himself! When he was completely finished he mused, "What else can I add to the bark so that my friend won't recognize what it is?"

And because Coyote is such an inventive creature, he began plucking off tufts from his fur. He picked off a large amount and then pasted the fur onto the bark, using pinyon pitch. When he was done he scrutinized

yaw taynuma. "Son pi hak it maamatsni i' himuniqw," yan yaw pam hingqawkyangw himuwya'iwta. Yanti yaw pamniiqe pu' yaw pam oovi put paas yukuuqe pu' yaw pam qavomi kwangwtoya tuwat hapi kiikinumtoniqe.

Paasat pu' yaw oovi qavongvaqw pu' yaw pam tuwat awniiqe pu' yaw pam pangqw kiy angqw yama. Niiqe yaw pam kur put wutsisuruy pas qa atsat suruy aw wiwakna. Pangqaqw pu' yaw pam pavan ahoy taatataytikyangw himuwya'iwkyangw kwaatsiy aw tuwat kiikinumto. Paasat pu' yaw pam aw pituuqe pu' yaw aqwhaqami pangqawu, "Haw, ya kwaats qa qatu?"

"As'ay, pay nu' qatuy," yaw angqaqw kita. "Oovi um pakiniy," yaw pam aqw kitaqw paasat pu' yaw pam aqw papki.

Aqw yaw papkiqw pas hapi yaw put suru'at kur tuwat wuupa. Pu' yaw pam kwaatsiy aw pangqawu, "Pay nu' piw tuwat wuupat suruy'vay," yaw aw kita. "Pay i' naat yankyangw pay a'ni wuptiqw oovi nu' wuupat suruy'vay," yaw aw kita.

Yanhaqam yaw pam put aw atsalawt pu' yaw piw aqw papki. Pu' yaw oovi lölöqangw tuwat nawus haqami hoyo. Noq pamwa yaw wukokivay'ta. Noq pay yaw naat piw qeni. Noq pu' iisaw yaw tuwat papki. Pavan pi yaw iisaw nana'oyqe oovi yaw pavan tupkyaqe poniwma. Pantsakkyangw pu' yaw pam hisatniqw soosoy paki. Panis as yaw puma naltniikyangw naama oopo. Paasat pu' yaw puma piw yu'a'ata. Yaw puma yu'a'ataqw pay yaw kur paalölöqangw put aw se'elhaq maatsiy'ta. Niiqe yaw pam aw sayta. "Pas pi ihu hiita sunawinngwu," yan yaw pam wuuwa. "Pay piw kur i' haqam hiitaniiqe oovi yanhaqam hintay," yaw pam yan wuuwankyangw yaw sayta.

Paasat pu' yaw oovi puma pep yu'a'alawu. Noq pu' yaw hisatniqw iisaw tuwat pangqawu, "Pay pi nu' tuwat nimaniy," yaw iisaw kita, "pay pi tapkiwma. Naat nu' pite' naat nu' piw hiita nösniqey aw hintiniy," yaw iisaw kita. "Pay nu' oovi nimaniy."

"Ta'ay," yaw paalölöqangw kita.

"Hak piw hisat pan unangwte' inuminingwuy," yaw pam kwaatsiy aw kitaaqe pu' tuwat yamakto.

Pu' yaw pam loloqangw angk sayta. "Pas pi iswuutaqa hiita hintsakngwu. Pay piw hiita suruy'numay," yaw pam kita.

Yanti yaw iisaw tuwatniiqe pu' yaw pam pangqw kwaatsiy kiiyat angqw yamaktokyangw pavan yaw pam suruy aw ahoy taykyangw pangqw yayma. "Son pam puye'em nuy maamatsni," yan yaw pam wuuwankyangw himuwya'iwma. Yanhaqam yaw pam pep hinti. Pavan pas yaw pam kwaatsiy aw naa'oyqey unangwtiqe pavan yaw himuwya'iwta.

Pu' yaw pam kiy ep pitu. Pituuqe pu' yaw pam piw paas oovi an paki. Pakiiqe pu' pam put wupasuruy paas pepeq kivay epeq haqe' hin hintaniqat pan tavi. Pantit pu' yaw pam put pas naap suruy ep ayo' ngaaha. Nit pay yaw kur pam son paapiy kwangwahintani. Suyan pi naat

his work. "No one will be able to recognize what this is," he said proudly. Now that this task was completed he looked forward to the next day, for he was going to reciprocate when he called on his friend.

And so, the following day Coyote headed over to his friend's house. As he emerged from his den he had actually fastened the fake tail onto his real one. Constantly looking back at his tail he sauntered along, full of pride, on his way to his friend. When he arrived at his destination he shouted in, "Hey! Is my friend not in?"

"Sure, I'm home," came the reply. "Step right in!" And so he began his entrance.

It was apparent that Coyote's tail was also quite lengthy. Presently he informed his friend, "I, just as you, acquired a long tail. All of a sudden this thing grew. So now I possess a long tail."

Having told him this fib, Coyote continued his entrance. Water Serpent, in turn, had to move elsewhere. But he had a large kiva and there was still room. Coyote continued coming in. He was out to get even with Serpent, so he too followed the contours of the walls as he circled around. Eventually, he was fully in. And even though there were just the two of them, they completely filled up the room. Then they fell to chatting. They were making conversation, but Water Serpent had already figured out Coyote and was smiling at him. "How quickly Coyote copies something. He evidently got hold of some material and now he comes like this," Water Serpent was thinking as he leered at him.

So there they were, conversing. Some time later Coyote said, "I also should be heading home; it's getting toward evening. After I get home I still have to prepare supper." Coyote explained. "So I'm going home."

"All right," Water Serpent acknowledged.

"Whenever you have the urge, come and drop in on me," Coyote said to his companion as he began making his exit.

Serpent just smiled after him. "That old rascal is always up to things. Now he's going about with a fake tail," he muttered.

As Coyote left his friend's home he kept looking back at his tail. "I knew, he wouldn't recognize my ruse," he thought and strode along proudly. He now felt he had gotten even with his pal. He was full of pride.

Soon he was back at his den. With great care he entered and, inside, he meticulously laid his long tail down in the kiva, according to how it should be kept. Having accomplished this task, he untied it from his own tail. But he could not relax, knowing that his friend would certainly come

hisat kwaatsi'at piw pituni. Sutsep yaw pam put nuutaytahintangwu. Pay yaw maqaptsiy'tangwu.

Noq antsa yaw pam hisat naat pantaqw pay yaw pam kwaatsiy tuwa. Angqw yaw hoyoyota. Pu' yaw pam pisoqtiqe pu' put wutsisuruy pas naap suruy piw aw ahoy suusoma. Pay yaw pam oovi pepeq pankyangw put nuutaytaqw pu' yaw piw kwaatsi'at ep pitu. Paasat pu' yaw kwaatsi'at piw angqaqw pangqawu, "Haw, ya kwaats qa qatuy?"

"As'ay, pay nu' qatuy. Oovi um pakiniy," yaw pam aqw kitaqw pu' yaw pam paalölöqangw piw aqw papki.

Pu' yaw pam naat qa hin soosoy pakikyangw pay hapi yaw pam pas iisawuy kivayat epeq oopokni. Iisaw pi yaw as piw wuukoqnit ep qatu wupasuruy'taqe. "Pas hapi nu' nuutungk yepniiqe aapiy pas nu' piw naat wuptiy," yaw lölöqangw iisawuy aw kita. "Pas nu' a'ni hoyo. Pas kya nu' oovi qa soosoy pakiniy," yaw pam kita.

"Ta'ay, son pi um qa pakini. Ason pi nu' pay haak yamakniy," yaw iisaw kita. "Pay nu' haak yamakye' ason pi nu' pay iipaqw uumi yu'a'atani," yaw pam kitaaqe pu' yaw oovi wunuptu.

Wunuptuqe pu' yaw pay iipoqhaqami. Pu' yaw pam yamakqe pas piw yaw pam yaakye' poniwmaqw pu' yaw suru'at angk wiisiwma. Pep pu' yaw pam qöqönkyangw pu' yaw ahoy kivaytsiwat aqw qatuptu. Noq paasat pu' yaw kwaatsi'at pas kivaapeq oopo. Yan yaw puma hinti. Iisaw yaw nawus pas kiy angqw yamakqw pu' lölöqangw aqw paki. Yan pu' yaw puma naakwatsim naami yu'a'ata. Noq yaw ep iyoho'o. Iyoho' asniqw yaw oovi lölöqangw naat papkiqe yaw kwaatsiy aw pangqawu, "Pas um son qa tuusungwtiniy," yaw aw kita.

"Pay nu' son tuusungwtiniy," yaw iisaw as kita.

Noq yaw antsa kur iyoho'. Pu' hapi yaw iisaw pangqw aqw tururutikyangw aw yu'a'ata. Niikyangw yaw pan wuuwankyang, "Pay as i' pay iits nimani. Sööwu himu qa nima." Yaayan yaw pam wuuwanta. Iisaw yaw kwaatsiy okiw iingyalti. Noq pay yaw piw lölöqangw pas qa hin nimaniqey unangway'ta. Pas yaw pam sööwu nahuruy'ta. Pay pi yaw pam iisawuy piw aw heeviy'taqe oovi. Pas yaw hisatniqw iisaw kur paapu hin yu'a'ataniqey aqw pitutoq pu' yaw kwaatsi'at pangqawu, "Ta'ay, pay pi tapki. Han kur nime' hiita aw hintsant nöösa," yaw pam kita.

"Ta'ay," yaw iisaw paapu tururutikyangw kita. Naapa yaw may akw mapririta.

Pay yaw naat oovi lölöqangw qa soosoy yamakqw pay yaw pam aqle' aqw uukwi. Pas pi yaw pam tuusungwti. "Hak tuwat kiikinumtongwuy," yaw paalölöqangw kwaatsiy aw kitat pu' piw angqw aapiy.

"Ta'ay," yaw iisaw tururutikyangw kita. Pu' yaw pam aqw pakiiqe pu' yaw pam pepeq naamukiniy'ta. Is iyo yawi'. Panmakyangw pu' yaw kwaatsi'at piw hisatniqw soosoy yama. Pas yaw iisaw itsivuti. Niiqe pay yaw pam pas kur hin put aw ahoy qa naa'oyni. Niikyangw yaw as hin pam put aw naa'oyni.

to see him again one day. So he was always in a state of anticipation, waiting for Serpent's arrival.

Sure enough, Coyote was still in that state when he spotted his friend approaching. Immediately he got busy and quickly fastened the fake tail to his own. In this manner he waited. As before, his friend called, "Hey, is my friend not in?"

"Sure, I'm home. Come on in!" he answered, whereupon Water Serpent again started his entrance.

Water Serpent had not yet completed his entry but was already filling up Coyote's den. Coyote also lived in a spacious den now, because he had such an elongated tail. "Since my last visit I have grown larger again," Water Serpent told Coyote. "I've grown quite a bit. I may not be able to come in entirely."

"Come on, you're bound to fit in. Let me step outside for the time being. I'll go out for a while and talk to you from there," Coyote suggested and stood up.

So he got up and went outside. He made a wide circle in front of his den so that his tail came trailing after him. Presently he made several coils and then settled down by the opening of his lair. By this time his friend had filled the entire space within. This was what the two did. Coyote had to vacate his den, while Water Serpent went in. Under these peculiar circumstances the two friends were conversing. It so happened that the weather was very cold that day. Already on his way in Water Serpent had remarked to his friend, "You are bound to freeze out there."

"I won't get cold," Coyote replied, trying to play down his concern for the cold weather.

But the temperature was very chilly. Coyote shivered as he talked. Inwardly he kept thinking, "If only he would hurry and go home. But the guy is taking his time." Coyote had enough of his friend and wanted to get rid of him. But Serpent had no intention of returning home. He took his time and was not about to budge. He was, of course, doing this to spite Coyote. Finally, when it came to the point where Coyote could not speak anymore, his friend said, "Well, it's already evening. I might as well go home and fix something to eat."

"All right," Coyote said, shivering and rubbing himself with his hands.

Water Serpent had not even completely emerged when Coyote quickly rushed inside past him. He was really frozen. "Don't forget to visit me in turn," Serpent said to his friend and then departed.

"Of course," Coyote said, trembling all over. Now that he was inside he warmed himself up by the fireplace. It was bitter cold. Eventually his friend was completely out. Coyote seethed with anger. He knew, he would have to get his revenge, but how, he was not yet sure.

Pu' yaw pam oovi ep tapkiqw pay iits nöösa. Nöst pu' yaw pam wuuwa, "Pay pi son nu' qa piw awni," yaw yan pam wuuwaqe pu' yaw pam angqw piw hoqlömi'i. Pu' yaw pam piw peehut laaputnit pu' moohot pangqw kimakyangw ahoy kiy awi'. Paasat pu' yaw pam piw put aw tumalay'va. Pay mootiwat hintiqey pay yaw piw anti, put laaput yaw pam paas sisngi. Paasat pu' pam put mootisuruy pay an piw yukukyangw pu' yaw pavan put aw wupta. Pu' yaw pam paas oovi piw put mootiniiqat an lomayuku. Pantit pu' yaw pam piw peehut pöhöy naapa soskyaqe pu' yaw piw wutsisuruy put pöhötoyna. Pas pi yaw lomahinta. "Son pa nuy maamatsniy," yaw pam naami kita. Niikyangw pay yaw pam qa ep pay awni. Pay pi yaw pam pas na'oytunatyawtaqe pay yaw pas ason oovi hisat piw iyoho'niqw pu' yaw pam tuwat awni.

Yan yaw pam naawinqe yaw oovi as maqaptsiy'ta. Noq pas hapi yaw qa iits iyoho'ti. Hintiqw pi yaw pu'sa pas kwangqatningwu. Pas yaw oovi naalös talöngvaqat epeq pu' yaw piw iyoho'talöngva. Is yaw iswuutaqa kwangwtoya awniqe. "Pu' hapi nu' awni. Pu' pi pas piw iyoho'oy," yaw pam naami kita. Kwiningyaqw yaw huuhukqw yaw is iyo.

Pu' yaw pam paasat oovi sunöst pu' pangqw tuwat kwaatsiy kiiyat aw'i. Pu' yaw pam ep pituuqe pu' piw aqw pangqawu, "Ya kwaats qa qatuy?"

"As'ay, pakii'!"

Pu' yaw pam oovi tuwat aqw papkikyangw pay yaw pam oovi naat qa soosoy pakit pu' yaw tuwat kwaatsiy aw pangqawu, "Pas hapi nu' nuutungk yepniiqe nu' piw tuwat a'ni wungway," yaw kita. "Noq pas kya nu' son oovi soosoy pakini." Is yaw iisaw naap pay yan hingqawkyangw papki.

"Pay pi nu' tuwat yamakniy," yaw paalölöqangw iisawuy aw kita. "Pay pi nu' tuwat yamakye' ason nu' iipaqw uumi yu'a'ataniy," yaw pam tuwat kwaatsiy aw kita.

"Pi um piy, niikyangw kya um okiw tuusungwtiniy," yaw iisaw kita.

"Pay nu' son tuusungwti, pay qa pas pan iyoho'oy."

"Ta'ay, pay pi antsa um tuwat pantiniy," yaw iisaw kita.

Pu' yaw paalölöqangw oovi nawus pay tuwat naap kiy angqw yayma. Pu' yaw pam tuwat yamakqe pu' yaw pam pep tuwat povonlawu. Povonlawkyangw pu' yaw pas kivaytsiwat aqw qötöy tsokiy'kyangw pu' soosoy poni. Paasat pu' yaw iisaw tuwat kivayat epeq pas oopo. Yan yaw puma piw hinti. Pay yaw piw mootiwat su'ankyangw puma yaw naami yu'a'ata. Niikyangw pu' yaw pam paalölöqangw tuwat iipaqwniqw pu' yaw iisaw aapaveq kwangwavakiwkyangw. Ep pu' yaw puma imuy taataptuy yu'a'ata, pu' yaw pay qa mu'alawt.

Yantsaki yaw pumaniqw pu' hapi yaw pay hisatniqw lölöqangw tuwat tuusungwti. Is iyo hapi yaw. Okiw yaw lölöqangwuy poosi'at suupan pay pas patusungwtini. Pu' yaw pam tuwat pan wuuwanta, "Ya hintiqw pas i' qa nimaniqey anta?" yaw yan pam wuuwa. "Taq nu' hapi

That evening he ate an early supper. After eating he thought, "I'll have to go again." With this thought he headed out to the juniper forest for a second time. Once more he returned with cedar bark and yucca. He immediately set to work on his project. He repeated what he had done the first time and thoroughly kneaded the bark. He fashioned it just like his first tail, but now he made it even longer. The result was as striking as before. He also plucked off more hair and added it to his fake tail. It was really stunning. "I bet he won't recognize me," Coyote muttered to himself. But, of course, he was not going to call on him that very day yet. He was bent on revenge, so he would wait for another extremely cold day. Only then would he go.

In this way Coyote plotted and waited. But the weather did not turn cold right away. For some reason the temperature was mild and warm now. It was not until the fourth morning that the day began with a chill in the air. How Old Man Coyote looked forward to going! "Today I'll go visit him. Now the weather is freezing again," he said to himself. Since the wind was blowing from the north it was very cold.

He hurriedly ate his breakfast and then proceeded to his friend's house. When he arrived he again called in, "Is my friend not in?"

"Oh yes, come in!"

Coyote began his entrance but had not entirely completed it yet, when he announced to his friend, "Since my last time here I also grew quite a bit. So, I may not entirely fit in." Coyote kept expressly referring to this fact as he was making his entrance.

"It'll be my turn to go out this time. I'll be talking to you from out there," Serpent suggested to his friend.

"That's up to you, but you poor thing, you may get cold," said Coyote.

"I won't freeze, it's not that cold."

"All right, you be the one to do it this time," Coyote replied.

Water Serpent now had to leave his own home. Once outside he also made his circuits there. When he was completely coiled he rested his head at the opening of his kiva. By then Coyote had the kiva totally occupied. And then, just like on the previous occasions, the two chatted with each other. Except this time Water Serpent was outdoors, while Coyote was snug and comfortable indoors. This time they talked about cottontails and not about girls.

Before long it was Serpent who got cold. It was really freezing. The poor creature's eyes looked as if they were going to turn into ice. "Why on

as tuusungwti." Pas pi yaw iyoho'niqw okiw yaw lölöqangwuy yaqangaqw muuna.

Pu' iisaw pi yaw nana'oyqe yaw oovi lölöqangwuy kiiyat aapangaqw aw hiita lavayvisoq'iwta. Naala pi yaw pam pepeq kwangwavakiwkyangw kwangwamukiwtaqe yaw qa hin nimaniqey unangway'ta. Sööwu yaw iisaw qa yama. Yantsaki yaw pumaniqw pas hapi yaw lölöqangw okiw tuusungw'iwta. Noq hisatniqw pay yaw pas nawutstiqw pu' yaw iisaw tuwat pangqawu, "Ta'ay, pay pi nu' nimani, pay pi songqa tapkiwmay," yaw pam kita. "Taq nu' pite' nu' naat piw neengem hiita aw hintsane' pu' nösniy," yaw pam kita.

"Ta'ay," yaw paalölöqangw kita. "Ason hak qa pas hisat piw angqwningwuy," yaw paalölöqangw kwaatsiy aw kita.

Paasat pu' yaw iisaw tuwat yaymay. Is pavan yaw himuwya'iwkyangw suruy aw ahoy taynumt pu' piwningwu. Naat yaw oovi pam pay tuwat qa pas soosoy yamakqw pu' yaw pay kwaatsi'at aqle' aqw papki. Panis yaw pam aqw pakit pay yaw pam a'ni itsivuti. "Itse, pam himu nukus'isaw, nu'an una'isaw, qahop'isaw," yaw kitalawqe itsivu'iwta. "Son pi nu' qa hinwat yukunaniqöö'. Son pi pas antsa paasavat suruy'tanikyangw," pay yaayan yaw pam hingqawlawu. Pas pi pam a'ni itsivutiqe yaw oovi kwaatsiy a'ni hintsana.

Pu' yaw pam soosoy aqw pakiiqe pu' yaw pam qöpqöy aqw qöqri. Yaw aqw qöqriqw pay yaw angqw suutövuti. Pangsoq pu' yaw pam iisawuy suruyat so'ngwayat tavi. Yaw aw taviqw pam pi yaw paas sisngiwtaqe pas pi yaw qa sööwunit pay kwangwa'uwi. "Yanmani um'iy," yaw pam angk awhaqami kita."Um himu qahop'isaw. Um yep sinmuy hiita himuyamuy sutsep u'uyingwtinuma, hovalannuma, nu'an qahopi, nukpanwuutaqaa. Um nuy peep tusungwnina." Yaayan yaw pam angk hingqawlawu. "Pay pi oovi um aqw yankyangwni. Um himu nu'an nawini." Yan yaw pam put naanap hin sasvi.

Yantiqw pu' yaw iisaw hisatniqw soosoy yamakma. Pay yaw paasat pas iisawuy suru'at wupa'leleta. Pangqw pu' yaw iisaw qa hiita nanvotkyangw kiy awi'. Niiqe yaw pam iisaw suruy pavan pitsniy'taqe pi'ep yaw aw yorikngwu. Niiqe pam yaw oovi kiy aw pay haykyalat pu' yaw pam piw ahoy yorikqw piw yaw angk qööhi hoyta. Paasat pu' yaw pam pan wuuva, "Is ohi, pas kya piw orayngaqw taataqt maqnumyaqw piw nu' yangqe' waynumay," yaw pam yan wuuwa. "Sen pi puma nuy hintsatsnaniqe oovi qööqöötinumya. Piw kya puma islalayya. Pay nu' qa ikiy awniy. Pay nu' qa pangsonit pay nu' yuumosa haqamiwatni," yaw pam tsawnaqe yan wuuwa.

Noq pam pi pay yaw mootiniqw as wayma. Pu' yaw pam oovi paapiy pay henanayku. Pay yaw pam oovi qa kiy awnit pay yaw pam aqle' yuumosa teevenge. Haqe'niikyangw pu' yaw pam piw ahoy yorikqw pay hapi yaw pas qa suup qööhiwta. Angk hapi yaw qööqöhi hoyta. Noq

earth doesn't he want to leave? I'm frozen." It was so cold, poor Serpent's nose was running.

Coyote who was seeking revenge busily chatted along from within Water Serpent's house. He alone was warm and comfortable down there and showed no intention of going home. He was taking his time and simply did not leave. As the two carried on in this manner poor Serpent got very cold. Quite a while had gone by when Coyote finally said, "Well, I may as well go home. I suppose it's getting late evening. When I arrive back home I'll have to prepare something for myself to eat," he said.

"Very well, don't wait too long with your next visit," replied Water Serpent to his friend.

Now Coyote was making his exit. How full of pride he was! Every so often he would look back at his tail. He also was not entirely out when his friend already began slithering past him inside. He was barely in when he became furious. "Darn that rotten, gullible, no-good Coyote!" he vented his anger. "I'm going to fix him. He can't possibly have a tail of that length." He was so riled up that he disparaged his friend in all sorts of ways.

Water Serpent, who had found his way in by now, stirred his fireplace. As a result the coals immediately glowed up again. Into them he placed the end of Coyote's tail. And because it was so brittle it caught fire instantly. "Now run along like this," he hissed after Coyote. "What an evil-natured creature you are! You're always about pilfering and wasting people's things. You base, wicked old rascal, you almost made me freeze to death," Serpent cursed after him. "Now run along like this, you detestable mimicker!" In this manner he heaped his contempt on him.

Soon Coyote was entirely out. By that time his tail was already very much aflame. Coyote was not aware of it and proceeded homeward. His mind was so full with fanciful pictures of his tail that he looked back at it from time to time. It was upon nearing his den that he looked back again and noticed, to his surprise, that a flame was following him. Presently the thought struck him, "Oh my, those could be the Orayvi men hunting, and here I am out and around. Maybe they're out to harm me and that's the reason for the fires. They may be on a coyote drive again. In that case I won't go to my den. Instead, I'll run somewhere else." Coyote was frightened as this thought occurred to him.

At first Coyote had only been walking. Now he fell to a trot. And so, rather than returning to his home he headed straight past it in a westerly direction. At one point along the way he looked back over his shoulder again, only to see fire in several places now. Many fires were pursuing

angqe' pi yaw pam i' tuusaqa lakpu a'niniiqe yaw kur pam pang uwimti. Noq pam pi yaw pay qa navotiy'ta put suru'at uwiwitikyangw pu' pang put tuusaqat angk uwiminmaqw. Panmakyangw pu' hapi yaw pay pam qööhi pas put wiikiy'ma.

Pu' yaw pam piw ahoy yorikqw pay hapi yaw pas qa suup qööhiwtaqa put angk hoyoyota. Pu' yaw pay nuwu put wiikiy'ma. Paapiy pu' yaw pam pavan wari. Paasat pu' yaw pam pas a'ni warikqw pu' yaw pi put suruyat aw hukve' paasat pu' yaw tis pas töövu soosovik tsalalatima. Pu' yaw suru'at piw hiita aqw ongokq pavan yaw töövu naahoy tsalamtingwu. Panmakyangw pu' pay yaw pam oovi pay payutmomiqniqey yaw yan wuuwa, "Pay nu' pangsoqni. Pangqe pi pay sutsep muuna. Nu' pangsoq pakiqw pay son nuy puma tutwaniy," yaw pam yan wuuwa.

Pam yaw oovi pangqw payutmot hoopaqw wukotsmongaqwniikyangw pu' yaw piw ahoy yori. Pay yaw pas angki. Pay yaw uuwingw put pas wiikiy'ma. Pas yaw paasat pu' pam pan wuuwa, "Pay hapi sumataq nuy pas wiikiy'wisa," yan yaw pam wuuwaqe paasat pu' yaw pam pas qa atsataqe pu' yaw pam hin wartaqe pu' yaw pas pani'. Panmakyangw pu' yaw pam aqw paayumiq pitu. Pu' yaw pam angqw hoopaqw awniikyangw pu' yaw piw ahoy yori. Paasat pu' yaw pam navota yaw kur put suru'at töövutiqe uwiwitima. Pay yaw kur qa hak as put angk.

Paasat pu' yaw pam oovi pas paayumi pituuqe pu' yaw pam aqw tso'o. Noq paasat pay yaw as put suru'at oovi tooki. Pu' yaw pam ayo'wat momortima. Naat yaw pam haqe'niikyangw pay yaw pam maangu'i. A'ni pi yaw muuna, pu' hapi yaw pam muunangw piw a'ni hongvi. Su'ep kya pi yaw piw angqe' a'ni yokvaqe oovi yaw a'ni mumuna. Pas yaw oovi pang pövanawit oopokiwta. Naat yaw pam ang qa ayo'wat yamakt pay yaw pam pas pasiwti. Pasiwtiqe pu' pay okiw pakima.

Yan yaw pam pangsoqhaqami naap suruy apyeve waayakyangw pangsoq tso'o. Noq pu' put kwaatsi'at hapi pay paniqw put pantsanqe oovi put qa ahoy pitsinaqe pay yaw qa hin unangwti. Niikyangw pay yaw panis pangqawu, "Yantaniy," yaw pam kita, "naapas um ihu. Naapas um son hiita ep naaningwu. Naapas um nukpana. Yantaqw paapu qa hak uumi puutsemokiwtani," pay yaw iisawuy kwaatsi'at panis kitat pu' yaw pay aqw tutsiwnani. Yanhaqam pay yaw pam kwaatsiy kwahi. Naat kya pam oovi pephaqam ngasta kwaatsiy'kyangw qatu. Pay yuk pölö.

him. About that time of the year there was an abundance of dry grass which had caught fire. But what he did not realize was that it was his own burning tail which was setting the grass aflame. And by and by the fire was catching up with him.

Once again Coyote glanced back and noticed that a number of fires were trailing him. They were gradually coming closer. Coyote now increased his speed to a run. Dashing along at a fast pace the breeze blew at his tail, which caused sparks to fly all over. Also, each time his tail struck an object, sparks scattered in every direction.

Finally he decided to head to Payutmo. "That's where I'll turn. There's always water flowing there. If I enter the river, the hunters won't be able to find me," he thought.

While he was nearing the river from a large mound, east of Payutmo, he took another look back. The fire was definitely after him and at the point of reaching him. "It looks like they're about to catch up with me," he thought, whereupon he made an all-out effort and darted along at top speed. Finally he reached the Little Colorado River. Approaching it from the east he once again glanced back. It was then that he noticed that his own tail was on fire. Apparently no one was after him.

The moment Coyote reached the river he leaped in. Now, finally, his blazing tail went out. He swam toward the other bank and was still in the river when his strength began to fail him. The river was swollen and the current was extremely strong. There must have been a lot of rainfall around that time near that area, for there was a tremendous runoff. The whole wash was full. Coyote still had not made it to the other side when he became totally exhausted. He grew so fatigued—the pitiful creature went under.

Thus Coyote wound up jumping into the stream while running away from his own tail. For this reason his friend, the Water Serpent, had done this to him. He felt not a bit upset when Coyote did not return. Serpent's only comment was, "Let it be so. It's your own doing. Why are you so gullible and can't leave things as they are! You shouldn't be so wicked! Now no one will be exasperated with you anymore." Coyote's friend had nothing else to say. He only sneered at him. In this way Water Serpent lost his companion. He may yet be living there without a friend. And here the story ends.

Iisawniqw Honani

Aliksa'i. Yaw orayve yeesiwa. Noq pu' yaw orayviy tatkyaqöyve honansikve piw yaw honani kiy'ta. Noq pu' yaw ismo'walpe iisaw piw kiy'ta. Noq yaw i' honanwuutaqa it iswuutaqat amum a'ni naakwatsim'u. Pu' yaw puma pay sutsep naami kiikinumtongwu.

Niiqe yaw puma hisat piw naama iisawuy kiiyat epniikyangw yaw puma naami pangqawu, "Pas as itam maqtoniy," yaw haqawa kita.

"Ta'ay," yaw mi'wa kita. Pay yaw puma sunan unangwti. "Itam antsa haqami maqtoniy. Pas nu' wuuyavo qa tapsikwit nöösay," yaw honani kita.

"Itam yukyiq kwiniwiqniy," yaw pam iisaw kita.

"Ta'ay," yaw honani kita, "pay itam naap haqe'ni. Pangqe kya antsa taatapt sowiit a'ni yeesey," yaw honani kitaqw pay yaw oovi puma kwiniwiq naawini.

3

Coyote and Badger

Aliksa'i. They say people were living at Orayvi. On the south side of Orayvi, at Honansikya, Badger had made his home, and at Ismo'wala was Coyote's house. Old Man Badger and Old Man Coyote were very good friends. They always went to visit each other.

One day, when both of them were at Coyote's den, talking to one another, one of them suggested, "We should go hunting."

"Fine," was the other's reply. The two were of one mind. "Indeed, let's go hunting somewhere. I haven't eaten rabbit meat for a long time," said Badger.

"We'll go north from here," Coyote proposed.

"All right," Badger replied. "It doesn't matter to me. There may be lots of cottontails and jackrabbits in that area." So the two made plans to go north.

[23]

Pu' yaw puma oovi paasat hiita himuy tsovala, son pi qa murikhoy.
Son pi qa put akw puma maqnumni. Pantit pu' yaw puma pangqaqw
oovi kwiniwiq nakwsu. Yaw puma mowaapiy aqwni, niiqe oovi yaw puma
pangsoqa. Pu' yaw as puma pay pan maqtimakyangw pay yaw pas qa
hiita puma haqam sakina. Pu' pay yaw as ephaqam lööqmuyhaqam
wariknangwu. Niikyangw a'ni yaw watqangwu. Panmakyangw pu' yaw
puma naat qa hiita haqam sakinat pay yaw mowaapimiq pitu. Pepeq pu'
yaw puma piw as maqnuma. Pay yaw puma pas qa hiita sakinat pay yaw
hihin maangu'i, tsöngmoki.

Noq yaw i' iisaw pay hisat pangqe' piw naala maqnumqe yaw
pephaqam hiita aw pitu. Yaw pephaqam kur hak kooninmana hisat
mokq put yaw kur pam pephaqam tuwa. Ephaqam pay yaw naat as
sumats'eway. Noq put yaw pam u'na. Put yaw pam u'naqe pu' yaw pam
kwaatsiy honanit aw pangqawu, "Pay pi itam kya pi qa hiita niinaniy,"
yaw pam kita. "Noq itam kur as ayo'ni; nu' pep hisat hiita aw pituy,"
yaw pam honanit aw kita.

"Ya hiita'ay?" yaw honani kita.

"Pep hisat hak kooninmana kur mookiy," kita yaw pam put kwaatsiy
awi'. "Itam as pangsonen itam kur put aw hintsanniy," yaw kita.

"Ya hintsanniy?" yaw honanwuutaqa kita.

"Pay hapi itam kur put tuwe' pay kya as itam put hin taataynaniy,"
yaw kita awi'. "Pi um tuuhikyay, son pi um qa tuwiy'tay," yaw iisaw kita.

"Ya haqamoy?" yaw aw kita.

"Pay yangqw aw qa wuuyavo'oy. Tume, nu' ung aw wikniy," yaw
iisaw kitaaqe pu' yaw pam pangqw put kwaatsiy honanwuutaqat
wiikiy'ma.

Noq pay pi honanwuutaqa pi pas qa pisoqtingwuniiqe yaw suususniqw
ihu yaw atpik suhenanata. Pu' yaw pam hihin yaapte' pu' yaw pam
honanwuutaqat haqam nuutaytangwu. Aw pituqw pu' yaw puma piw
aapiytangwu. Pantsakmakyangw pu' yaw kur puma haqamniiqat aw
pitu. "Yep hapiy," yaw iisaw kita.

Pu' yaw puma angqe' taynuma. Noq pay yaw as kur pepniikyangw
pay yaw pas ööqasa ep pee'iwtaqe yaw ang aasaqawta. Pephaqam pu'
yaw puma put kooninmanat ööqayat ang pongitay. Pu' yaw puma put
soosok tsovala. Tsovalat pu' yaw put suuvo pangala. Yanti yaw pumaniqw
paasat pu' yaw iisaw pangqawu, "Ta'ay, um pi tuuhikya. Son pi um qa
tuwiy'ta hin hak hakiy ahoy taataynangwuniqw'ö. Son pi um put qa
tuwiy'tay," yaw iisaw put kwaatsiy aw kitalawu.

"Owiy," yaw aw kita, "pay antsa pi nu' put tuwiy'ta. Noq pay pi ung
pan naawaknaqw nu' kur ngas'ew tuwantaniy," yaw kita.

Paasat pu' yaw pam honanwuutaqa kokomvitkunay tavi. Paasat pu'
yaw pam put pep ööqat pangawtaqat pitkunay akw naakwapna.
Naakwapnat pu' yaw iisawuy aw pangqawu, "Pay um son yep

They gathered some of their gear, most likely the flat rabbit sticks. No doubt, they were going to use those on their hunt. Soon they set out in a northerly direction toward Mowaapi. However, they had no luck hunting anywhere. Occasionally they would flush out a rabbit or two, but usually the rabbits just darted off. Eventually, having failed to kill even a single prey, they reached Mowaapi. There again the two stalked about, but they were just as unsuccessful as before. By now they were somewhat tired and hungry.

Once, long ago, Coyote had been hunting on his own in that area and had come across something. A Koonina girl evidently had perished there some time back, and he had discovered her dead body. At that time she had still been recognizable. The memory of that girl now came back into Coyote's mind. He remarked to his friend Badger, "I guess we won't kill anything. Let's go over there where I found something long ago."

"What was it?" Badger inquired.

"Way back a Koonina girl lost her life there," he replied to his friend. "I suggest we go there and see if we can do something with her."

"What do you have in mind?" Old Man Badger asked.

"Well, if we find her again, I suppose we could try to bring her back to life. After all, you're a medicine man; I'm sure you have the knowhow to do that," Coyote said.

"Where is she?"

"Not far from here. Come on, let's go! I'll take you there," Coyote said as he led away his friend Old Man Badger.

Old Man Badger, of course, was not very fast of foot. Because he ambled along slowly, Coyote was soon trotting ahead of him. But, whenever he had advanced a little too far, he would wait for Old Man Badger. After Badger caught up with Coyote, they continued on again. In this manner they finally reached their destination. "This is the place!" Coyote declared.

The two looked around. There she was, but only her scattered bones remained. So they started picking up the bones of the Koonina girl. They collected all of them and placed them in one heap. Then Coyote said, "Well, you are the medicine man. You must know how to revive a person. I'm sure you know that."

"Yes, indeed, I know how," Badger said. "And because you want it, I'll give it a try."

Presently Old Man Badger removed the black kilt he was wearing. With it he covered the pile of bones. Then he spoke to Coyote, "You can't

inumumniy," yaw aw kita. "Pay um haqami haak waynumtoniy. Son
um inumi taytaqw i' aniwtiniy," yaw aw kita. "Pay nu' naala yep it aw
hintsakqw pay as kya hin pasiwtaniy," yaw aw kita. "Pay um oovi haak
haqaminen pay ason pas nawutstiqw pu' um angqw ahoyniy," yaw honani
iisawuy aw kita.

"Ta'ay," yaw iisaw kitaaqe sunakwha. Sunakwhaqe pu' yaw pam
pangqw haqami nakwsu. Pu' yaw pay kur iisaw piw son kwangwahintani.
Pu' hapi yaw pam pangqw warikkyangw pu' yaw pay aye' poniw-
makyangw pu' yaw pay piw put honanwuutaqat aqlap qa susmataqpuve
huruuti. Huruutit pu' yaw pay pam pephaqam tsomooyat aakwayngya-
ngaqw aqwhaqami kwuukwuvala. "Ya sen hintsaki?" yan yaw pam wuuwa.
Pu' yaw pay pam piw ahoy angqw aw hoyta. Noq pay yaw naat honan-
wuutaqa qa aw hintsaki, pay yaw naat aw wuuwanta. Nit pu' yaw pam
pan wuuwa son pi yaw pam qa hiita tokoy'tani. Pu' yaw son piw qa
hiita pitsangway'tani. Yan yaw pam wuuwa. Noq pu' yaw pam pay
iisawuy tuwa pay yaw piw angqaqw ahoy awniqw. "Ura um pay haak
haqaminiqat nu' uumi pangqawuy," yaw aw kita. "Pas um himu qa
tuuqayngwuu; son um yepniqw i' aw aniwtiniy," yaw hohanwuutaqa put
iisawuy aw kitaaqe yaw aw itsivuti. Yaw iisawuy aw kitat pu' yaw piw aw
pangqawu, "Son i' hapi qa hiita tokoy'tani, pu' piw son hapi hiita qa
pitsangway'taniy. Oovi um yukyiq söhöötuyqamiq it tuusaqat yukutoniy,"
yaw aw kita.

"Ta'ay," yaw iisaw kitaaqe sunakwha. Pam pi söhöötuyqa put mit
mowaapiy pay hihin tatkyaq taavang wukotuyqa. Pangsoq yaw pam put
hoona. Pepeq pu' yaw pam oovi it leehut suphingput peehut siisikwtat pu'
pangqw put kimakyangw pu' ahoy honanit aqw'a. Epeq pituuqe pu' yaw
pam honanwuutaqat aw put oyaqw yaw haalayti. "Kwakwhay, um
pituy," yaw pam kita. "I' hapi pas kur hin qa enangniy," yaw kita. Pu'
yaw pam oovi put leehut paas ooqat enang aw oya. Paas hin hintaniqat
yaw aw antsant paasat pu' yaw piw iisawuy aw pangqawu, "Naat piw son
hiita qa pitsangway'taniy," yaw kita iisawuy awi'. "Um oovi yukyiq
teevengewat it sutat ooviniy," yaw aw kita. "Pay son um haqam qa aw
pituniy," yaw aw kita.

Pangqw pu' yaw pam piw teevengewat, son pi qa paayut aatatkya-
qöymihaqami. Pang pi palatutskwa. Peepeq pu' yaw antsa pam piw
sutat tuwaaqe pu' peehut mokyaatat pu' piw ahoy honanwuutaqat
aqwa'. Epeq pituuqe yaw aw taviqw pavan yaw honani piw aw haalayti.
"Pantaniy," yaw kita, "pay pu' sonqa hin pasiwtaniy," yaw honani kita.
"Suukyaniikyangw peetiy," yaw kita. "Yuk um na'uyvami piw kuytoni;
put akw itam enang piwniy," yaw honani kita.

Pu' yaw iisaw oovi pephaqam na'uyvave piw suukuyma. Ep ahoy
kuuyiy'vaqw paasat pu' yaw honani pangqawu, "Taa', pu' pay um soosok

stay here with me. Why don't you take a walk for the time being. If you watch me, this won't work," he said. "If I do it alone, it might succeed. So, just leave me for a while and come back later."

"All right," Coyote consented. Because he had agreed, he left. But it was evident that he wasn't going to be at ease about staying away. He ran around in a circle, came back, and halted where he couldn't be seen — not far from Old Man Badger. After he stopped there, he had nothing better to do than to raise his head from behind the hillock where he was and to peek over at Badger. "I wonder what he is up to," he thought. Finally he trotted back. But Badger had not done anything yet. He was still thinking. It had occurred to him that the girl would need a body, and she would also have to have a face. This thought had occurred to him. When he noticed Coyote returning, he scolded him, "Remember, I told you to stay away for a while. You really can't obey. If you are present this won't work!" Old Man Badger was furious. But then he continued, "The girl will have to have a body and also a face. Run to Sohootuyqa and fetch some grass!"

"Okay," Coyote agreed. Sohootuyqa is a big bluff a little southwest of Mowaapi, and that's where Old Man Badger sent him. There he found soft millet grass and pulled out several tufts. With that he returned to Badger. He handed it over to Old Man Badger, who was grateful. "Thank you for bringing the grass," he said. "It is surely necessary." He carefully laid the millet on the bones. When he had arranged it properly, he reminded Coyote that the girl would need a face. "Go west for some ochre," he commanded. "You are bound to find it somewhere."

So Coyote bounded west, most likely to the area south of the Little Colorado River. There the earth is red. Indeed, he found some ochre there. He wrapped up some of it, and then returned to Old Man Badger. When he arrived, he handed it to him. As before, Badger was grateful. "That will do," he said. "Now it will work. One more thing is left, though," he added. "Run to Na'uy Spring and get some water. We'll also have to use that," said Badger.

Coyote quickly got some water at Na'uyva. When he came back with the water, Badger said, "Good, you have gathered everything.

hiita tsovalay. Pu' um pay haak aapiyniy," yaw aw kita. "Pay um son yep inumumni. Um yepniqw i' son aw aniwtini. Pay um oovi paapu hapi qa pew ahoy ö'qalniy. Ason pas nuy pangqawqw pu' um angqw ahoyniy," yaw pam put aw kita.

Paasat pu' yaw iisaw oovi pay nawus pangqw piw aapiy'o. Pu' yaw pam honanwuutaqa pep put hin hintaniqat paas aw yuku, tuusaqat, ööqat. Sutat yaw piw ang enang siwuwuykina. Pu' pam pi pay tuuhikyaniiqe yaw oovi paas puuvut hiita himuy e'nang waynuma. Paas yaw pam oovi put hin hintaniqat yaw yukut pu' yaw kuyaphoyay aqw sutat tangatat pu' aqw kuuya. Aqw yaw pam kuyt pu' aqw qöriritoyna. Paas yaw pam mongvastit paasat pu' yaw pam pephaqam put öö'öqat naakwaptaqat aw tawlawu. A'ni yaw taawi kooninlalvaya.

Noq pu' yaw iisaw pangqw aapiyniiqe pay yaw piw aye' poniwmakyangw piw pay yaw ahoy aw hoyta. Pu' yaw honani tawlawqw yaw iisaw navotqe pavan yaw naqvu'itsiwta awi'. Hingqawlawu hapi yawi'. Pu' yaw pam pay piw angqw huur tsoorawkyangw yaw aw ahoy hoyta. Pu' yaw awhaqami as kwuukwuvala. Noq pay yaw qa pas maatsiwta. Noq pay pi honani pi a'ni himuniiqe pay yaw piw navota pam angqw aw ahoyniqw. Pu' yaw hohanwuutaqa pephaqam put aw taatayintawit tawlawu. Pu' yaw pam so'tapne' pu' yaw pam ngaakuyiy angqw put naakwaptaqat ang wiwtsengwu. Pantingwu yaw anga'.

Niikyangw pay yaw iisaw piw himu qa pas honanit aw pitu kyaptsitaqe. "Pay pi antsa kya nu' epniqw son pam aniwtini. Pay pi nu' yepni," yaw pam naami kita. Niikyangw yaw pam qa kwangwahinta hapi yaw asa'. Yaw oovi honanwuutaqa naalös taawiy so'tapna. Nit pan yaw so'tapne' pu' yaw pam put naakwaptaqat ang ngaakuyiy wiwtsengwu. Yaw naalös so'tapnaqw pay hapi yaw poniniykuy. Pantsakkyangw pu' yaw oovi tsivotsikis so'tapnat pu' yaw hölökna. Hölöknaqw pay yaw ep maana qatu; pas pi yaw hak lomamana. "Ya um hintiqw oovi nuy naawaknay?" yaw pam maana put honanwuutaqat aw kita.

Pu' yaw pam aw lavayti, "Qa nu' yan naawaknay," yaw aw kita. "I' ikwatsi iisaw yan inumi naawaknay." Kitat pu' yaw pam töqti, "Haw kwaats, ta'ay, pewii'," yaw kita.

Is, pavan yaw ihu angqaqw aw suru'itsiwma. "Ya himu'uy?" yaw iisaw kita.

"Ta'ay, um pi yan naawaknay," yaw aw kita, "pay taatayiy," yaw honani iisawuy aw kita.

Is, hapi yaw iisaw kur hin hintani. Pavan yaw suru'at paysoq naahoy wipta. Qa sun yanta yaw pami'. Pu' yaw iisaw pep naanahoy leeletstikyangw suptsatsatinuma. "Ya um taatayna?" yaw aw kita.

"Owi," yaw honani kita.

"Noq uma hintiqw nuy naawaknay?" yaw pam maana pumuy amumi kita.

Now you must leave again. You can't remain here with me. If you do, it won't work. So by all means, control your urge to return. Only when I tell you, may you come back."

Coyote had to depart whether he wanted to or not. Old Man Badger now got the grass and the bones ready the way it was supposed to be. He also scattered ochre over the girl's remains. Because he was a medicine man he, of course, always carried his paraphernalia along with him. When all preparations were finished, he poured the ochre into his little water vessel and added water. Then he stirred. When that task was completed, he started chanting over the covered bones. The song contained many Koonina words.

Coyote, who had left the area, again walked around in a circle and slowly returned to Badger. When he heard Badger singing, he pricked up his ears. But he didn't understand what Badger was singing. Lying flat on his stomach, Coyote started sneaking back up to him. He kept raising his head, but Badger was not visible. Being a highly gifted medicine man, Badger noticed that Coyote was on his way back. Just then Old Man Badger was singing, most likely the reviving song. Each time he ended the chant, he sprinkled some of his medicine water on the things under the cover. That's what he kept doing.

Surprisingly enough, Coyote did not come too close. He respected what Badger was doing. "Indeed, if I'm there it might not work. I'd better stay here," he reminded himself. He was not quite relaxed, however. Old Man Badger finished his song four times. Every time he ended it, he sprinkled his medicine over the covered pile. As he ended the song for a fourth time, something stirred. He now sang a fifth time and then removed the cover. A girl was sitting there. She was a most beautiful maiden. "Why do you want me?" she asked Old Man Badger.

He replied, "It's not me who wants you. My friend, Coyote, begged me to do this." With that he shouted, "Hey, friend!"

How Coyote came dashing along! His tail stuck straight out. "What is it?" he asked.

"Well, you wanted this girl; now she's alive," Old Man Badger said to Coyote.

My! Coyote didn't know what to do. His tail was wagging back and forth, and he was restless. To and fro he paced, and he kept skipping rapidly from one foot to the other. "Did you bring her back to life?" he cried.

"Yes," answered Badger.

"But for what reason do you want me?" the girl asked.

"Hep owiy," yaw iisaw kita, "pay nu' hisat yep uumi pituqw yorikqw
antsa um kur yep hintiqe sulawtiqw nu' ung yep tuway. Pu' nu' oovi it
ikwatsiy angqw wiiki; i' put tuwiy'ta," yaw iisaw maanat aw kita. "Noq
oovi antsa nu' it aw ö'qalqw i' nuy nakwhanaqe oovi ung pew ahoy
pitsinay," yaw kita awi'.
     "Um qa itamum nimani?" yaw puma aw kita.
     "As'awu," yaw amumi kita.
     "Pay um itamum nime' um itamungem noovalawmantaniy. Um
itamungem itaakiy ep qööhiy'tamantaniy," yaw kita.
     "Ta'a, pay pi nu' umumumniy."
     Pangqaqw pu' yaw puma nankwusay. Sakina yaw puma. Soq pi yaw
sowiit, soq pi yaw taatapt. Puma yaw pangqw maanat wikqe yaw kwivi-
'iwma. Pu' yaw puma nankwusaqw pay yaw piw iisaw hin wuuwanva.
Pas pi yaw lomamananiqw oovi. Is, yaw iisaw nawip'ew pay pumuy qa
wiikiy'me' pu' yaw maanat hokyayat angk taymangwu. Is, yaw maana
qötsawrarata. Pu' hapi pay yaw iisawuy nuwu pas ang hinti. Pay hapi yaw
iisaw sumataq pas hintsakni. Pu' yaw kwaatsi'at aw pangqawngwu, "Um
hapi paapu qa kwangway'niy," yaw aw kita. "Nu' qa paniqw it ahoy
taatayna. Itam hapi it atsviy mongvasniy, itamungem i' noovalawman-
tani. Itaakiy itamungem aw tunatyawtamantani. Paapu um hapi oovi qa
hiita nukpanhintsakniy," yaw pam okiw kwaatsiy aw kitima.
     Pangqaqw pu' yaw pumaya. Pu' hapi yaw iisawuy unangwa'at nuwu
hin pususutima. Pas pi yaw maana is ali. Puma yaw pangqw panwisqw
pu' hapi yaw iisaw pay qa nakwhaniy'ma. Tuwat yaw pam pay put
maanat pas tsopniqeysa wuuwanta. Pay yaw kur pam hin qa pantini. Pay
yaw as pam put maanat honanwuutaqat angqw hin ayo' lasnani. Pas
piw yaw honanwuutaqa pumuy qa uunati. Yanwiskyaakyangw pu' yaw
puma haqami wupatsmomi öki. Pay yaw puma oovi haqtoti. Pangso-
haqami yaw puma ökiqw pay yaw iisaw pas qa naa'angwuta. A'ni hapi
yaw pam muusi. Muusiy yaw pam qa angwuy'numa. Naat yaw oovi puma
yanwisqw pu' yaw pay iisaw maanat aakwayngyangaqw aw tso'omti.
Sumavokta yaw kwapkyaqe. Pantikyangw pu' yaw pay kur pam hin
unangwtiqe pay yaw pam okiw put pas huur kwapmumtsiqe pay yaw
okiw piw put niina. Aakwayngyangaqw yaw iisaw muusiy aqw tönganiy'-
kyangw. Yan pay yaw nuvöwuutaqa piw put niina kwapmumtsiqe.
     A'ni yaw honanwuutaqa put aw itsivuti. "Uti, um himu qa navot-
ngwuy," yaw aw kita. "Pay nu' ung qa suus as meewaqw kur pi pas um
hiita qa tuuqayngwu. Ura nu' qa paniqw it ahoy taataynay. Noq pay pi
nuwupiy," yaw honani kita. "Pay oovi um yepniqw nu' nawus it
tavitoniy," yaw pam iisawuy aw kita.
     Pephaqam pu' yaw pam nawus put iikwilta, honanwuutaqa. Pangqw
pu' yaw pam taatöq nakwsu. "Um hapi pay paapu yepniy," yaw honani
iisawuy aw kita. "Um himu nukpana."

"Well, yes," Coyote said, "some time ago I saw you here. Something had happened to you, and you had died. But I found you here and therefore brought my friend. He knows how to revive people," Coyote explained to the girl. "I entreated him to do this, so he brought you back to life."

"Won't you come home with us?" the two asked.

"Yes, I suppose so," replied the girl.

"If you follow us home, you can cook for us. You can keep the fire going in our house," they said.

"All right, I'll go with you."

Thereupon they started out. Well, they had been lucky after all. Forget about the jackrabbits; never mind the cottontails! They were proud that they were bringing the girl. No sooner were they on their way, though, than Coyote started scheming again, because the girl was very, very attractive. Coyote pretended not to be able to keep pace with the two and kept staring at the girl's legs. What a sight to see those white limbs moving along! Meanwhile, a strange feeling was beginning to stir in Coyote. It was quite obvious that he had intentions of some sort. His friend warned him, "Don't you lust after that girl!" he snarled, "I didn't revive her for that purpose. She will help us; she will prepare our food. She will also watch our house. Don't you dare do something nasty!" Badger pleaded with his friend.

So they traveled on. Meanwhile, Coyote's heart was pounding rapidly. What a ravishing girl she was! As they were walking along, Coyote couldn't hold back any longer. The only thought on his mind was to couple with the girl. No doubt, he would have to do it. Somehow he would have to get Old Man Badger to go off on his own. But the latter didn't leave the two out of his sight. They finally reached Wupatsmo, after they had covered quite a distance. By the time they arrived, Coyote could not control himself any longer. He had a tremendous erection. He wasn't able to fight it any more. They were still marching along, when he suddenly mounted the girl from behind and quickly embraced her around the neck. In his excitement he squeezed the girl around her neck with such force, that he instantly killed her—his erected penis still thrust against her. In this way the old lecher killed the girl.

Old Man Badger was beside himself with rage. "Oh, you brute! You just can't obey!" he blasted Coyote. "I warned you several times, but you simply won't listen. Remember, I didn't revive her for that. But that can't be helped now," Badger cried. "So you stay here while I go bury her."

Old Man Badger heaved the girl on his back and headed south. "You'd better stay put here," he hissed to Coyote, "you evil creature!"

Pu' yaw oovi honani iisawuy pep maatapt pu' yaw pam put maanat
iikwiltat pu' pangqw taatöq. Pay yaw naat pam qa wuuyavo nakwsuqw
pay yaw piw iisaw angk pitu. "Pay nu' umumniy," yaw pam kwaatsiy
aw kita.

"Hep so'niy," yaw aw kita. "Pay ura nu' naalani. Hak mokput
iikwiwtaqat qa angkningwuy," yaw aw kita. "Um put navotiy'kyangw. Pu'
nu' ung piw meewa, um oovi pay ahoyniy," yaw pam put aw kita.

Pu' yaw iisaw nawus pay pep namtökt pu' pay haqam maanat
niinaqey pangso ahoy. Pep pu' yaw pam piw pay qa kwangwahinta, pu'
yaw aapiy honanwuutaqa piw put iikwiwkyangw. Pu' yaw pam pan
wuuwa, "Son pi pam naat qa piw inungkni," yaw yan honani wuuwa.
"Kur piw inungk pituqw pay nu' paapu qa aw hingqawni. Pay pi pam
pini," yaw yan wuuwa.

Antsa pay yaw naat qa wuuyavotiqw pay yaw piw iisaw put angk
pitu. Suupaasat yaw honanwuutaqa put maanat tavit engem kiilawu
pangsoq amniqeyniqw pay yaw piw iisaw angk pitu. Pay yaw pam pas qa
aw hingqawu; itsivuti yaw as honani. "Uti kur pi pas i' hiita qa
tuuqayngwu." Paas yaw oovi pam put maanat engem kiitat aqw panat
pu' yaw aqw aama. Paasat pu' yaw puma pangqaqw nima. "Ta'ay,
tume; itam nimani," yaw honanwuutaqa pay naat itsivu'iwkyangw
iisawuy aw kita.

Yan pay yaw puma qa hiita maanat pangqaqw wiiki. Pu' yaw
honanwuutaqa wuuwanma, "Hintsanni sen nu' itnen paapu nu' it qa
aw puvuutsemokni." Yan yaw pam aw wuuwanma. Pu' yaw puma iisawuy
kiiyat aw pituqw pay yaw paasat masiphi. Pu' yaw puma pay oovi
iisawuy kiiyat naama ep puuwi. Pu' yaw honani tookyep put ang
wuuwanta, hintsanni yaw as pam kwaatsiy. Pas pi yaw pam iisaw soq
qa hopi.

Qavongvaqw pu' yaw puma pay hiisakw hiita talavay nöösa. Pumuy
nösqw pu' yaw pam honani pangqw nima. "Nu' pay nimaniy," yaw
honanwuutaqa kita. "Pay hak ason naanap hisat kiikinumtongwuy," yaw
pam iisawuy aw kitat pu' yaw pangqw nima.

"Ta'ay," yaw iisaw kita, "pay nu' songqa pay hisat piw uuminiy,"
yaw pam kita.

Pangqaqw pu' yaw pam nima. Nimakyangw naat yaw piw put
wuuwanma. Naat yaw pam yanmakyangw pay yaw lölöqangwuy aw
pituuqe yaw aqw sungwnuptu. Pang yaw kur pam wiisiwtaqw pam yaw
a'ni wuuwanmaqe peep yaw aw wuukukt pu' tuwa. "Pay pi kya i'ni," yaw
pam yan wuuwaqe pu' yaw pam put niina. A'ni yaw honani hongviniiqe
paysoq yaw kwappeq möötsiknat huur kuuki. Pantiqw pay yaw mooki.
Pangqw pu' yaw pam pantsakmakyangw naalöqmuy yaw pam qöyat pu'
kiy aw pitu.

After he had shouldered the girl, Badger left Coyote there and ambled off in a southward direction. He had not covered much ground yet, when Coyote started following him. "I'll come with you," he called after his friend.

"But I told you not! Remember, I must be alone. When somebody carries a dead person on his back, one doesn't follow him," he protested. "You should know that. I'm telling you once more, go back!"

Coyote had no choice but to turn around and head back to the place where he had killed the girl. But he wasn't at ease there, while Old Man Badger continued with his burden. "I'm certain, he'll follow me again," Badger thought. "The next time he comes after me, however, I won't say anything to him anymore. That'll be his own doing then."

Sure enough, not much time had passed before Coyote caught up with him once again. Old Man Badger had just laid the girl down and was digging a grave in which to bury her, when Coyote appeared behind him again. This time Badger remained silent. Inwardly he was furious, though. "Coyote just can't obey." After he had dug the grave for the girl, he placed her inside and buried her. Thereupon the two left for home. "Come, let's go. We'll go home," Old Man Badger said to Coyote, still seething with anger.

So it was that they brought no girl along with them. Old Man Badger was deep in thought along the way: "I wonder what I can do to Coyote so that he won't be like this anymore." This is what was on his mind. By the time the two reached Coyote's house it was dark, so they slept there. Badger, however, mulled this problem over all night long. He kept wondering what he could do to his friend so that he wouldn't act so badly. No doubt, Coyote was very bad.

The next morning they had a small breakfast before Badger returned home. "I'll be going home," he said. "Feel free to come and visit me any time," he said to Coyote and then departed.

"All right," Coyote answered, "I'm sure I'll come over to see you one of these days again."

Badger now went home. On the way he kept racking his brain over the matter. He was still absorbed in thought when he chanced upon a snake and halted abruptly. The snake was stretched out, and because Badger had his mind on other things he had nearly stepped on it before he saw it. "This just might be the solution," thought he, killing the snake. Because Badger is very strong, he simply grabbed it by the neck with his teeth and bit hard. With that the snake died. He continued on, killing four more snakes before he reached home.

Pitunqe pu' yaw pam paasat qöqqöy aqw qööha. Qöqqoy aqw qööqe
pu' yaw aw nakwsivut tsokya. Paasat pu' yaw pam tuuniy paas tutkita.
Tutkiat pu' yaw pam put nakwsivuy aqw tangata. Is, hapi yaw pam put
aqw qöritaqw pam pangqw kwangwatsiririta. Pu' yaw pam pangqw
kutuk'iwma. Pas yaw puma piw wiy'yungwa. Is ali yaw paas kwangwa-
kolakya.

Noq pam hapi yaw pay ep iits naat pitunqe put pantsaki. Noq pay
yaw ep tarkimi pay yaw piw iisaw kiikinumto. Niiqe pu' yaw ep pitunqe
pu' yaw angqw pangqawu, "Haw! Ya kwaatsi qa qatu?" yaw aw kita.
"As'ay, pay nu' qatuy, pakii'," yaw kita. "Um pakiqw itam tuumoy-
tani; nu' naat pu' tuumoytaniy," yaw angqaqw pam kwaatsi'at honan-
wuutaqa kita.

Pu' yaw iisaw paki. Ep pakiiqe yaw ep sonimuma. Somimumt pu' yaw
pangqawu, "Is ali, pas hapi himu kwangwawvaqtuy," yaw kita. Pu' yaw
honanit hiita kutukilawqw pam yaw kur tuwaaqe yaw put tuuvingta, "Ya
um hiita kutukilawqw oovi pas kwangwahovaqtuy?" yaw aw kita.
Noq pay yaw pam himinumqe yaw pam put naat qa aa'awna.
"Pay i' qa himu'uy," pay yaw panis aw kita.

Niiqe pu' yaw honani kur hisat'niqw yukunqe pu' amumqëm aw
tunösvongyalawu. Tunösvongyaataqe pu' yaw iisawuy tunös'a'awna.
"Ta'ay, yangqw aw hoyokw itam tuumoytani," yaw aw kita.
Paasat pu' yaw puma aw qatuptu. Noq hurusukita yaw kur honan-
wuutaqa piw enanga. Hurusukit yaw oovi aw tavit pu' put sikwitpeynit
pu' piw öngaspalat. Pu' yaw puma tuumoyva. Honanwuutaqa pay yaw
hurusukitsa pas tuumoyta. Pu' kwaatsi'at iisaw pi nöösonwuutaqaniiqe
yaw sikwitsa öngaspalat enang. Pavan yaw iisaw sikwiy öngaspalay aqw
kwangwamorookinat pu' yaw aliikyakut angqw kwangwasolövkut pu'
yaw kwangwawsomwangwu. Pu' yaw puma tuumoytaqw yaw honani put
kwaatsiy aw pangqawu, "Um hapi qa nanahinkinat angqw pavan nösniy.
Tsangaw a'ni noovay. Um tatam noovo naasaniniy," yaw aw kita.

Paasat pu' yaw iisaw oovi naap pas nanahinkinakyangw yaw
angqw put sikwit sutseripwanva. Pas pi yaw himu is ali. Pu' yaw iisaw
sikwiy kwu'uky'e pavan yaw mo'ay tartoynangwu. Pas pi yaw iisaw
mo'amiqhami sikwit tsiipokinta. Pavan yaw tuutukwemoki. Pay yaw
oovi iisaw songyawnen naala sikwit sowa. Noq pu' yaw iisaw pi'ep put
tuuvingtangwu hiita puma tuumoytaqat, himu hapiniiqe iisaw pas
kwangwat yaw it tuuvingta. Noq ep sar but pam pu' yaw kyap aa'awna.

Pu' yaw puma hisatniqw öyqw pu' yaw honani ang ayo' qenita. Ang
ayo' qenitaqw pu' yaw pam hiita pay naami ped puma yaw yu'a'ata, sen pi
mu'alawu tuwat. Pu' yaw iisaw pi'ep put tuuvingta hiita puma nöösqw.
"Ya um put hiita noovatay? Pas hapi himu kwangway," yaw iisaw
kitangwu.

Back in the house he lit a fire in the fireplace, and then put on a cauldron. He carefully cut his prey into pieces and threw them into a kettle. As he stirred the pieces in the pot, they sizzled nicely. They were frying. The snakes had been nice and fat. What a delight! They turned crisp and brown.

Badger had, of course, arrived home early that day, and so he had time to cook. That same day, around early evening, Coyote came visiting again. When he got to Badger's place he shouted from the outside, "Haw! Is my friend home?"

"Yes, I'm home. Come in!" came the reply. "Step right in, and then we can eat. I was just going to have supper," his friend, Old Man Badger, said from inside.

Coyote entered and started sniffing around. Inhaling the air, he exclaimed, "What a delicious smell!" He noticed that Badger was slicing up something, and he asked, "What exactly are you cutting up there? It has a great smell."

Badger, however, did not yet reveal to him what it was. "Oh, it's nothing special," he muttered.

After a while, when Badger had finished, he sat out the food for them. When it was all on the floor, he told Coyote to sit down and eat. "Well, then, move up! We can eat," he said.

The two now sat down. Old Man Badger had also made hurusuki. That he placed before Coyote, along with the roasted meat. In addition he had salt water. Presently they began to eat. Old Man Badger ate mostly hurusuki, whereas Coyote, his friend—who naturally was an old and avid meat eater—helped himself only to the roast with the salt water. He greatly enjoyed dipping his meat into the salt water. He broke out in expressions of delight about the food, slurped it with relish, and then gobbled it down greedily. While they were eating, Badger encouraged his friend, "Don't be shy now; you eat as much as you can. I'm glad there is plenty of food. Go ahead and eat your fill."

Coyote now lost all his timidity and kept helping himself to the meat. The meal was a great delight. Each time Coyote swallowed his meat, he smacked his lips. He was stuffing so much meat into his mouth that he almost choked. He more or less devoured the meat all by himself. Occasionally Coyote would enquire about what they were eating and would ask Badger what it was that tasted so great. But Badger simply did not tell him.

When they were finally full, Badger cleared everything away. After that the two talked to each other about various things, most likely about their adventures with the opposite sex. Every so often Coyote asked what they had had for supper. "What dish did you prepare? It was something delicious."

"Hep owiy," yaw aw kita, "pay pi itam okiw sunahaqam wuuyavo qa hiita pas yan kwangwanösay. Yan nu' se'el wuuwankyangw pituy," yaw aw kita. "Hiita sen nu' aw hintiqw itam kwangwanösniqw nu' yan wuuwankyangw pituuqe pu' nu' wuuwa. Pay pi nu' isihuy tsame' put aw kutuktaqw pay kya as itam put kwangwanösni," yaw honani kita iisawuy awi'. "Yan nu' wuuwaqe pu' nu' oovi ipoomiq hötay," yaw aw kita. "Nu' pangsoq hötat pu' nu' angqw isihuy tsamt pu' nu' put aw kutuktay," yaw honani iisawuy aw kita. "Put hapi itam oovi nöösa," yaw honanwuutaqa kwaatsiy aw kita. "Put um oovi nöösay, isihuuy," yaw

"So'on piniy," yaw iisaw kita. "Pay nu' qa tuptsiwa. Pi um pante' son pi as um qa mokniy," yaw iisaw kwaatsiy aw kita.

"Pay nu' qa mookiy. Pay nu' panis put angqw tsamt pay nu' ahoy ivukyay naami tuu'ihay. Meh, kur aw yorikuu'," yaw kitat pu' yaw honani iisawuy aw ponoy iita. Noq pay pi yaw honani pan nawiniy'taqe pay yaw pam oovi se'elhaq ponoy ang harikna. Noq naat yaw ang hihin ungw-iwta. "Meh, pay naat qa pas qalaptsiwta. Pay niikyangw nu' qa mooki," yaw honani kiikyangw iisawuy akw ponoy maatakniy'ta.

Pas paasat pu' yaw iisaw tuptsiwa. "Pay kur antsa'ay," yaw kita. "Ya pay kur hak qa hintingwuy?" yaw iisaw kita.

"Pay hak kur qa hintingwuy. Pay hak kur ngasta silhuy'kyangw qa hintingwuy. Pay kur hakiy naap silhu'at piw kwangwngwuy, oovi pi itam kwangwasay," yaw pam put aw kita.

Pay yaw piw iisaw paasat naawini. "Pay pi tsangaw itam it atsviy nöösa. Pay pi itam tsangaw nöqsw oovi nu' tuwat nime' pantini," yan yaw pam wuuwa. "Himu as um hin pantiqey nuy aa'awnaw nu' tuwat-niqw um daavo tuwat inumi nöstoniy," yaw iisaw honanit aw kita.

Pu' yaw pam oovi pay sunakwhaqe pu' yaw oovi pam aw yan tutapta. "Pay hak pavan qalat yukuy akw söwunit qoonoy aqw hötanngwuy. Paasat pu' hak angqw silhuy suutsamt pu' hak moohot akw hak pas poovatanikyangw pu' paasat ponomiq hötanngwuy. Pam hapi naat pas pu' angqw tsaamilte pu' kwangwngwuy. Pam pay hihin wuuyavote' pay qa an kwangwngwuy, pu' pay piw pam sunhoovaatingw-uy," yaw aw kita.

"Kur antsa'ay," yaw iisaw kita, "pay nu' pas songa tuwatniy. Noq oovi um hapi pay daavo pay hiita aw hintsakt pay um tuwat inumi nostoniy," yaw aw kita.

"Ta'ay," yaw honanwuutaqa kitaaqe yaw sunakwha.

"Niikyangw pi nu' piw ngasta poyoytay," yaw iisaw kwaatsiy aw kita. "Pu' nu' piw ngasta naksivuytay. Noq sen nu' son haak nummuy yawmaniy. Ason pi pay nuy akw mongvastuqe pay um son put ahoy qa naapiiniy," yaw aw kita.

"Yes, indeed," Badger replied, "we both hadn't had anything good for a long time. That's what occurred to me when I came home this morning," he said. "I wondered what I could fix that we would like well. That's what I kept mulling over on my way home, when the thought struck me, What if I took my innards out and cut them into pieces? That might provide a tasty meal for us," Badger said to Coyote. "That's the idea that occurred to me, so I cut my stomach open. Then I took out all my entrails and cut them up into little chunks. So that's what we had for supper — my innards."

"That can't be!" Coyote protested. "I don't believe that. If you had really done that, you would have died," he said.

"No, I didn't die. As soon as I had taken the innards out, I sewed my skin back together. See for yourself!" With that Badger stuck out his stomach to Coyote. And because Badger had planned this, he had made a scratch on his stomach earlier. There was still a little bit of blood. "Look, it isn't quite healed yet. But I didn't die," he said, exposing his stomach to Coyote.

Now Coyote was convinced. "Very well," he said. "Doesn't anything else happen do you, though, when you do that?" Coyote inquired.

"No, there are no side effects. If you don't have any innards nothing happens to you. One's innards are really a great delicacy; that's why we enjoyed them so much."

It was then that Coyote decided to copy this recipe too. "Well, I am certainly grateful that we had this meal because of him. I'm glad we ate; when I get home I'll do the same," he thought. And out loud he added, "Why don't you tell me how you dit it? If I can do it too, you can come and eat with me tomorrow."

Complying, Badger instructed: "You cut open your stomach with a really sharp knife. There must be no tarrying. Then you quickly extract your intestines and sew up the wound with yucca. That's all there is to it. But not until you are ready to start cooking should you open your stomach. Innards taste better when they are fresh. If they have been out too long, they are not as good; they spoil quickly."

"Very well," Coyote said, "I want to do that too. Just don't bother to cook anything tomorrow. Come and feast with me."

"All right," consented Old Man Badger.

"But I have no knife," Coyote said to his friend. "Also, I have no cauldron. Can I perhaps take yours with me for now? When I'm finished you can have them back."

"As'awuy, pay um yawmaniy," yaw honani kita. "Ason pi pay nu' uuminen son angqw ahoy qa yawmaniy," yaw aw kita. Pay oovi um haak yawmaniy," yaw aw kitaaqe pay yaw sunakwhaqe pu' yaw pam put himuy aw oya.

Pangqw pu' yaw pam put honanwuutaqat poyoyat, naksivuyat yawkyangw pu' kiy aw ahoyi. Paasat pu' yaw pam kiy ep ahoy pitu. Niiqe pam pi yaw pay naat a'ni ööyiwtaqe pay yaw pam paasat qatuptut pu' haqami taatsi. Niiqe pay yaw pam kur pankyangw puwva. Niiqe yaw pam kur tookyep puuwi.

Qavongvaqw pu' yaw pam pay iits qatuptu. Pu' yaw pam pi a'ni tuwat tunatyawtaqe pu' yaw oovi paas hiita na'sasta. Pu' yaw pam qööha. Qööt pu' yaw pam tuwat aw naksivut tsokya. Paas yaw oovi pam put aw tsokyat paasat pu' yaw pam naami qalatapit langakna. Naami langak-naqe pu' yaw pam poyoy qalatotoyna. A'ni yaw pam put qalatoynat pu' yaw pam kiy epeq qöpqöy kwiniwi tupo pu' yaw pam taatsi, poyot yaw yawkyangw. "Pay pi nu' ura yantiniqey pangqawu," yan yaw pam wuuwaqe pu' yaw oovi pangso kwangwataatsikt pu' yaw pam naami poyot akw tuwanta. Pay yaw mootiniqw pam as qa suutaq'ewniiqe pay yaw oovi pam tsukuyatsa akw hihin naskwiknangwu. Naskwikne' pu' yaw ananaykungwu. Pu' yaw haqam naskwikne' ep tuyvaqw pam yaw ephaqam mapriritangwu, pu' yaw piw aw taynumngwu.

Nit pay yaw pam qa suutaq'ewtaqe pu' yaw oovi pay qa ponoy aqw hötat pay yaw poyoy ayo'haqami tavi. Hisatniqw pu' yaw pam pas kur qa atsataqe pu' yaw piw poyoy kwusu. Paasat pu' yaw iisaw piw pangso haqami taatsikqe pu' yaw piw tuwantani. Pu' yaw iisaw oovi ponoy aw poyot akw tongoknaqw pay yaw as tuyvaqw pay yaw pam naap hiniwqat akw aqw söökwikna.

Pu' yaw pay iisaw hiisavo ponoy paatsiknat pay yaw piw qe'ti. "Is anay, a'ni kur tuyvangwuy," yaw kita. Paasat pu' yaw pam piiw. Paasat pu' yaw pam piw hihin pavan wuuyavo tuku. "Hihiyya is ana," yaw kita, a'ni tuyvaqw. "Ana," yaw ephaqam poyot yawkyangw kitalawu. Paasat pu' yaw pam nalösniy'makyangw pu' paasat pay yaw pas su'awsavo ponoy paatokna. Pu' yaw pam nan'ivaqw ponotskyavuy huur ngu'a. Paasat pu' yaw pam put naahoy langakna. Paysoq yaw siisihu'at angqaqw nöngangaykuqe yaw atpip wukovangalti.

Pu' yaw iisaw pisoq ponoy angqw siihuy tsamtiva. Paas yaw kur pam naami moohoy maskyay'kyangw yaw pam pep pantsaki. Noq pay yaw naat qa soosok siihuy pam angqw tsamt pay yaw okiw angqe' wa'ökma. Angqe' wa'ökmaqe pay yaw kur pam suus'i. Pay yaw kur pam okiw mooki. Okiw yaw pam pangqe' panta. Atpip yaw siihu'at wukovangawta. Naat yaw ayam qööhi'at wupa'leletaqw ep yaw naat naksivu'at tsoki-kyangw a'ni muki'iwma.

"Sure, yes. Go ahead and help yourself. When I come to you, I'll make certain I bring them back. Just take them for the time being," he readily consented and handed the items over to Coyote.

Coyote now returned to his house with Badger's knife and cauldron. When he arrived, he was still so full that he simply leaned against something and then fell asleep. He slept all night long.

The next day he rose early because he had a great project in mind. He made his preparations carefully. At first he lit a fire. When that was done he put the cauldron on. Having placed it properly on the fire, he got himself a sharpener and started honing the knife. Finally, when the blade was good and sharp, he leaned against the base of the wall north of the fireplace in his house. Holding the knife, he recalled, "Oh yes, this is how he said he did it." With this thought, Coyote propped himself comfortably against the wall and tried the knife on himself. At first he was hesitant and only slightly pricked his skin. Whenever he pierced it, he would cry out in pain. Each time he inflicted a little stab-wound on himself it hurt, of course, and he would rub the wound and sit there, inspecting it. He could not bring himself to follow through, however. So, he didn't slice his stomach open and laid his knife aside.

Some time later he was determined to go ahead, so he picked up the knife once more. Again he propped himself up, ready to try a second time. This time Coyote touched his belly with the knife and, even though it hurt, he pierced it without regard for the consequences.

Having made a little gash he stopped again. "Ouch, this is very painful!" he exclaimed. The same thing happened on his third attempt. This time he cut a little further. "Hihiyya, Ouch!" he yelled when he felt the pain. "Ouch," he kept yelling as he was holding the knife in place. On his fourth attempt he made a large incision. He then grabbed his stomach lining with a firm grip and yanked it. Instantly his innards started oozing out and they piled up in front of him in a big heap.

Coyote got busy now and began pulling out his own intestines. Carefully he had put aside some yucca for himself. He still had not removed all of his intestines when the poor creature collapsed. Coyote slumped to the ground, and that was the end of him. He died right there. So there he was now, with his innards stacked up in front of him. The fire over at the fireplace was still flaming high, and the cauldron sitting on top was getting hotter and hotter.

Noq pu' yaw honani pay kiy ep tuwat hiita hintsaknuma. Pu' yaw pay taawanasap'iwma. Paasat pu' yaw honanwuutaqa tuwat pan wuuwa, "Pay pi son haqam qa aw piptsinay," yan yaw pam wuuwaqe pu' yaw pay oovi pangqw pay hihin iits piw tuwat kiikinumto. Pu' yaw pam ep pituuqe pu' yaw aqwhaqami pangqawu, "Haw! Ya kwaats qa qatu?" yaw aqw kita.

Pay yaw qa hak angqw hingqawu. Pu' yaw pam oovi pay nanap-'unangway aqw paki. Pay naamahin yaw qa hak paki'a'awnaqw pay yaw pam aqw paki. Aqw pakiiqe pu' yaw qöpqöt kwiniwi yorikqw pangqe' yaw kwaatsi'at okiw suponopyakiwkyangw qaatsi. Yaw siihu'at atpip wukovangawtaqw yaw aqle' ayo' ungwa mumuna. Pu' piw yaw aqle' naat honanwuutaqat poyo'at qaatsi. Yaw pam aw tutsiwnani. "Yantani um'iy," yaw aw kita. "Naapas um nu'an ihuy," yaw aw kita. "Pay hak oovi hiita qa pas suutuptsiwngwuy. Naapi um itaaqö'ayay haqami hintsanay, angwu as um qa yanhaqam okiwhintaniy," yaw aw kita. "Itamungem noovalawqw itam qa yanhaqam hintsakye' soosoyam kwangwayesniy. Tumsiy'tani hapi as itam'uy. Pay um oovi nawus yanhaqam hintaniy. Naapas um qahopwuutaqay," yaw aw kita.

Kitat pu' yaw pam ep poyoy kwusut pu' naksivuynit pu' yaw pam pangqw kwaatsiy aw'i. Pu' yaw pam put angqw wihuyatnit pu' siihuyat- nit pu' wimtsapuyat naksivuy aqw tangata. Pu' yaw pam pangqw put yankyangw nima. Pu' yaw pam oovi pangqw put kwaatsiy siihuyat kimaaqe pu' yaw pay naap put sowa. Naasana yaw pam puta. Pay kya naat oovi honani pephaqam ngasta kwaatsiy'kyangw qatu. Pay yuk pölö.

Badger, in turn, had also been busy around the house. Meanwhile noon was approaching, so Old Man Badger thought, "Well, he's probably starting now." This is what he thought, so he now went visiting a little early. When he arrived at Coyote's den, he called in: "Haw! Is my friend not home?"

There was no answer, so Badger went in on his own. He stepped in, although no one had invited him to enter. When he was inside, and looked to the place north of the fireplace, he saw his friend, poor soul, sitting there with his stomach spread out on the floor. Coyote's intestines lay in a large pile in front of him, and the blood was oozing away. By his side was Old Man Badger's knife. Badger laughed with malicious pleasure. "There you are now," he cried, "you no-good dupe! One shouldn't believe everything right away. Also, why did you have to kill our housekeeper? Had you been different, you wouldn't be in this pitiful state. That girl was going to cook for us. It wouldn't have been this way, and we would all have been contented. We would have had her as a clan relative. Now you can stay this way. It's your own fault that you are so wicked." That's how Badger berated him.

He now picked up his knife, took the kettle, and stepped over to his friend. There he loaded the fat, the intestines, and the stomach lining into his cauldron and went home with it. Having carried home his friend's innards he ate them up himself. He really gorged himself. And so, I guess, Badger is still living somewhere without his friend. And here the story ends.

Iisawniqw Kookookyangwkt

Aliksa'i. Yaw ismo'walpe iisaw kiy'ta. Niikyangw pam yaw piw nöömay'-
ta. Pu' yaw puma naama qa suukw piw tiy'ta. Noq pay yaw i' na'am
pas piw maakyaniqw pay yaw puma oovi pas naaqavo sikwinonova. Pay
yaw oovi pam na'am maqte' pay yaw qa suukw tuuniy'vaqw pu' yaw puma
oovi put akw hikislalwangwu. Pay yaw pam oovi qa mimuywatuy
ii'istuy amun sutsep maqnumngwu. Niiqe pay yaw as pam iisaw yanwat
lomahinkyangw soq yaw tuwat pas nuvö. Pay yaw pam pas son hiitawat
wuutit qa tunglay'tingwu.

Noq pu' yaw pam ephaqam pay qa maqtoq pu' yaw puma naawuutim
pay haqami pay waynumte' pu' yaw pumuy timuy laykyangwningwu. Pu'
yaw puma pay piw pumuy i'ishoymuy angqe' tuwitoyniy'numngwu. Niiqe
pay yaw puma pas haahaqe' yaktangwu. Pu' yaw puma naama pay piw
ephaqam pumuy maktutuwnangwu. Noq pay yaw puma naat pas
tsaatsayomniiqe pay yaw tuwat pumuy amumi qa tunatyaltotit pay yaw
tuwat angqe' hohonaqtinumyangwu.

4

Coyote and the Spiders

Aliksa'i. They say Coyote was residing at Ismo'wala. He also had a mate, and together the two had a litter of many pups. Father Coyote was an excellent hunter; therefore, the family had meat to eat every day. Each time Father Coyote went hunting, he brought back enough quarry to last them for quite a few days. Thus he wasn't out hunting all of the time as were the other Coyotes. In this respect he was perfect. He had one flaw, however. He was an enormous lecher, always lusting after any female.

On those occasions when Coyote was not hunting, both he and his wife would prod their children along as they went traveling. They took their youngsters sightseeing and journeyed to various places. Every so often the couple also showed them the skills of tracking and killing a prey. But because the pups were still quite young, they usually did not pay much attention to their parents; instead, they preferred romping about.

Noq pu' yaw piw pumuy ii'istuy aatavanghaqam yaw piw ima kookookyangwkt tuwat pay haqami paami kiy'yungwa. Noq puma yaw hakim piw naawuutim pep kiy'kyangw yaw piw tuwat a'ni timuy'ta. Pu' yaw puma kookyangwhooyam pas yaw tuwat paahut natuwiy'yungqe yaw oovi sutsep pep momoryangwu.

Noq suus yaw ima isnanatim piw waynumwisqe puma kur kiy angqw haqtoti. Haqtotiqe pu' yaw puma paanaqso'qe yaw oovi pangqe' paahut hepnumya. Pu' yaw puma haqami tuusöy'taqat aw öki. Noq pep yaw paahuy'ta'ewakwniqw pu' yaw puma oovi pangsoya. Pu' yaw puma aw tupo ökiqw pay yaw antsa piw pephaqam kur paahuy'ta. Noq pu' yaw puma angqw hikwyaniqe yaw aqw motoltotiqw piw yaw hiitu pangqe kwangwavayawnumya. Pu' yaw puma naanatim pay paasat qa hikwyat pay yaw tuwat pumuy hiituy tiitimayya. Pas pi yaw hiitu kukunawyamniqw yaw puma naanatim uninitikyaakyangw pumuy tiitimayya.

Naat yaw oovi puma pep panyungqw piw yaw hak haqaqw hingqawu, "Huvam haak nöngaku'u, taq sumataq hakim hikwwisqe öki, taq kya okiw ima paanaqso'iwta," yaw hak kitaqw pu' yaw puma paangaqw tangawtaqam suunöngangayku. "Ta'a, huvam hikwyaa', taq pay utuhu'u. Uma sumataq haqaqw yaavaqwya," yaw hak amumi kitaqw yaw puma angqe' taynumya.

Naat yaw puma angqe' taynumyaqw piw yaw hak oongaqw pumuy amumi hawto. Noq yaw kur pam kookyangw paasat pangqw hawto. Pam yaw hawt pu' yaw pam piw pumuy hikwyaniqat aa'awna. Paasat pu' yaw puma oovi naanangk pep hiikikwya. Pu' yaw pumuy ööyiwwisqw pu' yaw pumuy kookookyangwtuy na'am tuwat pumuy amumi pitu; niiqe pu' yaw pam pep pumuy tuwat paas oya. Pantiqw pu' yaw puma pay pep tuwat naanami hiihiita pay yu'a'alalwa. Noq pay yaw puma kur paasat naakwatstota. Noq yaw puma isnawuutim pumuy kookyangwnawuutimuy amumi pangqawlawu puma kukunawyamuy timuy'taqw. Panmakyangw pay hapi yaw tapkiwmaqw pu' yaw puma ii'ist pay ahoy ninmaniqey pangqaqwa. Noq pu' yaw oovi ima isnawuutim nimanikyangw pumuy kookyangwtuy amumi pangqawu, "Himu pi as uma löötok qa hintsatskye' itamumi nöswisni. Piw itam hin'ur sikwiy'yungqe pas hapi itam put qa sowaniy'wisa. Noq oovi uma umuutimuy tsamkyangw itamumiyani," yaw iisaw puma kita.

Pu' yaw pay puma kookyangwnawuutim sunakwha. "Ta'a, pay itam sonqe pantotini," yaw puma kita. Pu' yaw puma ii'ist oovi piw pep hikwyat pu' pangqw ninma.

Noq pu' yaw puma ii'ist pep kiy ep ökiiqe pu' yaw löötokmi imuy kookookyangwtuy nuutayyungwa. Noq pu' yaw pay ep qavongvaqw yaw i' kookyangwtaqa nöömay aw pangqawu, "Ya itam hintiqw qa pay hoytotay? Taq pi hakim pay haqami qa iits ökingwuy," yaw pam nöömay aw kita.

In a place west of the Coyotes, some Spiders had established their home, near a spring. They were also husband and wife just as the Coyotes, and had a large number of offspring. The tiny Spider children were quite accustomed to the water and spent much of their time swimming in the pond.

One day, as the Coyote family set out traveling it wandered far from its den. Because they had ventured far, they became thirsty and looked for a spring in the area. Finally, they arrived at an overhanging cliff. It seemed to them a location where water was likely, so they marched up to it. Upon reaching the foot of the bluff, their expectations were realized; there was a large pool of water. But, as they stooped over to drink they noticed, much to their astonishment, some creatures floating around with a great deal of merriment. Now, instead of quenching their thirst, the Coyotes were all agog, staring at those creatures. These creatures looked so cute, that the Coyotes repeatedly expressed their delight as they kept regarding them.

They were still standing by the edge of the spring when a voice said, "I want all of you to come out for a while. I think there are some folks here who would like to get a drink. They may be quite thirsty, poor souls." No sooner had the voice spoken than the beings in the pool quickly scrambled out. "Now, go ahead and drink. It's very hot today. You seem to have come from far away," the voice continued. This time the Coyotes looked around.

They were still scanning the area when, to their surprise, someone came dangling down from above. It turned out to be a Spider. When she was down she once more bade the Coyotes to drink. Only then did they begin drinking, one after another. When they had nearly quenched their thirst, Father Spider also appeared and warmly welcomed the Coyotes. Soon they were all chatting and, in due time, it was evident that the two parties were striking up a friendship. The Coyote pair was telling the Spider couple what precious children they had. After a while, when evening was drawing near, the Coyotes declared that they should be leaving for home. Just before the Coyote couple departed, however, they invited the Spiders for lunch. "If you have nothing better to do, two days from now, why don't you come to our den and share a meal with us? We have so much meat, we're unable to eat it all. And bring your children along," the two Coyotes added.

The Spider couple accepted without hesitation. "Why yes, we'll be sure to do that," they replied. So the Coyotes drank once more and then started homeward.

Back home the Coyotes were awaiting the visit of the Spiders two days hence. The morning after their invitation, Spider Man remarked to his wife, "Why don't we get a head start? You know it takes us quite a while to get some place."

Noq pay yaw nooma'at piw kur pan wuuwantaqe pu' yaw pay put
koongyay suhu'wana. Paasat pu' yaw puma oovi pay timuy tsovalanva.
Pu' yaw puma pumuy soosokmuy tsovalaqw pu' yaw puma pangqw ismo'-
walmi nankwusa. Pu' yaw puma naawuutim pay timuy tuwat pangso
layma. Is yaw kookookyangwkt naanangk wiisiwta. Niiqe pay yaw antsa
puma qa a'ni hoytotaqe yaw naat oovi qa aw ökiqw pay yaw taawa paki.
Pu' yaw puma pay nawus pephaqam yesvaqe pu' yaw pay pep tokni. Pu'
yaw puma pephaqam owat haqe' kwanakpuyat ang tangaltiqe pu' yaw
pangqaqw tookya.
    Qavongvaqw pu' yaw puma pay iits piw nankwusa. Niiqe pay yaw
puma oovi taawanasaphahayingqw yaw puma pangso ismo'walmi öki. Pu'
yaw puma pay piw ii'istuy kiiyamuy suututwa. Noq pu' yaw pumuy
kiiyamuy ep ökiqw yaw ima isnawuutim pumuy paas oya. Niiqe piw yaw
naat puma pumuy timuyatuy amumi haalaylawu. Pu' yaw piw hiitu
kukunawyamniiqat kitikyangw. Noq antsa yaw kur iisaw hiita niinaqw
yaw oovi put nööma'at wukosikwitpey'ta. Pu' yaw piw kur put engem aw
hurusukta. Pu' yaw pam novayukuqw pu' yaw puma pephaqam kwa-
ngwanonova. Yaw isnawuutim sikwitpey pumuy amumi kuwa'iwta. "Pay
uma tatam pas sikwitsayani, pi niitiwta." Yaayan yaw puma hingqawti-
kyangw pep yaw pumuy nopniy'ta. Hisatniqw pu' yaw puma öö'öya.
    Pu' yaw oovi pam iswuuti ang ayo' tunösvongyat qenita. Pu' yaw
puma wuuwuyoqam pay pep tuwat yu'a'alalwaqw pu' yaw mimawat
tsaatsayom pay tuwat pep iiphaqam naatiitaplalwa. Noq pu' yaw pay
mihikiwmaqw pu' yaw as puma kookookyangwkt pay ninmaniqey
pangqaqwaqw pay yaw ima isnawuutim pumuy meewa, "Pay uma haak
qe'yani, taq pay qa taalawvani. Ason uma qaavo pu'yani. Pay oovi uma
haak yep itamum tokni," yaw puma kitaqw pu' yaw pay oovi puma pep
huruutoti.
    Pu' yaw oovi pumuy tokniniqw pu' yaw puma kookookyangwkt piw
haqe' kwanakput ang yungya. Panhaqam yaw oovi puma pephaqam qa
naap kiy ep talöngnaya. Qavongvaqw pu' yaw i' iswuuti pumuy paas piw
nopnat pu' pumuy piw nitkyatoynaqw pu' yaw puma pangqw ahoy
ninma. Noq pay yaw puma naat qe'yaqw yaw ima kookyangwnawuutim
yaw tuwat imuy ii'istuy tuutsama. Noq pay yaw puma tuwat sunakwhaqe
yaw pay ason paytok pu' yaw tuwat timuy tsamkyangw awniqey
pangqawu.
    Noq pu' yaw puma pangqw ahoy ninmaqe pay yaw piw an suus tokt
pu' ahoy kiy ep öki. Pu' yaw puma panis ep ökiqw pay yaw puma
naawuutim paasat hiita aw hintsaktiva hiita pumuy ii'istuy tuwat
nopnaniqey puta. Noq amuukwayngyap pu' yaw i' ii'istuy na'am pan
wuuwanta, "Hiita pa puma tuwat itamuy nopnayani? Pay pi son puma
itamun hiita aw hintini, pi pay sumataq puma okiwyese." Yaw pam yan
wuuwaqe yaw pay hihin pumuy amumiq tutsiwnani.

As it turned out, his wife had thought so too and agreed with her spouse right away. At once the two started to round up their children. When they had gathered them, the entire family left for Ismo'wala. On the way there the couple, just as the two Coyotes, had to urge their offspring on. What a sight to behold, those Spiders marching along in line! True enough, they were advancing at a rather slow pace, and they had not yet reached their goal when the sun dipped below the horizon. So they had to stop where they were and settle down for the night. All of them crawled into the crack of a rock, and there they spent the night.

The following morning the Spiders set forth again very early. It was nearing noontime when they finally arrived at Ismo'wala. Remarkably, they located the den of the Coyotes without delay. Upon coming up to their lair they were warmly received by the Coyote pair. Once again the latter voiced their admiration for the Spiders' children. They kept saying what adorable little things they were. And, indeed, Coyote had brought home some game, so his wife was roasting a big chunk of meat. She was also preparing hurusuki. When she was finished with the food, all of them ate with great delight. The Coyote couple was most generous with their roast. "Help yourselves to the meat. There is more than enough," they offered as they feasted their guests. Sometime later everybody was full.

Coyote Woman now cleared away the repast that she had set out. Then the grown-ups whiled away the time with small talk. The children, on the other hand, amused themselves outdoors. When night was beginning to fall, the Spiders indicated that they would depart for home. The Coyote couple, however, dissuaded them. "Don't leave yet. It's going to get dark. Wait until tomorrow to return home. Why don't you all spend the night here?" The Spiders complied.

When everybody was ready to retire, the Spiders withdrew into a crack and spent the night away from their home. The following morning, Coyote Woman fed them once more and provided food for the Spiders' journey. After that the Spiders commenced their trek back home, but before they actually left, the Spider couple reciprocated by extending an invitation to the Coyote family. The Coyotes, like the Spiders, readily accepted and promised that they would journey, together with their children, to the Spiders' place in three days.

On their way home, the Spiders again spent one night on the road before reaching their destination. Right after their return, the Spider couple began preparing the food they were planning to offer to the Coyotes. Meanwhile, Coyote Father was brooding, "I wonder what those Spiders will serve us. They probably won't feed us as well as we fed them. They seem to be quite poor." These kinds of ruminations caused him to laugh derisively at the Spiders.

Paapiy pu' yaw oovi puma isnanatim pangsoq tuwat maqaptsiy'-
yungwa. Payistalqat ep pu' yaw pay ima ii'ist su'its yesvaqe pu' yaw pay
oovi pas qa nöönosat pay yaw pangso kookookyangwtuy kiiyamuy aw
nankwusa. Pay yaw oovi naat pu' taawanasap'iwmaqw pay yaw puma
naanatim pep öki. Noq yaw puma kookookyangwkt kur hin pumuy
ii'istuy kiy aqw tangatotaniqe pay yaw oovi haqam tuusöy'taqat ep puma
yesvaniqat puma pumuy amumi kita. Pay yaw puma oovi pephaqam pay
mooti hiisavo yeskyaakyangw yu'a'alalwat pu' yaw noonovani. Yaw
isnawuutim naami na'uytaya'iwta. Son pi yaw puma pas pumuy pavan hiita
nopnanikyangw pumuy tuutsamlawu. Pu' yaw puma iisawt soosokmuy
timuy tunösvongyat aw tsovalayaqw pu' yaw ima kookyangwnawuutim
aapamihaqami. Pantit pu' yaw puma pangqaqw hiita nan'ik tsöpkyangw
yama. Pu' yaw puma pangso tunösvongyat aw put hiita tavit pu' piw
ahoy awhaqami. Pantit pu' yaw puma piw naat hiita hinkyangw angqaqw
ahoy yama. Pu' yaw puma putwat piw pangso tunösvongyat aw tavi. Pu'
yaw piw awhaqaminiiqe pay yaw piw anti. Paasat pu' yaw kur puma
noonovani.

Paasat pu' yaw puma naawuutim pumuy ii'istuy tunös'a'awna. Noq
yaw puma isnawuutim put aw paas yorikqw yaw kur puma hurusukitnit
pu' tootoptuy pumuy amumi tunösvongyaata. Pu' yaw piw i' tsatsqapta
wishövit angqw yukiwyungqat put yaw ang pam iniwyungwa. Noq pu'
yaw puma ii'ist pay as yaw hihin qa suutaq'ewyakyangw pep pumuy
amumum tunöshomikiwta. Puma yaw qa hisat tootoptuyyaqe pay yaw
oovi hihin put tuutuyoyya. Pu' yaw mimawat kookookyangwkt pay tuwat
pumuy kwangway'yungqe yaw amuqlap kwangwanonova. Hisatniqw
pu' yaw himuwa iisaw suutaq'ewte' pu' yaw sukw angqw yukungwu. Noq
pay yaw piw puma put naayongya. Pay yaw kur pam himu piw
kwangwngwu. Paasat pu' yaw puma ii'ist yan nanaptaqe pu' yaw pavan
pas paapuya. Noq pas hapi yaw pumuy hurusuki'amniqw pu' tootovi'am
pay as hingsayhooyaniikyangw piw yaw himuwa mo'amiq panaqw pay
yaw pam pangqw hiitawat tutsvalayat enang neengalte' pay yaw pas
wuuyoqtingwu. Yanhaqam yaw pay puma kookookyangwkt pay pumuy
kwatsmuy pephaqam öynaya. Pas yaw puma oovi kwangwanönösa.

Kwangwanönösat pu' yaw puma pay kur naanaqle' kwangwatokva.
Hisatniqw pu yaw himuwa taataye' pu' yaw angqe' taynumngwu. Hisat-
niqw pu' yaw puma pay soosoyam ahoy taatayaya. Noq pu' yaw pam
kookyangwwuuti pangqawu. "Pay uma haak qe'yani. Naat nu' imuy
tsaatsakwmuy ason tayawnaqw pu' umayani," yaw pam kitaqw pu' yaw
pay puma oovi haak qa ninmani.

Paasat pu' yaw pam kookyangwwuuti haqami pumuy tsaatsakwmuy
tsaama. Paasat pu' yaw puma haqami ökiqw pu' yaw pam pephaqam
hintsaktiva. Pam yaw naalöp naanan'i'vaqw yaw kohot tsöqömnat pu' put
yaw angqe qöqönlawkyangw yaw wishöviy laanatima. Pu' yaw pam himu
wuuyoq'iwma. Noq yaw kur pam ho'aplawu. Pu' yaw pam yukuuqe pu'

From that point on the Coyote family was anticipating the arrival of that day. On the morning of the third day, the Coyotes rose very early and, without breakfasting, started forth on their trip to the Spiders. It was approaching noon when they arrived at their destination. It was, of course, impossible for the Spiders to invite their visitors into their home. Therefore, they asked them to settle down nearby where there was a cave. There they all stayed for a while, indulging in conversation. Then they got ready for lunch. The Coyote pair kept snickering covertly to one another. The Spiders would not be able to serve anything special to them, and yet, they had invited them. After the two Coyotes had gathered all their kids at the eating place, the two Spiders withdrew into the house and then returned, each of them carrying something. They spread everything out before the Coyotes and again went indoors. Once more they appeared with various things. Those, too, they set down at the same place. The whole procedure was repeated a third time. Only then were they going to eat.

The Spider pair now begged the Coyotes to begin eating. Upon inspecting the food set out before them, the Coyotes discovered that it consisted of hurusuki and flies. The bowls, fashioned from cobwebs, held those meals. The Coyotes were not particularly anxious to eat—as they sat there with their hosts around the food. Because they had never eaten flies before, they were uneasy about trying them. The Spiders, on the other hand, because of their fondness for flies, were munching with great gusto. As each one of the Coyotes mustered up a little courage, he sampled the food. As it turned out, they actually liked it. As a matter of fact, the dish had a surprisingly pleasant taste. When the Coyotes discovered this, they really dug in. And even though the hurusuki and the flies had been served in tiny portions, they turned into big chunks of food as soon as they stuffed them into their mouths and mixed them with saliva. In this way the Spiders stilled their friends' hunger. They all greatly enjoyed their lunch.

After the delicious meal everybody took a nice nap. They were lying here and there, and as each woke up, he would glance around. Finally, when everybody was awake again, Spider Woman said, "Don't leave just yet, at least not before I have entertained the kids." So the Coyotes decided not to go home right away.

It was then that Spider Woman led the children off to a special site. Upon reaching it, she began busying herself. She jammed four sticks into the ground at each of the four directions and then circled around and around the sticks, spinning her thread. The thing she was making was growing bigger. As it turned out, she was weaving a burden basket.

yaw i'ishoymuy amumi pangqawu, "Uma imuy itimuy amumi taayungw-
niy. Pay pumuy hintotiqw pay ason uma amunhaqam hintotini."
Paasat pu' yaw pam timuywatuy amumi pangqawu, "Ta'a, huvam aqw
yungyaa'," yaw kitaqw pu' yaw ima kookyangwhooyam put ho'aput
aqw yungingiyku.

Pu' yaw pam pumuy pangqw tangawtaqamuy oomiq tuupelva
lölökinkyangw wupto. Noq yaw put löwangaqw wishövi yamakiwkyangw
yaw put ho'aput aw wiwakiwta. Pan yaw pam pumuy oomiq wupniy'ma.
Pu' yaw pam pas oomiq pitut pu' yaw pangqawu, "Ta'a, pu' hapi uma
ahoy hanwisni," yaw kitat pu' yaw pam put wishöviy piw angqw peehut
langaknaqw pu' yaw pam ho'apu ahoy atkyamiq pumuy tsaatsakwmuy
tangay'kyangw kwangwahawto. Pu' yaw puma tsaatsayom pangqw
tangawtaqam yaw a'ni töqwisa. Pu' yaw piw tsutsuytiwisa atkyamiq.
Pu' yaw puma pangqw totimhooyam pangqaqwa, "Pavan halayvit'ay,
itanguu, taq pas i' qa atsat suusus hinmay," yaw puma kitota.

Pu' yaw mamanhooyam pay qa naanakwha. "Qa'wuu, taq pay itam
suwya," yaw puma kitotaqe yaw pumuy totimhoymuy amumi itsivutoti.

Hisatniqw pu' yaw puma hanqe pu' pangqw ahoy nööngantakyangw
yaw tsutsuytikyaakyangwya. Noq pu' yaw puma mamanhooyam kur pas
suwyaqe yaw okiw angqe' toriwkukutinumya pangqw nöngakqe.

Pu' yaw puma i'ishoymuy amumi pangqaqwa, "Ta'ay, uma pu'
tuwatyaniy. Pay hak qa hintingwuy. Pay pas kwangwa'eway, oovi uma
tuwatyaniy," yaw puma i'ishoymuy amumi kitota.

Paasat pu' yaw pam kookyangwwuuti angqw ahoy hawqe pu' paasat
pumuy i'ishoymuy tuwat pangsoq tangata. Paasat pu' yaw pam pumuy
amumi pangqawu, "Ta'a, uma tuwatyani, niikyangw uma hapi qa oomiq
taywisni taq pay hakiy aw himu kuyvangwu, taq tuu'awtangwu," yaw
pam pumuy amumi kita. Noq yaw kur puma put qa löwayat aw
yoyrikyaniqw oovi pam yaw pumuy amumi kita.

Paasat pu' yaw pam pumuywatuy pangsoq wupniy'ma. Hisatniqw
pu' yaw pam pumuy yayvanaqe pu' yaw piw pumuy pan atkyamiq
maatavi. Pavan yaw i'ishooyam atkyamiq hin taywisa. Hisatniqw pu'
yaw puma atkyamiq ökikyangw pay yaw qa hin unangwtoti. Pas hapi
yaw puma kwangwa'ewtota. Pu' yaw pay puma pan kuwaatutwaqe pu'
yaw pay piwyani. Paasat pu' yaw puma tsaatsayom pas soosoyamyani.
Niiqe pu' yaw puma oovi paasat pas soosoyam pangsoq yungqw pu' yaw
pam kookyangwwuuti piw. Niiqe pay yaw puma pi'ep piyaniqey
naanawaknangwuniqw pu' yaw pam oovi piwningwu. Pu' yaw pam
kookyangwwuuti pep pumuy tsaatsakwmuy pan teevep tiitapta.

Naat yaw pumuy oovi kwangwa'ewlalwaqw pay yaw kur tapki. Noq
pu' yaw paasat pay ima ii'ist yaw ninmaniqat yaw i' na'am kita. Niiqe
pu' yaw oovi puma ii'ist pep pumuy kookookyangwtuy amumi haalay-
lalwa. Noq pu' yaw pam kookyangwwuuti pumuy tuwat hiisa' nitkyatoy-

When she had completed her work, she said to the Coyote pups, "Watch my youngsters now. Whatever they do you can do likewise." She ordered her children, "Now, all of you get in!" The little Spiders obeyed and quickly scrambled into the basket.

Spider now ascended a cliff, toting the basket behind her with the children inside. There was a thread emerging from her vulva which was fastened to the basket. By this means she was transporting the young Spiders upward. Upon gaining the top of the cliff she shouted, "Now you'll be going back down!" She yelled this and dropped out more of her thread, whereupon the basket made its descent with the children inside. The children in the basket were screaming at the top of their voices, and there was boisterous laughter as they were lowered down. The little Spider Boys coaxed their mother, "Make it go faster mother! This thing is going too slow," they pleaded.

But the little girls disagreed. "No, don't, we're already dizzy," they exclaimed, admonishing the little boys.

Somewhat later, when they had concluded their trip down, they began climbing out of the burden basket, laughing and giggling. The little girls felt quite dizzy and were staggering about when they got out.

The Spider kids now said to the little Coyotes, "All right, it's your turn. There is nothing to it. It's really a lot of fun, so you try it."

Then the female Spider lowered herself down and, as she had done with her own kids, placed the little Coyotes into the basket. Then she instructed them, "Now, this is going to be your turn. But I don't want you to look up, because something is bound to look back at you. You might have some unpleasant visions." Obviously, she didn't want them to see her genetalia, and so she impressed this point on them.

This time she hauled the Coyote pups up the bluff. When she had finally heaved them to the top, she let them go. With gaping mouths the little Coyotes were journeying down, and they reached the ground without the slightest side effects. On the contrary, they had a marvelous time. And when they discovered how much fun it was they were anxious to do it again. So the next time all of the children were going to share the ride. They all clambered into the basket and Spider Woman did what she had done before. The children wanted to do it over and over again, so Spider Woman obliged. In this fashion she entertained the youngsters there for a long time.

The children were still enjoying themselves when evening came. Father Coyote now remarked that it was time to go home. At that point the Coyotes turned to the Spiders and thanked them for everything. Spider Woman, too, had packed some journey food for her guests. "Why

na. "Ngas'ew uma it noonosat pu' paasat tokni," yaw pam pumuy amumi kitat pu' pumuy amumi put noovay hiisa' oya.

Pangqw pu' yaw puma oovi tuwat put pankyaakyangw ahoy ninma. Pu' yaw puma ahoy ökiiqe antsa yaw put kwangwanönösat pu' tookya. Noq pay pi pam iswuutaqa pas nuvöniiqe pay yaw kur piw put kookyangwuy nöömayat aw tunglay'ti. Pu' yaw pam ep mihikqw wuuwanta hinte' yaw as pam put kookyangwwuutit tuwitani. Hin yaw as pam put uunatoynaqw yaw pam wuuti put tuwat pangsoq oomiq wupniy'maqw pam put sisipoqtataynani. Yaayan yaw pam wuuwankyangw pu' yaw pam hisatniqw puwva.

Aapiy yaw pantaqw pu' yaw kur pumuy ii'istuy sikwi'am sulaw'iwma. Noq pu' yaw pam iswuuti yaw put koongyay aw pangqawu, "Ta'aa, pay um nawus sonqa piw maqtoni, taq itam pas pay itaasikwiy soosokyani. Taq pi um pas nönöqsonhoymuysa timuy'ta." Yaw pam put aw kitaqw pu' yaw pam oovi ep qavongvaqw pay yaw maqtoniqey pangqawu. Pu' yaw pam pay pangso pumuy kookookyangwtuy amuqlavo haqami maqtoniqey yan wuuwa.

Qavongvaqw pu' yaw pam oovi pay iits pangsoqwat nakwsu. Pu' yaw pay oovi naat qa taawanasaptiqw pay yaw pam pumuy kiiyamuy aw pitu. Noq pay yaw puma put tutwaqe pay yaw piw paasat put tuutsamya. Pu' yaw pam oovi pep pumuy amumum nöösa. Pu' yaw pumuy noonovaqw yaw i' iisaw piw pay hin hintsakkyangw pay yaw piw put kookyangwuy nöömayat angqe suruy tongoknangwu. Noq pay yaw put koongya'at kur navota. Pay yaw as pam navotkyangw pay yaw qa hingqawu. Niikyangw pay yaw pam as itsivuti pam put nöömayat tunglay'tiqw. Suupan as pi yaw puma naakwatstotaqw son yaw haqawa panhaqam hintsakniqat pam wuuwanta.

Pu' yaw pam pay maqnumqey yaw amumi tu'awiy'ta. Pu' yaw pam as hin pumuy kiiyamuy a'omi wuuve' yaw as pang maqnumniqey pangqawu. Pang yaw sumataq ima tuutuvosipt kyaastaqat pam pangqawkyangw yaw pangso pas sus'ö'qala. Pu' yaw pam put kookyangwwuutit aw pangqawu, "Ya sen um son nuy uuho'apuy aqw panat pu' nuy yuk umuukiy oomi wupnaniy?" yaw pam aw kita. "Ason pi nu' hiita niine' pay nu' son umuy angqw peehut qa maqaniy," yaw pam put kookyangwwuutit aw kita. Noq pu' yaw pam wuuti pay put aw qa hin wuuwantaqe pay yaw oovi sunakwha.

Paasat pu' yaw puma oovi nöönösaqw pu' yaw iisaw pay aapiy yamakto. Pam hapi yaw kur put sisipoqtataynaniqe oovi pas pangso oomi maqtoniqey naawakna. Noq pu' yaw put aakwayngyap yaw i' kookyangw nöömay aw pangqawu, "Is ohi, pay um hu'wanay. Pay hapi pam sumataq piw naat hin nukuswuwankyangw uumi pan ö'qalay. Oovi pay um tunatyawkyangwniy," yaw pam nöömay aw kita.

don't you have this for a snack before you go to bed?" she said as she handed them a few morsels of food.

So the Coyotes set out for home with their gifts. And, indeed, when they arrived at their homestead, they very much enjoyed their modest fare before retiring for the night. Old Man Coyote, however, had such a lecherous disposition that he lusted after Spider Man's wife. He spent much of that night scheming how he could best become familiar with her. Somehow he had to persuade her to take him up that cliff without arousing her suspicions. Then he could look up her skirt. With these machinations crisscrossing his mind he finally fell asleep.

Thus the days passed, until it became evident that the Coyotes' supply of meat was about to give out. So Coyote Woman said to her spouse, "Well, I guess you'll just have to go hunting again. We're about to finish the last of our meat, and you have children who have a voracious appetite for nothing but meat." Coyote Man responded that he would go on a hunt the very next day. It was his intention to go near the Spiders' place to do his hunting.

The following morning Coyote set out early in that direction. It was not yet noon when he arrived. The minute the Spiders spotted him, they invited him to share lunch with them. Old Man Coyote ate with them, but while they were eating, he furtively brushed his tail against Spider's wife, as he had done at other times. This did not escape the husband's notice, but he kept silent. Inwardly he was very upset that Coyote was coveting his wife. Since they had become friends, it had never occured to him that either one of them would be capable of such a thing.

Coyote explained to the Spiders that he was out on a hunt. He also told them that he needed a method of getting to the area above their quarters to do his stalking there. He assumed there was an abundance of game animals and implied that he would very much like to find a way up there. Finally he turned to Spider Woman, "Is there any chance of you loading me into your basket and elevating me to that place above your home?" he asked. "If I get a kill up there I promise to share it with you." The woman readily agreed, not suspecting anything.

When they finally finished lunch, Coyote went right out without waiting for Spider Woman. It was, of course, his burning desire to look up Spider Woman's dress, and solely for this reason he wanted to get up on that cliff to hunt. Meanwhile, Spider remarked to his wife, "Too bad you yielded to his wish. It looks like he has something nasty up his sleeve, that's why he is asking you to do him this favor. Be on your guard," he urged his wife.

Pu' yaw pam kookyangwwuuti pay oovi yan navotiy'kyangw pangqw
put iisawuy angk yama. Noq pu' yaw pam iisaw pay put haqam nuutayta.
Pu' yaw pam kookyangwwuuti aw pituuqe pu' yaw piw pep ho'aplawu.
Pantit pu' yaw pam put pangsoq pakiniqat aa'awna. Pu' yaw oovi iisaw
put ho'aput aqw paki. Pu' yaw pam put piw aw pangqawu, "Um hapi
huur uvimani. Um hapi qa oomiq taymani taq hak tuu'awtangwu. Pay
ason nu' ung aqw pitsine' pay nu' son ung qa aa'awnani," yaw pam put
aw kitat pu' yaw put pangqaqw oomiq wungwupna.

Pu' yaw puma aqw oomiq yanmaqw piw pay yaw iisaw oomiq
taatayi. Noq antsa yaw kookyangwwuutit löwa'at angqw susmataq.
Pavan yaw iisaw lengihayiwkyangw aqw oomiq tayma. Pu' yaw pam pay
piw pan wuuwa, "Pay ason nuy pam pas oomiq wupnaqw pu' nu' paasat
ason put pepeq ngu'e' pu' nu' ason put tsopni." Yan yaw pam
wuuwankyangw pangqw oomiq kookyangwwuutit löwamiq tayma. Pu'
hapi pay yaw pam kur musqe pu' yaw pam kwasiy löhavuy huur
pangqaqw mavotsiy'ma. Pu' hapi yaw pam hin unangway'maqe yaw qa
sun yanma. Pu' yaw pam hisatniqw pas hin unangwtiqe pu' yaw pay
pam pangqw ho'aput angqw wawa'öktinuma.

Pu' yaw pam kookyangwwuuti as put iisawuy aw pangqawu sun
yanmaniqat. "Um sun yanmani taq um pay hin'ur putu'iwma, taq kya
nu' ung posnani. Ura um piw as qa peqw taymanikyangw piw pay um
soq peqw tayma," yaw pam kookyangwwuuti put iisawuy aw kita.

Pu' hapi yaw iisaw muusiy pay qa angwutaqe pay yaw pangqw
sungwnuptu. Pu' hapi pay yaw pam pas a'ni putuutiqw pay yaw pam
kookyangwwuuti put maatavi. Maatapqw pu' yaw pay pam okiw
atkyamiqhaqami posto. Naat yaw oovi iisaw muusiy amum naayaw-
tikyangw pay yaw pam okiw atkyaveq a'ni yeeva. Noq pam hapi yaw put
kookyangwwuutit tsoptaqey wuuwankyangw postoqe yaw oovi su'aw
naami yukukyangw yaw yeevaqe yaw tuwat, "Ali," kitat pay okiw sumoki.

Pu' yaw i' kookyangwwuuti pangqw oongaqw aqw taykyangw yaw aw
tayatit pu' pangqawu, "Pay nawus panta'a. Naapas um himu nukpan-
wuutaqa, son pi nu' ung naawaknaniqöö'. Um himu nu'an nuvö-
wuutaqa," yaw pam put aw kitaaqe yaw qa hin put ookwatuwa. Pangqw
pu' yaw pam pay nima.

Yanhaqam yaw as pam iisaw kwangwawuwat pay yaw tunatyay qa aw
antsanay. Yanhaqam pay yaw pam qa hiita kiy aw sikwimoktay. Naat ·
kya oovi haqam puma isnanatim nay nuutayyungwa. Pay yuk pölö.

Thus forwarned, Spider Woman followed Coyote out of the house. He was already waiting for her. When Spider Woman arrived she began weaving a burden basket again and, upon completion of her work, she asked Coyote to get in. So Coyote climbed in. Then she advised him of the same thing she had told the children. "Keep you eyes shut tight as you ascend. Don't look up because you may have strange perceptions. Trust me, I'll let you know when I get you to the top." With these directions she began hauling him up.

As the two were moving up the bluff, Coyote, of course, could not refrain from peeking up. Sure enough, Spider Woman's vulva was clearly visible. Lasciviously Coyote's tongue was hanging out as he stared upward. Then he decided, "I'll wait until she has taken me all the way to the top. There I'll grab hold of her and copulate with her." Thus he was calculating as he rose in the basket, leering at the Spider's cunt. By now he was having an erection and was tightly clutching his penis and testicles. He was so aroused, he could not keep still anymore. Eventually he became so excited that he was rolling around inside the basket.

Spider Woman told Coyote to settle down. "Don't move about so much, you're getting heavier, and I may have to drop you. I had also warned you not to be looking at me, but you are doing just that."

There came a point where Coyote could no longer repress his desire and sprung up from the basket. At that moment he became so heavy that Spider Woman let the basket go, and the wretched creature went plunging down. Coyote had still been fumbling with his erection when he, poor thing, smashed into the ground with a loud thud. During the fall he had fantasies of copulating with the female Spider. Barely a fraction before he struck the earth he had an orgasm. "Ahhh!" he moaned, and expired on the spot.

Spider Woman, while looking down at Coyote, laughed and said, "Stay there that way! It's your own fault. Why are you such a wicked old man? I wouldn't have wanted you anyway. You're just a dirty lecher!" Spider Woman spoke without any feeling of sympathy for him. Then she went home.

Thus, Coyote failed to realize his brilliant scheme. And he never brought back any meat. I guess the Coyote family is still waiting for the return of their father. And here the story ends.

Iisawniqw Tutsvo

Aliksa'i. Yaw ismo'walpe yeesiwa. Noq yaw pep iisaw kiy'ta. Niiqe pay
yaw pam kur hiita nösninik pu' yaw pay nawus maqtongwu. Noq yaw
pam hisat piw kur hiita nösniqe pu' yaw pam maqto. Pu' yaw pam piw
pay okiw pas qa maakya. Qa maakyaniiqe pu' yaw pam as oovi
maqnumkyangw pay yaw pas qa hiita haqam tuwa. Niiqe pu' yaw pam
pan wuuwa. "Pay pi nu' orayminiy," yan yaw pam wuuwa. "Pep pi pay
sinom yukyiq hopqöymiq pay hiihiita maspitotangwuniqw pay naap hisat
kya hak hiita totsiskwi'ewakw tuuvangwu. Put pi pay hak piw nösngwuy,"
yan yaw pam wuuwa. "Pay nu' oovi pangsoniy," yaw kita pam naami-
niiqe pu' yaw pam pangqw oraymi'i.

  Pu' yaw pam aw tupo pituuqe pu' yaw pam pangqe orayviy hop-
qöyvaqe qöötsap'atvelpa pu' yaw hiita hepnuma. Pang yaw pam oovi
pannuma. Noq piw yaw hak haqam hingqawlawu. Noq pepeq orayviy
hopqöyngaqw piw pay tukwiwya, pam yaw tuutsiptso'okpu yan maatsiwa.
Noq pepeq yaw piw tutsvo tuwat kiy'ta. Niiqe pepeq yaw pam tukwiwyat
ooveq tsokiwkyangw yaw töötöqlawu. Noq put yaw kur iisaw navota.
Niiqe pay yaw pam put qa aw pas hin wuuwankyangw yaw pep tuwat
hiita sowaniqey pang hepnuma. Pannumkyangw pu' yaw kur pam tutsvot
aw pitu. Aw pituqw pu' yaw aw hingqawu tutsvo, "Ya um hak pangqe'
hintsaknumay?" yaw aw kita.

5

Coyote and Wren

Aliksa'i. They say they were living at Ismo'wala. Coyote made his home there, and whenever he felt like eating he simply had to go hunting. And so one day again, when he was out of food, he went out hunting. Coyote, poor thing, was not a very good hunter, and for this reason he didn't find anything. So the thought occurred to him, "I'll run over to Orayvi. There, on the east side of the village, people usually discard all sorts of things. Who knows, someone just might have thrown away a worn-out shoe, something that is edible." This is what went through his mind. "Well, why don't I go there then," he said to himself and headed toward Orayvi.

Upon reaching the bottom of the mesa he began searching the trash along the eastern slope. He was there, when to his surprise he heard a voice. On the east side of Orayvi was a little butte, known by the name of Tuutsiptso'okpu. Wren made his home there. He was sitting on top of the butte, chirping a song. It was he whom Coyote had heard. However, Coyote paid no attention to him and continued looking for something to eat. On his quest for food Coyote eventually came upon Wren. Wren addressed him first. "Who are you, and what are you doing around here?" he asked by way of a greeting.

Pu' yaw pam tukwiwyat oomiq taatayqw, epeq yaw ooveq tutsvo
tsokiwta. "Owiy," yaw pam aqw kita. "Um piw hak pepehaq tuwat
qatuy," yaw aw kita.

"Owiy," yaw aw kita.

"Pay nu' as hiita kya yephaqam tuwe' put nösniqey wuuwankyangw
antsa yang hiita hepnumay," yaw kita iisaw. "Nu' as se'elngaqw
maqnumt pay nu' pas qa hiita haqam tuwaaqe oovi nu' angqw pew'i,"
yaw aw kita.

"Haw owi?" yaw tutsvo kita.

"Owiy," yaw aw kita. "Noq um tuwat hintsakiy?" yaw iisaw put
tutsvot aw kita.

"Pay nu' yepeq tuwat it taavit oovi yantay," yaw kita. "Pay pi yukyiq
taaviniiqe yepeq kwangqatniqw nu' yepeq kwangwamukiwtaqe oovi yepeq
qatuy," yaw aw kita.

Pu' pay yaw puma pep naami hiita yu'a'ata. Pay yaw puma kur
naakwatsta. Noq pu' yaw pay paasat su'awsavotiqw pu' yaw tutsvo
pangqawu, "Pas hapi as itam hiita hintsakniy," yaw pam kita
iisawuy awi'.

"Ta'ay," yaw iisaw kita, "niikyangw hiita'ay?"

"Ya sen itam son naahepnumniy?" yaw put aw tutsvo kita.

"As'awuy, antsa itam pantsakniy," yaw kita. Pay yaw iisaw sunakwha.

Paasat pu' yaw pam iisaw mootiniqey pangqawqw pu' yaw pay
tutsvo qa nakwha. "Qa'ey," yaw aw kita, "nu' mootiniy," yaw kita tutsvo.
"Nu' pi pan wuuwa itam naahepnumniqatniqw oovi nu' mootiniy,"
yaw kita.

"Ta'ay," pu' yaw pay iisaw nawus nakwha.

"Um hapi qa inungk taytaniy," yaw tutsvo kita. "Um oovi huur
uvitaniy," yaw pam kita. "Ason nuy, 'Taw',' kitaqw pu' um nuy
heptoniy," yaw aw kita.

"Ta'ay," yaw kita.

Paasat pu' yaw tutsvo na'uytato. Pu' yaw pam pay pangqw qöötsap-
'atvelmo. Pu' yaw pam pep haqam qölötat pu' yaw pam aqw paki.
Pangsoq pakit pu' yaw pam pay hiihiita mömtsikvut akw naa'ama. Huur
yaw pam naa'ama. Pay yaw motsovuysa angqw oomiq kuytoyniy'ta.
Pantit pu' yaw pam, "Taw'," kita.

Paasat pu' yaw iisaw put hepto. Pu' yaw as pam pep put hepnumay.
Haahaqe' yaw o'wat ang pam kukuytinuma, siisikva. Pu' ang pi yaw piw
himutskiniqw put yaw pam piw as ang hepnuma. Nit pay yaw pas qa
tuwa pam put'a. Pu' yaw as pangqawu, "Ta'ay, pew yamakuu', pay pi nu'
ung qa tuway," yaw kita as iisaw. Pay yaw pas tutsvo qa hingqawlawu
pang huur aamiwkyangw. Pay yaw pam pas oovi put qa tuwa.

Paasat pu' yaw piw iisaw pangqawu, "Pay pi nu' ung qa tuway, pay
pi um haqami pi'iy," yaw pam kita. "Pay pi nu' oovi hiita sowaniqey kur
piw hepnumniy," yaw pam kitaaqe pu' yaw pam oovi pay paasat tutsvot

Coyote squinted up the little butte and there, right on top, perched Wren. "Yes," he answered, "I'm surprised to see you sitting up there, too, stranger."

"Yes," replied Wren.

"I'm rummaging about here, hoping that perhaps I'll spot something worthy of a meal," Coyote continued. "I've been hunting since early this morning, but I couldn't find anything, and so I came here."

"Is that so?" Wren said.

"Yes," Coyote replied, "and what are you up to?" he inquired.

"Oh, I'm sitting here for the warm sun. You see, it is shining right on this spot, and so it's very pleasant up here. I'm nice and warm."

The two now fell to chatting with one another about things and became friends. When a good length of time had passed, Wren suggested, "We should do something."

"All right," Coyote agreed, "that's fine with me, but what?"

"Well, how about playing hide and seek?" Wren proposed.

"Why, yes, let's indeed do something like that." Coyote agreed right away.

Coyote declared that he would go first, but Wren would not hear of that. "No way," he retorted, "I'll be the one who goes first. After all, this game was my idea. So, I will go first," he insisted.

"All right, all right," Coyote willy-nilly complied.

"Be sure not to watch me," Wren instructed. "Why don't you keep your eyes shut? As soon as I give you the signal, you come search for me."

"Okay," Coyote agreed.

Wren now went to hide. He headed for the trash piles, dug a hole into one, and got in. Then he buried himself with all sorts of garbage. He covered himself thickly with it. Only his beak he allowed to stick out. When he was ready, he shouted, "Now!"

And so Coyote set out to look for Wren. He searched all over for him. At many different places he peeked under nooks and into crevices. He also searched among the bushes, but he failed to find Wren. Finally he shouted, "All right, come here, I can't find you!" But Wren did not respond and remained tightly covered in his hiding place. Try as he might, Coyote simply could not discover him.

So Coyote muttered, "Well, I can't find you. I don't know where you disappeared. I guess I'll look for something to eat instead." And without bothering to search for Wren any longer he began scrounging

qa hepnumt pu' pay yaw pam pep qöötsap'atvelpa qörinuma. Pantsak-
numkyangw yaw pam hisatniqw haqam kweetsiknaqw piw yaw pangqaqw
mootsi iitsiwtay. Paasat pu' yaw pam pangqawu, "Kwakwha, nu' mootsit
tuwa," yaw kita. "Nu' it itaasoy engem yawmaqw pam akw inapnay ang
tuu'iimantani," yaw pam kitat pu' yaw put ngu'a.

Yaw pam put mootsit angqw langaknaqw piw yaw hak angqaqw
hingqawuy, "Anananana, pam imotsovuy," yaw kita. Kur yaw pam
tutsvot motsovuyat langakna. Pan yaw pam put tuway. Paasat pu' yaw
pam put tutsvot pangqw langakna.

"Pay um nuy tuway," yaw tutsvo aw kita.

"Hep owiy," yaw kita. "Yangqaqw kur umniqw oovi nu' peep ung
qa tuway," yaw kita. Paasat pu' yaw iisaw tuwat pangqawu, "Ta'ay, pu'
nu' tuwat na'uytatoq pu' um nuy heptoni," yaw pam kita.

"Ta'ay," yaw tutsvo kita.

Pu' pay pi iisaw pas hiita sunawinngwuniiqe pu' yaw tuwat tusvot aw
pangqawu, "Um hapi qa inungk taytaniy," yaw aw kita. "Um huur
uvitaniy. Ason nuy, "Taw'," kitaqw pu' um tuwat nuy heptoniy," yaw
aw kita.

Paasat pu' yaw pam pay piw tuwat naawinqe pu' yaw pephaqam
qöötsap'atvelpe yaahantay. Yaw pam pep yaahat pu' yaw piw huur tuwat
naa'ama, mötsökvut akw. Pay yaw pam tuwat motsovuysa angqw hihin
kuytoyniy'ta ang hiikwistaniqe. Pantit pu' yaw paasat, "Taw'," kita.

Paasat pu' yaw tutsvo put tuwat hepto. Pu' yaw pam as tuwat put
hiihiita atpikyaqe hepnuma, pu' piw siisikva. Pay yaw pam tuwat put
pas qa tuwa. Pu' yaw pam pay pangqawu, "Pay pi son kya pi pam qa
nimay," yaw kita. "Pay pi pas naap hintingwu. Pay son pam piw qa pas
kiy awhaqami'i," yan yaw tutsvo wuuwa. "Piw pi nu' pas tsöngmokiy,"
kita yaw tutsvoniiqe pu' yaw pam pep qöötsap'atvelpe tuwat hiita pay
kwetsnuma, ang tso'tinumkyangw. Pantsaknumkyangw pu' yaw pay hiita
tuwe' pay yaw suusowangwu. Pantsaknumkyangw pu' yaw pam hisat-
niqw piw haqam kweetsiknaqw angqaqw yaw sivuwya kuyva. Pas yaw
pam tsuya. "Kwakwha," yaw kita. "Nu' it yawmaqw itaaso aqw ita-
mungem hiita kwipmantaniy," yaw pam yan wuuwaqe pu' yaw pam put
tuwat pangqw langakna. Pu' yaw iisaw tuwat pangqawu, "Anananana,
pam imotsovuy," pu' yaw angqaqw tuwat kita. Pay yaw kur pam tuwat
pangqe' naa'amiy'ta. Yan pu' yaw tutsvo iisawuy tuwat tuway.

Pay yaw antsa puma kwangwa'ewta. Paasat pu' yaw puma naami
pangqawu, "Pay pi itam kwangwa'ewtay," yaw puma kita. "Pay um
ason piw hisat angqwniqw pu' itam piw hiitawat naawine' pantsakniy,"
yaw tutsvo iisawuy aw kita.

Yanhaqam yaw puma oovi naami lavaytit pu' naamatavi. Paasat pu'
yaw iisaw pangqw nima. Pu' tutsvo pi pay pep kiy'taqe oovi pay pep
huruuti. Pay yuk pölö.

around in the rubbish piles again. Finally, while exploring the area, he scratched a surface, and to his surprise came across an awl. It was sticking right out of the ground. "Thanks," he exclaimed. "I found an awl. I'll take this home to my grandmother so she can sew my shirts with it." This he said and grabbed it.

He wanted to pull the awl out. But to his astonishment there was a voice under the ground. "Ouch, ouch, ouch, that is my beak!" the voice cried. Apparently, he had pulled on Wren's beak. This is how Coyote discovered Wren and now he pulled him out.

"You found me!" Wren exclaimed.

"I sure did," replied Coyote, "I almost didn't find you because you were under this trash here. Well, I'll go hide now and you can search for me."

"All right," said Wren.

It is, of course, the nature of Coyote to imitate anything right away. This is why he now pointed out to Wren, "Be sure not to watch me. Keep your eyes shut tightly. When I give you the signal, you come and look for me." These were his instructions.

And because Coyote is such a copycat, he too started digging in the refuse mounds. When the hole was dug, he also buried himself in trash and had only his snout sticking out slightly in order to breathe through it. After that he shouted, "Now!"

Now Wren set out to look for him. He, too, searched under all kinds of things, even in the crevices. But he couldn't find Coyote. So he said to himself, "Well, he probably went home. Coyote tends to do just anything. He must have run to his den again." This is what he thought and then he said, "I am really starving," and in turn began scratching among the garbage piles, hopping from one to the other. Occasionally he came across something and ate it up right away. While he was rummaging about in this fashion, lo and behold, a little pot appeared somewhere. Wren was overjoyed about his discovery. "Thanks," he exclaimed. "I'll take this along to our grandmother, and then she can use that to cook for us." With this thought flashing through his mind he pulled on the pot. Now it was Coyote's turn to holler. "Ouch, ouch, ouch, that is my snout." Coyote had evidently covered himself in the rubbish. This is how Wren found him.

The two were really enjoying themselves. "Well, we had fun," they said to each other. "When you come again some day, we'll plan something else," Wren said to Coyote.

After these words they parted. Coyote trotted home, and Wren who had his home there stayed where he was. And here the story ends.

Iisawniqw A'aat

Aliksa'i. Pay yaw ismo'walpe yeesiwa. Noq pep yaw iisaw kiy'ta. Pam yaw
pep kiy'takyangw piw yaw timuy'ta. Pu' pam pi timuy'taqe yaw pam
oovi sutsep pumuy amungem maqnumngwu. Putsa yaw pam api,
maqnumniqey.

Niiqe yaw pam oovi hisat piw timuy amungem maqto. Maqtoqe pu'
yaw pam angqe' maqnuma. Pannumkyangw pay yaw pam pas qa hiita
tuwa. Pu' yaw pam qa hiita sakinaqe pay yaw oovi ahoy nimiwmakyangw
piw yaw pam haqam hiituy aw pituy. Yaw pephaqam hiitu hintsatskya.
Pay yaw pam mootiniqw panis hiituy tuwa oomiq puuyaltotingwuniqw.
Pu' yaw pam angqw amumi'i. "Pay pi nu' kur amumini," yaw pam yan
wuuwaqe pu' yaw angqw amumi. Naat yaw oovi pam qa amumi pituqw
pay yaw piw hiitu angqaqw oomiq puuyaltoti. Pantiqw pu' yaw pam
amumi pay pas haykyalaqw yaw kur a'aatya. Puma yaw kur pephaqam
hintsatskya. Puma yaw angqaqw tutskwangahaqaqw puuyaltotit pu' oomi
hiisavoyat yaw pay piw ahoy yesvangwu, tutskwave. Pu' yaw pam pas
angqw amumi'i.

Coyote and the Blue Jays

Aliksa'i. They say they were living at Ismo'wala. Coyote made her home there. Her children also lived there. Coyote is a creature that constantly gives birth to new offspring. And then, of course, she is always on the hunt. That is the only thing she is really good at—hunting.

One day Coyote was going hunting again to feed her children. She searched about but simply couldn't find anything. Her luck had failed her, and she was already on her way back home when she chanced upon some birds. They were busy. At first she merely noticed that they kept flying up into the air. So she headed towards them. "Let me go up to them," she thought. She had not reached them yet, when once again the birds soared up. Approaching closer, Coyote discovered that they were Blue Jays. I don't know exactly what they were doing. They would fly up from the earth into the sky, stay there for some time, and then descend to settle on the ground. So she trotted over to them.

Amumi haykyalaqw pay yaw mooti suukya angqaqw puuyalti. Pam
yaw oovi pavan pas oovetit pu' yaw suupan hiita maatavi. Paasat pu' yaw
ima wukotonavit pu' yaw angk puuyaltotit pay yaw hiita suungu'aya. Kur
yaw puma put hiita pantsatskya. Noq putniqw pi yaw kur hiita. Paasat
pu' yaw pam pas angqw amumi pitu. Noq pay yaw puma piw kur put qa
mamqasyaqe yaw oovi qa watqa. Paasat pu' yaw suukyawa aw lavayti,
"Ya um yangqe' hak waynumay?" yaw aw kita.

"Owiy," yaw aw kita. "Noq uma tuwat hitsatskyay? Uma tuwat yep
hintsatskyaqw nu' umumi ayangqw taytaqw pas hapi uma sumataq
kwangwa'ewlalway, pas uma sumataq haalayyay," yaw iswuuti put
aw kita.

"Owi hapiy," yaw pam aw kita. "Pay itam pi tuwat yep hohonaqyaqe
pay itam tuwat naahaalaynayay," yaw pam tsirooya aw kita.

"Haw owi?" yaw aw kita.

"Owiy," yaw suukya a'a aw kita.

"Niiqe uma hintsatskyay?" yaw aw kita.

"Pay i' himuwa poosiy horoknaqw pu' suukyawa put oomiq yawme'
pu' pepeq put maatapqw pu' pay hakim put wikkyaakyangw put poosiyat
engem hepwisngwuy. Noq pu' pam put ahoy ngu'e' pu' ahoy aqw
panangwuy," yaw pam put yan aa'awna.

"Ya uma pantsatskyay?" yaw iisaw aw kita.

"Owiy," yaw pam himuwa aw kita.

Pu' yaw pay piw iisaw tuwatniqe pu' put tuuvingta, "Noq sen nu' son
tuwatniy," yaw pam amumi kita.

"Pi um piy," yaw suukyawa aw kita. "Pay pi um pan naawakne'
antsa tuwatniy," yaw pam aw kita.

"Pay pi pas uma kwangwa'ewlalwaqw pas nu' umumi kwangway'-
tusway," yaw aw kita. "Noq pay kya sen nu' as tuwatniqe oovi umuy
tuuvingtay," yaw aw kita.

"Pay pi um tuwatniy. Pay itam son ung ii'ingyalyaniy, pay um tuwat
itamumniy," yaw pam aw kita.

"Kur antsa'ay, pas hapi uma haalayyaqw oovi pay pi nu' kur
tuwatniy," yaw kita iswuuti.

Pu' yaw puma oovi pay put nakwhanaya. Pu' yaw pam pay piw pas
amupyevetaniqe pu' yaw oovi pas löövaqw poosiy horokna. Pantit pu' yaw
pam put amumi tavi. "Ta'a, pay ason ima oomiq yawme' angqw tuuvaqw
pu' ima ung wikkyaakyangw aqw kwiswisniy," yaw aw kita.

Paasat pu' yaw oovi puma lööyom tsirot put poosiyat yawkyangw pu'
oomiq puuyalti. Pu' yaw puma oovehaqtit pu' yaw paasat maatavi,
iisawuy poosiyat. Pu' yaw ima tutskwaveqyaqam paasat pu' tuwat put
iisawuy wikkyaakyangw pu' yaw aqw puuyaltoti. Naap haqam yaw
himuwa iisawuy tsöqöy'kyangw oomiq puuyaltingwu. Peetu yaw suru-
yatya, pu' naqvuyat, pu' hokyayat. Pu' peetu hotpaqeya. Pay yaw

As she got nearer, she observed that first only one of the birds took flight. When he was way up high it seemed that he let something go. Then the whole big flock flew up after it and caught whatever that thing was. It was evidently a game that the Blue Jays were playing. Coyote didn't know what it was all about. She now went right up to the birds, and to her surprise, they showed no sign of fear and didn't fly away. What's more, one of the Jays addressed her and said by way of greeting, "Are you walking about, stranger?"

"Yes," Coyote answered, "but what are you up to?" she asked in return. "I kept watching you from over there, and it looked to me as if you were having fun. You seemed to be quite a happy bunch."

"Yes, of course, we're playing here and amusing ourselves."

"Is that so?"

"Yes," one Blue Jay said.

"But precisely, what game are you playing?"

"Well, one of us takes out an eye. Then somebody else carries it way up. There he releases it. The others then take him aloft and search for his eye. As he catches it, he puts it back into his socket."

"So that's what you were doing!" Coyote exclaimed.

"Yes," one of the Blue Jays replied.

Coyote was anxious to do the same and pleaded, "Do you think I could have a turn, as well?"

"That's entirely up to you. If you really want to, maybe you can do it too."

"Well, you're having such a good time that I would very much like to do what you are doing. That's why I asked if I could possibly have a try."

"I suppose you can," the Blue Jay said. "We won't object if you join in with us."

"Very good. You seem so happy that I would love to have a try," Coyote Woman said.

The Jays agreed to fulfill her wish. As ever, Coyote wanted to outdo the others. Thus, she took out both of her eyes and handed them over to the birds. "Well now, these two here will first carry your eyes up in the air and throw them down. The others will then take you up along with them to retrieve your eyes," one of the Jays explained to her.

Two birds now took Coyote's eyes and soared up. When they were way up high, they let go of the eyes. Those remaining on the ground grabbed Coyote and ascended with her to meet her eyes. They held Coyote everywhere as they lifted off: some clasped her tail, her ears, and her legs. Others grasped her along her back. Her arms they left alone,

maayatsa qe'ya. Put hapi yaw akw poosiy ngu'ani. Pu' yaw puma hölöl-
tiqe oomiq wikyaqw pavan yaw iisaw mapyayatima. "Ta'ay, yangqw
uuposi uumi postoy," yaw puma aw kitota.

Noq pu' yaw puma soosoyam put aw suusaq sa'a'ayku haqam put
poosi'atniqw. Pu' yaw pam as oovi angqe' poosiy oovi mapyayatinuma.
Noq puma pi yaw kyaysiwqw pam yaw kur hakiywat aw pas tuuqaytaniqe
yaw oovi naanap haqe' poosiy oovi yotinuma. Naat yaw pam oovi
pantsakqw pay yaw put poosi'at put aqle' atkyamiqhaqami posma.

Pay yaw kur put poosi'at haqami. Noq pay yaw kur puma piw okiw
put qa su'aw wikkyaakyangw puuyaltoti. Pu' yaw puma put ahoy
tutskwave taviya. Pangqe' pu' yaw pam poosiy piw hepnuma, haqami
hapi yaw kur put poosi'atniqw. Pam yaw pangqe' tutskwava may'numa,
okiw yaw qa taykyangw pangqe' hoytinuma. Pay yaw pam pas poosiy qa
tuwa. Pu' yaw puma tsiroot put aw pangqaqwa, "Ta'ay, pay pi um
yephaqam yantaniy," yaw aw kitotat pu' yaw pay puma pangqw watqa.

Pu' yaw pam pephaqam okiw sunala poosiy hepnuma. Pay yaw kur
pam pas son put tuwani. Pu' hapi yaw pam kur haqami nimani. Kur pi
yaw pam haqamiwat nakwsuni. Pu' yaw pam pangqaqw oovi pan-
makyangw pu' yaw pam haqam tuve'tsokit aw pitu. Put yaw aw pituuqe
pu' yaw pam pep put atpik may'numa. Pannumkyangw pu' yaw pam
pephaqam kapöösanat tuwa. Pu' yaw pam put tuwaaqe pu' yaw put
posmiq pana. Löövoq nan'ivoq yaw pam put pana.

Pantiqe putakw pu' yaw pam hihin poosiy taalawnaqe pu' yaw
timuy su'aqw nima. Hin pi piw pam kapöösanat akw poosiy taalawna.
Yanti yaw pamniiqe pu' ahoy posvölöy'va. Yan yaw pam put kapöösanat
posmiq panaaqe oovi paniqw yaw pam sikya'voy'tangwu. Suukyahaqam
kya pi iisaw sikya'voningwuniqw pam hapi yaw kapöösanat postaqe oovi
paniqw panta. Pay yuk pölö.

because with them she was to catch her eyes. As they rose and took her up, she flapped her arms frantically. "Okay, here your eyes come!" the Birds shouted.

They all shouted at the same time to tell her where her eyes were. Presently she wildly flapped her arms in search for her eyes. But because there were so many birds, she didn't know which one to listen to. All she could do was to grab around blindly. She was still doing that when her eyes plummeted right past her and dropped to the earth.

Coyote's eyes had vanished. The Jays had not flown the poor creature to the right spot. They now placed her back down on the earth, and there she started searching for her eyes. She had no idea where they were. Blindly the poor thing moved about and felt all over the ground. But she failed to find her eyes. Thereupon the Birds said to her, "All right, you can stay here as you are." With these words they left.

All alone and miserable, Coyote looked for her eyes. There was no way that she was going to find them. She didn't know the direction to her home. She had no idea which way to choose. Eventually she came upon a pinyon tree. She began groping around under it, and while doing so she found some pitch. This she placed into her eyes. Into both eyes she put the pitch.

When Coyote had accomplished that, she was able to see again a little and headed right back to her children. I don't know how she managed to get some of her eyesight back with that pitch. But, at least she had some eyeballs again. And because she put that pitch into her eyes, they have a yellow color now. As is well known, one type of Coyote has yellow eyes. Because she had fashioned the eyeballs out of pitch, she is like that now. And here the story ends.

Iisawniqw Angwusi

Aliksa'i. Yaw ismo'walpe yeesiwa. Noq yaw pep iisaw kiy'ta. Niiqe yaw pam pangqw pay naap haqamiwat maqtongwu. Niiqe yaw pam hisat hoopoq maqto. Pangsoqwat pi yaw tuutukwiy'yungwa. Noq yaw pam hisat pang tupkye' maqnumniqe yaw pam oovi tupo. Pam yaw tupo haykyalaqw piw yaw pephaqam wuko'owa. Wuko'owaniqw piw yaw atsveq himu qömmamatsila. Noq yaw pam aqw tayta. Pam yaw aqw taytaqw pay yaw pas suyan himu pepeq qatu. Niikyangw pay yaw pam qa pas suyan hiita maamatsqe pu' yaw pam angqw awwat piw hihin nakwsu.

Paasat pu' yaw pam aw hihin pas haykyalaqw pay yaw pas himu suyan epeq qatu. Niikyangw piw yaw himu ngasta qötöy'ta. Pu' piw yaw suupan suukw akw wuukukiwta. Yaw pam pangqw put aw poosiy tatalawna. Pu' yaw pam piw aw hihin pavan hoyokt pu' yaw piw aw taynuma. Pay yaw pas himu as epeq qatukyangw yaw kur himu. Pay yaw pam put hiita pas qa maamatsi.

[68]

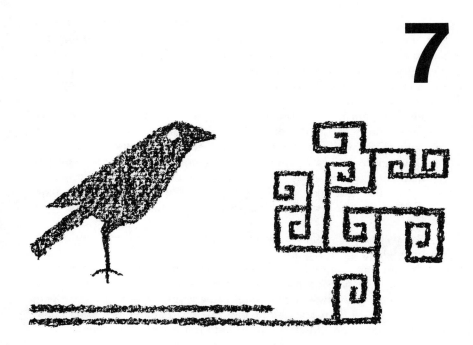

Coyote and the Crow

Aliksa'i. They say they were living at Ismo'wala. Coyote had his home there, and he was wont to go hunting around the area. One day he set forth in an easterly direction. There were buttes in that area, and since he was going to hunt along them, he decided to move up to their base. Upon getting closer he discovered a large boulder, and right on top, to his surprise, something black was visible. He looked hard at it and noticed that something was actually sitting there. Because he could not make out clearly what it was, he sneaked up a little closer.

When he got nearer, it was quite obvious that some sort of creature was perched up there. But, strangely enough, it was a creature without a head. And what was even more astounding, it apparently stood on only one leg. Coyote strained his eyes. He crept closer, and once more inspected the thing from all sides. No doubt, something was up there, but he was at a loss to tell what it was. He simply could not figure out what it was.

[69]

Pu' yaw pam aw as hingqawu, "Ya um hak pepeq qatuy?" yaw aw
kita. Pay yaw qa aw hingqawu. Pu' yaw pam pep pas qatuptuqe pu'
pangqw put aw wuuwanta, "Ya himu sen i'i? Pas pi yaw suukw akw
kwangwawunuwta. Pay pi yaw suyan piw qa owa. Piw yaw pay qa
tuusaqa, qa himutski." Pay yaw pam put qa maamatst pu' yaw pay pam
pangqaqw ahoy nima.

Pu' yaw pam kiy ep pituuqe pu' yaw put a'ni aw wuuwanlawu. "Ya
sen pam himu pepeq'a? Pay pi nu' kur ason qaavo piw aqwni," yaw pam
yan wuuwa. Pu' yaw pam ep mihikqw put wuuwankyangw puwva.

Qavongvaqw pu' yaw pam pay iits pangsoq nakwsu. Pu' yaw pam pay
pas qa maqtimakyangw pay yuumosa aqw'a. Pu' yaw pam antsa piw ahoy
aqw pitu. Pay yaw naat piw epeq tsokiwta. Pu' yaw pam pas angqw
atpiponiiqe pu' yaw piw as aw hingqawu, "Ya um hak pepeq qatuy?" yaw
aw kita.

Pas paasat pu' yaw pam put aw hingqawu, "Owiy," yaw kitikyangw
yaw yuupahaqaqw hingqawu.

"Ya um hak hintsaki pepeq'ay?" yaw aw kita. Pay yaw as piw hing-
qawqw pay yaw pam qa pas suyan navota. Paasat pu' yaw iisaw as aqw
wupnikyangw pay yaw kur pam haqe' aqw wupni. Paasat pu' yaw pam
pay put piw oovi qa pas aw hintit pay yaw piw pangqw piw ahoy nima.
Paasat pu' yaw pam putwat aw wuuwanta hin pam aqw wupniqey.

Qavongvaqw pu' yaw pam piw aqw'a. Pu' yaw pam piw aqw
tuuvingta. Pu' yaw piw aw pangqawu, "Hep owiy," yaw aw kita, "pay nu'
yepeq pi tuwat kwangwatsokiwtangwuniiqe oovi yepeq yantangwuy," yaw
aw kita.

"Niikyangw ya um hin pas suukw akw kwangwawuukukiwtangwuy?"
yaw aw kita.

"Hep owiy," yaw aw kita, "pay nu' it piw pas kwangway'tuswa-
ngwuniiqe oovi'oy," yaw kita. Pay haqaqw pi yaw yu'a'ata awi', pi yaw
ngasta himu qötöy'ta. "Pay nu' it pas kwangway'tuswangwu, suukw akw
wuukukiwtaniqeyuy," yaw aw kita.

"Hep owi, pas nu' put aw oovi piw wuuwantay," yaw iisaw aw kita.
"Pay nu' uumi yantaqat aw yorikqe pas nu' tuwat put aw wuuwantay.
Ya pay um qa maanguy'ngwuy?" yaw aw kita.

"Pay nu' as pi maanguy'ngwu, niikyangw pay pi nu' it suukw
hokyay'taqe oovi suukw akw yantangwuy," yaw aw kita. "Pay nu' as pi
hisat lööq hokyay'tangwu. Nit nu' it kwangway'tuswaqe pu' pay nu'
oovi put naap ayo' tukuy," yaw aw kita.

Paasat pu' yaw iisaw pay piw aw hin wuuwanva. "Noq pay um piw
pas qa qötöy'ta?" yaw kita.

"As'ay," yaw aw kita, "niikyangw iqötö tuusungwtingwuniqw oovi
nu' put yangqe paniy'ta," yaw pam kitaaqe paasat pu' yaw pam pang-
qaqw qötöy horokna. Kur yaw pam put masay angqe paniy'ta.

Finally he called up to it. "Who are you, sitting up there?" But he received no answer. So Coyote squatted down where he was. He racked his brains deciding what that thing could possibly be, for it stood quite comfortably on just one leg. It was definitely not a rock. Nor was it grass or some kind of a bush. When he failed to determine its nature, he trotted home again.

Back at his house Coyote was completely preoccupied with what he had seen. "What on earth could that possibly be up there? Well, I'll check back tomorrow." This is what he decided to do. That night he fell asleep thinking about that thing.

The following day he started out bright and early. Without bothering to hunt he headed straight for his destination. When he finally arrived at the place, the creature was still perched up there. Coyote maneuvered himself to a spot under it and shouted up once more. "Who are you, sitting up there?"

This time came an answer. "Yes." That was all the voice had to say. It came from deep within.

"Who are you and what are you doing up there?" Coyote continued. Again the creature muttered something, but Coyote was not able to make it out. Presently he tried to climb the boulder, but he couldn't do it. So, having failed a second time, he returned home. He was thinking about a way to climb up to that creature on the rock.

The next morning he ran back to the same location. Once more he asked his question. And to his great astonishment he got a reply. "Yes, indeed," the voice answered, "I'm sitting up here quite comfortably. That's why I'm in this position."

"But how can you stand so comfortably on just one leg?" Coyote persisted.

"Well, yes, I very much wanted to do this, so that's why," the voice said. Who knows where it was coming from—the thing was headless. "I had always had a great desire to stand on just one leg," the voice continued.

"Well, yes, I've also given it some thought," Coyote responded. "When I saw you standing there like that, the idea occurred to me too. Don't you ever get tired, though?" he asked.

"Yes, I do get tired, but because I only have one leg I simply stand on it. Once I used to have two legs, but I very much wanted to do this, so I cut the other one off myself," the voice said.

Coyote mused about what he had just heard. Then he inquired, "Don't you also have a head?"

"Why, yes," the voice replied, "but my head got cold and so I tucked it in here." With these words the creature pulled out its head. Its head had been pushed under its wing.

Paasat pu' yaw pam put maamatsi, kur yaw pam angwusi. Pu' yaw
pam aw pangqawu, "Ya um'iy?" yaw aw kita.

"Owiy, pay iqötö tuusungwtingwuniqw oovi nu' yaasat it imasay
angqe huur paniy'tangwuy," yaw aw kita.

"Hep owiy, kuraa'," yaw kita. "Noq um hin uuhokyay ayo' tukuy?"
yaw aw kita iisaw.

"Pay qa hintay," yaw aw kita. "Pay hak kur suukw hokay'te' piw
kwangwahintangwuy," yaw aw kita.

"Haw owi? Noq pas nu' uumi tuwat kwangway'tuswa pas um put
suukw akw kwangwawunuwtaqöö'," yaw kita. "Noq sen um son nuy
tutuwnaniy," yaw iisaw kita. "Sen um son nuy aa'awnani hin um put
ayo' tukuuqeyuy," yaw kita.

"Pi um piy," yaw kita. "Pay ason um qaavo piw angqwniqw pu' nu'
ung aa'awnani hin nu' put ayo' tuuvaqeyuy," yaw pam put aw kita.

"Ta'ay," yaw kita. Paasat pu' yaw tis iisaw pangqw haalaykyangw
nima. Qavomi yaw kwangwtoya, angwusit an hapi yaw suuvaqw
kwangwawunuwtamantaniqe.

Paasat pu' yaw angwusi ayangqwwat pay wuuku pam aapiyniqw,
pay yaw as kur pam put qa angqw tuku. Pam pay yaw kur huur naamiq
hokyay tsomolangwuniqw oovi pangqwwat qa maatsiwtangwu. "Pas pi
iisaw hiita suutuptsiwngwu," yaw angk kita. "Pay pi nu' qaavo aw hin
hepniy," yaw kitaaqe pu' yaw pam pangqw waaya, owat atsngaqw.
Waayaqe pu' yaw pam puuyawnumkyangw yaw pam owat qalay'taqat
hepnuma. Pu' yaw pam oovi haqam put owat tuwa, pay hihin putsqat,
a'ni qalay'taqat. Pu' yaw oovi piw sukw pay tsaakw owat tuwa. "Pay pi
songqa yepniy," yaw pam yan wuuwa. Paas yaw oovi pam put owat
tuwaaqey aw maskyata. Pantit pu' yaw pam paasat qavomi maqaptsiy'ta.

Paasat pu' yaw qavongvaqw iisaw piw awniqe kwangwtoya. Paasat
hapi yaw naalösniy'ma. Pu' yaw oovi pam talavay taatayt pu' pangqw
awi'. Pu' yaw ep pituqw paasat pay yaw qötöy qa tupkiy'ta. Niikyangw
pay yaw piw suuvaqw wuukukiwta. "Ta'ay, nu' pituy," yaw aw kita. "Ura
um nuy aa'awnani hin um uuhokyay ayo' tukuuqeyuy," yaw aw kita.

"Hep owiy, pay nu' uumi hawniy, son pi um peqw wupniy," yaw aw
kita angwusi. Kitaaqe pu' yaw pam suuvaqw kwangwatso'omtit pu' yaw
angqw aw puuyalti. "Pew umniy, yep nu' put ayo' tukuy," yaw pam aw
kita.

Pu' yaw puma pangqw hiisavo ayo'niqw pep yaw pay tsay owa qaatsi,
niikyangw yaw angqe oovaqe qalay'ta. Pu' yaw put aqlap i' piw suukyawa
qaatsi put pam ep tavoknen tuwaqw pami'. Pu' yaw pam ep tavoknen piw
hiita nösniqe yaw oovi hiita niinaqe pu' yaw pam kur put pay pep owat
atsve siskwaqw yaw oovi put tuuniyat ungwa'at pangqe' munva. Noq put
ungwat akw pay yaw hihin tuptsiwni'eway. "Pew umniy," yaw angwusi
put aw kita.

And now Coyote recognized the creature: it was Crow. Coyote exclaimed, "It's you then?"

"Yes, my head was freezing badly, so I had it tucked right under my wing all this time," Crow replied.

"Well, of course, that's it! But how did you cut off your leg?"

"Oh, that was easy. One can really stand quite nicely on one leg."

"Really? How I envy you for standing so well on just one leg. Maybe you can show me how to do that too. Perhaps you would even care to tell me how you cut yours off," Coyote suggested.

"That's up to you," Crow answered. "If you come back tomorrow, I will tell you how I got rid of mine."

"All right," Coyote cried. This time Coyote was in happy spirits when he bounded home. He was looking forward to the next day. He, too, might stand comfortably on one leg like Crow.

After Coyote's departure Crow brought his other leg down. Evidently, he had not cut it off at all. He had simply held his leg bent closely to his body, so it had not been visible. "What a gullible dupe Coyote really is!" Crow muttered behind his back. "I'll just test him tomorrow." With that he winged away from the boulder and flew around in search of a sharp rock. He found one that was slightly flat with a very sharp edge. Presently he spotted another one which was small. "Well, this will be the place," Crow thought and carefully stored away the two rocks which he had found. Having done that, he waited for the coming day.

The following morning Coyote was eager to head back to the site. This would be his fourth time he was going to be there. The minute he woke up in the morning he ran back. When he arrived he noticed that this time Crow had not hidden his head. But he was still standing there on just one leg, as on the days before. "All right, here I am," Coyote exclaimed. "Remember, you were going to tell me how you cut off your other leg," he reminded Crow.

"Well, yes, I'll come down to you, for I don't see how you can climb up here," Crow replied. He first hopped on one leg and then sailed down to Coyote. "Come here, this is the spot where I cut it off."

So they moved a little ways over to the small stone with the sharp edge at the top. Next to it lay the other one which Crow had found the previous day. Also, that same day Crow had killed something to eat and had skinned his prey there on top of that rock. The blood of his prey had run across it and made everything look a little more believable. "Come here to me," Crow coaxed Coyote.

Pu' yaw oovi iisaw angqw aw'i. Aw pituqw pu' yaw aw pangqawu,
"Peqw um wuuve' yangqe um uuhokyay taviniy," yaw aw kita. Pu' yaw
iisaw owat atsmiq tso'omti. Niiqe pu' yaw pam put owat qalay'taqat
su'atsva hokyay tavi. "Yang um taviniy." Angwusi yaw suuvaqw
wuukukiwkyangw aw tutaptsoniy'ta. "Yang um taviniy," yaw aw kita.

Pu' yaw oovi iisaw put owat qalayat atsvaqe tavi. "Yep i'wa piw
qaatsiy," yaw pam aw kita. "Itakw um hapi uuhokyay ayo' tukuniy, um
hapi pas nahongvitaniy," yaw aw kita. "Um hapi pas nahongvitaqw pay
son tuyvaniy, pay sutkingwu ayo'oy." Yaw aw kitat pu' yaw put owat aw
maqana. Yaw put aw tavi. "Itakw hapi um wuvaataniy," yaw kita. Pu'
yaw iisaw kwusuna. Paasat pu' yaw angwusi, "Ta'ay," kita, "um hapi pas
nahongvitaniy," yaw aw kita.

Pu' yaw pay iisaw as qa suutaq'ewtangwu. Qa suutaq'ewte' pay yaw
piw qa wuvaatangwu. Pay yaw qa wuvaatat pu' yaw pay piw ahoy ayo'
waayangwu. Pu' yaw pam as piwniqe pu' yaw huur uviitit pu' yaw piw
tuwanta. Pay yaw piw qa wuvaata. Pu' yaw angwusi aw pangqawu,
"Ta'ay, pay qa tuyvangwuy. Um sööwu hintsakiy," yaw aw kita. "Um pi
kwangway'tusway. Pay nu' oovi suustat pay ayo' sutkuy," yaw aw kita.

Paasat pu' yaw kur pas qa atsata iisaw'u. Pu' yaw pam oovi piw huur
uviiti, pavan yaw tsi'rumkyangw pu' hokyay wuvaata. Pay yaw ayo' sutki.
Sutki ayo'niiqe pu' yaw hokya'at atkyamiq poosi. Pu' hapi yaw angqaqw
ungwti.

Yanti yawniqw paasat pu' yaw angwusi aw pangqawu, "Um himu
nu'an ihuy," yaw aw kita. "Son pi pas antsaniqöö',",yaw aw kitat pu' yaw
pam paasat ayangqwwat hokyay hawna. Pantit pu' yaw ahoy oway aqw
ːsokiiti. Yan yaw pam put hintsanqe aw tayati.

Pu' yaw iisaw pephaqam okiw ngasta hokyay'kyangw ungwwutsi'numa.
Pu' yaw pam tuuwat matsvongtaqe pu' yaw put hokyay aw tsaltoyna. Noq
pay yaw hisatniqw hokyayat angqw ungwa sulawti. Pantiqw pu' yaw pam
pangqw pay nawus suuvaqw ngasta hokyay'kyangw nima. Niiqe pay yaw
oovi okiw hin warikiwma. Noq paniqw yaw pam oovi rohon'isaw, pu'
yaw himuwa haqam pantaqat aw yorikye' pangqawu, "Angqw piw pay
rohon'isaw." Pay yuk pölö.

Coyote stepped up to him. When Coyote was near, Crow continued with his instructions. "Climb up here and place your leg over this edge." Coyote obediently jumped onto the rock. Then he positioned his leg directly over the edge of the sharp rock. "Just put it across here," Crow enthusiastically carried on with his directions, still standing on one leg. "Lay your leg right across here."

Coyote did as bidden and placed his leg over the sharp side of the rock. "And here is the other rock with which you can hack it off. Give it all you can now. If you really put your heart into this, it won't hurt at all, and your leg will be cut off in no time." With these words Crow gave him the rock. Handing it to him, he said, "Use this one to strike." Coyote took it, and Crow encouraged him, "Now, then, put all your strength into this!"

Coyote hesitated now. He was reluctant to inflict the blow. Instead of striking, he backed off. But then he shut his eyes tightly again and made a new attempt. Once more he failed to strike. Crow urged him on, "Come on, it doesn't hurt. You are wasting your time. After all, this is what you wanted. I just struck my leg once and chopped it off right away."

This time Coyote went through with it. With his eyes tightly closed, and teeth gritted fiercely, he bore down on his leg. It snapped off, instantly, and fell to the ground. Blood streamed from it.

This is what Coyote did. "What a gullible sucker you are! This couldn't have been true!" Crow jeered and lowered his other leg. Then he perched back on the boulder again. He laughed and laughed, because he had succeeded in tricking Coyote into this.

There stood the miserable Coyote, now without his leg. The blood was spurting forth. All he could do was to take a handful of sand and scatter it on his wound. He now had no choice but to limp home, with one leg missing. It was funny to see the poor wretch running along. And for this reason such a Coyote is referred to as a Hopping Coyote today. Whenever a Hopi sees one like that, he says, "There comes a Hopping Coyote." And here the story ends.

Iisawniqw Kokoyongkt

Aliksa'i. Yaw ismo'walpe iisaw lööq timuy'kyangw kiy'ta. Noq yaw ahoophaqam i' koyongwuuti piw yaw an lööq timuy'kyangw qatu. Noq pay yaw puma naanami kiikinummantangwu. Pu' yaw pay ephaqam puma suup nöönösangwu.

Noq suus yaw i' koyongwuuti imuy isnanatimuy taawanasami tuutsamta. Pay yaw puma ep kiikinummayaqe nöngakwisniniqw yaw pam pumuy amumi pangqawu, "Uma hapi qaavo taawanasave angqw nöswisniy. Nu' umungem pas hiita aw hintsanniy," yaw pam amumi kita.

"Ta'ay, pay itam songqa pantotiniy," yaw pam iswuuti aw ahoy kita.

Pu' yaw puma oovi pangqaqw qavomi kwangwtotoykyaakyangw ninma. Qavongvaqw pu' yaw pay naat qa pas taawanasaptiqw pay yaw puma aw kwangwtotoykyaakyangw hoytota. Pay yaw oovi naat pu' hihin taawanasaproyakiwtaqw yaw puma ep öki. Pu' yaw puma oovi ep ökiiqe pay yaw naat maqaptsiy'yungwa. Pay yaw naat kur pumuy tuutsamqa qa novayuku. Pu' yaw pam koyongwuuti yukuuqe pu' yaw amungem aw

Coyote and the Turkeys

Aliksa'i. They say Coyote was living at Ismo'wala with her two children. Somewhere to the east of that place Turkey Woman made her home. She also had two children. Both the Turkeys and the Coyotes often visited each other, and once in a great while they would also share a meal together.

One day Turkey Woman invited the Coyote family for lunch again. Coyote Woman and her children had just called on her and were about to leave when Turkey Woman said to them, "Be sure to come tomorrow, at noon. I'll cook something special for you."

"All right, we will probably do that," replied Coyote Woman.

And so the Coyotes left for home, already looking forward to the following day. The next day—it was not even noontime yet—they were already on their way with great anticipation. It was slightly past midday when they arrived. They still had to wait, however, because Turkey Woman, who had invited them, was not through with cooking yet. Finally, when she was done, she set out the food for them. But before

[77]

tunösvongyaata. Noq pay yaw naat puma qa noonovaqw yaw i' koyong-
wuuti pumuy amumi pangqawu, "Nu' hapi naap itimuy aw tuupeqw oovi
uma paas noonovaniy," yaw amumi kita. "Hak hapi sikwiyamuy ang
sowe' ööqayamuy aqw pite' pay hapi hak ööqayamuy qa möötsiknaman-
tani. Pay itam yuk it tutsayat aw ööqayamuy inlalwani." Paas yaw ima
i'ishooyam naanakwhaniy'yungwa. Yan yaw pam amumi tutaptaqw pu'
yaw puma oovi noonova.

Is ali, yaw puma koyongsikwit kwangwanonova. Pu' tis yaw ima
i'ishooyam nönöqsontniiqe tsoniy'yungwa. Niikyangw pay yaw puma
tutavotyaqe pay oovi tunatyawkyaakyangw noonova. Antsa yaw himuwa
ööqayamuy aqw pite' yaw qa pay möötsiknangwu. Pay yaw puma put
tutavotyat su'anyaqe pay yaw oovi suuvo ööqayamuy oo'oyaya. Pu' yaw
pumuy nöönösaqw pu' yaw i' koyongwuuti tutsayat ep ööqat iniwtaqat
kwusut pu' yaw pam put yawkyangw iipoqhaqami yamakma. Noq
hintsanni pi yaw pam puta. Yan yaw ima isnanatim wuuwankyaakyangw
yaw angk nönga. Noq pu' yaw puma paas aw taayungwa hintini
hapiniqw. Noq pu' yaw i' koyongwuuti pep kiy iiphaqam wunuptut pu'
yaw pam hiita tawkuyna:

Piiviitsa, piiviitsa.
Piiviitsa, piiviitsa.
Itim talahoya'aa!

It yaw pam hiita tawlawu. Pu' yaw pam tawso'tapnat pu' yaw pam put
ööqat tutsayat ep iniwtaqat oomiqhaqami tsalakna. Yaw oomiq
tsalaknaqw pay yaw piw angqaqw put timat taavok hintaqey pay yaw piw
pankyangw angqw ahoy poosi. Pay yaw kur puma qa hinti, naamahin
pumuy yu'am tuupeqw.

Pavan yaw ima ii'ist put aw kyaataayungwa. Noq pay yaw piw kur i'
iswuuti tuwat naawini. Yaw naawinniqey yan wuuwankyangw aw tayta.
Niiqe yaw oovi i' iisaw piw pay put suutuvingta hin pam pantiqw. Pu'
yaw pam put tuuvinglawqe qa tuuqayi. Pu' yaw pam oovi put aa'awna.

Noq pu' yaw puma pay pep paasat naanami yu'a'alalwa kwangwa-
nönösat. Noq pu' yaw pay tapkiwmaqw pay yaw puma ninmani. Pu'
yaw i' iswuuti tuwat kokoyongtuy tuutsama. "Antsa'a, pay itam songqa
tuwat umumiyaniy," yaw puma amumi kitotaqw pu' yaw ii'ist pangqaqw
ninma.

Qavongvaqw pu' yaw ima kokoyongkt tuwat taawanasami haykyal-
tiqw pu' yaw puma tuwat ismo'walmi nankwusa. Pay yaw naat oovi puma
qa aw ökiqw yaw i' koyongwuuti timuy amumi pangqawu, "Son hapi
naat pam tuwat itamumi qa hin tutaptaqw pu' itam noonovani," yaw
pam timuy amumi kita. "Noq pay ason hakiy aw qa taytaqw pay hak
nana'uyve ööqayamuy möötsiknamantani. Pu' ason itam öö'öyaqw uma
hapi ason pay aapiy yamakye' teevengewat inuusavo waayani," yaw pam

they started eating, Turkey Woman said to them, "Believe it or not, I roasted my own children. I therefore beg you to eat carefully. When you are through with the meat and get to the bones, be sure not to chew on them. We'll put my children's bones back into this sifter here." This is what she asked them to do, and then they started their meal. The Coyote family readily agreed to her wishes and ate with the utmost care.

What a feast they were having! They greatly enjoyed the turkey meat. Coyotes are avid meat eaters, of course, and so they very much relished the food. However, they did as instructed and ate with the greatest circumspection. Whenever one of them got to a turkey bone, he did not chew on it. The Coyotes followed Turkey Woman's directions to the point and put all the bones in a single pile. Upon completion of their meal, Turkey Woman picked up the sifter with the bones and carried it outside. Who knows what she had in mind to do with it? This is what the Coyotes were thinking in their curiosity while going out after her. Watchfully they noted everything she did. Turkey Woman now stood up in front of the house and began to sing the following song:

Piiviitsa, piiviitsa.
Piiviitsa, piiviitsa.
My children, come back to life!

This is how she sang. When she had finished with the little song, she threw the bones from the sifter up into the air. And to everyone's surprise, back fell the children; and they were the same as they had been the day before. Nothing whatsoever had happened to them although their mother had roasted them.

The Coyotes were watching incredulously. Naturally, Coyote Woman would have to imitate this trick. By the look on her face she was already thinking about copying it. She lost no time to ask Turkey Woman how she had accomplished this great feat. So persistently was she inquiring, that Turkey Woman finally gave in and told her.

After the delicious meal all of them were probably sitting there and visiting with each other. By early evening the Coyotes were going to return home. Coyote Woman now too invited the Turkeys to lunch with them. "All right, we'll probably come over to you," they replied, and then the Coyotes left for home.

The following day it was the Turkeys' turn to start for Ismo'wala as noon was approaching. They had not reached their destination yet when Turkey Woman said to her children, "I bet, Coyote Woman is going to advise us, too, before we start to eat. But you, in secret, nibble on their bones whenever she's not looking. And once you're full, just go on out ahead of time and hurry west before I come. I'm sure I will catch

pumuy amumi kita. "Ason pay nu' songqa amungk hisatniqw pituniy."
Yan yaw pam timuy amumi tutaptaqw pu' yaw puma piw aapiytota.

Noq pay yaw kur pam naat tuwat qa yukiy'taqw yaw puma ep öki.
Pu' yaw pam pumuy paki'a'awnaqw pu' yaw puma aw yungqe pu'
yaw tuwat pay naat maqaptsiy'yungwa. Pu' yaw pam yukuuqe pu' tuwat
amungem aw tunösvongyaata. Pu' yaw oovi pumuy noonovaniqw pu' yaw
antsa pam tuwat pumuy amumi pay piw koyongwuutit su'an tutapta.
Paas yaw kokoyongkt tuwat naanakwhaniy'yungwa. Noq yaw puma
noonovaqw pay yaw antsa himuwa nana'uyve ööqayamuy möötsikna-
ngwu, iswuuti qa amumi taytaqw. Yuy hapi puma tutavoyat anniiqe oovi.
Pantsatskyaakyangw pu' yaw puma antsa panis öö'öyaqw pay yaw puma
koyonghoyat yamakma. Yamakmaqe pu' yaw pay puma teevengehaqami
yuy aasavo waaya.

Noq iswuuti yaw koyongwuutit tuuvingta haqami timatniiqat. "Pay
puma songqe kwayngyavohaqami'i, pi itam naanasna. Askwal pi um
itamuy tuutsamta," yaw pam put aw kita.

Noq pu' yaw oovi i' iswuuti tuwat ep öqa'init kwusuuqe pu' yaw
tuwat iipoqniqw pu' yaw pay i' koyongwuuti put angk yamakto. Pu' yaw
iswuuti tuwat tawkuyna. Pu' yaw pam taawiy so'tapnaqe pu' yaw oomiq-
haqami tuwat öö'öqat tsalakna. Tsalaknaqw pay yaw piw öö'öqasa
angqw ahoy aw löhö. Pu' yaw pam piw ang poopongqe pu' yaw piiwu.
Niikyangw pay yaw pam piw an yuku. Pu' yaw pam piw as ang tsovalaqe
pu' yaw piiw. Noq pay yaw pam piw antiqe pu' yaw pay pam itsivuti.
Pu' yaw pam pay pan wuuwa, "Is uti, kya pi ima okiw pumuy ööqayamuy
möötsiknayangwuniqw oovi itim qa ahoy taatayi," yaw pam yan wuuwa.
Pu' yaw pam koyongwuutit aw pangqawu, "Is uti, pay uma sumataq
okiw pumuy tsaakwmuy ööqayamuy möötsiknayangwuy. Noq oovi
puma qa ahoy taatayi." Yaw aw kitat pu' yaw pay pam put as yaw yooto.

Pu' yaw koyongwuuti pay paasat timuy amungk teevengewat waaya.
Pangsoq pu' yaw as pam iswuuti pumuy ngöyva. Nit pay yaw pam pumuy
qa wiikit pay yaw haqami maanguy'qe pay yaw pam nawus pangso
qe'ti. Pu' yaw antsa i' koyongwuuti hisatniqw timuy amungk pituqw pu'
yaw puma pangqw pay qa ahoy haqam kiy'yungqey awyat pay yaw
teevengewat suusya. Yuk yaw nuvatukya'omi puma watqa. Noq paniqw
yaw oovi ima kokoyongkt pu' pay qa yangqe kiivaqe yeese. Pay puma
aye' tuwat teevenge hoqlövasa pu' yeese. Pay yuk pölö.

up with you later at some time." This is what she told her children, and then they continued on their way.

Coyote Woman also had not finished yet when they arrived at her place. She asked them to enter and when they were in they, too, had to wait. When Coyote Woman was done cooking, it was her turn to dish out the food for them. And indeed, they were about to start their meal when Coyote instructed them in the same way Turkey Woman had done. The Turkeys readily agreed to comply with her request. But as they were munching away, always one of them furtively chewed on the little Coyotes' bones whenever Coyote Woman was not looking, exactly as their mother had advised them to do. And no sooner had they stuffed themselves than the little Turkeys were already gone. They left and ran westward, ahead of their mother.

Coyote Woman was curious and asked where Turkey Woman's children had gone. "They probably went to the bathroom," she lied to her. "We really had a feast. Thanks for inviting us to this meal."

It was now Coyote Woman's turn to pick up the tray with the bones. She went outside, with Turkey Woman stepping close behind. Coyote Woman began to sing, and when she had finished the song, she threw the bones up in the air, precisely as she had seen. But only bones came tumbling back. She picked them up again and cast them up a second time. But the result was the same. So she gathered up the bones anew and tried once more. When nothing changed, she became furious, and it occurred to her, "Darn it, these Turkeys probably chewed on my children's bones, and that's the reason that they are not coming back to life." In anger she turned to Turkey Woman and said, "My god, you must have chewed on their bones! They are not coming back to life!" With these words she pounced on Turkey Woman and tried to grab her.

But Turkey Woman flew off and followed her children in westerly direction. Coyote Woman started chasing them, but miserably failed to catch up with them. She grew so tired that she had to stop, whether she wanted to or not. And, indeed, not much later Turkey Woman caught up with her children. Instead of returning home now they continued westward. They flew all the way to Nuvatukya'ovi. And this is the reason why no turkeys can be found here in the area of the Hopi villages today. They live over there in the west, in the forests only. And here the story ends.

Iisawniqw Tsirooya

Aliksa'i. Yaw orayve yeesiwkyangw pu' yaw pay piw aqwhaqami
kitsokinawit yeesiwa. Noq pu' yaw ismo'walpe iisaw kiy'ta. Noq yaw pam
iisaw pay pephaqam soysa amum qatu. Noq pu' yaw pep ismo'walay
ahopqöyvehaqam yaw piw tsitsirooyam kiy'yungwa. Pu' yaw pep piw i'
suukyawa tsirooya pay piw tuwat soysa amum qatu.

Noq yaw i' iisaw pangso pumuy tsirootuy tuway'taqe yaw as pan
wuuwantangwu, hin yaw as pam pumuy ngu'ate' soy engem suushaqam
sikwiy'vaniqey. Pay hapi yaw pam naat tsayniiqe yaw oovi okiw qa
maqtuwiy'taqe yaw qa hisat okiw hiita tuuniy'va.

Noq pu' yaw ima tsiroot pay tuwat sutsep kiy aw yuykuyangwu. Pay
ephaqam yokvaqw pay yaw piw kii'am hinwat sakwitingwu. Noq suus
yaw i' tsiroso'wuuti put mööyiy aw pangqawu, "Imöyhoya, himu um as
yuk tatkyaqöymi inungem tsöqamoktoq nu' piw itaakiy aw yukuni, taq
hapi tömölmiq suptuni. Nuy pantiqw itam qa yephaqam tuusungw-
'iwtamantani," yaw pam put aw kita. "Niikyangw um hapi paasni taq
pay nuunukpant yaktangwu. Oovi um ason put panis mokyaatat pay
hapi iits angqaqw ahoyni," yaw pam mööyiy aw kita.

[82]

9

Coyote and Little Bird

Aliksa'i. They say that people were living at Orayvi and that there were villages all over the land. Coyote had made his home at Ismo'wala and was living there with only his grandmother. East of Ismo'wala the Little Birds had made their homes. One of the Little Birds also lived there with only his grandmother.

It so happened that Coyote had discovered the Birds which were there. He was wondering how he could go about catching them and, for once, bring home a meal for his grandmother. He was still young and inexperienced in hunting, and so the poor thing had never brought home any prey.

The Birds were constantly repairing their homes because, whenever it rained, the homes would suffer some damage. One day the Old Bird Woman said to her grandson, "My grandson, why don't you go to the south side and scoop up some mud for me. I am going to fix our house again. Winter is not far off, and if I get the repairs done we won't freeze." She said to him, "Be careful, however, because evil creatures lurk about. Just make your bundle and be sure to come back right away."

[83]

Noq pay yaw pam tsirooya sunakwha. Pu' yaw pam oovi hiita momokpiy'kyangw pangqw kiy angqw nakwsu. Pu' yaw pam pangso haqami haqam puma tsöqayahantotangwuniqw pangso. Pu' yaw pam oovi put pep mokyaatat angqe somt pu' iikwiltat pu' pay pangqw ahoy nima.

Niiqe pay yaw pam as oovi pay hihin nana'uytimakyangw pangqw hoytakyangw yaw haqami pisatsmomi pitu. Pu' yaw pam son nawus qa pangniqe pu' yaw oovi aqw oomiq wupto. Susmataqpuva yaw pam oovi pang wupto. Noq pay pi yaw pam wuuyavo put iikwiwmaqw yaw oovi put maa'at paas palmokti. Pu' yaw pam pangsoq wuptoq pay yaw put mooki'at a'ni putuutiqe yaw pay put maayat ang yamakto. Okiw yaw pam as huur put ngu'aqw pay yaw pam put angwuta. Pu' yaw pay pam put posnaqw pay yaw put tsöqamoki'at atkyamiqhaqami mumamayku. Pu' yaw pam okiw put atkyamiq ngöyva. Haqam pu' yaw put mooki'at huruuti. Noq pu' yaw pam oovi put piw iikwiltat paasat pu' yaw piw nawus ahoy wupto.

Noq su'aw yaw put tsöqamoki'at atkyamiq mumamataqw piw yaw kur iisaw pangqe' waynumqe yaw pay piw put tuwa. Noq yaw pam tsirooya oomiq wupqw yaw pam iisaw put aw nakwsu. Noq pay pi yaw pam son put qa sowaniqat yaw pam tsirooya yan wuuwankyangw aw pitu. Pu' yaw pam iisaw put tsirooyat aw pangqawu, "Ya um piw yep hintsakiy? Pas hapi um sumataq kwangwa'ewlawuy," yaw pam put aw kita.

"Owi hapiy. Pay nu' antsa se'elhaqam yep it peqw mumunlawqe pas kwangwa'ewlawuy," yaw tsirooya put aw kita.

"Haw owi? Noq um hiita piw pep mookiy'tay?" yaw iisaw kita.

"Pay nu' puunat qa an hintiqe nu' isoy naap niinaqe nu' as put tuu'amto. Nit nu' su'aw pew pitut nu' maangu'i. Pu' nu' yep naasungw-nanikyangw nu' yep it kur pas yukyiq qalavoq taviqw pay i' okiw yukyiq atkyamiq mumamayku. Pu' i' pangsoq mumamaykukyangw pas hapi nuy hintiqw no'ay. Niiqe nu' aapiy pay pu' naaqavo angqw pew yantsan-tongwuy. Niiqe pay nu' ep put naat qa amqe nu' put pay ahoy ikiy aw wikqw piw pay pam ep mihikqw pay ahoy taatayiy. Pay kur pam qa pas suus mokngwuy. Noq pu' nu' pay aasakis pew yantsantonik nu' put niinangwuy," yaw pam iisawuy aw kita.

"Ya um pantsakiy? Noq nu' son umumniy?" yaw iisaw put aw kita.

"Pi um piy. Pay um tuwat antsa uusoy niine' pay um tuwat inumum yep yantsakmantaniy," yaw pam iisawuy aw kita.

Pu' yaw pam iisaw pay yaw kur piw kwangway'tuswaqe pu' yaw pay piw naawinni. Pu' yaw pam put tsirooyat aw pangqawu pay yaw pam haak qa nimaqw ason yaw puma naama pep pantsakni. Noq pay yaw tsirooya sunakwha.

Little Bird said, "Yes," and started out from the house with a bag. He went to the place where people usually dug up their clay. He filled his bag, tied it at the top, threw it on his back and headed back home.

Little Bird was moving along somewhat stealthily until he reached a sand hill. He would have to go across it, so he started climbing to the top, ascending right out in the open. And because he had carried his burden for quite some time already, his hands became sweaty. As he was struggling uphill, his bag got heavier and heavier and began to slip out of his hands. He tried to hold it tightly, but it became too much for him. He let it drop and the instant he did, the bundle containing the clay started rolling downhill. The poor thing chased down after it. Finally the bundle came to a halt. Little Bird had to shoulder it once more and climb back up the slope.

At the moment when the clay bundle rolled down, Coyote, too, was roaming about that area and saw what happened. Little Bird was scrambling up the hill when Coyote headed up to him. Little Bird was convinced that Coyote would eat him. Coyote, however, greeted Little Bird, "Are you also doing things here? You seem to be having a good time," he said to him.

"Yes, indeed, I rolled this bag down here a while ago and really enjoyed myself," Little Bird replied.

"Is that right? And what do you have in your bag there?" Coyote asked.

"Well, just recently I accidentally killed my grandmother and was on my way to bury her; just as I arrived here I got tired. I was planning to take a rest here, but I placed the bundle too close to the edge and it rolled down the slope. I don't know why, but the rolling really amused me. So I have been coming here every day now to do this. Also, since I had not yet buried her that day, I took her back home where, to my great surprise, she came back to life again that same night. Evidently, she had not died for good. And now I kill her each time I want to come here to do this." That is what Little Bird said to Coyote.

"So that's what you've been up to? Can't I join you?" Coyote asked.

"That is up to you. If you also want to kill your grandmother, you are welcome to play this game with me," he replied to Coyote.

Coyote had a great desire to copy what Little Bird was doing. So he asked him not to return home yet for the time being; then they could play their game together. Little Bird consented without hesitation.

Pu' yaw paasat oovi iisaw kiy aqwhaqaminiqw pu' yaw pam tsirooya
pay pep tsöqamokiy aw kwangwataatsikiwkyangw put iisawuy nuutayta.
Noq yaw iisaw kiy ep pituqw piw yaw kur put so'at tulakinta. Niiqe yaw
pam oovi naksivuy aqw pisoq qörikinta, pay yaw hiita taatawtikyangw.
Noq pam so'wuuti pi yaw pay okiw wuyo'iwtaqe yaw pay oovi murikhot
aqw naatöngnumngwu. Niiqe yaw pam put naqle' taviy'kyangw
tulakinta. Naat yaw oovi put so'at pantsakqw yaw pam iisaw soy aqle'
murikhoyat kwusuqw yaw so'wuuti qa navota. Paasat pu' yaw pam
iisaw put soy aakwayngyangaqw awniiqe pu' yaw put tsönkyaqe wuvikna.
Wuviknaqw pay yaw okiw pam so'at sumoki. Pantit pu' yaw pam as
hiita put akw mokyaataniqey heplawt pay yaw pam qa hiita tuwa. Pu'
yaw pam oovi pay put soy naap usimniyat nawkit pu' put akw mokyaata.
Pangqw pu' yaw pam soy iikwiwkyangw ahoy put tsirooyat awi'.

Pu' yaw pam pangso pisatsmomi pituqw naat yaw pay kur pam
tsirooya qa nima. "Ya um pitu?" yaw tsirooya aw kita.

"Owiy, pay nu' tuwat isoy yep it ep mokvay. Noq itam pay qa
sööwunit pay imuy yukyiq atkyamiq imuy mumunniy; pas hapi sumataq
himu kwangwa'eway," yaw iisaw tsirooyat aw kita.

Pu' yaw pam tsirooya oovi put mookiy piw iikwiltaqw pu' yaw puma
pangso atvelmoniiqe pu' yaw puma put mookiy sunaasaq pangsoq
muuma. Pantit pu' yaw puma put angk atkyamiq wari. Pantsaklawu yaw
puma pephaqamoy. Pas pi yaw puma kwangwa'ewlawu.

Noq pay hapi yaw pas tapkiwmaqw yaw i' tsiroso'wuuti yaw mööyiy
qa pitsinaqe yaw okiw wuuwanlawu, "Is uti, pay kya piw okiw hak himu
imöyhoyay haqami wiiki. Pay pi nu' tur nawus heptoni," yaw pam yan
wuuwaqe pu' yaw pam oovi pay paasat pangqw kiy angqw yamakqe pu'
yaw put hepto.

Niiqe pu' yaw pam pangso haqami pisatsmomi pituqw piw yaw pam
mööyi'at pephaqam iisawuy amum hohonaqa. Pu' yaw oovi puma
tsaayom pangqw wupqw pu' yaw pam so'wuuti put mööyiy maayat
sung'at pu' sunglaknat pu' aw pangqawu, "Um himu yep it aw
nakwhaniy'ta, taq pi i' ung sowaniniqöö'," yaw pam put aw kitat pu' yaw
pay put langakniy'kyangw nima.

Pu' yaw pam tsirooya tayatit pu' iisawuy aw pangqawu, "Yee, iisaw
hiita suutuptsiwngwu. Son pi pas nu' antsa isoy niinaniqö'; pi i' iso nuy
pu' wiiki. Pay pi um son as nuy qa sowaniqw oovi nu' uumi pangqawu,"
yaw pam iisawuy aw kitat pu' yaw pam soy amum pangqw a'ni waaya.

Pantiqw pu' yaw iisaw tsirooyat mookiyat puruknaqw pay yaw antsa
qa hak pep mookiwta. Pay yaw tsöqasa kur pep mookiwta. Pas hapi
yaw pam itsivuti. Pangqw pu' yaw pam pumuy tsirooyatuy ngöyva. Noq
yaw oovi puma su'aw kiy aw pituqw yaw iisaw amungk pitukyangw
amungk yooto. Yaw amumi yootokkyangw pay yaw pumuy qa tuyqaw-
vaqw pay yaw puma kiy aqwhaqami pakima. Pu' yaw iisaw pumuy

While Coyote headed home, Little Bird comfortably leaned against his bundle and waited. When Coyote arrived home, his grandmother was drying corn flour over a fire. She was busy stirring the contents of her kettle and was singing while she worked. The old granny, poor thing, was so aged that she had to prop herself up on a stick. She had placed that stick next to her as she was drying the corn. Coyote picked up the stick next to his grandmother, without her noticing it. He then sneaked up to her from behind and struck her across the neck. The poor grandmother was dead on the spot. Coyote now searched for something to wrap her up in, but couldn't find anything. So he finally removed his grandmother's own shawl and wrapped her up in it. Then he slung her on his back and headed back to Little Bird.

When Coyote arrived at the sand hill, Little Bird had not gone home yet. "Have you come?" Little Bird asked.

"Yes. I also brought my grandmother wrapped up in this. So let's not waste our time. Let's roll our grannies down here. It's obviously a lot of fun," Coyote said to Little Bird.

Little Bird shouldered his bundle again and both went over to the slope. There they rolled down their bundles at the same time. Each time they ran down after them. That's the game they kept up, there. The two had a great deal of fun.

Meanwhile, it was becoming evening, and because the Old Bird Woman's grandson was not back, the poor soul began worrying. "Oh my, I'm afraid some creature has taken my grandson somewhere. I suppose I have to go search for him." With this thought she hurried out of the house and went looking for him.

When she finally came to the sand hill, she found her grandson playing there with Coyote. The two youngsters were just climbing up the hill when the old woman grabbed her grandson's hand, quickly pulled him over and said, "Why are you here with this villain? He's going to eat you!" With these words she drug him home.

Little Bird broke out into laughter and shouted to Coyote, "Look, Coyote believes anything! I would not really kill my grandmother. I only said that to you because you had your mind on eating me!" After these words he quickly scrambled away with his grandmother.

Coyote now opened Little Bird's bundle and, indeed, found no one wrapped up inside. Only clay was in it. He became furious and started chasing the two Little Birds. Just when they reached their house Coyote caught up with them and tried to snatch them. But he missed, and the Birds disappeared into their house. Coyote scratched after them and tried to get into the house. But they lived way back in the hole of a rock. He

amungk kiiyamuy as aqw harita. Noq yaw puma yuumoqwat koromiq kiy'ta. Pu' yaw pam oovi naat pay qa amumiq pitukyangw pay yaw pam okiw sokiy qöqhita. Pu' yaw pam itsivutiqe pu' yaw pangqawu, "Pay nu' umuy ngu'e' pay nu' pas son umuy qa sowani. Pam tsirooya inumi nukpantiqw oovi nu' okiw isoy niina," kitaaqe pu' yaw pam paasat tamaywat akwa'. Pu' yaw hiisavoniqw pay yaw piw put tama'atwa pu' kookonti. Pu' hapi yaw pam pep ungwtsangwkyangw as pangsoq hintsaki. Noq pay yaw kur pam son put pep angwutani. Pay yaw pam paasat okiwtiqe pu' yaw oovi pay nawus paasat nima.

Pu' yaw pam pangqw pakkyangw soy ahoy pisatsmomi iikwiltato. Pavan yaw pam wukovakma. Pu' yaw pam ep pituuqe pu' yaw soy iikwiltat pu' pangqw ahoy pumuy kiiyamuy awi'. Pu' yaw pam kiy ep pituuqe pu' yaw put mookiy tsawikna. Pantit pu' yaw pam soy tsöpaataqe pu' yaw pam put naksivuyat atpip tavi. Naat yaw pam pu' put pep taviqw pay yaw okiw so'at mootokma. Pu' yaw pam piw soy ahoy qatuptsinat pu' put aw pangqawu, "Itaasoy, taatayi'iy, taq uutulakni pay taq'iwmay," yaw pam put aw kitaqw pay yaw piw pam angqe' mootokma. Pu' yaw as piwningwu. Noq pay yaw piw antingwu.

Pu' yaw pam iisaw pep naat pantsakqw pay yaw put soyat tulakni'at pas paas taqtiqe pu' yaw a'ni kwitsva. Pu' hapi yaw ep kwiitsingw oopo. Pu' yaw as pam iisaw pi'ep soy taatayniqat aw pangqawngwu. Pu' hapi yaw pam kur nuwu pay itsivutiqe pay paapu qa pakkyangwnit pay yaw paasat itsivu'iwkyangw, "Taatayi'iy, nukusso'wuuti! Uutulakni taqtiy, aw hintsanaa'! Taq yep kwiitsingw qa taala, taq nu' nuwu pay akw hin unangwtii!" yaw pam soy aw kitaaqe yaw put a'ni pephaqam qööqöylawu.

Yanhaqam pay yaw iisaw qa tsirooyat soway. Naat kya oovi pam pephaqam soy qööqöylawu. Pay yuk pölö.

still had not reached them, but already, the poor creature had broken all his claws. Coyote got mad and yelled, "If I catch you, I'll eat you. You can bet on that. Little Bird did wrong to me, and because of that I killed my grandmother." He now used his teeth to reach for the birds but, in a little while, his teeth, too, were all broken. By now he was bleeding as he clawed at the Birds' house. But there was no way he was going to break into that place. Finally, Coyote was forced to give up and return home.

He left howling and headed back to the sand hill to pick up his grandmother. He was sobbing in a deep voice. When he came to the hill he shouldered his grandmother and returned home. Upon arrival he threw down his bundle, picked up his grandmother and put her down in front of her kettle. As soon as he placed her there his poor grandmother fell to one side. He placed her upright again and cried, "Grandmother, wake up! Your roasted cornmeal is beginning to burn." That's what he said, but she slumped over a second time. He repeated his words, but she stayed the same.

Coyote was still at it when his grandmother's roasted cornmeal really did burn. As a result it started to smoke profusely. The smoke filled the entire house. Again and again Coyote told his grandmother to come back to life. Meanwhile he was seething with anger. He had stopped crying, and in his fury he yelled, "Wake up, you no-good old woman! Your roasted corn has caught fire; do something about it! It's dark with smoke and it's starting to affect me." With these words he was scolding his grandmother.

And this is how Coyote never got to eat Little Bird. He is probably still there, scolding his grandmother. And here the story ends.

Iisawniqw Tsiromamant

Aliksa'i. Yaw hisat sikyatkive yeesiwa. Pu' yaw pep ima tsiroot kyaasta. Pu' yaw ima tsiromamant sutsep ngumantota. Sutsep yaw puma ngumantotangwuniqw yaw hisat amumi ismana pitu. Pu' yaw pam pumuy tuuvingta, "Ya uma hintsatskya?"

Pu' yaw tsiromamant put aa'awnaya puma ngumantotaqey.

"Pas hapi uma kunahintsatskya, nu' as umumum ngumantani."

Pu' yaw pay tsiroot as put mamqasyakyaakyangw pay yaw nakwhanaya. "Ta'a, pay um itamum ngumantani. Um niikyangw mooti leposit mawtoni. Um put mawt pu' angqw kime' put um tuwat ngumantani."

"Ta'a," yaw ismana kita. Pu' yaw pay paasat pam oovi leposit haqami mawto.

Pam yaw put haqami mawtoq pu' yaw puma tsiromamant naanami pangqaqwaqe pay yaw as put hihin mamqasya. "Pay son itamuy hintsanni," yaw pay puma wuuwuyoqam tsiromamant kitota.

10

Coyote and the Bird Girls

Aliksa'i. They say, long ago people were settled at Sikyatki. Lots of birds were also living there, among them the Bird Girls who were always busy grinding corn. One day, as they were grinding, Coyote Girl chanced upon them. She inquired, "What are you doing?"

The Bird Girls answered that they were grinding corn.

"You're really doing that very nicely. I would like to grind with you."

The Birds consented because they were afraid of Coyote. "All right, you can join us, but first go pick some juniper berries. When you have picked some, bring them here, and then you too can have your turn at grinding."

"Agreed," Coyote cried and trotted off in search of the berries.

Meanwhile, the Bird Girls were discussing the matter among themselves. They were still a little frightened of Coyote. "She won't harm you," the older Birds said reassuringly.

Noq pay yaw oovi naat qa wuuyavotiqw pay ismana ahoy pitu leposit wukomokiy'kyangw. Pu' yaw puma put engem qenitota haqam tuwat ngumantaniqw. Is yaw ismana tuwat hinhaqam ngumanta tsirootuy amumum. Noq piw yaw hiita piw tawkyaakyangw puma tsiroot ngumantota. Paas yaw iisaw amumi tuuqayta. Pavan yaw tsiromamant kunatötöqya. Noq yaw puma it tawkyaakyangw ngumantota:

Tsiromana, tsiromana,
Tsiwto'o.
Tsiromana, tsiromana,
Tsiwto'o.
Tuna, tuna sokitsve.
Tuna, tuna alatspe.
Meehe'e'e'e hew, hew, hew.

Yaw puma kitotat pu' yaw oomihaqami puuyaltotingwu. Angqe yaw hiisavo puuyawnumyat pu' piw angqw matay aw hanngwu. Piw yaw leetsiltit pu' piw ngumantotangwu. Noq yaw iisaw amumi taytaqe pu' yaw pumuy amumi pangqawu, "Pas nu' as umun tawlawkyangw ngumantani. Pas nu' as umun taawiy've' nu' umun piw puuyaltimantani."

Noq pay peetu yaw tsiromamant aw pangqaqwa, "Pay um songqe taawiy'vani."

Pu' yaw oovi antsa pan ngumantotaqw yaw ismana paas tuqayvaasiy'ta. Niiqe pay yaw oovi haaqe' taawiy'va. Noq nuwu yaw pay puma tsitsirooyam hiisakis oomiqhaqami puuyaltotiqw pu' piw ngumantotaqw paasat pu' yaw pam tuwat amumum tawma. Pavan yaw ismana wukotönay'ta, niiqe yaw pam tsiromamantuy tsaawina. Niiqe yanhaqam yaw iisaw tuwat kuyna:

Tsiromana, tsiromana,
Tsiwto'o.

Pay yaw paasavatsa taawiy'vaqe pay yaw qa piw amumum aapiyta. Pu' yaw tsiroot ang kunatötöqya. Antsa yaw taawiy so'tapnaye' pu' yaw piw oomihaqami puuyaltotingwu. Hiisavo puuyawnumyat pu' yaw angqw piw ahoy hanngwu. Pantsakkyaakyangw nawis'ewtiqw yaw iisaw taawiy'va. Paas yaw pam oovi amumum tawlawngwu. Pu' yaw puma so'tapnaye' pu' puma yaw soosoyam puuyaltotiqw okiw yaw iisaw atkyaveq nal'akwsingwu.

Yaw oovi hanqw pu' ismana pumuy tsirootuy tuuvingta, "Ya uma son nuy umuuhomasay angqw maqayani? Noq nu' umun puuyaltimantani."

Pu' yaw pay tsiroot sunanakwha. Pu' yaw puma oovi put masatoynayani. Pu' yaw oovi tsiroot kya pi masay put iisawuy ang tsurumnaya

It wasn't long before Coyote Girl returned with a big load of juniper berries. The Birds cleared a spot for her so that she, too, could grind. It was incredible. Although somewhat awkwardly, Coyote Girl was grinding away alongside the Birds. While they were doing their work, the Birds were also singing. Coyote Girl was all ears. The Bird Girls had cute voices. The song that they were singing went like this:

Bird Girl, Bird Girl,
Brush the cornmeal off the grinding stone.
Bird Girl, Bird Girl,
Brush the cornmeal off the grinding stone.
Callous, callous are the nails.
Callous, callous are the horns.
Meehe'e'e'e hew, hew, hew.

When they had finished the song, the Birds flew up into the air. They flew around for a while and then settled down again by their grinding stones. They got back in line and continued with their grinding work. Coyote watched with fascination and then said, "I'd very much like to sing like you while I grind. Once I've learned the song, I could also fly like you."

Some of the Bird Girls replied, "Don't worry, you're bound to learn the song."

And so, indeed, while the Birds were grinding, Coyote Girl listened with great concentration. Some portion of the song she had already mastered. In the meantime the Birds had soared up into the air several more times, and each time they resumed grinding, Coyote Girl chanted along with them. Her voice was very loud and scared the Birds. This is how she started the song:

Bird Girl, Bird Girl,
Brush the cornmeal off the grinding stone.

Only this much she had learned of the song so far, and then she couldn't sing on anymore. The Birds were chirping cutely. And, sure enough, when they had finished they soared up into the air anew. After winging around for a while, they again descended. In this fashion Coyote Girl eventually learned the song by heart. She sang along very nicely with the Birds now. Once again, when they had finished, all of the Birds were airborne, and only Coyote Girl was left behind on the ground.

This time, when the Birds flew back down, she turned to them and asked, "Couldn't you share your wing feathers with me? Then I could take off and fly like you."

The Birds agreed without hesitation and said that they would fit her with feathers. Presently they began to stick their plumes into Coyote

haaqe' masay'vaniqw'ö. Pu' yaw piw surutoynaya. Pante' putakw yaw
pam amumum puuyawnummantani. Uti, yaw iisaw naami kyaatayta.
"Pu' hapi nu' su'umunhaqam soniwa. Pay nu' songqe umunhaqam
puuyaltini," yaw pam pumuy tsiromamantuy amumi kita.

Pay yaw puma peetu naat tsawiniwyungwa put mamqasyaqe. Pu'
yaw oovi paasat puma piw ang leetsiltiqe pu' yaw piw ngumantota. Noq
yaw pam iisaw amumum ngumanta. Put taawiy tawkyaakyangw tsiro-
mamant ngumantota. So'tapnayaqe pu' yaw puuyaltotiqw pu' yaw iisaw
pay amumum puuyalti. Pay yaw niikyangw qa pas wuuyavo oomi
puuyalti, pay atkye' puuyawnuma. Noq pu' yaw tsiroot ahoy matay aw
puuyaltotiqw pu' yaw iisaw nuutum pangso matay aw qatuptu. Yaw
iisaw naami taynuma, "Is uti pas nu' pay umunhaqam hinti, nu' umun
puuyalti. Pu' hapi itam piw puuyaltotiqw nu' pu' pas umun oomiqha-
haqami puuyaltini."

Noq yaw pam suukya tsiromana susqöqa'am yaw pam pangqawu,
"Owi, pay um songqe itamuntini," yaw aw kita.

Pu' yaw puma oovi piw ngumantotaqe taawiy so'tapnayaqw pu' puma
piw puuyaltotiqw antsa yaw iisaw pu' pas su'amun oova puuyawnuma.
Noq pu' yaw pay peetu puma tsiroot naat put mamqasyaqe oovi put
susqöqay aa'awnaya, "Itam put mamqasya, pay as pam qa itamum
yantsakni; kya naap hisat pam itamuy sowani," yaw puma peetu
susqöqay aw kitota.

"Pay son itamuy hintsanni, pay oovi uma qa hin wuuwantotani. Uma
qa tsawiniwyungwni," yaw susqöqa'am amumi kita.

Pu' yaw puma piw hanqw pu' yaw piw ngumantota. Pu' yaw
ngumanyukuyaqe pu' yaw piw puuyaltotiqw pu' yaw iisaw pavan piw
su'amun oova puuyawnuma. Uti, yaw pavan kyaataynuma pangqw
oongaqw. "Pas hapi kur hak yangqw soosok hiita tuway'tangwu," yaw
pam pepeq pumuy tsirootuy amumi kita.

"Hep owi," yaw tsiromana aw kita, "pay itam piw ahoy hanni."

Pu' yaw oovi pay iisaw mooti aqw puuyawma, put matay aqwa'. Noq
pepeq pu' i' tsiromana, susqöqa'am pumuy peetuy tsirootuy amumi
pangqawu, "Itam pu' piw suus puuyaltotini. Noq itam angqw peqw
iisawuy wupnayat itam soosoyam put angqw itaamasay ahoy naaptotini.
Itam hapi oovi pu' pavan pas oomiqhaqami puuyaltotini. Noq ason
naat itam pangqe puuyawnumyaqw itam soosoyam put aw homikme'
itam itaahomasay aapa ipwayaniy," yaw kita.

"Ta'a," yaw kitota.

Pu' yaw oovi puma tsiroot pangqw ahoy matay aqw puuyaltoti.
Iisaw yaw himuwya'iwta. "Pas hapi pu' nu' su'umun puuyaltingwu. Pay
kur nu' pas songqe haqam neengem masatani," yaw kita iisaw amumi'i.

Pu' yaw puma oovi piw ngumantotakyangw tawwisqw uti yaw iisaw
pavan wukotawma. Pan pam tawmaqe yaw peetuy tsiromamantuy

wherever she needed to be feathered. They even attached a tail on her. With those plumes she would be able to glide about with the Birds. Coyote Girl gazed in wonderment at herself. "Now I look almost like you. I will probably fly as well as you," she exclaimed.

Some of the Bird Girls were still scared. They feared Coyote. But then they lined up at their grinding stones again and began grinding once more. Coyote Girl ground along with them, and while they were working the Bird Girls chanted their little song. When the song had ended they soared up, and Coyote Girl took wing with them. She didn't fly up very high but hovered low above the ground. When the Birds sailed back to their grinding stones, Coyote did the same, landing by her metate. She looked at herself proudly and cried, "Wow, I made out just about like you: I actually flew up like you. I'm sure the next time I'll fly as high as you."

One of the Bird Girls—she was the oldest of the sisters—replied, "Yes, you'll probably do that just like us."

And so they ground once more. When their song was finished they flew up once again and, believe it or not, Coyote was flying around quite high this time. Some of the Birds, however, were still frightened of Coyote and said to their oldest sister, "We're still scared of her: she shouldn't be doing this here with us. She still might eat us."

"She can't harm us. Don't even think about that. You need not be afraid," their oldest sister calmed them down.

Back on the ground they all began grinding, as before. When they were through they flew up again, and this time Coyote circled around just like the Birds, extremely high. What a fantastic view she had from up there. "From here one can really see everything!" Coyote exclaimed.

"Of course," the Bird Girls shouted back. "Well, let's dive back down again."

Coyote Girl flew ahead and headed straight for her metate. Presently the oldest sister turned to some of the others and said, "We'll fly one more time. When we have Coyote all the way up here, we'll take all of our feathers back. So fly way up into the sky this time. Then we'll rush up to her and pluck our feathers from her."

"All right, all right," everybody replied enthusiastically.

With that the Birds fluttered back down to their metates. Coyote Girl was extremely proud of herself. "Well, now I can really fly like you. I'll have to find myself some wings somewhere," she said.

Once more they started grinding, and as they were singing, Coyote Girl sang along in her deep, deep voice. She thundered along so low that

tsatsawina, pas pi yaw hin soniwa masay'taqe. Pu' yaw puma oovi antsa piw ngumantota. Taawiy so'tapnayat pu' yaw piw oomiqhaqamiya. Paasat pu' pas puma tsiroot oomiqhaqami puuyaltoti. Pavan yaw puma oovehaqtotiqw pu' yaw pam susqöqa'am tupkomuy amumi pangqawu, "Taa'," yaw kita.

Noq pu' yaw puma tsiroot paasat put iisawuy aw homikma. Naat pi pam pangqe kwangwavuyawnuma, kyaataynumqw yaw puma put aw homikmaqe pu' yaw ang hapi masay ipwanvaya. "I' vul imasa, i' vul imasa, i' imasa!" Pepeq puma put soosok masay ang ipwaya. Noq pu' yaw iisaw okiw qa hiita masay'taqe yaw pangqw oongahaqaqw posto. Pu' yaw pam tutskwami yeevakyangw yaw okiw sumoki. Haqam kya pi owat atsva yeevaqe yaw okiw sumoki. Pangqe' yaw oovi iisaw qaatsi.

"Puu'u, paapu itam qa put mamqasyani. Naat pi pam songqe itamuy as qa sowaniqe oovi itamum yannuma," yaw kitota tsiromamant. Yan yaw pep sikyatkive tsiromamant iisawuy niinaya. Yuk i' pölöwta.

she frightened the Birds. Feathered as she was, she presented quite a sight. When the song came to an end, they all soared up to the sky. This time the Birds flew way, way up. When they reached a point high up in the sky, the oldest sister gave the signal. "Now!" she shouted to her younger sisters.

Immediately the Birds all pressed up to Coyote Girl. She was still enjoying her flight and marveling at the view when the Birds rushed up to her and fell to plucking out their feathers. "This must be my feather! This must be mine! This one here belongs to me!" With shouts like these they tore out all their feathers from Coyote. Poor Coyote Girl was featherless now and plummeted from that height. She hit the ground and was killed instantly. Apparently she struck the top of a rock and died on the spot. There Coyote Girl was now lying.

"Well, we need no longer be afraid of that critter. She probably would have eaten us; that's why she carried on with us like that," the Bird Girls agreed. And so the Bird Girls, there at Sikyatki, brought Coyote Girl to her death. And here the story ends.

Iisawniqw Töötölö

Aliksa'i. Yaw ismo'walpe yeesiwa. Pu' yaw piw töötöltsomove yeesiwa. Noq yaw ismo'walpe iisaw kiy'taqw pu' töötöltsomove yaw töötölo kiy'ta.

Noq i' ismo'walpe iisaw kiy'taqa pay yaw tuwat pas sutsep tunöshepnumngwu. Tunöshepnumngwuniiqe yaw oovi sutsep maqnumngwu. Pay yaw pam ephaqam sakine' hiita niinangwu. Hiita niine' yaw kwangwanösngwu. Pu' yaw piw ephaqam qa hiita sakine' pay yaw nawus qa nösngwu. Pay yaw pam yan tuwat qatu.

Noq pu' yep töötöltsomove i' töötölo kiy'taqa pam yaw pay tuwat pasva. Pam yaw pay tuwat hiita aniwne' pu' put tuwat nösngwu. Niiqe yaw oovi pam sutsep pep paasay ang tumalay'tangwu. Pay yaw pam pep kiy aapiy taatö paasay'ta. Pu' yaw pam put paasay taavang qalaveq yaw taqatskiy'ta. Pu' yaw pam su'its talavay pangso paasay awnen pu' pep tumalay'tangwu. Taawanasaptiqw utuhu'tiqw, pu' yaw pam pangqw pay pangsoq teevenge taqatskiy aqwnen pu' pangsoq pakingwu. Pu' yaw pam pangqe kwangwawa'ökiwkyangw put taqatskiy oomiq hokyay tönganiy'tangwu. Pankyangw pay yaw pam ephaqam puwvangwu. Pu' yaw pay ephaqam qa puwve' pay yaw wuuwantangwu. Pay yaw pam hiihiita wuuwantangwu. Pay yaw ephaqam nömawuwantangwu. Pay yaw pam sutsep yantsakngwu.

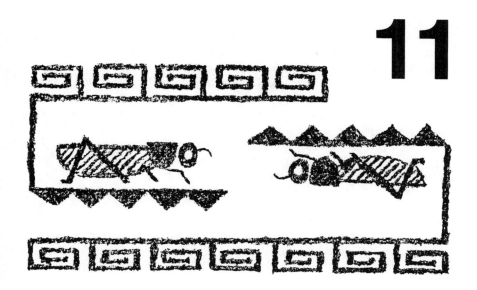

Coyote and the Grasshopper

Aliksa'i. They say they were living at Ismo'wala. And at Töötöltsomo they also made their home. At Ismo'wala Coyote was at home, and at Töötöltsomo Grasshopper had his house.

Coyote was constantly about, searching for food. For this reason he was always hunting. Occasionally he would be fortunate to kill something. He would then enjoy his meal. But then his hunting luck would again fail him, and he would have to go without food. This is how Coyote lived at Ismo'wala.

Grasshopper, on the other hand, who was from Töötöltsomo, was a farmer. He raised his own crops for food and was always busy in his field. Just to the south of his house stretched his field. West of his field, right by the edge, stood his field hut. Grasshopper used to go to his field early in the morning to work. Then, at noontime, when the sun got hot, he usually headed for his field shed in the west. There he would enter, lie down, and to relax would prop up his legs to the roof of the shed. Once in a while he fell asleep in this fashion. Then again, at other times, if he didn't doze off, all sorts of thoughts crossed his mind. This is how he was wont to spend his time there.

[99]

Noq yaw pam hisat piw su'its talavay nöst, pu' yaw angqw pangso
paasay awniiqe pu' yaw pep hiita ang pootiy'numa. Pay nahoplay ang
savinuma. Noq pu' yaw taawanasaptiqw pam yaw pay pangqw
taqatskiy aqwa'. Noq yaw pam piw sutsep pepeq piikit pu' kuuyit
nitkyamaskyay'tangwu. Pu' yaw oovi pay pan utuhu'iwmaqw, pu' yaw
pam pangsoq taqatskiy aqwniiqe pu' yaw pam pepeq pikqena. Put
yaw pam oovi kwangwanösa, pikqenit. Kwangwanöst paasat pu' yaw
pam piw taqatskiy angqe wa'ö. Nit pu' yaw pam hokyay put taqatskiy
aqw oomiq tönganiy'kyangw yaw puupuwva. Pangqe yaw pan panta.

Noq piw yaw i' iisaw kur ep suupangsoq töötöltsomomiq maqto. Noq
yaw pam pan maqnumkyangw yaw haqami pasmi paki. Noq pam hapi
yaw naat qa hiita niina. Qa hiita yaw pam sakinaqe oovi tsöngmokiw-
numa. Niiqe yaw pam pan wuuwa pangso pasmi pakiiqe, "Pay kya
nu' as yep hiita tuwani. Pay pi ura kawayvatnga piw kwangwngwu.
Pay pi as naamahin qa sikwiniikyangw pay pi ura pam piw kwangw-
ngwu," yaw pam yan wuuwa.

Niiqe pu' yaw oovi pam pas aw pasmi paki. Pu' yaw pam pep put ang
taynuma. A'ni yaw humi'uyi pu' mori'uyi. Noq pam pi yaw kaway'uyit
hepnuma. Nit pay yaw pam naat kaway'uyit qa tuwat pay taqatskit
mooti tuwa. Pay yaw pas suyan epeq taavang qalaveq taqatski. Pu' yaw
pam put tuwaaqe yaw aqwhaqami poosiy tatalawna. "Ya sen pay qa
hak epeq'ay?" yan yaw pam wuuwankyangw aqw taynuma. Pay yaw
suupan qa hak epeq. Pu' yaw pam pay qa suutaq'ewniikyangw pep pasve
waynuma. Naap hisat pi yaw hak haqaqw aw taytani. Pu' yaw pam
hihin suutaq'ewtaqe pu' yaw pam put uuyit oovi pas aasonmi pakit
pu' yaw pam pang taqatskit aqwwat hoyoyoyku. Yaw pam aqw hoyoyoyti-
kyangw yaw aqw haykyalaqe pu' yaw piw aqw taatayi. Noq pay yaw
kur hak as epeq. Yaw hak atpikyaqe wa'ökiwta.

Pu' yaw pam pep yankyangw wuuwanta, "Ya sen nu' hintini? Pay pi
nu' aqwni," yaw pam yan wuuwa. "Pay pi nu' aqwnen pu' pas qa
u'uyingvewat hintsakni," yaw kita. "Pay pi kya as naap hisatniqw hak
pepeq hiita himuy'te' kya pay nuy as nopnani," yan yaw pam wuuwa.

Pu' yaw pam oovi taqatskit aqwa'. Pu' yaw pam aqw pitu. Yaw pam
aw pituqw piw yaw kur töötölö pepeq taqatskiy'ta. Niiqe yaw kur pam
pangqe wa'ökiwta. Noq pay pi iisaw tsöngmokiwte' pay naap hiita
sowangwu. Pu' yaw pam pay piw qa suus töötölöt sowa. Pu' yaw pam pay
paasat piw pan wuuwa, "Pay pi nu' put sowani," yaw pam yan wuuwa.
Pavan yaw put tutsvala'at nan'ivoq mumuna. Pas pi yaw pam kwangw-
tapna töötölöt sowaniqey. Pas piw yaw töötölö wiy'ta. Pu' yaw oovi pam
angqw aw'i. Aw pituuqe pu' yaw aw pangqawu, "Ya um yephaqamoy?"
yaw aw kita.

"Owiy, qatuu'. Um hak waynumay," yaw aw kita töötölö. "Pas
utuhu'niqw oovi nu' as yangqe puwniniqw piw itaqatski saapuktoy,"

One day again, when he had breakfasted quite early in the morning, he went to his field and walked about checking his crops. Wherever he found some weeds that hadn't been cut, he beat them down. At noon he retreated to his hut again. There, too, he always kept a ready supply of food, such as piiki and water. As soon as the heat intensified, he stepped inside the hut and dunked some piiki into the water. Piiki with water was the lunch that he really enjoyed. After lunch he lay down under the shed, and propping up his legs to the roof, he started dozing off.

It so happened that while he was resting there Coyote set forth on a hunt, directly toward Tootoltsomo. And on his quest for food he chanced upon the field. He had not killed anything yet; his luck had failed him, and he was starving. So it occurred to him to enter that field. "Maybe I'll come across something here. If I recall correctly, squash is quite good. Even though it is not meat, it is still delicious."

He entered the field and began to look around. Many cornplants were growing there, as well as hundreds of beans. But Coyote was looking for squash. He still had not found the squash patch when he discovered the field hut. No doubt, there it was, there west of the field, right at the edge. He strained his eyes and focused on the hut. "I wonder if somebody is there." This thought occupied his mind while he was scanning the area. Apparently no one was there, but he was still reluctant to roam the field. Who knows, someone just might be watching him after all! He was still hesitant, but then he made his way into the midst of the plants and began drifting towards the hut, one step at a time. Little by little he got closer, and then he looked again. Evidently somebody was there. Someone was lying under the shed.

Coyote stood there, thinking. "I wonder what I shall do. Well, why don't I walk right up to him. If I do that, I won't give the impression of being a thief. After all, he might have something, and maybe he will feed me."

With this thought he headed toward the field hut. When he got there he realized, much to his surprise, that it was Grasshopper who owned the field hut there. He lay there, stretched out in it. Now, when Coyote is hungry he will eat almost anything. On many occasions he had gobbled up a grasshopper. So, right away he thought, "I guess I'll eat him." His saliva was already flowing from both sides of his mouth. He was looking forward to munching on Grasshopper, for he was nice and fat. Coyote walked up to him and said hello. "So this is where you are!"

"Yes, sit down, stranger," Grasshopper replied. "It was so hot that I decided to take a nap here, but for some reason or other my shed collapsed. That's why I am pushing my legs against it. I have to hold up the roof."

pam töötölö put aw kita. "Pi itaqatski saapuktoq oovi nu' peqw tuukuntay. Nu' nawus oovi it oomiq nguy'tay," yaw pam aw kita.

"Haw owi?" yaw aw kita.

"Owi, pas utuhu'niqw, nu' as puwniniqw piw i' saapuktoq oovi nu' nawus peqw tuukuntay," yaw aw kita. "Noq sen um son nuy ookwatuwe' haak tuwat peqw pakiqw, nu' haqami hiita heptoq itam aw yukuniy," yaw aw kita.

"Piiyi," yaw aw kita. Pam pi pay iisaw yaw put töötölöt sowaniqeysa wuuwanta. Pu' yaw pay töötölö piw navotiy'ta. Suyan pi yaw pam put sowaniqe oovi pas yaw pan aw tayta. Pavan yaw tutsvala'at nan'ivoq mumuna. Noq yaw oovi iisaw ephaqam yanta.

"As'awuy," yaw iisaw hisatniqw kita, "pay pi antsa um pan naawak-naqw nu' haak ungem oomi put nguy'taqw, um antsa haqami hiita hepniy," yaw pam put aw kita. Pay yaw iisaw paasat pan wuuwa, "Pay pi ason ahoy pituqw pu' nu' sowani," yan yaw pam wuuwaqe pu' yaw oovi paasat pay nakwha.

Paasat pu' yaw oovi pam iisaw put töötölöt aqle' wa'ö. Aqle' wa'ökt pu' yaw pangsoq oomiq tuwat hokyay tönga. Paasat pu' yaw töötölö aw pangqawu, "Um hapi aqw huur tuukuntaniy," yaw aw kita. "Um pas nahongviy'tani. Haak um pantaqw nu' haqami hiita suheve' pay angqw ahoy piw yawkyangwni. Pu' itam aw yukye' paasat pu' itam ason hiita nösniy," yaw aw kita.

"Antsa'ay," yaw iisaw kitaaqe yaw sunakwhaqe pu' yaw pam oovi oomiq tuukunqe pu' yaw pas pavan huur aqw tuukunta.

Pantiqw pu' yaw töötölö angqe yama. Pam angqe yamakt pu' yaw pangqw nima. Pu' yaw pam angqw kiy aw haykyalaqe pu' yaw pangqawu, "Pas pi, pas pi ihu hiita suutuptsiwngwu. Son pi pas antsaniniqw," kitat pu' yaw pam kiy aqw pakiiqe paasat pu' yaw pam pas kwangwavuwva.

Paasat pu' yaw iisaw pep tuwat pangsoq oomiq tuukunta. Pu' yaw pam pi pas pavan nahongviy'taqe yaw pam hisatniqw maangu'i. Pu' hapi yaw töötölö qa pitu. Pu' yaw pay pam nuwu paapu kur hin put aqw huur tuukuntani. Pu' yaw pam wuuwanta, "Ya sen nu' son yamakye' heptoni?" yaw pam yan wuuwa. "Pay pi kya as nu' angqe suymakqw nuy qa tuyqawvani," yaw pam yanwat piw wuuwa.

Yan yaw pam wuuwaqe pu' yaw pam paasat suutaq'ewtaqe pu' angqe suyma. Suymakqw qa ngas'ew yaw hin taqatski saapu. Paasat pu' yaw pam itsivutiqe pu' yaw angqw töötölöt kiiyat aw'i. Aw pituuqe pay yaw kur pam put hintsanni. Yaw töötölö hiisakwhoyat kiy'taqw yaw kur pam put hin angk aqw pakini.

Yan yaw pam pay töötölöt qa sowa. Naat kya oovi haqam töötölö qatu. Pu' iisaw naat pi son oovi qa tsöngmokiwta. Pay yuk pölö.

"Is that right?" Coyote replied.

"Yes, the heat was unbearable. But just when I wanted to nap, this thing here started to break. That's why I have my feet up against it. If you have any sympathy for me, come on in and take my place for the time being. Meanwhile I'll go look for something to fix it with."

"I don't know," Coyote said in return. His mind, after all, was set on having Grasshopper for a meal. Grasshopper was well aware of his intention. From the way Coyote was staring at him it was obvious that he was planning to eat him. Coyote's mouth was watering already. Saliva was dripping from both sides of his mouth. That is how Coyote was standing there.

"Well, all right," he finally consented. "If you really want it that way, I'll hold this shed up for you. In the meantime, you go ahead and find what you need." This is what Coyote said, but at the same time he thought, "I can always devour him when he comes back." This is why he gave in to Grasshopper's request.

Coyote now placed himself next to Grasshopper and pressed his legs up against the roof. Grasshopper said, "Push hard now. Put all your strength in it. Just stay like this for the time being; I will quickly look for something. When I bring it back we can repair the damage together. After that we'll have something to eat."

"All right," Coyote agreed. He propped up his legs against the roof and pressed with all his might.

Grasshopper now left his place and went out of the shed. He headed for home. When he got closer to his house he said, "For sure, for sure, Coyote is a real sucker. How could that story have been true!" With these words he entered his house and soon fell into a relaxing sleep. He slept really well.

Meanwhile Coyote was still pushing against the roof with his feet. And because he was exerting himself tremendously, he finally got tired. Grasshopper just wouldn't return. He could hardly prop up his legs any more. He began wondering now, "Should I leave my place, perhaps, and look for him? Maybe if I get out quickly enough the collapsing roof won't catch me."

Finally, Coyote mustered up enough courage and quickly jumped out. There was not the slightest indication of a collapsing roof. He grew angry and made straight for Grasshopper's house. When he reached it, however, he could do nothing to him. Grasshopper had such a small house that he was not able to get in to him.

This is how Coyote failed to eat Grasshopper. And therefore, I guess, Grasshopper is still living somewhere. And Coyote is probably still hungry. And here the story ends.

Iisawniqw Maahu

Aliksa'i. Yaw orayve yeesiwa. Noq yaw pep orayviy aqlaphaqam piw kyeletipkya yanhaqam maatsiwa. Noq pep yaw kyelewya tuwat kiy'ta. Noq pu' pay put kyeletipkyat aqlaphaqam yaw piw i' maahu kiy'ta niiqe yaw tuwat timuy'ta. Pu' kyelewya piw yaw timuy'ta.

Noq yaw pam kyelewya pay iisawuy pi anta, sutsep piw maqnumngwu. Niikyangw pam pi pay naap hiita piw sowangwu, töötölöt, maahut, kutsiiput, pay naap hiita. Noq yaw hisat kyelewya maqnumkyangw yaw pam pumuy amumi pitu, mahuwuutitnit timuyatuy amumi. Pephaqam pay pi songqe hintsatskya. Noq pumuy yaw pam pephaqam tuwa. Pay kya pi pam piw maahut kwangway'tangwuniiqe pay yaw pam sukw mahuwuutit tiyat tsöqööqe wiiki. Pu' yaw pam put wikqe kwangwasowa. Pu' yaw pam kyelewya pumuy pangso tuway'taqe yaw oovi pangso

12

Coyote and Cicada

Aliksa'i. They say people were living in Orayvi. Not far from the village was a place called Kyeletipkya where Sparrow Hawk made her home. Also somewhere near Kyeletipkya Cicada had her house. And both she and Sparrow Hawk had children.

Sparrow Hawk is like Coyote: she is always out hunting. She gobbles up any creature that comes her way—grasshoppers, cicadas, lizards—just about anything. One day when Sparrow Hawk was on the hunt she came upon Cicada Woman and her brood, who must have been busy doing something there. Sparrow Hawk spotted them. I suppose she enjoyed feeding on cicadas because she grabbed one of Cicada Woman's little ones and flew off with it. Then she devoured it with great relish. Now that Sparrow Hawk had discovered the Cicadas there, she made regular

sasqativa. Niiqe yaw pam aasakis awnen pay yaw piw sukw wikngwu, maahut. Pu' pay yaw nungwu pam pumuy mamahuwyamuy soosokniy'-ma. Noq pay pi maahu kur hin kya pi put aw naa'oyniqe pay yaw oovi qa aw hintsaki.

Pantsakkyangw pay yaw i' kyelewya pas maahut timuyatuy soosokmuy sowa. Yanti yawniqw pu' yaw okiw mahuwuuti pi qa haalaytiqe yaw paklawu. Pephaqam yaw pam himutskit atsveq tsokiwkyangw pakmumuya. Niiqe yanhaqam yaw paklawngwu:

Waylo, waylo,
Tsolona somta, tsolona somta.
Waylo, waylo,
Tsolona somta, tsolona somta.
Taaqa kyeele, tumaasi kyeele,
Naanaqavo'o itimuy yukumanta.
Hi'aa, uu'i, uy. Hi', hi', hi', hi'.

Kitat pu' yaw so'ngwaveq hu'i'iykungwu. Yanhaqam yaw pam mahuwuuti pep pakmumuya.

Noq piw yaw kur iisaw suupaasatniqwhaqam pangqe' maqnumqe yaw navota. Yaw sungwnuptu. Yaw sungwnuptut pu' yaw tuqayvaasiy'ta. Pu' yaw pam paasat haqaqw'ewakwniiqat suupangsohaqami nakwsu. Pu' yaw aw pituuqe yaw kur maahu. Pu' yaw iisaw put aw pangqawu, "Ya um yephaqamoy?" yaw aw kita. "Pas hapi um kwangwatawlawuy," yaw aw kita.

Pu' yaw mahuwuuti aw kwuupukqe pu' yaw pangqawu, "Pi nu' qa tawlawuy," yaw aw kita. "Pi nu' okiw pakmumuya. I' kyelewya pas naaqavo pew sasqaqe pam itimuy soosokmuy tsamqw oovi nu' qa haalaytiqe pakmumuyay; nu' oovi qa tawlawuy," yaw aw kita.

"Niikyangw pas kwangwatötöqay," yaw aw kita. "Himu as um nuy put tatawkosnaqw nu' tuwat hisat itimuy amumi put tawlawniy," yaw aw kita.

"Pay pi nu' ung aa'awnay, nu' qa tawlawu, nu' pakmumuyay," yaw kita.

"Pay um inumi tawlawniy. Um qa inumi tawlawqw nu' ung sowaniy," yaw aw kita.

Paasat pu' yaw pam pay tsawnaqe pu' yaw nawus piw ang ahoyi. Pu' yaw piw oovi pam yanhaqam hingqawlawu:

Waylo, waylo,
Tsolona somta, tsolona somta.
Waylo, waylo,
Tsolona somta, tsolona somta.
Taaqa kyeele, tumaasi kyeele,

trips to that place. Each time she carried one off with her, she returned. Very soon she had finished off almost all of the little Cicadas. Naturally, Cicada had no way to get even with Sparrow Hawk; there was nothing she could do.

This situation continued until Sparrow Hawk had devoured all of Cicada's children. Poor Cicada Woman was grief-stricken and started crying. Tears rolling down her cheeks, she sat on top of a bush and her cry sounded about like this:

Waylo, waylo,
Tsolona somta, tsolona somta.
Waylo, waylo,
Tsolona somta, tsolona somta.
Father Hawk, Mother Hawk,
Day after day they come to get my children.
Hi'aa, uu'i, uy. Hi', hi', hi', hi'.

Each time she ended her dirge, she sobbed violently. In this fashion was Cicada Woman weeping on the bush.

It so happened that at this very time Coyote was out hunting in that area and heard the sounds. She stopped dead and listened closely. Then she started right toward the noise. When she reached its source she discovered that it was Cicada. Coyote greeted her. "Is that you around here? You are really singing a beautiful song," she complimented Cicada.

Cicada Woman raised her head and replied, "I'm not singing. I'm crying. Sparrow Hawk has been coming day after day and has robbed me of all my little ones. My heart is bleeding and that is why I am in tears. So, you see, I'm not singing."

"Still, your chanting is very pleasant," Coyote continued. "Why don't you teach me that tune? Then I, too, can sing it to my children one day."

"But I told you already, I'm not singing. I'm crying," Cicada explained.

"You'd better sing that song for me," Coyote threatened. "If you don't, I'll eat you," Coyote said.

Cicada was frightened and was forced to repeat her crying. As before, it sounded like this:

Waylo, waylo,
Tsolona somta, tsolona somta.
Waylo, waylo,
Tsolona somta, tsolona somta.
Father Hawk, Mother Hawk,

Naanaqavo'o itimuy yukumanta.
Hi'aa, uu'i, uy. Hi', hi', hi', hi'.

Noq pu' yaw pay iswuutit aw qa suus so'tapnaqw pu' yaw taawiy'va. Pay yaw taawiy'vaqe pu' yaw aw haalayti. "Askwali," yaw aw kita, "pay nu' pu' taawiy'vay," yaw kitaaqe pu' yaw pam oovi pangqw put tawkyangw nima.

Noq yaw pam haqe'niikyangw pay yaw iisaw okiw tönö. Pantiqe yaw haqami mumamayku. Qatuptuqe pu' yaw pam as piw put ahoy ang u'nanta hiita pu' taawiy'vaqey. Nit pay yaw pam qa u'na. Paasat pu' yaw pangqawu, "Is aya, pay nu' piw suutokiy," yaw naami kita. "Pay pi nu' songqe ahoynen pu' pas piw aw ö'qalqw inumi tawlawniy," yaw kitaaqe pu' yaw pam pangqw piw ahoyi. Pam yaw antsa aw ahoy pituqw pay yaw naat maahu epeq tsokiwta. Pu' yaw pam aw pangqawu, "Nu' pay piw ahoy pituy," yaw aw kita. "Nu' yangqw nimiwmakyangw nu' haqe'niikyangw pay nu' tönökqe pay nu' suutokiy," kita yaw pam maahut awi'. "Noq oovi um piw tawlawqw nu' piw ahoy nimaniy," yaw kita.

Paasat pu' yaw maahu piw nakwhaqe pu' yaw piw tawlawu. Pu' yaw piw oovi pam lööshaqam yaw aw so'tapnaqw pu' yaw piw ahoy u'na. Pu' yaw piw ahoy antsa u'naqe pu' yaw piw tawkyangw aapiy.

Noq yaw pam oovi aapiyniqw yaw i' maahu pan wuuwa, "Son pa naat qa piw angqaqwni," yan yaw pam wuuwaqe pay yaw pam as paapu qa epniqw ahoy pituni. Yan yaw wuuwaqe pu' yaw pam tsöqatnit pu' qaqalaphooyat sukw mahulaqvut ang mokyaata. Ang mokyaatat pu' qeniy epeq tavit pu' pay pam pangqw waaya.

Noq pu' yaw iswuuti antsa panmakyangw pu' yaw pay piw anti. Pay yaw piw haqe'niikyangw hiita ep wiwakqe pay yaw piw suutoki. Pangqw pu' yaw pam piw ahoy. Pu' yaw pam ahoy aqw pituqw pay yaw naat maahu epeq tsokiwta, niikyangw paasat pay yaw qa hingqawlawu. Paasat pu' yaw pam as piw aw ö'qala, "Pay nu' piw suutokiy," yaw aw kita. "Noq oovi um piw inumi tawlawniy," yaw aw kita. "Pu' pay nu' son suutokniy," yaw kita.

Yaw qa hingqawu awi'. "Ta'ay, ya um hintiqw pas qa nakwhay?" yaw kita. "Um qa nakwhaqw nu' ung sowaniy," yaw kita. Pay yaw pas qa aw hingqawu. Pay yaw nungwu iisaw itsivu'iwma. Pay yaw oovi as naalöshaqamtaqw pay yaw pas qa aw hingqawu, maahu. "Nu' ung tur sowaniy," yaw kitaaqe pu' yaw aw yooto. Sumoyta yawi'. Paysoq yaw paroskikna. Pay yaw kur pam qa pam'i. Pay yaw kur pam himuniqw yaw aasonva kur tsöqa tsiwavit e'nang mokiwta. Put yaw pam mötsitsiykuqw pay yaw put tama'at akw kookonti, pu' peehu ang yaw löhö. Pu' hapi pay yaw mo'angahaqaqw ungwti.

Pangqw pu' yaw pam kiy aqw wari. Pay yaw pam as oovi mootiniqw kiy aqwwat wari. Pu' yaw pam haqe'niikyangw yaw mumurvat u'naqe

Day after day they come to get my children.
Hi'aa, uu'i, uy. Hi', hi', hi', hi'.

It took Coyote Woman several times to sing through the little dirge until she had mastered it. After she was familiar with it, she was grateful to Cicada. "Thank you! Now I know the song by heart." With these words she departed for home, singing as she went.

Trotting along, however, poor Coyote tripped and tumbled over and over a couple of times. After she got back on her feet, she tried to remember what she had been humming. But she failed to recall the song. "Why, what a shame!" she said to herself. "I forgot it! I suppose I'll have to go back and ask Cicada to sing for me once more." With these words she turned around. When she returned, Cicada was still sitting there. So Coyote said to her, "I had to come back again because on my way home I tripped and forgot the song. So, you repeat it, and then I can return home."

Cicada agreed and sang a second time. When she had sung her dirge a couple of times, Coyote remembered it again. So she left once more, singing on the way as before.

Coyote Woman had just left when Cicada thought, "I bet she'll return once more." But she did not want to be there again if Coyote Woman came back. With that thought she stuffed a dry, sloughed-off cicada shell with mud and pebbles. Then she placed the dummy in her place and fled.

Sure enough, Coyote Woman was on her way when the same accident happened again. As before, she tripped and her memory went blank. Once more she ran back. Upon arriving she found Cicada still on top of that bush, but this time Cicada was silent. As on the previous occasions, Coyote made her request. "I forgot the song once more," she said, "so, you chant it over for me. This time I won't forget it for sure."

But there was no response. "Come on, why don't you do as you are told? If you refuse, I'll swallow you," Coyote snarled. Again there was silence. Coyote was beginning to lose her patience. Some four times she had already repeated her request; still Cicada had not replied. "Well, I'll eat you then," she shouted and grabbed Cicada. Quickly she lapped it up, but heard only a crackling noise. Evidently, it was not Cicada at all but some dummy loaded with mud and coarse sand inside. The moment she started chewing on it, her teeth broke into pieces; some of them even fell out. Blood oozed out of her snout.

So Coyote Woman ran off towards her den. At first she had every intention of going there. But somewhere along the way she remembered Mumurva Spring and headed there instead of home. "That's where I will

pay yaw oovi qa kiy awi'. "Pay pi nu' pangsonen pepeq imo'angaqw
kuksiniy," yan yaw pam wuuwaqe pu' yaw oovi mumurvamiq.

Pu' yaw pam oovi aqw pituuqe yaw aqw motolti. Aqw motoltiqw
piw yaw himu angqw aw kuyva, yaw himu nuutsel'eway. Ungwtsangwta
yaw himu awi'. "Is uti, ya i' himu'uy?" yaw pam kitat pu' yaw angqw
ahoy suukwuupu. Pu' yaw pay aqlavo hoyokqe pu' yaw pangwat as piw.
Pu' pay yaw piw himu antaqa angqw aw kuyva. Ungwtsangwta yaw
himu awi'. "Is utiy," yaw kitat pu' yaw pam pay qa aqw hintit pu' yaw
pam pangqw leenangwvami. Pu' yaw pam pangsowat piw wari. Pu' yaw
aw pituuqe yaw aqw piw motoltiqw pay yaw piw angqw aw suukyawa
kuyva. Himu pi yawi'. Pi yaw himu a'ni soniwa. Pu' yaw pam pay oovi qa
hintit pu' pangqw.

Pay yaw pam oovi pas mo'angaqw qa kuksit pay pangqw pas suus
wari. Pu' yaw pam pay pas yuumosa warikkyangw pu' yaw pas ayoq
payutmomiqwat wari. Pavan yaw pam okiw hin hiikwisma. Panma-
kyangw pu' yaw pam payutmomiq pitu. Pu' yaw aw paami pituuqe pu'
yaw aqw kuyva. Aqw kuyvaqw pay yaw piw angqw suukyawa aw kuyva.
"Is uti, ya ima hiitu yang pas soosovik tangawtay?" yaw yan wuuva. "Pay
pi niikyangw nu' kur piw haqamini."

Pu yaw pam pay naap hiniwqat pu' pangsoq tso'o, paayumiq. Noq
yaw kur pangqe' a'ni muuna. A'ni mumunqe pay put wikqw pay yaw
pam qa yama. Yan yaw pam pangsoq oovi pa'öymoki. Yanhaqam yaw
pam maahut atsviy pangsoq pa'öymoki. Pay yuk pölö.

run and rinse out my mouth," she thought, scurrying straight for Mumurva.

When she arrived she bent over the water. To her surprise, some kind of dreadful looking beast was staring at her. A bloody, open mouth gaped at her. "Oh horror, what is this?" she cried and quickly lifted her head back up. She moved over to a spot nearby, but there it was again. Something like the creature before was staring at her. It was a monster with blood-stained jaws. "Heavens!" was all Coyote managed to stammer and, without rinsing her mouth, continued on to Leenangw Spring. That's where she ran. Upon reaching her destination she stooped over the water, but there was another of those creatures staring at her. She had no idea what it was. It was terrible to behold. Once more she was not able to do anything and left.

Without having rinsed her mouth Coyote dashed straight on. She was now headed towards Payutmo, far away at the Little Colorado River. Running along, poor Coyote was panting heavily. Finally she neared Payutmo. When she came to the water, she looked in; but no sooner had she done so when another such beast glanced back at her. "My god, this is terrible! Are these creatures everywhere in the water?" she wondered. "I don't know where else to go anymore."

Without thinking of the consequences, Coyote Woman jumped into the river. The current must have been pretty strong, for it swept her along, and she didn't manage to get back up. Thus she drowned in misery. It was because of Cicada that she perished in the water there. And here the story ends.

Iisawniqw Wakaslalayqa

Aliksa'i. Yaw orayve yeesiwa. Pu' yaw pay piw aqwhaqami yeesiwa. Pu'
yaw ismo'walpe piw iisaw kiy'ta. Pu' yaw ayahaq kaktsintuyqat epehaq
yaw hak piw wakasvokmuy'taqa wakaskiy'ta. Niikyangw pay yaw hak qa
hopi, pay hak yaw himusino tuwat. Niiqe yaw pam hisat wakaslalayi.

Noq pu' i' iisaw yaw kur tsöngmokqe pam yaw kur hiita nösniqe
pu' yaw pam oovi haqami maqtoqe pay yaw as mootiniqw pam kiy
ahaykye' maqnumkyangw pay yaw pas qa hiita tuwa. Pu' son pi yaw
timat qa nöönösaniqw pu' yaw pam oovi orayviy aatavangqöyminiiqe
pu' yaw as piw pangqe' maqnumkyangw pay yaw pas qa hiita sakina. Pu'
yaw pay oovi pam pas yuumosa teevenge oqaltiqe pam yaw pas oovi
kaktsintuyqat aqwhaqami pitu. Pu' yaw pam pangqe' piw maqnuma.

13

Coyote and the Cowboy

Aliksa'i. They say people were living at Orayvi. As far as there was land there were settlements. At Ismo'wala Coyote dwelt, and way over at Kaktsintuyqa a cowboy had his quarters. He was not a Hopi; he was from some other tribe. And one day he was herding cattle.

Coyote was hungry because he had not eaten anything, so he went out hunting. At first he stalked the region near his house but didn't find anything. Because his children needed to eat, he headed toward the area west of Orayvi and, once more, searched around. But again he did not meet with any good luck. This time he followed his urge to go straight west, and so he found himself way out at Kaktsintuyqa. Once more he started searching for food.

Pay yaw pam oovi naat qa wuuyavo maqnumkyangw pay yaw pam put wakaslalayqat tuwa. Noq yaw pam laalayqa pay haqam huruute' yaw kawayoy angqw tsokiwkyangw tsootsongngwu. Pay pahanvivat yaw tsoots ongngwu. Noq pu' yaw put piiva'at tsaaptiqw pu' yaw pam pay tuuvangwu. Noq yaw iisaw put aw paas tunatyawta. Pu' yaw pam laalayqa piw tsootsongninik pu' yaw pam napnay tukpuyat angqw piivay horoknangwu. Noq yaw pam piiva piw tukpuhoyat ang mookiwta. Pu' yaw piw lööyöm toniwyat put tukpuhoyat angqw haayiwta. Noq pam yaw put tonit pam langaknaqw yaw put tukpuyat angqaqw pam pipmoki'at kwangwayamakngwu. Pu' yaw ayangqwwat tukpuy angqw yaw piw hiita horoknangwu. Noq yaw pangqwwat kur put piivat silaqvu'at, put yaw kur pam ang put mokyaatangwu. Pu' yaw pam oovi put ang ayo' sukw qaapuknaqe pu' yaw pam put piivay atsva hiisa' siwuwuykinat pu' put paas ang mokyaata. Pas yaw lomamokyaata. Pantit pu' yaw pam angqe qalavaqe yaw lengitsmiqe putakw yaw pam put namihuurta. Paasat pu' yaw pam put mokyaataqe pu' qalaveq pay hihin toriipa. Toriipat pu' yaw mo'amiq panat pu' epeq toriipaqey pepeq pu' yaw kohotövut akw uwikna. Yantingwu yaw pami' aasakis tsootsongninik.

Noq yaw pam iisaw haqaqw piw pay pas paas aw taytaqe pu' yaw piw pay put aw kwangway'tuswa. Yaw aw kwangway'tuswaqe pu' yaw pay piw aw sunakwsu. Niiqe yaw aw pituuqe pu' yaw aw pangqawu, "Pas hapi nu' ayangqw uumi taytaqw pas um yep hintsakqw nu' uumi put kwangway'tusway. Hintsaki pi umi'," yaw as kita.

"Pay nu' tsootsongo. Pay pi nu' tuwat laalaye' qa hintsakngwu. Nu' pi pay qa hopiniiqe qa hokyanavantuwiy'ta. Puma pi put tuwiy'yungqw himuwa laalaye' tuwat hokyanavantinumngwuniqw nu' pi pay put hiita qa tuwiy'taqe tuwat oovi yantsakngwu. Pu' pay nu' yan haqam wunupte' pu' pay nu' yan tsootsongngwu. Nen pu' nu' pay yangqw ivokmuy aw tunatyawtangwuy," yaw aw kita.

"Haw owi? Ya um pantsaki? Pas hapi nu' as uumi kwangway'tusway," yaw aw kita. "Noq son um nuy tutuwnani?" yaw aw kita.

"Pi um piw ngasta tukpuy'tay," yaw aw kita. "Pu' piw um ngasta napnay'ta. Nu' pi nawus napnay'tay, noq inapna pi piw tukpuy'taqw oovi nu' pangsoq it ipipmokiy panangwunen pu' hak pangqw horokne' pu' paasat pan put mokyaatat pu' paasat uwikne' tsootsongngwu. Noq um hapi qa tukpuy'taqw pay pi oovi kya son ungem hin pasiwtaniy," yaw aw kita.

Pu' yaw ep iisaw yankyangw yaw wuuwanlawu, "Is ohi antsa, nu' piw ngasta tukpuy'ta," yan yaw pam wuuwa. "Sen nu' antsa hin neengem tukputani? Piw nu' ngasta napnay'ta," yaw pam yan wuuwa. "Hal kur nu' ivukyay ang pay hiisavawyat paatoknani, pay kya nu' as qa hintini. Nu' pante' pangsoq ipipmokiy panamantani. Naap kur pi nu' qa paasnen qa pas wuupat ang tsiikyani." Yan yaw pam wuuwaqe pu' yaw put wakas-

He had not spent much time hunting when he spotted the cowboy. He had stopped to sit on his horse to smoke. He was puffing White Man's cigarettes. Whenever one got short he would throw it away. Coyote was all eyes and carefully observed every gesture of the man. When the cowboy wanted to light a new cigarette, he first took his tobacco out of his shirt pocket. The tobacco was in a little pouch. Two little strings were hanging from the pouch and, whenever he pulled on them, his tobacco pouch slid out of his pocket. He then pulled something else out of his other shirt pocket. In it was evidently the paper in which he wrapped his tobacco. He peeled one piece off, sprinkled a small amount of tobacco on it, then wrapped it carefully. He made a nice roll, licking it along the edge with his tongue and pasting the two sides of the rolled paper together. When that was done, he twisted it a little at the tip. Then he put it in his mouth and lit the twisted portion with a match. He did this each time he smoked.

Coyote studied every movement and, as always, wanted to do likewise. He headed straight up to the man and said, "I was watching what you were doing from over there, and I would like very much to do the same. I have no notion, however, of what exactly you were doing."

"Well, I'm smoking. When I herd, I have nothing else to do. I'm not a Hopi, and so I don't know how to weave socks. Hopis have learned that skill, and whenever one of them drives his animals along, he weaves socks. But I am not familiar with that skill, and I don't do that. Wherever I stop I smoke. And then I watch my cattle from here."

"Oh really? That's what you're doing. Well, I envy you. Could you possibly teach me how to smoke?" Coyote asked.

"But how can I?" the cowboy protested. "You have no pocket. Nor do you wear a shirt. I have a shirt, and because that shirt has a pocket I keep my tobacco pouch in it. Then I only need to take my tobacco out, roll it, light it, and then puff away. If you don't have a pocket, there is no way that this can work," the cowboy replied.

Coyote stood there, racking his brain. "Too bad, indeed, that I don't have a pocket," he thought. "I wonder if I can't somehow make myself a pocket. But I am also without a shirt," he continued. "Now maybe I could cut a little slit in my skin; that shouldn't really hurt. Then I could stash my tobacco pouch in there. I'll be very careful not to make the cut too long." This is what went through his mind. Presently he asked the cowboy for his pocket knife. Coyote said to him, "If I make a little

lalayqat aw yaw poyooyayat oovi tuuvingta. Noq pu' yaw pam iisaw aw pangqawu, "Pay nu' yang itawitsqay ang hiisavat paatokne' pangsoq ipipmokiy pane' pay kya nu' su'unhaqam hintimantaniy," yaw aw kitaaqe pu' yaw oovi aw poyooyayat tuuvingtaqw pu' yaw oovi pam put maqa.

Pu' yaw iisaw as oovi naami tuwantakyangw pay yaw mootiniiqe as qa suutaq'ewa. "Anay," yaw kitangwu. A'ni pi yaw kur qalat pam poyoy'ta. Pu' yaw piwniiqe pay piw yaw an yuku, pay yaw piw qa suutaq'ewta. "Is ohi, nu' hapi qa tukpuy've' nu' son kya put an kwangwatsotsongni," yaw pam yan wuuwaqe pu' yaw oovi pam nawus pay suutaq'ewtaqe pu' yaw oovi ang paatokna.

Noq pay yaw angqw ungwti. Pu' yaw pam oovi qa sööwunit pu' yaw put laalayqat poyooyayat aw ahoy suutavi. Pantit pu' yaw pam put pipmokiyat aw tuuvingta. Noq naat yaw pam pu' put aw taviniqe yaw aw yan iitsiy'maqw pay yaw iisaw okiw angqe' wa'ökma. Kur hapi yaw put ungwa'at soosoy ang tsoykuqw put akw yaw pam mooki.

Pu' yaw pam laalayqa put siskwat pu' paas pöhiwat pu' hakiy hopikwatsiy maqa. Naat kya oovi hak put haqam taviy'ta. Pay yuk pölö.

incision in my chest and stuff my pouch in there, I guess I can smoke just like you." So he asked for the pocket knife, and the cowboy handed it to him.

At first Coyote wasn't really willing to try the knife on himself. "Ouch," he yelled, because the blade was very sharp. He made another attempt but again hesitated. "Dear me, if I don't get a pocket, I will probably not enjoy a smoke like he does," he thought. Finally Coyote was determined to go through with it, and he cut a little opening in his chest.

Immediately blood came pouring out. Coyote lost no time in handing the little knife back to the cowboy. He then asked him for his tobacco pouch. The cowboy was handing it to him and had his hand stretched out when poor Coyote collapsed. All of his blood had drained out, and that is why he perished there.

The cowboy now skinned him, softened his pelt, and gave it to one of his Hopi friends. Maybe someone still has it stashed away somewhere. And here the story ends.

Iisawniqw Tasavu

Aliksa'i. Yaw orayve yeesiwkyangw pu' yaw pay piw aqwhaqami kitsokinawit yeesiwa. Noq pu' yaw piw yep ismo'walpe i' iisaw kiy'ta. Pu' yaw pam piw soy'taqe yaw oovi pay putsa taviy'ta. Niikyangw pay yaw puma pas okiw hihinqatu, pay yaw i' iisaw okiw pas qa maakyaniqw oovi. Pay yaw pam pas ephaqamtiqwsa pu' hiita hiisakwhoyat kutsiipu'ewakw sakine' pu' put soy aw yawmaqw pu' yaw puma pay okiw kwakwangwinvewat put akw hikislawngwu.

Noq pu' yaw pam pi pay sutsep angqe' waynumngwuniiqe yaw oovi pay imuy hopiituy haqe' kanelvokmuy oyiy'yungqw paas navotiy'ta. Noq pu' yaw puma hisat pas kur hiita piw nösniniqw pu' yaw pam oovi haqami kanelkiminiiqe pu' pangqw put sukwat uu'uyiy'ma. Pu' yaw puma naamöm put kanelsikwit oovi ep nöösa.

[118]

14

Coyote and the Navajo

Aliksa'i. They say Orayvi was inhabited, and all over there were settlements with people. Here at Ismo'wala Coyote had made his home. He had a grandmother, and she was the only one with whom he shared his quarters. The two were barely able to sustain themselves because the younger Coyote was a very poor hunter. Only once in a great while was he lucky and bagged something small, such as a lizard. That he brought home to his grandmother, and they tried to make it last by eating only small bits from it.

Since Coyote was always on the go, he knew where the Hopis kept their flock of sheep. Once, when he and his grandmother had nothing more to eat, he ventured up to a sheep pen and returned with a stolen sheep. As a result, the two ate mutton that day.

Panmakyangw pu' yaw pay pam piw hisat panti. Noq pu' yaw pam
pay pan kuwaatuwqe pay yaw oovi soq pumuy hopiituy pokmuyatuy
naamahiniy'ta. Haqaapiy pu' yaw pay ima hopiit nanapta pam pumuy
pantsakqw. Niiqe pu' yaw oovi himuwa pay paapu pas kanelkiy ep
mihikqw tuuwalangwu. Pu' yaw pam iisaw angqw awniqw pu' yaw
himuwa a'ni itsivu'iwkyangw put tatatupngöyvangwu.

Paapiy pu' yaw pam iisaw pay nawus piw naap maqnumngwunii-
kyangw pay yaw naat an piw qa sutsep sakinangwu. Panmakyangw pu'
yaw pam pay paapu pas yaakye' maqnumngwu. Noq yaw ayaq haqam
hoopahaq yaw kur piw hakim tasapnanatim kiy'yungwa. Niiqe yaw puma
a'ni kanelvokmuy'yungqw yaw oovi ima hakim naatupkom pay naat tsaa-
yom yaw tuwat naaqavo pumuy laynumngwu. Puma yaw talavay pumuy
pokmuy nöngaknat pu' paasat pumuy haqami tsöqavömi hikwnatot pu'
paasat pay pumuy angqe' laynumqw pu' yaw puma pay angqe'
noonoptinumyangwu. Pu' yaw paasat tapkiqw pu' yaw puma pay pumuy
piw tangatangwu. Yanhaqam yaw puma tuwat pumuy tumalay'ta.

Noq pu' yaw piw hisat i' iisaw kur piw suupangqe' waynumqe pay
yaw piw pumuy kanelmuy tuwa. Niiqe naat pi yaw pay pumuy qa hisat
himu yuuyuynaqw oovi yaw puma pay pas qa tutumqam. Niiqe pu' yaw
pam pay piw pumuy kwangway'qe pu' yaw pam pay pumuy amungk
nana'uytikyangw hoyta. Niiqe pu' yaw puma naatupkom pas pumuy
tangatakyangw pu' pay hihin qa taalawvaqw pu' yaw pam pangso
kanelkimi nakwsu. Niiqe pu' yaw pam antsa aw pituqw pay yaw puma
kaneelom qa hin watqaniqey unangway'yungqw pu' yaw pam oovi put
sukw ngu'aaqe pu' piw put soy aw tuni'ikwiwta. Ep pu' yaw puma piw
nawis'ewtiqw nöqnösa.

Paapiy pu' yaw pam pay piw pangsoqwat kaneelot ooviningwu. Noq
pu' haqaapiy pay yaw puma kaneelom qa nakwhaniy'yungngwu pam iisaw
amumi pituqw. Pu' yaw pay puma pokmuy'yungqam piw nanapta pumuy
himu angqw sowantaqw. Noq pay yaw pam tasapmuy na'am kur suupan
wuuwa pay yaw sonqa pam iisawniiqat. Pay yaw pam qa suus put aw yori
pam pangqe' waynumqw.

Noq pay pi yaw pangsoq hoopoq yaavoniqw oovi pay yaw pam iisaw
iits pangsoqningwu. Niiqe pu' yaw pam hisat tis pay pas naat qa
taawanasaptiqw pay pangsoq pituuqe pu' yaw pam pay oovi pep kanelkit
aqlaphaqam tsomove hotskit atpip qatuwkyangw pumuy kanelmuy
nuutayta. Noq put kanelkit aqlaphaqam yaw piw homokihoyaniqw
pangqaqw yaw suupan kwiikwitsi'ewakwniqw yaw pam iisaw pangso
taynuma. Noq pas pi yaw piw himu lomahomokihoyaniqw yaw pam
put aw wuuwanlawu. "Hak pa pep tuwat kiy'ta? Sen pi i' himu honani,
sen piw suukya iisaw pep kiy'ta," yaw pam yan wuuwa. "Sen nu' awni?
Piw kya nuy awniqw hak ep qatuuqa qa hopiituqaytani. Piw pi nu'
qa hiita tasaptuqaytaqe kur kya pi nu' hin aw yu'a'atani." Yaw pam
yaayan wuuwantaqe yaw oovi pam hiisavo pep unangway amum naayawi.

In due time he repeated that feat. And since Coyote found this an easy method of obtaining food, he took advantage of it by stealing from the Hopis' flock. When the Hopis finally discovered what he was doing, one of them stood guard near the pen at night. Thus, whenever Coyote returned to the enclosure, the person watching ran after him, screaming at him and throwing stones at him.

From then on Coyote had no choice but to hunt on his own again and, as before, his success in hunting was only occasional. Eventually he had to travel great distances to hunt. In the process he came across a place far to the east where a Navajo family resided. Its flock of sheep was so large that two of the brothers, still very young, were herding every day. They usually let their animals out in the morning and then drove them to a place with an earthen dam to water them. Afterwards they tended them as the sheep grazed. When it got dark they penned them up again. This was how the two brothers took care of their sheep.

One day, when Coyote found himself in that area, he spotted the sheep. But as no creature ever bothered them before, they were not very skittish. Coyote, who had a great desire to get one, followed them furtively. However, it was not until the two brothers had corralled the sheep, and night had fallen, that he approached the enclosure. When he got there the sheep showed no intention of running away. So he grabbed one of them and brought his kill to his grandmother. So the two were able to feast on meat again.

From that time on Coyote made a habit of going to that pen to filch sheep. There came a point, however, when the sheep were no longer at ease when Coyote approached them. The owners of the flock also suspected that some predator was living off their herd. The father of the Navajo family had a notion that it was the Coyote he had seen more than once in the area.

Because it was a long way to the sheep corral in the east, Coyote generally got an early start when he headed there. Thus, it happened that one time he even arrived there before noon. So he settled down, under a juniper tree on a hill near the sheep pen, and waited for the sheep. In the vicinity of the pen was a miniature hogan, Coyote noticed to his surprise. Smoke seemed to be rising from it, so Coyote kept watch. It was such a cute little hogan that he mused over it. "Who on earth could be living there? A badger or maybe another coyote? I wonder if I should go over. But then, whoever resides there might not talk Hopi. Since I don't know the Navajo language, I wouldn't be able to carry on a conversation." Thoughts like these came to his mind as he debated over whether he should go there or not.

Hisatniqw pu' yaw pam awniqey pan naa'angwutaqe pu' oovi yaw aw
nakwsu. Su'aw yaw pam oovi aw pitutoq piw yaw hak tasaptaqa ngasta
yuwsiy'kyangw paas palmok'iwkyangw pangqaqw yama. Pu' yaw pam
oovi pay pephaqam suhuruutit pay yaw qa waayat paysoq yaw aw
taynuma, maataq pi yaw hintini. Noq pu' yaw pam taaqa pangqw
yamakt pu' yaw paasat pep haqam qatuptuqe pu' naapa tuuwat
tsaltoyna. Noq kur yaw pam pep naasöviwantaqe pan yaw kur pam
naalaknangwu. Pu' yaw pam taaqa pay as put iisawuy tuwat pay yaw qa
aw hinti. Niikyangw pay yaw pam naat put aw tunatyawta. Pay yaw pam
kur paas navotiy'ta pam pumuy kanelvokmuyatuy u'uyingqw. Noq son pi
yaw pam iisaw pay piw put qa awni. Noq pay yaw antsa pam put
maamatsiyat su'an pam iisaw angqw. Pu' yaw pam iisaw put aw pituuqe
pu' yaw pay ngas'ew aw pangqawu, "Ya um tuwat hintsakiy?" yaw pam
put aw kitaqw pay yaw piw pam kur navotqe yaw oovi hu'wana. "Pi pay
nu' yep naasöviwantay; pay nu' tuwat yan naakwangw'ewakwtangwuy.
Pay hak yante' pu' piw hiisavo pas qa putuwya'iwtangwuy. Pu' hak
piw pante' hak yaavo a'ni warikye' pay hak pas qa maanguy't haqami
pitungwuy," yaw pam put aw kita.

Pu' yaw pay piw iisaw suutuptsiwqe pu' yaw pay piw tuwatniqey
yan wuuwa. Pam hapi yaw pante' pu' paasat put kaneeloyat iikwiw-
kyangw a'ni waayaniqe oovi. Noq pu' yaw pam pay piw put taaqat aw
ö'qala yaw as tuwatniqey.

Pu' yaw pam tasaptaqa pay suupan wuuwa, "Pay pa i' son piw qa
hinoq oovi inumi sunawinni," yaw pam yan wuuwaqe pay yaw oovi
sunakwha. Niiqe pu' yaw pam oovi put iisawuy aw pangqawu, "Pay um
haak pep qatuwkyangw inumi maqaptsiy'taniy. Naat nu' yep qööhe' pu'
paasat put aw it owat mukinaniy. Noq pu' ason pam a'ni mukiitiqw pu'
nu' put ungem yukyiq tangataqw pu' um paasat aqw pakini. Pu' ung
ason aqw pakiqw pu' nu' paasat put mukit owat aw it kuuyit wuutaqw pu'
pepeq i' söviwangw oopokq pu' um pay haak hiisavo pantaqat angqw
pakiwtani. Niikyangw nu' hapi son nawus uumiq qa uutaqw pam
söviwangw qa angqw nöngakni. Pay ason nu' piw son uumiq qa hötani."

Paas yaw pam iisawuy aw yan tutaptaqw yaw iisaw naanakwhaniy'ta,
pay yaw pas tapkiqw ahoy a'ni wakikniqey oovi. Noq pu' yaw pam taaqa
oovi piw pep qööha. Pantit pu' yaw pam pangso it owat wukomo'ola. Pu'
yaw pam paasat kotqay awniiqe pu' yaw pangqw piw laaput wukotawi-
mokkyangw ahoy pitu. Pantit pu' yaw pam put pangsoq kiwyamiq
tangataqe pu' yaw pam put angqe oya. Hisatniqw pu' yaw pam owa kur
pas a'ni mukiitiqe yaw pavan pas töövuti. Pu' yaw pam oovi pangqw
qööhit angqw put o'wat it naatsat akw ipwankyangw pu' put pangsoq
homokiwyat aqw tangalawu. Pu' yaw pam yukuuqe pu' put iisawuy aw
pangqawu, "Ta'ay, um pewnen aqw pakiniy. Niikyangw um ason ayoqwat
qa hötsiwmiq taytaqw i' söviwangw qa uuposmiq yungniy," yaw pam put
aw kita.

Soon, however, Coyote overcame his concerns and set out for the place. Just as he was nearing the little hogan, a Navajo man came out. He was nude and dripping with sweat. Coyote came to a sudden stop and, without running away, just gaped at the man, wondering what he would do next. The man now sat down and proceeded to throw sand on his body. He had evidently taken a sweatbath in that little hogan, and this was his method of drying himself off. The man, too, had spotted Coyote but did nothing. All the same he was keeping an eye on him. He was quite aware that this was the coyote who had been stealing sheep from his flock. He was also certain that Coyote would come over to him. Sure enough, just as he had guessed, Coyote trotted up to him. Not knowing what to expect, Coyote greeted him with the question, "What are you doing?" Quite unexpectedly, the man understood him and answered, "I'm taking a sweatbath here. This is my way of cleaning myself. Whenever I do this, I feel lighter for a while. Also, after a sweatbath I am capable of running at great speed for long distances without tiring."

Once again Coyote became a victim of his own gullibility. He thought he would also give it a try. He could take a sweatbath first, then grab one of the man's sheep and flee with it on his back. So he entreated the man to let him try it.

The Navajo got wise to Coyote's intentions right away. "I bet there's something behind all of this. Why else would he wish to do what I have done?" So, he readily consented to Coyote's request and said, "Just stay there for now and wait. I first have to build a fire here, and then I can heat these rocks in it. When they are really hot, I'll take them inside for you. Then you can enter the sweat house. Once you are in, I'll pour water on the heated stones. And as the hogan fills up with steam you stay in there for a while. I must close the opening after you, though, so that none of the steam escapes. Later I'll open it back up again."

Coyote consented to the Navajo's instructions. After all, he would then be able to run swiftly back home that evening. The man now built another fire. On it he piled a good amount of stones. Next he brought a load of cedar bark over from his woodpile. This he spread on the floor of the little sweathouse. Some time later the stones were evidently hot, for they were glowing red. The Navajo now lifted the rocks out of the fire with some tongs and toted them inside the small hogan. When he was finished he turned to Coyote, saying, "Now, come over and get in! But face the direction opposite the door so that the steam doesn't get into your eyes."

Pu' yaw pam oovi aqw pakiiqe pu' yaw pas yuupaveq qatuptukyangw yaw hötsiwmiqwat hootay'ta. "Taa', nu' hapi pay panis it aw kuyt pay uumiq uutaniy," yaw pam put aw kita.

"Ta'ay, niikyangw um hapi pay inumi tunatyawtaqw nu' hisatniqw yamakniqey pangqawqw um hapi pay paasatniqw inumiq hötaniy," yaw iisaw kita.

"Antsa'ay, pay nu' haak yep iip uumi qatuniy," yaw pam put aw kitat pu' paasat kuuyiy pangso put owavangalnit aw wuutaqw pavan yaw antsa pep söviwangw wukowunuptu. Pu' yaw pam kur pay piw naqlap it kohot töövu'iwput taviy'taqe pu' yaw pam put it laaput aw tongokniy'kyangw aw huukyanlawu. Pu' hapi pay yaw pam uwi. Okiw yaw iisaw qa hiita nanvotkyangw pangqw kwangwavakiwta. Pantit pu' yaw pam tasaptaqa put iisawuy angk pangsoq pas wuuyaqat tum'owat uutat pu' paasat it lestavit akw angk aqw tönga. Pantit pu' yaw pam paasat pay pangqw waaya.

Pu' hapi yaw pam laapu pangqw a'ni uwikkyangw pu' a'ni kwiitsingwuy'va. Pu' hapi yaw pay pepeq kwits'oopokq pu' yaw pay iisaw hin unangwti. Pu' yaw pam sungwnuptuqe yaw qötöy a'ni ongokna. Pu' yaw pam naatuhotaqe pu' yaw piw ahoy suqtuptu. Okiw yaw pam pepeq suposvalmunkyangw öhöhöta. Pu' yaw pam hötsiwmiqwat nakwsukyangw yaw qa hiita tuway'maqe yaw oovi it o'wat atsva lahohotima. Noq pam pi naat qa mukiviwqe yaw naat a'ni mukiniqw pavan yaw iisawuy ang suukuywiktoti. Pu' yaw pam hin hintsakmakyangw yaw hötsiwmi pituuqe pu' yaw as aqw tsaatsa'lawu, "Peqw höta'ay, taq nu' sumataq pas pay hintiniy," yaw pam as aqw kitalawqw pay yaw pam taaqa se'elhaq haqaminiqw yaw oovi qa hak aqw hötaniqa haqam.

Pu' yaw pam as oovi naap pangsoq put owat na'atsqökintakyangw pay yaw pam put pas qa kyaati. Hiisavoniqw pay yaw pam pas okiw hihin öqawiy'kyangw naat yaw tuwanlawu. Panmakyangw pay yaw put okiw kwiitsingw hikwisnina.

Yanhaqam pay yaw pam okiw naap haqam qatsiy kuyva. Pay yaw pam nawus soy qa engem piw kanelwikvat pay pepehaq mooki. Yanhaqam yaw kur pam tasaptaqa wuuwankyangw pas put aa'angvay'ta pam put aw pan naawaknaqw. Yan yaw pam oovi put aw naa'oya. Naat kya oovi pam pepehaq kanelvokmuy oyiy'ta. Pay yuk pölö.

Presently Coyote entered and sat down at the far end, with his back to the opening. "Now, just as soon as I've poured this water on the stones, I'm going to seal the opening," the man reminded him.

"All right, but you be sure to keep watch, and when I want to come out you open it back up," Coyote replied.

"Don't worry, I'll just sit out here and wait on you." With that he poured the water on the heap of rocks and up rose a thick column of steam. But the Navajo also had at his side a stick which was glowing hot at its end. With that he touched the cedar bark, fanning it at the same time. Finally the bark caught fire. Poor Coyote was totally unaware that this was taking place and sat there quite comfortably. As a last act, the Navajo man placed a huge flat rock against the door to lock Coyote in; then he propped a large log against the rock. When that was completed he walked away.

Meanwhile, the bark inside the hogan rapidly caught fire and started giving off a lot of smoke. Soon the whole place was so filled with smoke that it affected Coyote. He quickly jumped up and severely bumped his head on the low ceiling. He felt a sharp pain and immediately sat back down. The poor thing had tears streaming down his face and he was coughing. Blinded, he groped towards the door but in the process crawled over the rocks. Since they had not yet cooled off, they were still painfully hot. A rash of blisters broke out on Coyote's body. When eventually he managed to reach the doorway, Coyote shouted out, "Open up, I feel as though something terrible is about to happen to me!" He kept yelling, but the Navajo was long gone. There was no one there to let him out.

All by himself, Coyote was now pushing against the big flat rock but couldn't budge it. Soon, not much strength was left in him anymore; yet, he was still trying. Finally he was overcome by the smoke and suffocated.

In this manner Coyote's life came to an end at a place where he had never expected to die. Instead of bringing another sheep to his grandmother, he perished in a sweat house. Evidently, this had been the intention of that Navajo man when he so readily agreed to Coyote's wish. This was how he got his revenge. So he may still have his herd of sheep there. And here the story ends.

Iisaw Öngmokto

Aliksa'i. Yaw yepeq songoopaviy tatkyaqöyveq yeesiwa. Noq pu' yaw piw yep amukwningyahaqam tsomove yaw piw isnawuutim kiy'ta. Niikyangw yaw puma piw a'ni timuy'ta.

Noq piw yaw puma i'ishooyam yaw tsaatsakwmuy amumum hoho-naqngwuniqw yaw puma tsaatsayom hiita qöötsat ngönyungngwu. Pu' yaw puma put hiita angqw enang tsoonankyaakyangw yaw noono-vangwu. Noq suus yaw pam suukya isawhoya put haqawat tuuvingta hiita pam ngöntaqw. Noq pu' yaw pam put aa'awna yaw pam öönganiiqat. "I' pas hurusukit enang kwangwngwuy," yaw pam put aw kita.

Noq puma i'ishooyam yaw pay panis hurusukiysa hinnumyangwu. Pu' yaw pam suukya isawhoya put hurusukiy angqw kyatkut pu' put hakiy ööngayat angqw tsootsonaqw pas hapi yaw kur antsa pam put enang

Coyote on a Salt Expedition

Aliksa'i. They say people were living here at the south side of Songoopavi. And somewhere north of them, at a hill, Coyote and his wife had also made their home. The couple had many children.

The little Coyotes used to play with human children, and they noticed that the children had something white strung around their necks. Whenever they ate their hurusuki, they also sucked on that white substance. One day a Coyote youngster asked one of the children what he was wearing around his neck. He explained to Coyote that it was salt. "With hurusuki it really tastes good," he said.

The little Coyotes, on the other hand, carried nothing but their hurusuki along with them. One little Coyote, however, took a bite of his hurusuki and then sucked on a piece of salt which he got from a child.

[127]

kwangngwu. Pas hapi yaw pam put angqw kwangwayuku. Pu' yaw pam
piw put tuuvingta haqam puma putyangwuniqw. "Pay it ima itanam
ööngat epeqyangwuy. Niikyangw pam pay pas ayaq öngtupqaveqsaniqw
oovi puma pangsoq put yukuwisngwuy," yaw pam put aw kita. "Paniqw
oovi itam antsa it ngönnumyangwuy. Pay hurusuki pas it enang kwangw-
ngwuy, i' hapi paa'önga," yaw pam put aw kita.

Pu' kya pi puma yan yoyrikyaqe pu' yaw puma ninmaqw pu' yaw
pam suukyawa yumuy amumi pangqawu, "Pas hapi itam tsaatsakwmuy
amumum hohonaqyaqw puma it hiita ngönyungqw nu' put sukw
tuuvingta pam himuniqw yaw pam öönganiiqat yan pam nuy aa'awnay.
Noq pas kur pam hurusukit enang kwangngwuniqw oovi um as tuwat put
itamungem haqamniy," yaw pam nay aw kita. "Noq yaw pam himu pas
öngtupqaveqsaniqw yaw pangsoq pumuy namat put ooviyangwuy. Sen pi
as um tuwat put oovi itamungem aqwniqw itam tuwat put itaahurusukiy
enang noonoptinumyamantaniy," yaw pam nay aw kita.

Pu' yuy piw awniqw pay yaw yu'am piw su'amun unangwtiqe pu'
yaw koongyay aw pangqawu, "Owiy, um antsa aqwniy. Antsa kya pam
himu put enang kwangngwuy. Noq ima put enang pannumyamantaniy,"
yaw pam yu'am put koongyay aw kita.

Pu' yaw pam na'am pangqawu, "Kur antsa'ay, pay nu' aqwniy. Pay
nu' qaavo talavay aqw warikniy. Pay pi nu' puwtaptime' pay nu' son
aqw qa pituniy," yaw pam kitaaqe pay yaw sunakwha.

Niiqe pu' yaw puma pay oovi ep mihikqw iits tokni. Pu' yaw pam
iisaw nöömay aw pangqawu, "Pay um hiita inungem na'sastani," yaw aw
kita. "Um it ho'aput aw paas inungem sosompitoynaqw nu' put iikwiw-
kyangwniy. Pu' um piw inungem hiita nitkyataqw nu' put yankyangw-
niy," yaw pam put aw kita.

"Kur antsa'a," yaw pam koongyay aw kitaaqe pu' yaw oovi pam
koongya'at hin tutaptaqw pu' yaw pam paas put tutavoyat hinti.

Qavongvaqw pu' yaw pam ii'istuy na'am pay su'its tayta. Noq piw
yaw pumuy ii'istuy amuqlaphaqam ima pöqangwhoyat kiy'taqe pay yaw
puma piw navota pam iisaw öngmoktoniqw. Pay pi yaw puma sutsep
angqe' waynumngwuniiqe pay yaw kur piw navota. Noq yaw pep songoo-
paviy ahopqöyve suututskway'taqat ep yaw puma pöqangwhoyat tatats-
lawngwu. Noq pay yaw puma oovi piw su'its pepeq pantsakqw yaw hak
haqaqw hingqawma. Yaw hak tawma, niiqe hak yaw yan tawma:

Maa'iits otiiley,
Aha'iihii'hii'ii'i',
Aha'iihi.
Maa'iits otiiley,
Aha'iihii'hii'ii'i',
Aha'iihi.

No doubt, it really complemented the hurusuki. The taste was delicious. So the little Coyote asked the child where he had found the salt. "Well, our fathers get it from a salt deposit far away at the Grand Canyon; that's the only place where they go to get it. We always carry salt around our necks because it tastes so good with hurusuki. These are salt crystals, of course."

When the young Coyotes discovered this, they dashed home. One of them said to his parents, "We played with the human children and noticed that they wore something around their necks. I asked one what it was, and he told me that it was salt. It tasted delicious with the hurusuki, so please, get some for us, too," he pleaded with his father. "The child also said that this salt is found only at the Grand Canyon and that the children's fathers go there for it. I wish you could also go there and get some for us. Then we, too, could eat salt with our hurusuki." This is what the little Coyote said to his father.

Then he also turned to his mother, to see her reaction. She agreed with her children and said to her husband, "Yes, you should really go there to get salt. Salt is delicious, indeed, when you eat it with hurusuki. Then my children also can carry it around with them."

Father Coyote agreed right away, "Very well, I'll travel to the Grand Canyon. I'll run there tomorrow morning. If I sleep overnight on the way, I'll surely reach that place."

In preparation for the trip the whole family was going to retire early that night. Coyote then said to his wife, "Get a few things ready for me. First I'd like you to attach ropes to this burden basket so that I can carry it on my back. Then you should prepare some food for my journey. With that I'll be on my way first thing in the morning."

"All right," she said to her husband and carefully followed his instructions.

The next day, Father Coyote arose very early. It so happened that in the vicinity of the Coyotes lived the brothers Pöqangwhoya and Palöngawhoya. They had heard about Father Coyote's intention to go on a salt expedition because they were wont to roaming around in the area. On the east side of Songoopavi, where the land is really flat, the two brothers were always playing their shinny game. They were already at it, bright and early that day, when suddenly they heard a noise. Someone was singing, and this is what it sounded like:

Maa'iits otiiley,
Aha'iihii'hii'ii'i',
Aha'iihi.
Maa'iits otiiley,
Aha'iihii'hii'ii'i',
Aha'iihi.

Yan yaw pam iisaw tawkyangw pangqw henanatima, yaw put ho'apuy
iikwiwkyangw. Noq pay yaw as puma hakiy maamatskyangw pay yaw
puma put nawip qa tuway'ta. Pay yaw puma pep tuwat pisoq tataslawu.
Pas pi yaw iisaw wukotönaniiqe pavan yaw wukotawmaqw put yaw akw
puma pay put suumamatsi.

Pu' yaw pam pumuy amuqle' aqwhaqaminiqw yaw puma poqangw-
hoyat pangqawu, "Is yang pu' wuutaqhoya," pu' yaw puma angk
pangqawu. "Yupay, pay pi um son pas haqami pituniy. Naat pi itam pay
ungkniy," yaw puma angk kita. Pu' yaw puma paasat piw tatatstiva,
yaw qa unangwtala.

"Is piw naat yep qahopnatupkom hintsaki. Pas pi hiitu nu'an
qahophoyat. Pas pa nuy haqaminiqw puma son navotiy'ta," yan pay pam
wuuwankyangw amuqle'niiqe yaw amumi suyortima.

Noq pay yaw puma naatupkom suyan navotiy'ta pam haqami
hoytaqw. Pu' yaw pam iisaw panmakyangw pay yaw pas oovi haqti. Niiqe
yaw pam orayviy kwiningqöymihaqami yaw tapkinaqe pu' yaw pam pay
oovi pep haqam puuwi. Pas yaw kur pam maanguy'qe pay yaw oovi
suupuwva.

Noq pu' yaw pay panis tapkiqw pu' yaw pay ima naatupkom put
iisawuy angk wari. Pay niikyangw yaw piw naat tatatstimakyangw.
Niikyangw pay yaw puma put iisawuy angk suptu. Yaw puma angk
pituqw yaw iisaw pephaqam kwangwavuwi. Yaw su'omiq tsangwkyangw
piw yaw a'ni herorota. Pu' yaw puma pöqangwhoyat put kwangwavuwqat
yaw nan'ivaqw tsöpaatat pu' yaw puma put pangsoq ho'aput aqw panat
pu' yaw puma put ho'aput nan'ivaqw tsöpaata. Pantit pu' yaw puma put
pankyangw ahoy songoopamiqwat wari. Pu' yaw puma put iisawuy kiiyat
ep pituuqe pu' yaw puma pumuy kiiyamuy aqw pakiqw yaw isnanatim
kwangwatokya. Pu' yaw puma put iisawuy ho'aput angqw horoknat pu'
yaw puma put nöömayat aqlavaqe paas wa'ökna.

Qavongvaqw pu' yaw iisaw taataykyangw put u'na. "Is vul nu' naat
haqami hoyta; han kur pay'u'. Nu' paynen pay kya nu' pu' tapkiqw aqw
pite' pay nu' qaavo iits talavay pay angqw ahoyni," yan yaw pam
wuuwaqe pu' yaw pam oovi suqtuptu. Pu' yaw pam qatuptunikyangw pu'
yaw pam nan'ivo matyawkyangw piw yaw pam hiita aw tongo. Pu' yaw
pam navotq pay yaw kur pam piw kiy ep ahoy taatayi. Pu' yaw pam pan
wuuwa. "Ya sen nu' hintiqw yephaqam yanta?"

Pu' yaw nööma'at tuwat qatuptu. "Ya um hintiqw yephaqam naat
yanta? Suupan pi as um öngmokto," yaw nööma'at aw kita.

"Pi nu' as pay haqtiy. Nu' as haqtit pu' nu' pepeq puwvay, nit pay
nu' piw yep ahoy taatayi. Noq pay sonqa piw ima qahopnatupkom nuy
ahoy angqw peqw wiikiy. Pi nu' pumuy amuqle'niqw puma nuy tuway.
Pas puma hiitu nu'an qahophoyatuy, pay pi piw sonqa puma'ay," yaw
pam iisaw kitaaqe yaw pumuy aqw itsivu'iwta. "Pay pi nu' piw aqwnen
paapu nu' pas ason haqtit pu' pephaqam puwniy," yaw pam kita.

Coyote was chanting as he trotted along. He was carrying a burden basket on his back. The Pöqangwhoya brothers had recognized him, of course, but pretended not to see him. They were busy hitting their shinny ball around. Coyote had a deep voice, as is well known, and he was singing very low; so the two recognized him right away.

As he passed by them, the brothers couldn't resist saying, "Look at the old boy going along there! Just go on, you won't get anywhere. We're going to come after you." This is what they said behind his back. With that they turned back to their game, oblivious to anything else.

"What a disgrace to see those mischievous brothers carrying on here again! Those lousy guys are just no good. I bet they have no idea where I am going!" Coyote thought as he was passing them. He kept glancing at them quickly.

The two brothers knew, of course, exactly where Coyote was headed. Soon he had traveled quite a distance. By the time he reached a point north of Orayvi it was evening, so that is where he camped. Because he was quite exhausted he fell asleep at once.

No sooner had darkness fallen than the two Pöqangwhoya set out to follow Coyote. They continued their shinny game along the way, yet, they quickly caught up with him. When they finally reached him, they found him sound asleep. His gaping snout was sticking straight up, and he was snoring loudly. The two brothers, one on each side, picked the sleeping Coyote up and placed him in his burden basket. That accomplished, they lifted up the basket from both sides and then ran all the way back to Songoopavi. When they reached Coyote's den, they entered and found the whole family asleep. They lifted him out of the basket and laid him down next to his wife.

When he awoke the following morning, Coyote quickly remembered the purpose of his trip. "If I remember right, I'm still on my way. Well, let me go right now. If I leave at once, I might reach my goal by nightfall; then, tomorrow, I can return early in the morning." As this thought crossed his mind, he quickly rose. As he stretched his arms out to both sides, to his great surprise, he bumped into something. Then it dawned on him that he had awoken back in his house. "What happened? Why am I here?" Coyote wondered.

His wife, too, got up now. "What on earth are you doing here? I thought you had gone to get salt," she cried.

"Well yes, I was quite far already, and fell asleep a good distance from here. And now, to my surprise, I wake up here. It was probably those good-for-nothing brothers who brought me back here. They saw me as I passed them. Those rotten swine, they must have done that!" Coyote swore. He was really mad at them. "Well, I suppose, I have to start all over. This time I will go as far as I can, and then I will sleep."

Pu' yaw pam oovi piw hiita himuy ömaatat pu' pangqw piw wari. Pu'
yaw pam mootiwat haqe'niiqey pay piw panga. Noq pu' yaw pam pangso
haqami suututskway'taqat aw pituqw pay yaw piw puma naatupkom pep
tatatslawu. Pu' yaw pam iisaw piw pumuy nawip qa tuway'kyangw
amuqle' put hiita tawma.

"Piw pay yang himu'uy, pay pi aqwhaqaminiy. Pay pi itam angknen
son piw qa wiikiniy," yaw puma naatupkom naami kitalawkyangw yaw
naami na'uytaya'iwta. Pay yaw puma piw put nawip qa tuway'kyangw
pisoq pep tatatslawu.

Pu' yaw pam iisaw pangqw warikqe yaw oovi pu' pas paasat haqti.
Pu' yaw pay pas munqapiy ruupa. Pam yaw oovi ayaq tutuventiwngwuy
epeq pu' yaw pam huruutiqe pu' yaw pam pepeqwat pu' puwni. "Ta'ay,
pay pi nu' yepniy. Pay pi pu' son puma inungk pituni. Pi nu' haqtiy."
Yantiqe pu' yaw pam oovi piw pephaqam aapalawu. Pu' yaw pam kur
piw pas an maangu'i.

Noq pu' yaw puma naatupkom kur piw pay put iisawuy angki. Yaw
puma angk pituqw pay yaw pam piw paasat kwangwavuwi. Pu' yaw
puma piw pay put taavokniiqat su'an yukuna. Yaw puma put iisawuy
pay piw ho'apuyat aqw panat pu' pangqw put piw ahoy kiiyat aqw wiiki.
Pu' yaw puma put iisawuy kiiyat ep pituqw pay yaw mimawat naanatim
piw an naat kwangwatokya. Pu' yaw puma oovi put iisawuy ho'aput
angqw paas horoknaqe pu' yaw puma put nöömayat piw aqlavaqe
wa'ökna. Pantit pu' yaw puma pangqw piw waaya.

Qavongvaqw pu' yaw pam iisaw taatayqe pay yaw pam haqam
puwva'qey pay yaw qa pep ahoy taatayi. Pu' yaw pam piw pan wuuwa.
"Ura nu' naat haqami hoyta; han nu' pay qatupte' pay iits nakwsu. Ura
pi pay nu' haqti. Pay nu' iitsnen pay nu' pu' sonqe tsaavoniqw aqw
pituni; pay pi yangqw pu' tsaavo aqw peeti." Yaw pam naami kitaaqe
pu' yaw oovi pay paasat qatuptuni.

Yantiqe pu' yaw pam oovi piw qatuptunikyangw pu' yaw pam piw
nan'ivo matyawkyangw pay yaw piw hiita aw tongo. Pu' yaw pam navotq
pay yaw kur pam piw nöömay aqle' talöngna. Pas yaw pam itsivuti.
Itsivutiqe yaw pangqawu, "Is itse, puma hiitu. Pay sonqe naat piw puma
qahopnatupkomniiqe oovi'o. Pay pi son pi qa piw naat puma nuy peqw
wiiki," kitaaqe yaw pam itsivuti. Pu' yaw pam naami pangqawu, "Pay pi
nu' taavok haqtiqe nu' piw aqw ahoy pite' nu' son pepeq iwuutiy amum
puwni. Han nu' pay aw hintsane' akw hongvi'iwkyangw ööngat
aqwhaqami." Yan yaw pam wuuwaqe pu' yaw pam nöömay atsmi sutski.
Pu' yaw pam iisaw suyan hapi pangsoq ööngat aqwniqw put nööma'at
yan navotiy'taqe yaw oovi hak put atsmi wupqw yaw pam a'ni rohomti.
"Is uti, ya um hakniiqe oovi inumi hintsaki?" yaw pam kitat pu' hakiy aw
yorikqw pay yaw piw koongya'at. "Is uti, ura um as haqaminit pay
piw yep hintsaki."

He picked up his belongings and took off once more. He took the same route as the first time. When he reached the plain below the mesa, the Pöqangwhoya brothers were playing shinny again. Coyote, singing a little ditty, pretended not to notice them and trotted past them.

"There's that critter again. Let him go on. We'll follow him and catch up with him for sure," the brothers said to each other, secretly smiling at one another. They, too, pretended not to see him and seemed busy with their ball game.

Coyote ran on and was soon far away. He traveled past Munqapi and then, over at Tutuventiwngwu, he stopped and decided to spend the night. "All right, I'll stay here. I'm sure, they won't follow me this far." With that thought he went to sleep early. He was as tired as he had been on his first trip.

But the Pöqangwhoya did follow him a second time. When they reached him they saw that he was sound asleep. Again, the tricked Coyote as they had done the day before, heaving him into his burden basket and carrying him back home. In his house his wife and children were again fast asleep. The two brothers lifted him out of the basket and, once more, laid him beside his wife. Then they ran off.

When Coyote woke up the next morning, he thought he was where he had gone to bed. "If I remember right, I'm on my way to the Grand Canyon. Why don't I get up right now and start out early? I came quite a distance already. If I leave early, I might reach my destination today. After all, only a short distance remains."

This is what he said to himself, and then he prepared to rise. In doing so he reached left and right with his arms; to his surprise he felt something. Suddenly he realized that he had spent the night next to his wife. He grew furious, and in his anger he cursed the Pöqangwhoya brothers. "To hell with them! It was probably those two good-for-nothings again! I'm sure they brought me here again." He was beside himself with rage as he spoke. But then he said to himself, "If I travel today as far as I did yesterday, I won't be able to sleep with my wife. Why, I'll copulate with her right now! With the strength that I gain from that I'll be able to make it all the way to the salt deposits." With this thought he quickly mounted his wife. She was, of course, convinced that he had gone to the Grand Canyon. Thus, when she felt someone climbing on top of her, she struggled and resisted with all her might. "Help," she cried. "Who are you to do this to me?" But as she looked at him she saw that it was her husband. "My goodness, I thought you were on your way, but here you are, trying to sleep with me!"

"Pi pay piw kur ima qahopnatupkom nuy angqw peqw ahoy wiikiy. Noq nu' hapi ung tsoove' paasat pu' nu' pas a'ni öqawiy'kyangw pu' hapi aqw öngtupqamiq hawniy," yaw pam nöömay aw kitaaqe pu' yaw pam oovi pep nöömay tsopta. Pantsaklawkyangw pu' yaw pam hisatniqw kur yukuuqe pu' yaw aw pangqawu, "Ta'ay, yantani. Tsangaw nu' yuku. Oovi um nuy sunopnaqw pay nu' piw warikniy," yaw pam nöömay aw kita.

Pu' yaw pam nöömay tsopqe paasat pu' yaw pam pas suupan a'ni öqawiy'va. Paasat pu' yaw pam piw koongyay nopnaqw paasat pu' yaw pam piw nakwsu. Pu' yaw pam oovi paasat pas aqw öngtupqamiq öqalti. Pay pi yaw puma naatupkom son pu' angk pituni. Yantiqe pu' yaw pam oovi piw pangqw nakwsu. Pu' yaw pam mootiwat haqe' kuktaqey pay yaw pam piw pang ahoyniikyangw pay yaw pam piw pumuy pöqangwhoyatuy amuqle'. Noq pay yaw puma piw pep tatatslawu. Pu' yaw puma soosoyam nawip qa naatuway'yungwa. Pay yaw puma pöqangwhoyat hin tavoknen lavaytiqey pay yaw piw pangqawu. Pay yaw piw sonqa angk pituniqey yaw naami kitalawu.

Noq pu' yaw pam iisaw oovi pay amuqle' aqwhaqami wukotawkyangw henanata. Pavan yaw umukniy'ma. Panmakyangw pu' yaw pam haqam puwqey pangso yaw ahoy pituqw pay yaw kur antsa pas puma put ahoy kiiyat aw wiiki. Susmataq yaw puma ep kuklaqvuy'ta. Yan yaw pam pep yorikt pu' pangqw piw nakwsu. Pu' yaw pam hisatniqw öngtupqaveq pitu. Pu' yaw pam aqw tumpoq pituuqe yaw aqw taynuma. Noq pay yaw pam naat qa pas tapkiqw pay pangso haqami pituuqe pu' yaw pangqawu, "Han pay aqw haawi. Tsangaw pay naat suyan taala. Nu' aqw haawe' pay put ööngat epeq paas tangatani. Nen pu' nu' pay angqw put wupne' yepeq taviy'kyangw pi pay talöngniy'mani. Pante' pu' nu' pay iits yangqw ahoyni. Pay pi pu' puma son inungk pituni, pi nu' haqti." Yaw pam naami kitaaqe pu' yaw oovi aqw haawi.

Pu' yaw pam oovi pepeq put ööngat tuwaaqe pu' yaw pam pepeq put tangalawu, it yaw pöplangput enang. Put hapi yaw timat pas naanawaknaqw yaw pam oovi put panyungqat peehut enang. Pu' yaw pam oovi ho'apuy aqw oopoknat pu' yaw pam pangqw ahoy wupto. Noq pas hapi yaw kur pangqw uruhu'niqw yaw pam oovi kyaanavot pangqw wuuvi. Pay yaw oovi mihikiwtaqw yaw pam pangqw wuuvi. Pu' yaw pam put pangqw wupnaqe yaw tsuya. Pu' yaw pam put iikwilniy paas haqami taatsikna haqam puwniqey. Pam hapi yaw pay panis taatayt pu' pay put iikwiltat pu' yaw paasat pay ahoy nakwsuniqey yan wuuwa.

Pu' yaw pam oovi pay iits piw puuwi. Pay yaw pam piw an maanguy'qe yaw oovi manguy'vuwva. Qavongvaqw pay yaw naat qa pas qöyangnuptuqw pay yaw pam taatayqe pu' yaw naami pisoqti. Noq naat yaw put ho'apu'at pep haqam pam put maatapqw, naat yaw pay pangso taatsikiwta. Pu' yaw pam awniiqe pu' yaw put piqösayat qötövaqe

"Well, those no-good brothers brought me back. But I thought if I had intercourse with you now, I'd still have the strength to go down to the bottom of the canyon." This was his answer to his wife, and then he took his time copulating with her. Some time later, when he was finished, he said, "All right, that'll be it. I'm glad I did this. Give me something to eat now, and then I'll be off again."

After he copulated with his wife, Coyote was convinced that he had gained strength. When his wife had given him some food, he started out anew. This time the Grand Canyon was his goal. If he reached the canyon, he thought, the two brothers could not catch up with him. So, once more, he set forth. At first he followed his own tracks and passed the Pöqangwhoya brothers again. As before, they were playing shinny and pretended not to see one another. The brothers made the same comments they had the previous day. They said to each other that they would definitely follow him again.

Coyote trotted past them, singing loudly. He was thundering along in his deep voice. Eventually he reached the place where he slept the night before. It was quite obvious that the brothers had taken him back to his house, for their tracks were clearly visible. He just took a quick look at the tracks and then continued on. Finally he arrived at the Grand Canyon. When he got to the rim, he started down. It was not quite evening yet, so he said, "Let me go down right now. I'm glad it's still daylight. When I reach the bottom of the canyon, I can fill my basket with the salt. Once I have hauled it up, I can put it here and spend the night. In this way I can leave early tomorrow. They won't follow me here. After all, I'm far away." With these words he descended the canyon.

Down below he found the salt deposits and filled his basket. He also included some salt crystals for which his children had expressly asked. When his basket was full, he scrambled back up. It was very hot down in the canyon, and he really suffered on his way out. It was already dark by the time he reached the top. Coyote was overjoyed when he finally brought the salt out of the canyon. Then he propped up his load carefully near the place where he was going to sleep. As soon as he was awake in the morning he would shoulder his burden, he thought, and start back.

Once again he went to bed early. He was tired as the last time and fell asleep from exhaustion. The next morning he was awake even before gray dawn. He made himself hurry. His basket was still standing where he had left it. He stepped up to it, placed the tumpline around his head

taviiqe pu' yaw as qaqtuptu. Noq pas hapi yaw pam a'ni putu. A'ni yaw
pam putuutiqw yaw pam put qa kyaati. "Pas hapi nu' as pay atkyangaqw
it kwangwawupnay. Pas hapi as i' qa yan putu. Sen hintiqw i' pas oovi
pu' a'ni putu?" yaw pam yan wuuwa.

Pu' yaw pam oovi pay put ahoy aw taatsiknat pu' yaw pam ho'apuy
aqw poota. Noq yaw pam pangsoq pootaqw piw yaw pangqaqw o'wa
wukotangawtay. Noq paasat pay yaw qa ima mootiwatniiqam pöqangw-
hoyat, put iisawuy kiiyat aqw wikqam, put pantsana. Yaw kur paasat
imawat pepeq tupqavep kiy'taqam put iisawuy ööngayat pangqw ho'aput
angqw ipwat pu' put o'wat pangsoq tangata.

Pu' yaw iisaw itsivutiqe pu' yaw pam pangqw put ipwa. "Hakniiqe it
peqw tangalawu? So'on pi nu' qa piw aqw hawniniqö'," yaw pam kitaaqe
pu' yaw piw aqw haawi. Aqw yaw pam hawt pu' yaw pam piw peehut
tangataqe pu' yaw piw pangqaqw put ahoy oomiq i'ikwila. Hisatniqw pu'
yaw piw put wupna. "Pay pi nu' payni; pu' pi pay nu' haqtiqw pay
puma paapu son inungk pituni," pam yaw naami kitaaqe pu' yaw pam
oovi pay pangqw paasat piw nakwsu.

Pu' yaw pam munqami pitutokyangw pay yaw maangu'i. Pu' yaw
pam oovi pephaqam pay nawus huruuti. Pu' yaw pam paasat put ööngay
paas hiita akw naakwapnat pu' pephaqam piw manguy'vuwva. Qavong-
vaqw pu' yaw pam taatayqe pu' yaw piw put iikwiltaniqw pay hapi yaw
kur pam piw a'ni putuuti. Noq pay yaw pam as naat su'an aqw
naakwapta. Pu' yaw pam oovi put piw hölöknaqe pu' piw akw yorikqw
pay yaw pam piw o'waniqw pu' qalavisa pangqw tangawta. Qa himu yaw
haqam öönga.

Pu' yaw pam yan yorikqe yaw itsivuti. Pu' yaw pam pay piw
pephaqam nawus put ho'apuy taakuknaqe yaw put o'wat pangqw ipwaqe
pu' yaw paasat pay piw ahoy pangsoq öngtupqamiq. Pu' yaw pam epeq
ahoy pituuqe pu' yaw piw aqw hawqe pu' yaw piw ho'apuy aqw put
ööngat oopokna. Oopoknat pu' yaw pam piw pangqw put iikwiwkyangw
nakwsu. Pu' yaw pam paasat pay pas yuumosa kiy awniqey wuuwa. Pay
yaw pam paapu qa haqam huruutiniqey yan yuku.

Panmakyangw pu' yaw pam oovi pay pas qa haqam huruutiqe yaw
oovi kiy aw haykyalniy'maqe yaw tsuyakiwma. Noq yaw pam songoopaviy
aahopqöymi pituqw naat yaw pep pöqangwhoyat tatatslawu. Pay hapi
yaw as tapkiqw naat yaw puma pep pantsaki. Pu' yaw puma naami
yorikqe yaw naami pangqawu. "Yang pu' wuutaqhoya ahoy pitutoy. Noq
piw hapi ööngay'may. Pay kya pi piw mimawat pepeq itaatupkom put qa
hintsanqw oovi'oy," yaw puma naami kita. "Pay pi itam naat sonqe
hintsanniy," kita yaw puma naaminit pu' yaw puma pay piw aapiy
tatatstiva.

Hisatniqw pu' yaw pam iisaw kiy aw ahoy pituto. Pu' yaw pam
kiiyamuy ep pituqw yaw timat haalaytotiqe yaw aw yuutu. Pu' yaw

and tried to stand up. The load was tremendously heavy, so heavy, indeed, that he failed to lift it. "But I brought it up the canyon quite easily," he thought. "It was not heavy then. I wonder why it is so heavy now."

He leaned the basket back again and inspected the inside. Lo and behold, as he did so he found nothing but a heap of rocks. Responsible this time were the Pöqangwhoya brothers who lived at the canyon, not the brothers who carried him back home. They had removed the salt from Coyote's basket and replaced it with rocks.

Coyote grew furious and emptied the basket. "Who could have placed those rocks in here? Now I have to climb down again!" With these words he descended the canyon a second time. Once more he filled his basket with salt and lugged everything back up. Finally the salt was up. "I'd better be going right away. Once I'm far away they can't come after me any more," he muttered to himself as he trotted off.

By the time he reached Munqapi he was so exhausted, that he had to stop. He covered the salt, and then fell asleep from exhaustion. When he woke up the following morning, he tried to shoulder his burden, but again it turned out to be exceedingly heavy. Still, the basket was covered exactly as before. When Coyote removed the cover and looked inside, he saw only stones and gravel. All the salt had disappeared.

As he stared into his basket, he flew into a rage. Once more he had to dump out the contents of his basket. He threw out the rocks and rushed back to the Grand Canyon. He descended the chasm a third time and filled the basket with salt. Then he started back out with the load on his back. This time he intended to go straight home. He made up his mind not to stop anywhere.

So, without halting anywhere, Coyote trudged homeward. As he got closer he felt elated. When he reached the east side of Songoopavi, the Pöqangwhoya brothers were still playing shinny there. Already it was evening, yet they were still at it. They glanced at each other and said, "Here comes the old boy back. He's hauling salt. I guess our brothers at the canyon didn't interfere with him. So we'll fix him yet, for sure." This much they said, and then they continued their game.

Not much later Coyote was nearing his home, and finally he arrived. His children were overjoyed. They ran up to him the minute he entered

nööma'at aw askwallawu. Pu' yaw put timat ööngat aw kwangwtotoyaqe pu' yaw pay as put naakwapniyat ayo' taviyaniqw pay yaw na'am amumi pangqawu, "Pay haakiy; pay haak uma qa aw hintsatskyani. Pay haak pam pep pantani. Ason qaavo i' umungu aw pövölpiktaqw pu' nu' piw maqte' niinaqw pu' ason itam paasat put enangyaniy. Itam pantote' pas kwangwanönösaniy," yaw pam timuy amumi kitaqw pu' yaw puma oovi pay nawus qa aw hintsatskya.

Pu' yaw nööma'at pay oovi piw naat qa aw hintsaki. Noq pu' yaw pam na'am put öngmokiy haqami piw paas tavi. Paas yaw haqami taatsiknat pu' yaw piw hiita akw naakwapna. Pu' yaw mihikqw pu' yaw puma oovi tokva. Qavongvaqw pu' yaw pam na'am iits pay qatuptu, pam hapi maqtoniqe oovi. Niiqe pu' yaw pam oovi angqe' maqnuma. Pu' yaw antsa pam piw sakinaqe yaw oovi tuuniy'kyangw ahoy pitu. Noq yaw nööma'at kur pay paas novayukiy'ta, pövölpikta yawi'. Pu' yaw puma kwangwtotoya nöönösaniqe. Pu' yaw oovi yu'am aw tunosvongyaataqe pu' yaw pumuy oovi paasat tunös'a'awnaqw pu' yaw puma oovi pangso tunösvongyat aw homikma. Noq pu' yaw pam na'am put nöömay aw pangqawu, "Ta'ay, um awnen angqw hiita akw pew itamungem ööngat iniy'maqw itam put enangyaniy," yaw pam nöömay aw kita.

Pu' yaw pam yu'am oovi tutsayat kwusuuqe pu' yaw oovi pangsoq haqam pam put taviqw. Pu' yaw pam put ööngat angqw intaniqe yaw ayo' naakwapniyat tavi. Pu' yaw pam angqw peehut matsvongtakyangw pay yaw o'watsa pangqw tsaama. "Is uti, son pi itam it enang nöönösaniqw piw um it hiita angqaqw kima; pi pay owasa yangqw tangawta," yaw pam kitaaqe yaw koongay aw itsivuti.

"Pi pay nu' as pas ööngat ho'kyangw pew pakiy. Noq pay son piw naat qa ima naatupkom hisatniqw itamuy tokq peqw pakiiqe put naahoyngway," yaw pam kitaaqe yaw itsivuti. Pu' yaw pam paasat qa sööwunit pu' yaw pangsoq nöömay aqwniiqe pu' yaw put ho'aput ep su'ikwilta. Qa hin yaw pam put putuyat aw hin wuuwat pay yaw iipoqhaqami put iikwiwmaqe pu' yaw pepeq put ho'aput taakukna. Yan yaw pay puma qa hiita ööngat enangya.

Yantsana yaw ima naatupkom put iisawuyniqw oovi yaw ima hiitu popkot ööngat qa kwangway'yungwa. Pay yuk pölö.

the house. His wife was full of gratitude. The Coyote children were anxious to have some salt, but when they wanted to take the cover off the basket, their father said, "Not so fast! Hold it! Leave the basket as it is for now. Tomorrow when your mother has made some pövölpiki, and after I have hunted and killed some game, we can eat the salt with our meal. We'll have a feast then." Thus his children were not allowed to touch the salt yet.

Coyote's wife didn't do anything with it yet either. Father Coyote now carefully stashed the salt away. He leaned it in a corner and covered it up. When night fell they went to bed. The following morning Father Coyote rose early because he was going hunting. He was lucky, indeed, and returned with some prey. His wife had already prepared a delicious meal of pövölpiki. She set the food out and then invited the whole family to eat; all of them gathered around the food. It was then that Father Coyote said to his wife, "All right, you can go to the basket now and bring us some salt so that we can eat it with this meal."

Mother Coyote picked up a sifter and went to the place where he had deposited the basket. She removed the basket cover. She grabbed a handful, but it was nothing but rocks. "Well, I'll be darned! We can't eat this stuff you brought us. There are only rocks in here!" she exclaimed, angry with her husband.

"But I entered this house with a load of salt," he protested. "I'm sure those brothers came in here again, while we were asleep, and made the switch." Coyote was seething with anger. Without wasting any time, he stepped up to his wife and quickly shouldered the basket. Ignoring its heavy weight he rushed outside with it, and turned it upside down. Thus, the Coyotes ate no salt with their food.

The brothers Pöqangwhoya and Palöngawhoya were responsible for doing this to Coyote; therefore coyotes do not like salt. And here the story ends.

Iisawniqw Pavayoykyasi

Aliksa'i. Yaw orayve yeesiwa. Noq pep yaw hak orayviy kwiningyaq lomamana kiy'ta. Noq put yaw aw tootim as okiw tunglay'yungwa. Pay yaw as puma sutsep put aw hiihin amumyaniqey tuwanlalwa. Noq pay yaw pam pas qa hakiy naawakna.

Noq yaw kur kwiningyaqw i' sikya'omawmongwi navota. Niiqe pu' yaw pam pangqawu, "Pas orayve i' maana qa hakiy aw uunatiqw nu' as kur tuwantaniy," yaw kita pami'. Pu' yaw oovi pam lööq oovat yuku, wuuyaqwatnit pu' tsaaqat. Pu' yaw piw kwasat yuku, pu' piw wuko-kwewat, pu' atö'öt, pu' tootsitnit pu' piw songoosivut. Yaasa' yaw pam it yukuuta. Pu' yaw pam put soosok mokyaatat pu' pangqw oraymi'i. Pu' yaw pam put maanat kiiyat ep pitu. Noq yaw pam maana put tuuvingta

[140]

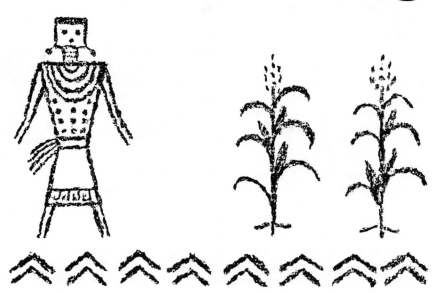

16

Coyote and Pavayoykyasi

Aliksa'i. They say people were living in Orayvi. There in the northern part of the village a beautiful maiden had her home. All the young unmarried men wanted her, but she didn't love anyone. They tried all sorts of approaches to be with her, but she didn't care for any one of them.

The Yellow Chief in the north had apparently heard about her, for he said, "Although this girl has not surrendered to anyone, I should like to give it a try." This is what he said. So he wove the traditional wedding robes, the big one and the small one. He also wove the normal dress, the big belt, the white shawl with red stripes, and fashioned the moccasins and the reed case. All of these things he made. Then he wrapped up everything and departed for Orayvi. When he

pam hiita oovi waynumqat. Pu' yaw pam paasat put aw pangqawu, "Nu'
ung oovi angqö, niiqe oovi nu' yep it ungem yanva. Um inumum qatunik
um putni."

Pu' yaw maana put mookiyat tsawiknaqe pu' yaw aw taatayi. Pay yaw
as antsa lomahinta, soosoy yaw sikyangpu. Pu' yaw aw yorikt pay yaw qa
nakwha. "Pay nu' qa putni," yaw aw kita. "Pay oovi um ahoy kima-
kyangwni." Yan yaw pam put aw lavayti.

Pu' yaw oovi pam sikya'omawmongwi pangqaqw ahoy nima. Paasat
pu' yaw kur taavangqwwat sakwa'omawmongwi piw tuwat navota. Pu' yaw
pam tuwat piw tuwantaniqey pangqawu. Pu' yaw pam oovi piw tuwat
puuvut yukuuta. Pantit pu' yaw pam tuwat oraymi'i. Pu' yaw pam
maanat kiiyat piw tuwat aqw'a. Noq putwat yaw himu'at soosoy
sakwawsa. Noq pu' yaw pam maana pay piw panis put aw yorikt pay
yaw piw qa nakwha. Paasat pu' yaw sakwa'omawmongwi piw tuwat
pangqaqw ahoy nima.

Paasat pu' yaw tatkyaqw i' pala'omawmongwi piw tuwat awniqey
pangqawu. Pu' yaw pam oovi tuwat himuy mokkyangw pu' aw'i. Pay
yaw piw put qa nakwha. Putwat yaw himu'at paalangpu. Pu' yaw pay
pam nawus piw pangqw tuwat nima.

Paasat pu' yaw hoopaqw qötsa'omawmongwi tuwati. Nit pay yaw
pam piw qa nukwangwnavota. Yan pay yaw pumuy qa haqawat i'
maana nakwha.

Pantaqw pu' yaw tatkyaq pavayoykyasi pu' yaw kur tuwat navota. Pu'
yaw pam tuwat pangqawu, "Pi yaw orayve pas maana qa hakiy
naawaknaqw nu' kur tuwat awniy," yaw pam kita. Pu' yaw pam oovi
yuwsi. Lomayuwsiy'tangwu pi pami'. Pay powamuykatsinat su'antangwu
pami'. Pan yaw pam oovi yuwsit hotngay iikwiltat pu' yaw pangqw
nakwsu.

Noq i' maana pi yaw orayviy taatö nay paasayat ephaqam awningwu.
Noq su'ep yaw kur i' maana piw pepniqw yaw put hak aw pitu. Pas pi
yaw hak suhimuniiqe pu' yaw pay it maanat aw pangqawu, "Nu' ung
oovi angqö. Nu' as umumtiniqe oovi angqö. Noq um kur oovi unguy
pumuy amumi yu'a'aykye' pu' tuuvingtani sen pay itam naama qatuniqat
puma nakwhani."

Pay yaw maana sunakwhaqe yaw aw pangqawu, "Pay nu' pu' pite'
pumuy tuuvingtani. Pu' kur nakwhaqw pu' nu' qaavo talavay pay ung hin
aa'awnaniy," kita yaw put awi'.

Paasat pu' yaw i' pavayoykyasi pangqaqw haalaykyangw nima. Pay
yaw nukwangwnavota. Pu' yaw oovi pam maana pasngaqw pituuqe pu'
yumuy aa'awna yaw hak put aw pasve suhimutiyo pituuqat, noq sen
yaw puma nakwhaqw pu' yaw pam qavongvaqw talavay pas suyan put
hin aa'awnani.

arrived at the girl's house, she inquired about his reasons for coming. He replied, "I came because of you. If you care to marry me, these things are yours."

The girl opened his bundle and looked inside. Everything was truly beautiful; all the things had a yellow hue. But when she was through inspecting everything, she refused him. "I don't want these things," she said. "You can take them back again." That was the maiden's answer.

And so, the Yellow Cloud Chief went home again. Now the Blue Cloud Chief in the west heard about her and also said that he would like to try to win her. He also fashioned all those things, traveled to Orayvi, and went to the girl's house. His wedding gifts were all made in blue. However, the girl cast but a look at what he had before saying no. Thereupon the Blue Cloud Chief also returned home.

Presently the Red Cloud Chief in the south announced that he was going to call on the girl. But she rejected him too. All of his presents were red, of course. He had no choice but to go home again.

Next it was the White Cloud Chief's turn. He lived in the east, but he didn't fare any better. Thus, the girl had declined the marriage propositions of all four Cloud Chiefs.

Finally, Pavayoykyasi in the south heard about the maiden and said, "Well, if this girl in Orayvi doesn't care for anyone, I might as well try my luck." With these words he got dressed. He had beautiful garments, of course, just like the Powamuy kachina. When he was arrayed in his attire, he slung his quiver across his back and set out.

Occasionally this girl would go to her father's field south of Orayvi. And so it happened that, just that very day, she was there when a stranger approached her. He was most attractive and said to her, "I came because of you. I would like to marry you; that's the reason why I came. When you speak to your parents about this, ask them if they will give their consent."

The girl agreed without hesitation and replied, "I'll ask them when I get home. If they approve I'll let you know tomorrow morning."

Pavayoykyasi went home happy. He had partly succeeded. When the girl returned from the field she told her parents that a handsome young man had approached her in the field and, that she said if they had no objections to her marrying him, she would let him know the morning of the following day.

Noq pay yaw yumat haalayti. Pay pi yaw pantini. Paasat pu' yaw oovi
i' maana qavongvaqw iits talavay pay nay paasayat aw'i. Yaw pam ep
pituqw naat yaw qa hak haqamo. Pu' yaw pay pam pep uysonaq
waynumqw pu' yaw hisatniqw hoopaqw hak pasmi paki. Nit pu' yaw
uuyit ang soosovik maakwanmakyangw put aqw pituto. Pu' yaw pam aqw
tayta. Noq pu' yaw put aqw haykyalaqw pu' yaw pam maamatsi. Kur
yaw put tiyot pam nuutaytaqw pam yawi'. Panmakyangw pu' yaw pam
put aqw pitu. Paasat pu' yaw aw pangqawu, "Ya um pitu?"

"Owiy," yaw kita.

Paasat pu' yaw i' maana put tuuvingta, "Ya um uuyit ang hintsakma-
kyangw peqw pitu?"

"Owiy," yaw aw kita, "nu' sutsep talavay soosovik uuyit maakwang-
ngwu. Paniqw oovi yaasat su'its talavay uuyit ang paatsöpölöwyungngwu.
Nu' put pang pantingwu," yaw aw kita. "Ta'ay, noq nu' pi angqw hin
navotto. Ya hingqawu ungu puma'ay?"

"Pay puma haalayti," yaw maana kita, "pay nakwha."

"Kur antsa'ay," yaw kita, "yaapiy hapi naalös taalat ep um piw
angqwni. Ep hapi pu' nu' ung pay wikkyangwni. Um oovi unguy pumuy
aa'awnani," kita yaw awi'.

"Antsa'a, pay nu' ason ep pu' piw angqwni."

Paasat pu' yaw pam suhimutiyo piw ahoy aqwhaqami nima. Pu' yaw
i' maana pituuqe pu' yaw pam tuwat ngumantiva.

Noq pu' yaw orayviy taavang ismo'walpe pu' yaw kur iisaw navota
yaw pam maana pavayoykyasit amumtiniqw. Noq pu' pay pi iisaw pas
nu'an himuningwuniiqe pay yaw piw pangqawu, "Pay nu' pas kur hin qa
tuwat awni. Pay nu' put pavayoykyasit nawkiniy," kita yaw pami'.

Pu' yaw pam pangqw kiy angqw taatöq'a. Pas yaw pam taatoq-
haqami haqe' pas kwangqatniiqat pas pangsoqa'. Pepeq pu' yaw pam
kyaakyartuy aw pitu. Pu' yaw pam pas sukw suslolmat ngu'a. Pu' yaw
pam put pangqw wikkyangw nima. Pu' yaw pam kiy aw pay kyarvookoy
wiiki. Pu' yaw pam pangqw pavayoykyasit kiiyat awniiqe pu' yaw pam
put pangqw yuwsiyat ipwat pu' ahoy kiy awi'. Pu' yaw pam put yuwsiyat
yuwsit pu' pangqw maanat kiiyat aw kyarvookoy wikkyangw.

Pu' yaw pam ep pituqw yaw pam maana put qa hin iisawniiqat aw
wuuwa, pay pi yaw pas pavayoykyasit su'an yuwsiy'taqw oovi. Pu' yaw
pam ep pituuqe put maanat aw put kyaarot maatakna. Pas pi yaw maana
hin unangwti. "Ya um it haqamo?"

"Pay nu' it pookoy'ta."

"Ya sen nu' son itni?" yaw maana kita.

"As'awuy, pay pi itam naamatiniqw pay pi um putni."

Noq pas pi yaw maana hin unangwti pas taytaqat kyaarot aw
yorikqe. Niiqe pay yaw pam put amumtiniqey sunakwha. Paasat pu'

Her parents were overjoyed and said that she could do that. So the next day, in the morning, the girl set out for her father's field again. When she arrived, nobody was yet in sight. She was walking about among the corn plants when, some time later, a man entered the field from the east. Wherever there were plants, he sprinkled them with moisture as he came toward her. The girl stared at him; when he got closer she recognized him as the young man she had been waiting for. Finally he came up to her, so she greeted him, "Have you come then?"

"Yes," he replied.

The girl asked, "What were you doing among the corn plants on your way to me?"

"Yes," he replied, "every morning I sprinkle plants with water, wherever they grow. That's why dew drops are on them this early in the morning. That's what I do there," he explained. "But now I come to find out. What did your parents have to say?"

"They were very happy," the girl responded, "and agreed to your proposal."

"Very well then," Pavayoykyasi exclaimed, "come back again four days from now. That day I will take you home with me. You tell that to your parents."

"Indeed, I will be back at that time," she said.

Thereupon the handsome young man went back home again. When the girl arrived at her house, she began grinding corn.

Now west of Orayvi, at Ismo'wala, Coyote heard that the girl was going to marry Pavayoykyasi. And since Coyote is the kind of creature to do just about anything, he said, "I have to go to that girl, too. I'll take her away from Pavayoykyasi."

Presently Coyote left his house, heading south. He traveled far south, until he arrived in a land where the weather was pleasantly warm. There he came across some parrots and caught the most magnificent one. He carried it back and took it to his den. Afterwards he ran to Pavayoykyasi's house and stole his clothes. Once more he dashed back home, arrayed himself in Pavayoykyasi's clothes, and went to the girl, taking the parrot along.

When he arrived, it never occured to the girl that the visitor was Coyote, because he was dressed exactly like Pavayoykyasi. Coyote showed her the parrot, and she nearly swooned. "Where did you get this bird?" she exclaimed.

"I have it as a pet."

"May I have it?" the girl pleaded.

"Yes, I suppose so. Once we are married you can have it."

Seeing a live parrot, the girl got completely carried away and agreed to marry him at once. Thereupon Old Man Coyote said, "Prepare care-

yaw iswuutaqa lavayti, "Um hiita hinmaniqey paas na'sastaqw itam pay pu' mihikqw yangqw ikiy awniy," kita yaw awi'.

Paasat pu' yaw oovi maana ngumniy mokyaata. Pam hapi yaw lööqökto. Paasat pu' yaw puma oovi hisatniqw pangqaqw iisawuy kiiyat aw'i. Pay yaw oovi puma iisawuy kiiyat ep pituqw pu' yaw i' maana navotqe qa haalayti. Kur yaw pam qa anti.

Pantaqw pu' yaw nalöstalat aqw pitu. Noq pay pi yaw pavayoykyasi suyan mantuway wiktoniqe pu' yaw pam yuwsinikyangw pay yaw pam yuwsiy qa tuwa. Pu' yaw pam as put hepnuma. Pas yaw pam as soosovik paas hept pay yaw pas qa tuwa. Paasat pu' yaw pam iisawuy kuktuwa. Pu' yaw pam put kukngöyvaqe yaw ismo'walmi pitu. Niiqe yaw pam aqw kuyva. Noq epeq yaw mantuwa'at iisawuy aw qatu. Yan yaw pam yorikt pu' pay pangqw ahoy nima. Pu' yaw pam pituuqe qa haalayti. Pu' yaw piw itsivuti. "Pay nu' pas son yumuyatuy qa aa'awnaniy," kita yawi'.

Niiqe ep mihikqw pu' yaw pam pangqw oraymi'i. Niiqe pu' yaw pam yuumosa maanat kiiyat aqw'a. Pepeq pu' yaw pam put maanat yumuyatuy aa'awna pam hapi as yaw put wikniniqw pay yaw kur piw iisaw put atpiktaqe yaw kur oovi wiiki. Noq pep ismo'walpe oovi qatu. Yan yaw pam pumuy aa'awna.

Okiw yaw maanat yumat qa haalayti. Paasat pu' yaw pavayoykyasi pumuy yan aa'awnat pu' pay yaw pangqw nima. Qavongvaqw pu' yaw maanat na'at tootimuy taataqtuy tsovalaqe pu' yaw amumi pangqawu, "Itam ismo'walay awyani. Itam awye' iswuutaqat niinayani. Pam kur itiy uu'uyi," kita yaw pam amumi.

Noq pas pi yaw tootim itsivutotiqe pay yaw sunanakwha. Pangqw yaw puma oovi ismo'walay awya. Pay yaw hak naap hiita tunipiy'mangwu. Pu' yaw puma aw öki. Pu' yaw pangqaqwa, "Itam pas kiiyat pongokni. Itam pongokye' pay songqe niinayani."

Paasat pu' yaw oovi puma iisawuy kiiyat pongo. Noq paasat pi yaw naat iisaw kwangwavuwi. Noq nööma'at pay yaw qa puwkyangw aqlap qatu. Noq pu' yaw kur iisaw navota a'ni yaw hiitu töötöqyaqw. Pu' yaw pam suqtuptu. Pu' yaw kiy epeq hin unangway'kyangw tuupelva ongtinuma. Pantsakkyangw pu' yaw saaqat ang oomi suyma. Paasat pu' yaw pep taataqt kiiyat pongokiwtaqam pu' yaw as put aw murikhoy wahitota. Noq pas yaw piw himu a'ni halayvi. Pas yaw qa wungva-yangwu. Pantsakkyangw pu' pay yaw pam haqe' yama. Pantit pu' yaw pam hoopoq orayviy su'aqw waaya. Pu' yaw puma pangqw put ngöyta. Pu' yaw orayviy taavangqoyngaqw oomiq wupt pu' yaw ahoy amumiq wunuptut pu' yaw amumiq pangqawu, "Pas pa pay itakw," kitat pu' yaw amumi wupakwasiy wiiwila. Pantit pu' yaw orayviy hopqöymiqhaqami hawma. Pay yaw puma put qa niinaya.

fully what you want to take along. We'll go to my house tonight."

So the girl wrapped up her corn flour, for she was going to be a bride. Some time later they left for Coyote's house. Not before they arrived there did the girl realize who her husband was. She then felt despair, because she had made a terrible mistake.

Finally came the fourth day. As planned, Pavayoykyasi was certain to go to bring his love home. But as he was about to get dressed he couldn't locate his clothes. In vain he looked and looked for them. Carefully he searched everywhere, but he could not find them. Then he discovered Coyote's tracks. He followed them and, eventually, came to Ismo'wala. He peeked into Coyote's house and saw his bride sitting next to Coyote. Having seen her this way, he walked back home. Pavayoykyasi was sad and unhappy, but then he also got angry. "I have to tell her parents about this," he said to himself.

That night he went to Orayvi and made straight for the maiden's house. He revealed to her parents that he was the one who was supposed to take her home as his bride. However, Coyote had evidently tricked him and taken her instead, and she was now living with him at Ismo'wala. This is what he told the girl's parents.

The girl's parents were quite distressed by this news. When Pavayoy-kyasi had finished his story, he returned home. The following morning the girl's father bade the boys and men to gather and told them what had happened. "We'll go over to Ismo'wala. When we get there, we'll kill Old Man Coyote, for he has abducted my daughter."

All the boys and men were outraged and agreed to the mission at once. So they set out toward Ismo'wala. Everyone carried some sort of weapon. When they arrived they said, "Let's form a circle around Coyote's house. If we do that, we are bound to kill him."

So they surrounded Coyote's house. He was still snugly asleep at the time. His wife, who sat next to him, however, had not slept. When Coyote heard the shouting and noise, he jumped out of bed. In his excitement he bumped against the walls in his house. Finally he scrambled up the ladder and rushed out through the sky-hole in the roof. The men who were positioned around his house now started hurling their sticks at him. Coyote, however, is a swift creature. They kept missing him, and in the confusion he managed to escape. He sped east, directly toward Orayvi; all the men were in hot pursuit. When Coyote reached the top of the mesa, from the west side of Orayvi, he reared back on his hind legs, faced his pursuers below and bellowed down to them, "With this I did it to her!" and he shook his long penis at the men. Then he trotted down the slope on the eastern side of Orayvi. The boys and men had failed to kill him.

Noq oovi yaw pam iisaw pay paapiy piw pang sutsep waynumngwu. Noq pu' yaw pavayoykyasi pi pas naat itsivu'iwtaqe pu' yaw pam hisat pangqawu, "Nu' pay pas kur hin qa aw naa'oyni. Nuy okiwsana nuy mantuwnawkiqe." Pu' yaw pam oovi hisat pangqawu yokvaniqat. Pu' yaw pam oo'omawtuy ayata yaw pavayoykyasit engem iisawuy aw naa'o'- yaniqat. Pu' yaw oovi a'ni omva pu' yaw yooyoki. Naat yaw oovi ep iisaw maqnumqw pay yaw put yooyoyangwkt mu'aya.

Yan yaw puma pavayoykyasit engem iisawuy aw naa'o'ya. Noq pu' yaw i' maana ahoy oraymi pituuqe pay yaw pam nawus paapiy qa himuniikyangw qatu. Pay yaw pam naap naami nukpantiqw pay yaw pam oovi nawus paapiy sutsep nalqatwuuti. Pay yuk pölö.

From that day on, Coyote again ranged the area as before. Pavayoy-
kyasi, however, was still harboring anger, and so once, he said to himself,
"I have got to get even with Coyote. He caused me a lot of pain by
stealing my love from me." So, one day, he announced that it should
rain. He actually asked the clouds to take revenge on Coyote for him. As
a result, the sky clouded and darkened, and then the rain poured down.
Coyote was out hunting at that time when, suddenly, the rains struck him
dead with lightning.

This is how the rains took revenge on Coyote for Pavayoykyasi. But
the girl, after returning to Orayvi, had to live as if she were nothing from
that day on. She had brought that evil upon herself through her own
fault, and therefore she had to live as a single woman forever. And here
the story ends.

Ii'ist Naahahayya

Aliksa'i. Yaw orayve yeesiwa. Pu'
yaw pay piw aqwhaqami kitsokinawit
yeesiwa. Noq pu' yaw yep ismo'walpe
piw i' issaw kiy'ta. Noq pam yaw pay
tuwat pas sutsep maqnumngwu. Pay
yaw pam pas pansa naataviy'ta.

Noq yaw pam hisat piw haqe'
maqnuma. Pay yaw pam oovi haqe'
maqnumkyangw yaw hisatniqw haq-
ami tumpo pituuqe pay yaw pangqe'
tumkye' waynuma. Pu' yaw pam
hiisavo naasungwnaniqe pu' yaw
pam oovi pephaqam qatuptu. Qa-
tuptu. Qatuptuqe pu' yaw pay
angqe' taynuma. Noq yaw pam
angqe' taynumqw piw yaw haqaqw
angwusi puuyalti.

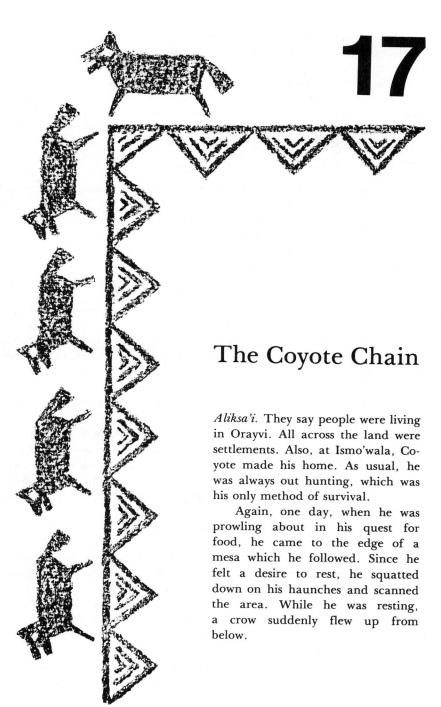

17

The Coyote Chain

Aliksa'i. They say people were living in Orayvi. All across the land were settlements. Also, at Ismo'wala, Coyote made his home. As usual, he was always out hunting, which was his only method of survival.

Again, one day, when he was prowling about in his quest for food, he came to the edge of a mesa which he followed. Since he felt a desire to rest, he squatted down on his haunches and scanned the area. While he was resting, a crow suddenly flew up from below.

[151]

Pam yaw haqaqw puuyaltiqw pu' yaw pam pangsohaqami tumponiiqe pu' yaw aqw kukuylawu. Noq yaw epeq pay pas hihin atkyaq yaw kur pam taakiy'ta. Noq yaw pangqw taakit angqw a'angwushooyam tangawta, sa'a'ata yaw puma pangqw. Pu' yaw pam aqw taynumkyangw pu' yaw pam pan wuuwa, "Hin as nu' pangsoq haawe' pumuy pangqw tsamni? Nu' pumuy tsaame' tuupe' nu' pumuy kwangwasowani," yan yaw pam wuuwankyangw aqw taynuma. Pantit pu' yaw pam pay pang naahoy leeletstinuma haqe' yaw as aqw hawniqey put hepnumkyangw. Pannumkyangw pay yaw pam pas qa haqam aqw hawiway'taqat tuwaaqe pu' yaw pam pay oovi pangqw nawus ahoy nakwsu.

Nakwsukyangw pu' yaw pam paasat pay ahoy nimanhoytimakyangw pay yaw pang piw maqhepnuma. Yaw pam pangqe maqhepnumkyangw piw yaw pam sukw pas wukosowit warikna. Noq pay yaw pam qa pas wuuyavo amum warikt pay yaw wiiki. Niiqe pay yaw pam oovi qa pas maqsontat put suninaqe pu' yaw pam oovi put pangqw kyaatsankyangw kiy aw'i. Pu' yaw pam as pay paasat put sowaniqey yan wuuwat pu' yaw pay ang piw hinwat wuuwaqe pu' yaw pay oovi naat qa sowa. Pay yaw pam put panis siskwat pu' yaw pay aw tuupe.

Pantit pu' yaw pam pangqw kiy angqw yama. Yaw angqw yamakqe pu' yaw pam haqami hiisavo warikt pu' yaw pephaqam qatuptu. Pantit pu' yaw pam pep töqti. "Wu', wu', wuu," yanhaqam yaw pam töqti. Naat yaw oovi pam pep yantaqw yaw ayangqaqw kwiningyahaqaqw piw yaw suukya iisaw warikiwta. Pu' yaw pam aw pituuqe yaw aw pangqawu, "Ta'ay, ya um hintiqw pas nuy kyeteynawaknay?" yaw aw kita.

"Hep owiy," yaw pam aw kita, "pay nu' se'elhaqam yangqe' hopkyaqe maqnumkyangw piw nu' pepeq it angwusit taakiyat aw pitu. Noq pangqaqw ima a'angwushooyam tangawta. Noq nu' pang tumkye' as naanahoy waynuma. Nu' as haqe' aqw hawniqey put hepnumqw pay pas qa haqe' aqw hawiway'ta. Noq pay sen as itam naamanen kya hin aqw haawe' pumuy pangqw tsamni. Nen pu' itam pumuy naama sowani. Noq nu' yep piw naat sowit tuupey'taqw pay ason itam put piw enangnen naasanniy," yaw pam aw kita.

"Ta'a, pay pi nu' ung pa'angwani, nen nu' umum naasanniy," yaw pam aw kita.

Pu' yaw puma oovi pay qa put kiiyat aw ahoynit pay yaw puma pangsoq haqam pam put taakit tuway'taqw. Pu' yaw puma epeq pituuqe yaw ang tumkye' taakit oovi taynumqw pu' yaw pam piw put ahoy tuwaaqe pu' yaw pangqawu, "Pay nu' as yang naanahoy leeletstinumkyangw pay nu' pas qa haqam aqw hawiway'taqat tuway. Noq pay kya as itam aqw naahaye' sen as itam hin pumuy pangqw yayvananiy," yaw pam aw kitaqw pu' yaw puma oovi pep tsooralti.

Suukya tsooraltiqw pu' yaw mi'wa put suruyat kyaatsantaqw pu' yaw puma pangsoq tumpoq hoytima. Laho'ma yaw puma aqw naama. Pu'

Coyote edged over to the mesa rim, to the spot where the bird had risen into the sky and peeked down. He spotted a nest, quite a distance below, and in it were a number of crows. Their harsh cawing was making a terrible racket. Surveying the terrain below, he thought, "How can I get down there and take those crows out of their nest? If I should succeed and roast them, they would make a delicious meal." This idea occurred to him as he eyed the area below the mesa rim. Presently he began pacing back and forth, searching for a place to climb down. But he failed to find a suitable place for descent, so he had no choice but to start back.

Moving homeward, he hunted around again and was quite surprised when he flushed out a big jack rabbit. He had to sprint only a short distance to capture him. He dispatched the rabbit quickly and effortlessly; then he headed home with his prey in his mouth. At first he thought he would eat the rabbit but, on second thought, he decided against it. Instead, he only skinned and roasted him.

When that was done, he stepped out of his den and ran to a place not far away. There he sat down and started barking. "Wu', wu', wuu," his cry sounded. He was still sitting there when, from over in the north, another Coyote came bounding along. Upon arrival the Coyote asked, "Well, why do you need me in such a hurry?"

"Yes, well," replied the first Coyote, "early this morning I was hunting along here in the east when, lo and behold, I came across a crow's nest with a brood of young crows in it. Back and forth I skirted the mesa rim in search of a way down, but there was no access to the nest below. Maybe if we team up we might manage to get down somehow and capture those crows. Then we could eat them together. I also have roasted a jack rabbit; if we include that in our meal, we two can really gorge ourselves."

"All right," the other Coyote agreed. "I'll help you, and then I can stuff myself together with you."

Instead of returning to the house now, the two Coyotes went back toward the place where the first one had discovered the nest. Upon their arrival they looked for the nest along the mesa edge. When the first Coyote espied it, he said, "This is the place where I scouted back and forth without finding a place to descend. If we ease ourselves down we might be able to bring the crows up."

So both of them now lay down flat on their bellies.

And while the one was lying on his stomach, the other grabbed his tail with his teeth and together, little by little, they moved up to the edge

yaw puma aqw haykyalaqw pu' yaw pam mootiy'maqa pangqawu, "Um
hapi qa nuy okiw maatapniy, taq pas a'ni tuupelay," yaw pam put
aw kita.

"Pay nu' son ung maatapniy. Ta'ay, kur itam tuwantaniy," yaw
mi'wa put aw kita.

Paasat pu' yaw pam mitwat suruyat pas huur kyaatsantaqe pu' yaw
pep put aqw hahaya. Noq pay yaw pam naat pu' hiisavo put aqw hayqw
pay yaw pam piw pangqawu, "Uruy, um hapi qa nuy maatapniy, taq
a'ni tuupelay," yaw aw kita.

"Pay nu' son ung maatapniy," yaw pam ahoy aw kita.

Pu' yaw pam as oovi put aqw hahayqw pay yaw pam qa aqw pitu.
"Pay nuy ahoy wupna'ay. Pay nu' pas qa hin aqw pitu. Pay itam son kur
naalaniy," yaw pam aw kitaqw pu' yaw pam oovi pay put pangqw
ahoy wupnaqw pu' yaw puma pep yanta, qatuwtakyangw wuuwanlawu.

"Pay pi itam son nawus piw hakiy qa wayaknaniy," yaw pam aw kita.
"Pay pas nu' qa hin aqw pitu."

Yantiqe pu' yaw puma pangqw ahoy naama pangso ismo'walmi put
kiiyat aw'i. Pu' yaw puma ep pituqw pu' yaw pam piw pep haqam
qatuptu pam ismo'walpe kiy'taqa. Nit pu' yaw piw töqti. "Wu', wu',
wuu," yaw kitaqw pay yaw hiisavoniqw yaw taavangqwwat piw suukya
iisaw henanata. Pu' yaw pam ep pituqw pu' yaw puma put aw piw
lalvaya hintiqw pam put wangwayqey. Noq pu' yaw oovi puma piw as
aqwyat pay yaw piw pumuy a'angwushoymuy qa aqw ökiiqe pu' yaw oovi
piw as sukwat iisawuy wangwayyakyangw pay yaw piw an yukuya. Puma
hapi as paasat naalöyömyakyangw naat yaw qa aqw ökiqw pay yaw oovi
naat kur son piw qa haqawa amumumniniqw pu' yaw pam ismo'walpe
kiy'taqa yaw piw sukw hakiy wangwayni. Paasat pu' yaw pam piw oovi
töqtiqw pu' yaw yangqw hoopaqwwat pu' yaw piw amumi suukya
pitukyangw pay yaw pam qa pas wuuyoqa, pay yaw hiisayhoya, naat pay
yaw tsayhoya. Pam yaw amumi pituuqe pu' pangqawu, "Ta'ay, ya uma
hintiqw piw nuy wangwaylalway?" yaw kita.

Pu' yaw pam put piw aw pangqawu pam pepeq put taakit as tuway'-
taqw puma as aqw hahaskyeyat puma paasa'niiqamyakyangw pangsoq
qa öki. Pay as i' moopeqniiqa peep aqw pituqw oovi yaw sen pam son
amumumnen amumi unangwtapniqat yaw put yan tuuvingta. Noq pay
yaw pam piw pas kwangwtoyqe sunakwhay.

Nakwhaqw pangqw pu' yaw puma oovi soosoyam pangsoqya. Pu'
yaw puma epeq öki. Pu' yaw puma paasat put sustsakw momiq taviya.
Noq puma pi suuminiiqe tsivotniiqam ii'istya. Noq pu' yaw oovi puma
put aw pangqawa, "Um yepeq moopeqniy. Um yang tsooraltiqw pu'
ason i'wa ungkniiqa uusuruy kyaatsantaniy. Pu' paasat ason itamwat
tuwat itaasuruy kyaatsantotat pu' itam pangso tumpo laho'wisniy. Ason
itam aw ökye' pu' aqw atkyamiq naahaayaniy," kitota yaw puma put
sustsaakw awi'.

of the cliff. Together they crawled along on all fours. As they approached the rim, the first one said, "Be sure not to let go of me now; it's a very steep cliff."

"I won't let you fall," the other promised. "Come on, let's give it a try!"

He got a good tight grip on the other's tail with his teeth and lowered him down. He had barely let him down a short distance when the first Coyote yelled out again, "My, the sheerness of this bluff! Be sure not to let loose; it is terribly steep!"

"Don't worry, I won't let go of you!" the second one shouted in return.

And so one Coyote lowered the other down, but he could not quite reach the nest. "Pull me back up! I can't reach it! We won't be able to do this by ourselves." So the other pulled him back up, and the two sat there and reviewed the situation.

"Whether we like it or not, we'll have to get additional help. I didn't even come close to that nest."

And so both of them ran back to Ismo'wala where the first Coyote had his home. Upon arrival he again sat down somewhere and howled out. "Wu', wu', wuu," it sounded. Before too long another Coyote came trotting from the west. When he arrived they told him why they called him. So, once more they headed toward the place at the cliff. As at their first attempt, however, they failed to reach the little crows. So they summoned yet another Coyote and did just as before. By now there were four of them, but still they could not reach the nest. One Coyote more would be needed. Therefore, the Coyote who lived at Ismo'wala called one more time. He howled, and another Coyote appeared, this one from the east. He was not very big; in fact, he was small and still quite young. He, too, inquired of them, "Well, why did you summon me?"

The Coyote from Ismo'wala explained to him that he had discovered a nest, how they had tried to get to it, and that even with four Coyotes in a chain they had failed to reach it. The one up front had nearly succeeded in getting to it. They asked if he wouldn't care to join them and assist them in their undertaking. As was the case with the others, he looked forward to the task and readily agreed to come along.

Now that they had his consent, all of them sped back to the bluff. In all, there were now five Coyotes. They decided to place the youngest one in front. So they commanded him to go first. "You come here in the front. Lie down here on your belly, so that the one behind you can hold you by the tail. We, in turn, will grab our tails then and crawl to the edge. There we'll lower each other down." These were the instructions for the youngest one.

"Ta'ay, niikyangw uma hapi paasyani. Uma hapi qa nuy maatatve-
niy, taq sumataq a'ni tuupela," yaw pam mootiy'maqa isawhoya pumuy
amumi kita.

"Ta'a, pay itam son ung maatatveni. Niikyangw itam pay huur
uviwise' pay son paasat suusuyyanni. Oovi qa haqawa hapi poosiy
puruknaniy," yaw haqawa kita.

Pu' yaw oovi puma pep suruy kyaatsantotaqe pu' pangso tumpo laho'-
wisqe pu' aqw naahahayya. Pay yaw oovi pam sushiisayhoya iisaw
mootiy'maqw pu' yaw puma oovi put aqw hahayya. Pu' paasat yaw mi'wa
angk. Pu' angk piw suukyawa, pu' piw suukyawa. Pu' pam sus-
'ongaqwniiqa ismo'walpe kiy'taqa yaw nuutungkniiqe pu' pam pepeq
suutumpaq himutskit hokyay akw huur nguy'kyangw pu' mitwat suruyat
piw tuwat kyaatsankyangw pu' tuwat atkyamiq pay kwewtaqami paasavo
haayiwta. Pu' yaw puma oovi pangsoq pantsatskya.

Pu' yaw pam mootiy'maqa aqw okiw yan haayiwkyangw mootiniiqe
aqw atkyamiq mapyayatimat pu' yaw kya pi taakit aqw pituuqey
unangwtiqe pu' yaw angqe' tuupelva may'numa. Niiqe pay yaw pam as
oovi peep aqw pitu. Pu' yaw pam oovi aqw hihin pavan maavuyalti. Pu'
puma kya pi pantsatskyaqw yaw mimawat aakwayngyavoqyaqam okiw
huur nahoylangakiwyungwa.

Pu' yaw pam mootiy'maqa atkyamiq mamavuyalqe yaw huur
tu'qaltingwu. Naat pam yaw pantsakkyangw pay yaw kur pam hisatniqw
pas huur tu'qaltiqe pay yaw okiw naami siisi. Yaw naami siisikyangw yaw
qa nanvota pangsoq a'angwushoymuy aqwsaniiqe. Pu' yaw pam pangsoq
pantsakqw pu' yaw angkniiqa yaw pan wuuwa, "Ya sen naat pam qa aqw
pitu? Itse pam himu sööwu taq pi nu' pay maangu'i," yan yaw pam
wuuwa. "Kur nu' ivosiy purukne' pas naap hin yorikni. Pay nu' son
suupan suwni," yan yaw pam wuuwa. "Pi pay as suupan pu'haqam
sonqa aqw pituniy," yan yaw pam wuuwaqe pu' yaw oovi pam poosiy
purukna.

Niiqe pu' yaw pam aw yorikqw naat yaw okiw pam mootiy'maqa
hiisayhoya iisaw angqe' may'numa. Noq pam hapi suruyat kyaatsantaqe
yaw put kurimi taatayqw okiw yaw kur pam naami wukosisi. Pu' yaw piw
pavan kurimiqw wuukohötsi. Pas pi yaw put kuri'at aw paalatsangwta.
Pantaqat yaw pam aw yorikqw pas pi yaw put no'a. Pan yaw pam yorikqe
pay yaw pam tayati. Tayatikyangw pay yaw pam put isawhoyat okiw
maatavi. Maatapqw okiw yaw isawhoya aqw atkyamiqhaqami mapyaya-
tima. Songyawnen yaw pam aqwhaqami puuyawma. Niiqe yaw pam
posqe yaw angqe' a'ni yeeva. Pu' okiw yaw a'ni paklawu. Pantiqe pay
yaw pam okiw sumoki.

Pu' hapi yaw puma soosoyam pan huur tu'qawyungqe yaw puma kur
soosoyam naami siisiyat qa nanapta. Pu' paasat yaw pam paykomuy
epniiqa yaw tuwat piw pan wuuwa, "Ya hintiqw pas qa aqw pitu? Pay pi

"All right, but you be careful. Make sure you don't let go of me; it looks very steep," the little Coyote up front said to them.

"Don't you worry, we won't let you fall. Also, if we keep our eyes closed, we won't be afraid of the height. So, let no one open his eyes!" one of them instructed.

They now grabbed hold of each other's tails and, crawling on all fours toward the brink of the abyss, began lowering themselves down the cliff. The smallest Coyote was spearheading the line, so they let him down first. The second followed, then the third, and then still another. The last one up was the Coyote from Ismo'wala. Because he was the last one, he tightly held, with his legs, on to a bush at the rim of the cliff. With the tail of a Coyote clenched in his teeth, he was hanging himself over the edge, up to the waist. This is how the Coyotes were maneuvering themselves down the bluff.

The poor thing, suspended at the tip of the line, was waving with his arms into the depth at first, and because he thought that he had reached the nest, he groped around with his paws on the wall. As he almost touched the nest, he extended his paws even more. This stretched the poor Coyotes behind him to their limit.

Presently the Coyote at the head of the chain lunged into the depth and really strained himself. Due to the tremendous effort that he made, the poor wretch defecated on himself. He, however, was not aware of it because all his effort was focused on the little crows. And while he was trying his hardest to get to the nest, the Coyote behind him thought, "I wonder why he has not gotten there yet. Darn it, what a slowpoke he is! I'm tired already. Well, I'll open my eyes and see for myself. I don't think I'll get dizzy. It seems he should be there by now." So he opened his eyes.

What he saw was the poor creature up front, that tiny Coyote, still flailing around with his arms. He held him fast, of course, by the tail with his fangs and, as he glanced at his rear end, he found that the young Coyote had soiled himself. And what's more, there was a big opening in his behind. A red hole gaped at him. When he caught sight of that, he got so amused that he burst out laughing. Laughing, as he did, he let the little Coyote slip. The minute he let go, the other fell over and over, frantically waving his arms. It looked as if he was flying down. The poor thing struck the earth with a mighty thud. He howled out loudly and was killed on the spot.

It so happened that the tremendous strain of their effort caused all of the Coyotes to soil themselves, and they were not even aware of it. The third in line now also thought, "How come that guy hasn't reached that

as suupan son pu' qa aqw pituni'ewayoy. Nam kur ivosiy purukne' aqw taataye' pas naap hin yori," yan yaw pam wuuwaqe pu' yaw oovi tuwat poosiy purukna.

Yaw puruknaqw pay yaw mi' tsayhoya qa haqam. Pu' yaw i' apyeveniiqa hintiqw piw yaw a'ni taya'iwta. Pu' pam pi piw put suruyat kyaatsantaqe kuriyat su'atsveniiqe pu' yaw tuwat pangso yorikqw piw yaw kur pam naami siisi. Pu' hapi yaw piw mitwat an kurimiq wuukohötsi. Pavan yaw aqw paalakoroy'ta. Pu' hapi yaw piw kwitaakuriy'ta. Pas pi yaw put no'aqw pay yaw pam tuwat tayati. Yaw pam tayatiqe pu' pay yaw putwat suruyat maatavi. Maatapqw pu' yaw pamwa piw okiw aqwhaqami postoqe pavan yaw mapyayatima. Riiyawma yaw pam aqwa'. Hisatniqw pu' yaw pam tuwat epehaq yeeva. Pu' yaw a'ni paklawu. "Wuw'," paysoq yaw kitat pay yaw okiw angqe' sumoki.

Yanti yaw pumaniqw pay yaw mi'wa amutsveniiqa pay piw su-'amunti. Pay yaw paasat oovi pas imasa susnuutungkniiqaniqw pu' apyeveniiqasa peeti. Noq pu' puma hapi pay naanangk pangsoq löhöhötaqw pay yaw oovi pam susnuutungkniiqa pay as qa maangu'i. Niikyangw pay pam kya pi kyaanavotiy'taqe yaw pan wuuwanta hintiqw pas naat qa aqw pituqw. Pu' yaw pam oovi pay tuwat poosiy purukne' yaw pas naap hin yorikniqey yaw yan wuuwaqe pu' yaw oovi tuwat poosiy purukna. Poosiy puruknaqe pay yaw piw putwat pantaqat aw yori. Pan hapi yaw okiw kwitawsa. Pu' yaw pan piw kurimiq wuukohötsi. Pavan yaw angqw aw paalatsangwta, kuri'at. Yan yaw pam tuwat yorikqw pas pi yaw putwat piw tuwat no'aqw pay yaw pam tuwat tayati. Tayatikyangw pay yaw tuwat mitwat maatavi. Pu' yaw pam aqwhaqami piw tuwat okiw puuyawmakyangw mapyayatimakyangw a'ni yaw töqma. Paasat pu' yaw pam tuwat epeq yeevaqe pay yaw piw okiw panis suus wahamtit pay yaw tuwat sumoki.

Paasat pu' yaw mi'wa sus'oveqniiqa yaw tuwat a'ni taya'iwta. A'ni yaw pam taya'iwtaqw pay yaw put pono'at tuyvaqw pu' yaw pam ponoy aw yootokqe pu' yaw ponoy huur nguy'ta. Pantikyangw pay yaw pam a'ni pep horaraykuqe pay yaw put hiita hokyay akw nguy'taqey sumatavi. Naat yaw pam oovi ponoy nguy'kyangw yaw pam navota atkyamiq postoqe. Pangqw pu' yaw pam tuwat riiyawma. Riiyawmaqe pu' yaw tuwat epeq yeevakyangw pay yaw piw pas okiw suus wahamtit pay yaw okiw sumoki.

Yantoti yaw puma pepeq'ay. Yantotiqe pay yaw puma oovi pumuy a'angwushoymuy pangqw qa ipwaya. Pu' yaw piw qa himuwa put sowitpet angqw yukut pay mooki. Pay yuk pölö.

nest yet? One would believe that he would be there by now. Let me open my eyes and take a peek. Then I can see for myself how things are."

With this intention he, too, opened his eyes. There was no trace of the little Coyote up front. And the fellow directly ahead of him, for some reason, was convulsed with laughter. Naturally he, too, was clutching a tail with his teeth, and because his head was right above the other's behind he, like the first, glanced at it, only to discover that this one had defecated on himself. Just like the young Coyote he had a large red opening in his behind. In addition, his butt was full of shit. It amused him so much that he, too, burst out laughing. As a result, he let loose of the other's tail and the poor Coyote crashed to the bottom of the cliff, waving his arms and his legs as he fell. Spinning all the way down, he eventually hit the ground and howled out loud. "Wuw," was all he yelled before he died.

This was the fate of the first two Coyotes, and the fellow behind them didn't fare any better. They perished the same way. By now only two were left—the one at the end, and one before him. Thus already three Coyotes had plummeted into the depth, one after the other. And although the last one in line didn't get tired, he had a hard time and was puzzled as to why no one had reached the nest yet. So he thought it best to survey the situation for himself and take a peek. And so he opened his eyes. In doing that he got to see what state the Coyote before him was in. The poor creature was covered with excrement, and, into his buttocks led a gaping hole. His entire behind was staring at him as one red crack. This view tickled him so much, that he burst out in roaring laughter. Naturally, he dropped the Coyote in front of him. Sailing down, the latter waved frantically, yelling out loud. When he hit the bottom, he yapped only once, and then he was dead.

The last Coyote was the highest in the chain. He in turn was now convulsed with side-splitting laughter. So hard was he laughing that his stomach began to hurt. He reached for his stomach and held it very tight. At the same time he began to kick very hard, so much so, that he let go of the bush which he was clutching with his legs. He was still holding his belly when he noticed that he was falling down. Now it was his turn to spin along. Finally he, too, struck the ground. The poor creature howled out only once before he died.

This is how those Coyotes fared. For that reason they did not succeed in stealing those little crows from their nest. And not one of the Coyotes got to taste that jack rabbit stew. Instead, they all perished. And here the story ends.

Iisaw Powaqvaki

Aliksa'i. Yaw orayve yeesiwa. Pu' yaw pay piw aqwhaqami kitsokinawit yeesiwa. Noq pu' yaw yep ismo'walpe piw i' iisaw kiy'kyangw yaw pam naalöqmuy timuy'ta. Yaw naalöqmuy i'ishoymuy timuy'kyangw pay yaw okiw ngasta koongyay'taqe pam oovi pay pumuy timuy amungem naap tunöstsovalantangwu, puma hapi yaw pay naat qa maqtuwiy'yungqw oovi. Niiqe pay yaw pam oovi sutsep pumuy amungem hiita nöönösaniqat oovi maqnumngwu.

Noq pu' yaw suus puma kur hiita piw nöönösaniqw pu' yaw pam oovi nawus piw pumuy amungem maqtoni. Niiqe ep pu' yaw pam hoopoq maqtoniqey wuuwa. Pam yaw wuuyavo pangsoq qa maqtoqe yaw oovi antsa pangsoqwat nakwsu. Pu' yaw pam as pangqe' naanahoy pay

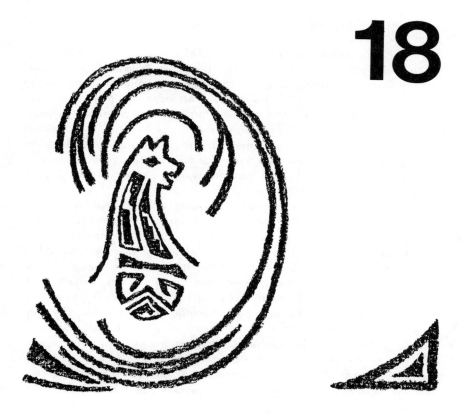

18

Coyote Learns Sorcery

Aliksa'i. They say Orayvi was settled. All around people were living in villages. Also, here at Ismo'wala Coyote made her home with her four pups. She had four young ones but, unfortunately, she no longer had a husband. So she had to provide the food for her children on her own. Her pups had not yet learned to hunt by themselves. For this reason she was always prowling about for things to eat.

Once, when they ran out of meat, she was forced to go hunting again. She decided to go east. She had not hunted there for a long time, so she wandered off in that direction. There she roamed back and forth, stalking cottontails and jack rabbits, but could not catch a single one.

taataptuy sowiituy hepnumkyangw pay yaw pas qa hiitawat ngu'a. Pas
hapi yaw puma taatapt sowiit a'ni haalayvitniiqe yaw a'ni watqangwu-
niqw yaw pam oovi qa suusa hiitawat wiiki. Pu' yaw pam hiitawat as pay
wiikiy'maqw pay yaw piw pam kiy aqw supkingwu. Pu' yaw pam pangqe'
pumuy amungk okiwhinnumqe pu' yaw pam pan wuuwa, "Han tur pay
haak qa pas pumuy'u. Pay nu' haak naap hiita ngu'e' pay nu' put
yawkyangw nimaqw pay itam ngas'ew hiisakw hiita nöönöse' payyani.
Ason pi nu' qaavo piw haqamiwat maqte' pay kya nu' as pepeqwat
sakinani. Pay pi nu' oovi haak yangqe'ni. Pay pi nu' suupan son hisatniqw
hiita qa tuwani." Yan yaw pam wuuwaqe pu' yaw oovi pam pay pas qa
qe'tit pay yaw pangqe' as oovi maqnumkyangw pay yaw okiw qa hiita
sakina.

Noq pay yaw nuwu tapkiwma. Noq naat yaw pam qa hiita ngu'a.
Panmakyangw pay yaw mihikqe pay yaw paasat qa taalawvaqw pu' yaw
pam pay oovi nawus qe'tiqe pu' pay pangqw nima. Niikyangw pay yaw
pam haqamniiqey yaw qa suyan navotiy'ta. Pay pi yaw pam naanahoy
yantsaknumqw pay yaw kur hinti. Pu' yaw pam oovi pay pangqw naap
haqamiwat nakwsu naamahin yaw pam as qa suyan haqaminiqey
navotiy'kyangw. Naat yaw pam oovi pang haqe' panmakyangw piw yaw
pam hiita navota. Hiita yaw pam navotqe pu' yaw pam pay pep
sungwnuptu. Sungwnuptuqe yaw tuqayvaasiy'ta. Tuqayvaasiy'taqw
pay yaw as pam suyan hiita navotiy'ta. Niikyangw pay yaw haqaqwniqw
pam yaw as pay qa suyan navotqe pu' yaw oovi piw aapiyta.

Pu' yaw pam piw hiisavo nakwsukyangw piw yaw hiita navotqe pu'
yaw piw huruuti. Huruutiqe pu' yaw pepwat piw naahoy yortinum-
kyangw tuqayvaasiy'ta. Noq pu' yaw pas suyan haqam himu hingqaw-
lawu. Pu' yaw pam oovi piw nakwsuqe pu' yaw paasat pay tuqayvaasiy'-
kyangw haqami hoyta. Pu' yaw pam haqami pituqw piw yaw pephaqam
kiva'ewayniqw piw yaw pangqaqw suupan kootala. Pu' yaw pam oovi put
pangqw kootalqat tuwaaqe pu' yaw paasat pay pep huruuti. Paasat pu'
yaw pam pay pep qatuptuqe pu' yaw pangso haqaqw kootalqw awhaqami
taynuma. Noq pay yaw kur pas pangqw hiitu hingqaqwa. Noq pu' yaw
pam pangso taytaqw piw yaw pangso kivami hakim sinom sasqay
kyangw pay yaw pas hakim wuuhaqniiqam aqwhaqami yungma. Pu' yaw
pam pan wuuwa, "Hakim pa imaya? Maataq pa ima yuk hintsanwisa?"
Yan yaw pam wuuwa.

Pay yaw oovi pas nawutstiqw pu' pay yaw qa hak piw awi'. Pay kya
oovi puma hakim pangso sasqayaqam soosoyam aqw yungmaqat pam yan
wuuwa. Pu' yaw pam pay pas hin navotniqe pu' yaw pay piw pangsoniqey
wuuwa. "Kur nu' awnen pu' aqw kuyvani. Hintiqw pi puma pas a'ni
hingqaqwa." Yan yaw pam wuuwaqe pu' yaw pam oovi pangqw
pangso'o. Niikyangw pay yaw pam nana'uyvewat pangso hoytima. Noq
pay yaw kur antsa pas pangqw hakim hingqaqwa. Yaw hakim epeq

Those cottontails and jack rabbits were so swift, and sped away so rapidly, that not even once did she manage to get near one. And whenever she was about to close in on one, it would immediately dive into its burrow. So miserably did she fail pursuing the hares, that she finally thought, "I just won't follow them for now. I'll snatch up anything that comes my way, and I will take it home. At least we'll have a little bite to eat, which is better than starving. I'll wait until tomorrow to hunt at another place. There I might have better fortune. I'll just drift along here now; maybe I'll find something." So she thought and continued hunting. But the poor creature still did not meet with good luck.

By and by it was getting to be evening, and still she had not caught anything. As time passed, night fell and it became dark. Coyote ceased her hunting and trotted homeward. But she did not really know which direction she was supposed to go. She had been running back and forth so much that she was confused. So she just picked a direction, even though she had no idea where exactly she was headed. She was still trotting along somewhere when she perceived a noise. Immediately she halted her run and listened. Straining her ears, she was convinced that she was hearing something. But since she was not sure about the source of the noise, she proceeded on.

Coyote ran a little farther, and when she heard some sounds again she stopped once more. She looked about, keenly trying to determine where the sounds were coming from. No doubt, there was something or someone causing them. Once again she started off, and this time gave ear as she ran along. Eventually she chanced upon a place which, to her great amazement had the appearance of a kiva. A glow of light seemed to radiate from it. When Coyote spotted the sheen of the light she stopped in her track. She squatted down where she was and stared at the place where the light came from. The voices were also coming from this location. As she watched, many people arrived to that kiva and disappeared inside. Coyote thought, "Who might these people be? I wonder what their purpose is for coming here?"

After a good length of time had passed, no one else showed up any more. So she figured that all those who were going to come here had already entered. And since she was very inquisitive, she decided to venture up to the kiva. "I'll just go over there and look in. Why on earth should those people be causing such a ruckus there?" With this on her mind she headed for the kiva, moving stealthily. No question, the din was caused by the people inside. Every so often there was ear-piercing

sa'akmangwu. Yaw epeq hakim kwanonota. Noq pay yaw pam qa suyan navotiy'ta hakimyaqw. Niikyangw yaw hintote' epeq sungsaq a'ni kwanokmangwu. Yaw hakim epehaq haalayya, kwangwa'ewlalwa yaw sumataq. Pu' yaw pam pay paasat qa pas tuutuskyangwniiqe yaw oovi paasat pay hihin nahalayvitaqe pu' pangqw haqaqw kootalqw yaw pam pay paapu pas yuumosa pangso. Noq yaw pam aw pituqw pay yaw kur pas antsa pep kiva. Noq pu' yaw pam pay oovi naat kivats'omi qa wupqe pay pep kivat ahayphaqam qatuptuqe pu' yaw piw aqw tuqayvaasiy'ta.

Noq pay yaw pas kur pas pangqw töötöqa. Epeq hapi yaw sa'ta, kwanonota. Noq hintsatskya pi yaw pumaniiqe oovi pas pan a'ni hingqawkyaakyangwya, a'ni töötöqkyaakyangwya. Pu' yaw pam pay pas hin navotniqe pu' yaw pam pangso kivats'omi wuuvi. Yaw aw wupqe pu' yaw aqw taynuma. Niikyangw pay yaw pam qa pas suyan hiita tuway'ta. Pu' yaw pam oovi mootiniiqe pay yaw put kivat nguutayat ayo' hihin hölöknaqe pu' pang hiisaqhoyat hötsit ang aqw taynuma. Niikyangw pay yaw pam naat qa hiita pas tuway'ta. Pu' yaw oovi pam kivaytsiwat paasat pu' pas aw nakwsuqe paasat pu' yaw pam pangqw oongaqw aqw taynuma. Noq pas pi yaw pepeq kivaapeq sinom kyaasta. A'ni hapi yaw kwanonota. Noq yaw pam angqe taynumqw piw yaw kwiningyaqe tuuwivaqe hiitu yeese, totokotst, leeletayt, a'angwust, momngwut. Pas pi yaw suupan qa himu pepeq qee'e. Noq paasat pay yaw pam hihin tsawiniwkyangw pangsoq taynuma. Wuuwanta yaw pami', "Ya sen ima hiitu yepeqya? Pas as piw sinomniikyangw piw pumuy hiituy amumum tangawta." Yan yaw pam wuuwankyangw aqw tayta.

Pu' yaw pam piw saaqat aahopo yorikqw piw yaw pangqw tatkyaqw hak yaw hiita muuma. Niiqe yaw pam kur it hiita ngölat pangsoq muumangwu. Pu' yaw piw pas hintaqa ngöla. Ang yaw i' wuuhaq nakwakwusi somiwyungwa. Pu' yaw pam ayoq kwiniwiq mumamaykuqw pu' yaw hak put angk warikqe pu' yaw atsvaqe kopangtsööqö. Pu' yaw pam put atsvaqe kopangtsööqökkyangw pu' yaw ayoqwat yeevat pay yaw ang ahoy suqtuptu. Pantiqw pu' yaw piw suukyawa, pay yaw pam piw an yuku. Pu' yaw hiisavoniqw pu' yaw piw suukyawa tuwat. Nit pay yaw pam piw pumuy mootiwatniiqamuy su'amunti. Paasat pu' yaw hak epeq pangqawu, son pi pam hak qa mongwi'am. Yaw wunuptuqe pu' pangqawu, "Is ohiy, pay hapi uma qa a'aniwnayay," yaw kita. "Pay hapi as qa hisat yanhaqam hiniwti. Noq oovi uma hohongvit nöngakye' uma angqe' hakiy hepyani. Pay pi son hak itamumi qa taytaqw oovi uma qa a'aniwnayay," yaw pam kita.

Pu' yaw oovi antsa puma peetu angqw nöönganta. Noq pay yaw naat puma qa angqw pas nöngakqw pu' yaw pay iisaw kivats'ongaqw hawqe pu' yaw haqam kivat aqlaphaqam kotqaniqw pu' yaw pam pangso waayaqe pu' pangqe' haqe' huur yaw naatsurukna. Huur yaw pam pangqe' tsurukiwkyangw yaw pam haqe' hiisaq hötsit ang pumuy tuway'-

shouting and roaring laughter. Coyote had no idea who those people were, but at certain times the whole group cheered in unison. They all appeared quite merry and were having a lot of fun. At this point Coyote was less cautious and hurried straight toward the spot from which the light was radiating. Sure enough, when she arrived, the structure turned out to be a kiva. However, she did not yet climb up on its roof. Instead she squatted down close by the kiva and once more hearkened to the racket inside.

No doubt, here was the source of the noise. There was shouting and yelling and raucous laughter. Coyote was at a loss to what those people could be doing there to cause so much din and to be shouting at the top of their lungs. She had to find out; so she ventured to the roof of the kiva.. Upon gaining the top, she peeped down but was not able to make out anything very clearly. At first she slightly raised the reed cover of the kiva hatchway and gazed down through the small opening she had made. But still, she failed to see anything distinctly. So now she edged to the very roof opening of the kiva and looked in from the top. She espied an enormous crowd of people. They were all very boisterous. And as her eyes scanned the area, she was struck by the weird assortment of creatures hunkering along the stone bench at the northern end of the kiva. There were bobcats there, yellow foxes, crows, owls, and many others. It seemed that there was no animal which was not represented. Coyote was somewhat frightened at what she saw. "I wonder what sort of beings those are down there. They are humans, and yet, they are mixing with animals." This is what went through her mind as she kept staring down.

She now also glanced toward the area east of the ladder and spotted someone rolling an object from the south end of the kiva. It turned out to be a hoop. It was a very strange sort of a hoop, because there were bunches of feathers attached to it. And as the hoop traveled northward, someone darted after it and somersaulted over it. Having somersaulted over it, he landed on the other side of the hoop but got right back up. Somebody else now tried, with the same result. In a little while another person tried. But he fared no better than the first two. Presently Coyote could hear someone speak. It was probably the leader of the crowd. He stood up and shouted, "What is this? You are not getting anywhere! Nothing like this has ever happened before. You strong guys there, go out and search the area to see if anybody is there. Someone could well be spying on us, and that's why you are not accomplishing what we set out to do."

Obeying this request, some of the men were leaving the kiva. But before they came out, Coyote scrambled from the kiva roof and fled, squeezing herself into a nearby woodpile. Tightly stuck within the pile of wood, she kept peeping out through a small opening to observe the men.

taqe yaw pangqw amuupa taynuma. Noq antsa yaw puma angqw
nöngakqe pu' yaw as hakiy angqe' hepnumya. Nit pay yaw nawutstiqw
puma qa hakiy tutwaqe pay yaw puma paasat ahoy aqwhaqami yungma.
Aqwhaqami yungmaqe pu' put mongwiy aw pangqaqwa, "Pay as qa hak
haqamo. Pay kur oovi itam piw tuwantotaniy."

"Ta'ay," yaw pam mongwi'am kita. "Ta'ay, pay pi uma kur piw
tuwantotani. Pay pi as itam qa hisat yanhaqam hintoti. Noq pay pi
kya antsa as qa hak haqamoy," yaw pam kita.

Pay yaw oovi puma pas piwyaqw pu' yaw pam iisaw piw aw kivats'omi
sutskiqe pu' yaw piw aqw taynuma. Noq pu' yaw pam hak mootiy'maqa
yaw piwniikyangw pu' yaw su'an yukuuqe yaw put ngölat atsvaqe
kopangtsööqökkyangw yaw ayoqwat yeevakyangw pay yaw angwusiniwti.
Yaw pam angqe' yeevakyangw yaw a'ni pan angwusit an töötöqa epeq.
Pantit pu' yaw pam ang qatuptuqe pu' yaw ayoq mimuywatuy aqwa'.
Angqe puma hiitu yesqw pumuy yaw amumiqniiqe yaw oovi pumuy
amumum pepeq qatuptu. Pay yaw oovi pam angwusi pangqw paasat
mimuywatuy tiimayi. Noq yaw paasat naat i' iisaw kur qa kivats'omi
wupqe yaw oovi put qa aw taytaqw oovi pam paasat aniwti.

Pu' paasat piw yaw suukyawa. Pu' yaw pam tuwatniiqe pu' yaw
put ngölat atsvaqe kopangtsööqökkyangw pu' ayaqwat yeevakyangw pay
yaw qa himuniwti. Pay yaw pam hak suhopiniikyangw epeq ahoy
qatuptu. Ang yaw qatuptuqw pu' yaw piw suukyawa as oovi tuwanta. Pu'
yaw pam tuwatniikyangw pay yaw piw an yuku, pay yaw qa hiita aw
aniwti. Pay yaw piw suhopi angqe' yeevakyangw pu' yaw piw ang
qaqtuptu. Pu' yaw pam mongwi'am paasat qatuptuqe pu' piw qe'tapnaqe
pumuy pangqawu, "Ta'ay, pay haak uma nawus piw qe'totini. Pay
hapi pas suyan hak itamumi taytaqw oovi uma qa a'aniwnayay," yaw
amumi kitat pu' paasat piw pangqawu, "Ta'ay, pay uma son nawus qa
piw nöngakye' pu' angqe' hakiy hepyani. Pay uma tatam pas haahaqe'
hakiy hepyani, himutskit aasonaq, pövanawit, siisikva. Pay uma tatam
pas hiihiita o'wat takuminwisni. Uma hapi pas qa haqami qa hepyani."

Yan yaw pam pumuy amumi tutaptaqw pu' yaw oovi puma piw
pangqaqw nönga. Niiqe pu' yaw puma paasat kyaysiwqam pas nönga.
Pu' yaw puma antsa ang piw hakiy hepnumya. Pu' yaw puma antsa o'wat
takuminnumya, pu' put kivat nguutayat piw as atpikyaqe hepya. Pu' yaw
piw ang himutskiniqw puma yaw put piw aasonaq hakiy as hepnumya-
kyangw pay yaw pas qa hakiy tutwa. Paasat pu' yaw haqawa kur kotqami
pituuqe pu' yaw pang put peehut kohot ayo' oya. Noq iisaw yaw pangqe'
as okiw huur na'uyiy'taqe pangqe' huur naatsurukiwta. Niiqe pas pi yaw
pam huur na'uyiy'taqey wuuwanta. Pu' yaw pay hisatniqw pam hak put
iisawuy aqw pitu. Yaw put tuwaaqe yaw aw pangqawu, "Ya pay piw kur
um itamumiq tayta? Pas pi um hiita hin yorikniqey antangwu," yaw
pam aw kitat pu' yaw paasat mimuywatuy amumi pangqawu, "Pay nu'

Sure enough, they had hardly emerged from the kiva when they started searching. When quite some time had passed and they had not found anyone, they climbed back inside. Upon entering they reported to their leader, "There's no one about. So let's try again."

"All right," the chief replied, "Go ahead and try again. This has never happened before. Maybe there is no one around."

So they commenced anew. Coyote quickly returned to the kiva roof and began peeking in. Meanwhile, the person who had been first before made another attempt, and this time, after somersaulting over the hoop, he changed into a crow when he landed on the other side. Alighting he uttered the characteristic caw of a crow. Then he got up and flew over to where the other creatures were. He joined them on the stone bench and sat down in their midst. As a spectator the crow was now watching the others. That time Coyote had not yet fully ascended the kiva roof, and for that reason the person had achieved what he set out to do.

Somebody else now took his turn. He, too, vaulted over the hoop, but as he flopped down on the other side he failed to be transformed into an animal. He was still in his human form when he got back on his feet. After he got up, another person tried. But he did not fare any better and failed to change into anything. He had again set down as an ordinary human and was just getting on his feet when the leader of the gang rose once more and stopped everything. He shouted, "All right, you'll have to cease your activities. Someone must be spying on us, for you're not achieving any results." And then he added, "I'm afraid you'll just have to go out again and search the area. Make sure you look in all the various places, inside bushes, along gullies, and in crevices. And don't forget to turn things, such as rocks, upside down. You must not miss a spot!"

In this manner the leader instructed them. Then they left the kiva once more. This time they came out in a large number and resumed their search. They went about turning up stones and looked under the reed bundles which served to close the kiva hatchway. There were also many bushes there which they checked out, but they did not find anyone. Finally, one of the men arrived at the woodpile and removed some of the wood. Of course, poor Coyote was hiding inside. She was tightly squeezed in and was convinced she was well concealed there. At some point the person investigating the woodpile found Coyote. Upon discovering the animal he cried out, "So you have been spying on us? You always need to find out what's going on." Then he shouted to the others, "I found the

tuway. Pay piw kur i' iisaw itamumiq taytaqw oovi itam qa a'aniwnayay.
Noq pay pi itam son oovi kivamiq nawus qa panayani. Itam aqw
panayaqw hin pi itaamongwi lavaytini," yaw pam mimuywatuy amumi
kitaqw pu' yaw oovi haqawa awniqw pu' puma yaw iisawuy nan'ivaqw
kutsipsöyat angqe ngu'aaqe pu' yaw put kivami lölökinma.

Pu' yaw iisaw as okiw qa naawakna. Pam yaw oovi as aw tutukun-
timaqw pay yaw puma hakim pas a'ni hongvitniiqe pay yaw put angwuta.
Niiqe pu' yaw puma oovi paasat pay pas put iisawuy pangso kivami nu'an
langakniy'ma. Pu' yaw puma oovi put pangsoq kivay aqw panaya. Puma
yaw aqw panayaqe pu' put pangso mongwiy aw wikya. Aw wikyaqe pu'
put aqlaq yaw qatuptsinaya. Pu' yaw pam mongwi'am aw yorikqe yaw aw
tayati. "Ya um piw pay yangqe' waynumqe oovi kur itamuy tuway?" yaw
pam put aw kita. "Pas pi um hiita hin navote' pu'ningwu. Noq pay pi um
nuwupi itamuy hintsatskyaqw yorikqe oovi pay um son nawus qa
itamumni," yaw aw kita.

Okiw yaw iisaw ep qatuwkyangw yortinuma. Pas pi yaw sinom epeq
kyaastaqe yaw awsa taayungwa. Pu' yaw mimawat hiitu ayangqe
yuukyaqe yesqam piw awsa taayungqw pas pi yaw is uti. Pu' yaw pumuy
mongwi'am put aw pangqawu, "Ta'ay, pay um son itamuy qa tuwa itam
hintsatskyaqö. Niikyangw um hapi yukyiq pakiiqe pay son nawus
itamumi qa toonaltiniy," yaw aw kita.

"Haw owi?" yaw iisaw kita. "Noq nu' hintini?" yaw pam tsawiniw-
kyangw aw kita.

"Owiy, pay hapi itam hisatngahaqaqw yepeq tsotsvalya. Pay itam
yepeq ongtupqaveq nuutum nonga. Pay puma itamuy as qa enang pew
yayvanayaniqey pan yukuyat pay puma itamumi qa paas tunat-
yawyungqw pu' pay itam pumuy amumum neengaltiqw pay puma qa
nanapta. Niiqe pay itam oovi piw nuutum pew nongay," yaw pam yan
put aa'awna. Noq pu' hakim yan hiitawat naami tuuwiktote' put
tuwitoynayaqw pu' pam nawus hiita enang aw yankyangw qatuniqey put
namortangwu. Pu' itam pumuy enang akw yakta. Meh, pay um pangsoq
kwiniwiq yorikqw pangqe puma hiihiitu yeese. Pay puma pumuy
namortotaqe pumuy enang akw mongvasya. Pu' pay itam soosokivaqw
peqw tsotsvalya. Pay um sonqa navota itam soosoy hinyungqam sinom
yepeq tangawta, hopiit, tasavum, yotsi'sinom," yaw pam iisawuy aw
yan tu'awiy'taqw pavan yaw pam put aw kyaatuqaykyangw mimuywatuy
amuupa yortinuma. "Pu' hak piw peqwnen hak nawus son hakiy sinoy
unangwayat qa angqw peqw yawkyangw pakitongwuy. Itam it yan tuwi-
lalwaqam pay qa wuuyavo qatsimkiway'yungway. It hapi tuwiy'vaniqw
pam hiikyay'ta. Noq oovi hak put hakiy unangwayat akw pay hihin
yaaptingwuy. Noq paniqw hapi oovi itamumiq pangqaqwaqw yaw itam
lööq unangway'yungway. Noq pay ephaqam himuwa itamungaqw qa
suutaq'ewningwu naap sinoy unangwayat horoknanik'u. Pu' pam oovi

culprit. It must have been this Coyote who was watching us. That's why we didn't succeed. I guess we'll have to take the critter into the kiva. Once inside, we'll see what our chief has to say." Immediately one of his companions came over and, together, they grabbed Coyote under each arm, and literally dragged her away.

The poor creature had no desire to go. She kept digging her feet into the ground, but those two were so strong that they easily overpowered her. Quite brutally they pulled Coyote over to the kiva and then shoved her inside. When they had finally gotten her down there, they took her to their leader and placed her upright next to him. The chief took a look at Coyote and burst out laughing. "So, you've been around here again and have discovered us. What an inquisitive bitch you are! Unfortunately, however, you saw what we were doing. Now you will have to join our ranks," the chief said.

Poor Coyote just sat there, stunned, and gazing about. There were lots of people down there, and all eyes were focused on her. The animal creatures occupying the far bench of the kiva were also gaping at her, which was most frightening. Then the man in charge said to Coyote, "All right, I'm sure you witnessed what we were doing. And since you have now entered this place, you'll have to become a member of our group."

"Is that so?" whimpered Coyote. "What will happen to me?" she fearfully inquired.

"Well, yes," responded the leader, "as far back in time as anyone can remember we've been congregating here. We, along with all the other humans, made our emergence at the Grand Canyon. There were plans not to let us come up from the underworld, but people did not pay close attention to us and thus were not aware when we mixed in with them. Therefore, we also emerged into this world. And when we initiate someone into our order, just as you now, we reveal our secrets to him. Then that person must choose an animal whose body he may utilize while he lives on. By making use of animal bodies we travel about. Just take a look to the north end of the kiva where all those creatures are squatting. Those are the animals that some of us selected, and now we exploit them for our own benefit. We come here from every corner of the world. You have probably noticed that all kinds of people are represented here: Hopis, Navajos and Apaches." While the chief was explaining, Coyote was listening in awe and casting glances at the others. "Also," the leader continued, "When someone comes here, it is mandatory that he brings the heart of a relative with him. Those of us, who are gaining this knowledge of sorcery, are not given long to live. To learn witchcraft requires a high price. But with another person's heart, one can live longer. That's why people say we have two hearts. Occasionally, one of us

pay soq naap hiita unangwhoroknat pu' put angqw yawmangwuy. Noq
pay hakim sonqa nanaptangwuy. Noq put hiita unangwa'at pay qa
hiikyay'tay. Pay pas it hopitsa unangwa'at hakiy wuuyavo pitsinangwuy,"
yaw pam aw kita.

"Haw owi? Noq pi nu' nuwupi pay iisawniiqe oovi pay songqa sutsep
iisawmantaniy," yaw pam put aw kita. "Pay kya nu' oovi son umumum-
tini. Pay pi nu' yantaqe pay yantani," yaw pam pumuy mongwiyamuy
aw kitaqw pu' yaw pam mongwi pangqawu, "So'on pini, pay um son
pantani. Pay um nuwu peqw pakiiqe um son nawus qa itamun tuwitani.
Pay itam oovi kur hin ung maatatveni," yaw pam aw kita.

Yaw iisaw okiw ep yanta. Kur yaw pam hintini. Pu'sa yaw pam pan
wuuwa, "Naapas nu' qa pay se'elhaq nima. Naapas nu' antsa pas son
hiita qa hin navotniqey antangwu," yaw pam yan wuuwankyangw yaw
okiw tsawiniwkyangw pep qatu. Pu' yaw pam pep qatuwkyangw
wuuwanlawu. Hisatniqw pu' yaw pam pan wuuwa, "Pay pi nu' antsa it
hiita tuwiy've' pay kya nu' as akw hin mongvasni." Yan yaw pam
wuuwaqe pu' yaw pay hihin nakwhaqe pu' yaw pangqawu, "Ta'ay, pay
pi nu' umumum it hiita tuwiy'vani," yaw kitaaqe pu' yaw piw pang-
qawu." Noq pas kya nu' son naat pay ung aa'awnani. Pay as nu' ngas'ew
mooti hin ang wuuwat pu' ason nu' paasat uumi pangqawni hiita
namortaqey," yaw iisaw kita.

"Ta'ay, pay pam son hintani. Pay um haak oovi ayangqw qatuw-
kyangw paas itamumi taytani. Nen um tuwiy've' uumi pituqw um
su'amunni," yaw pam mongwi'am kita.

"Ta'ay, pay nu' songqa pantini," yaw pam kitaaqe pu' yaw oovi
pam ep wunuptuqe pu' yaw ayoq tuuwimiq wupqe pu' yaw oovi pepeq
haqam qatuptu. Qatuptuqe yaw suyortinumqw yaw ayangqw mimawat
aw saayungwa. Pepeq yaw pam kwangwaqtukyangw yaw mimuywatuy
amumi kyaatayta hintsatskyaqw hapi. Paasat pu' yaw mongwi'am piw
pangqawu, "Ta'ay, pay itam piw aw pitsinayani. Pay pi itam pu' tutway.
Pay pi kur i'niqw pay pi pu' itamumniqw oovi pay son pi uma qa
a'aniwnayani. Ta'ay, haqawa oovi pu'niy," yaw pam kitaqw pu' yaw oovi
puma piw aw pitsinaya.

Yaw aw pitsinayaqe pu' yaw piw oovi pantsatskya. Pangsoq yaw
himuwa put ngölat muumaqw pu' yaw pam hak angk aqw warikye'
pu' yaw put atsvaqe kopangtsööqökngwu. Angqe kopangtsööqökye' pu'
paasat yaw ayoqwat yeevakyangw pay yaw piw himuniwtingwu. Noq
puma hapi yaw kur hiitu popwaqtu. Noq oovi yaw iisaw kur nuutum
powaqvakni. Pu' yaw puma antsa pepeq pantsatskya. Yaw himuwa
antsa pan put ngölat atsvaqe kopangtsööqökye' pu' yaw himuniwtingwu,
pay naap yaw himuningwu, angwusi, kwewu, hoonaw, pay yaw pas naap
himuningwu. Pu' yaw himuwa pantiqw pu' yaw mimawat paasat kur a'ni
kwanokmangwu. Pay yaw oovi pas soosoy hiitu pepeq tangawta.

is reluctant to take the heart of his own relative. He will then extract the heart of just any animal and offer it instead. But we never fail to detect that. The heart of a non-human creature is worthless. Only a human heart gives you longevity," the chief explained.

"Is that a fact? Well, since I am a coyote, I'll always remain a coyote. I don't think I'll join your order. I'll just stay the way I am," Coyote replied. But the leader said, "Oh no, you can't stay as you are. You're already inside; you have no alternative but to become a member. We can't just let you go."

Poor Coyote just sat there. She didn't know what to do. "Too late now," she thought, "I should have gone home long ago. It's my fault and now I have to pay for my curiosity." These were the things that went through her mind as she sat there, frightened. She was racking her brain for a solution. Finally she concluded, "Maybe I should learn about witchcraft after all; it might be of some use to me." So she hesitatingly agreed and said, "Okay, I'll go ahead and learn this business of witchcraft with you." Then she added, "But at this moment I can't tell you yet what I want to be. Let me think it over first; I will tell you later what animal I have chosen."

"All right, there's nothing wrong with that. Just stay where you are and watch us carefully. When you know what to do, and it becomes your turn, you'll be able to do exactly as the others," the leader said.

"Sure, that's fine with me." So Coyote rose and walked over to the platform that was slightly higher than the main kiva floor. There she took a seat. Having settled down, her eyes kept darting back and forth. The others in the kiva were snickering at her. She had a comfortable seat there and was observing the others, stupefied by what they were doing. Next the witch leader announced, "All right, let's get started again. We found the culprit. It was this Coyote bitch here. Now that she has joined us, I'm sure you're going to succeed. So, let someone else take his turn." After these words all activity started anew.

Everything was done exactly as before. One person would roll the hoop to the north, while another scurried after it and flung himself over it. Having leaped over it, he landed on the other side and was immediately transformed into an animal. All of the people attending were, of course, sorcerers, and Coyote was now going to be initiated into their society. In this manner they carried on down there. Whenever one of the sorcerers vaulted over that hoop, he changed into another creature, into just about anything—a crow, a wolf, or a bear. And each time a transformation took place, the crowd yelled and laughed in merriment. All kinds of creatures could be encountered down there now.

Pu' yaw puma hiitu popkot nuwu pepeq kyaysiwtiqe yaw töötöq-lalwaqw pavan yaw pepeq hin töötöqa. Pu' yaw puma pantsatskya pepehaq haqam. Pu' yaw tuuwingaqw iisaw amumi kyaatayta. Hisat-niqw pay hapi yaw pam hin unangwtiqe pay yaw kwangwtoya. Pu' yaw pam piw put ang wuuwanta sen antsa pam hiita namorte' pamniwtiniqey. Hiita aw tuwat enang yankyangw antsa qatuni? Hiita yaw akw enang mongvasniqey yaw yan wuuwanta. Pu' yaw pam ang wuuwankyangw pu' yaw pan wuuwa, "Pas hapi nu' pay imuy taatap-tuy qa an höngi. Himuwa waaye' pas yaavo warikqw nu' put qa wiikingwu. Pu' piw himuwa soq kiy aqw pay supkiqw pay nu' paasat put kway'ngwu. Noq nu' taavoniwte' piw himuwa pantiqw paasat pi pay nu' angk supkimante' pu' put angqw horoknamantani. Noq pas nu' pay pamniwtini," yan yaw pam wuuwa. "Pay pi nu' a'ni hongviniiqe ason pamniwte' pay pi nu' hiitawat ngu'e' son pi qa a'ni hintsanmantani. Pu' nu' pamniwte' a'ni hönginiwtini." Yan yaw pam aw wuuwaqe pu' yaw oovi pay pam taavoniwtiniqey yan yaw pam aw kwangwawuwa. Yan yaw pam wuuwankyangw yaw pumuy amumi tayta.

Hisatniqw pu' yaw kur soosoyam yukuya. Niiqe yaw pam kur pepeq tuuwiveq nal'akwsingwkyangw qa navota pumuy pas amumisa yukiy'taqe. Niiqe paasat pu' yaw oovi puma hiihiitu pepeq pas opopota. Is tathihi yawi'. Pu' yaw pam mongwi'am qatuptuqe pu' yaw iisawuy aw pangqawu, "Ta'ay, um pew hawniy. Um pew haawe' pu' um tuwatni. Noq pay kya um hiita namortay," yaw aw kita.

Pu' yaw oovi pam iisaw pangqw tuuwingaqw aw haawi. Pas pi yaw pam kwangwtoya. Pu' yaw pam pangqawu, "Owiy, pay nu' paas ang wuuwat pu' antsa hiita namorta hiita nu' enang aw yankyangw piw yaapiy qatuniqey," yaw pam kita. "Noq pay nu' hapi as i' taavoniqey put tuwat kwangway'tusway," yaw aw kita.

"Kur antsa'ay. Pam pi pay uupe'ey. Noq pay qa hak as hisat put'ewakw hiita namortay. Noq pam pi pay hakiy epningwuy. Noq pay kya pi um antsa paas ang wuuwat pu' put namortaqw oovi pay pi itam son put ep hingqaqwaniy. Pay pi um son pi qa tuwat hintiqw oovi put namortay. Pay oovi pam son hintaniy," yaw pam mongwi'am kita. "Pay oovi um antsa put wuuwankyangw um hapi put atsvaqe kopang-tsööqökni," yaw aw kita.

"Ta'ay, pay nu' songqa pantiniy," yaw iisaw kwangwtoykyangw kita.

Pu' yaw oovi pam mongwi'am nal'akwsingwqe pu' yaw pam iisawuy engem put ngölat pangsoq muuma. Yaw engem muumaqw pu' yaw iisaw angk warikkyangw pu' yaw antsa pu atsvaqe kopangtsööqö. Su'aw yaw pam put angqe kopangtsööqökqw yaw pam mongwi'am put angk töhahayku. Son pi qa hintiqw oovi pam put angk töhahayku. Noq pu' yaw pam oovi put angqe kopangtsööqökqe pu' yaw ayaqwat yeevakyangw

As the animals were increasing in number, their shrieks and calls inside the kiva brought about a cacophony of sounds. This is what the witches were doing there at that mysterious place. Coyote was watching with fascination from the upper kiva platform. Eventually she became so excited that she was beginning to look forward to her turn. She also kept deliberating about what animal she should adopt as a substitute for her present form. What other creature should she rely on to carry out her life? She tried to think of an animal that would benefit her. Suddenly an idea flashed through her mind. "I'm really not as fast as a cottontail. Whenever one of them makes his getaway for a great distance, I am unable to run him down. And when one of them dives into his den, he is usually lost to me. But if I were a rabbit and one of them did that, I would enter his burrow right behind him and quickly flush him out. So that's the animal I will change into," she decided. "As it is, I am very strong. When I turn into a rabbit and seize another one I can really clobber him. Through this transformation i'll become very swift." Reflecting on all these aspects, Coyote was determined to become a cottontail. She thought that this was really an excellent idea. Her mind was set as she watched the others.

Some time later all the sorcerers were done. Coyote was totally unaware that she alone was left there on the raised section of the kiva, so intensely had she been focusing her attention on their actions. By now the entire place was teeming with animals. The number of creatures there was staggering. Presently the leader of the witches rose to his feet and commanded Coyote, "All right, you step down here. It will be your turn now. Maybe you have made a choice."

Coyote complied, coming down from the upper platform. She was full of anticipation and replied, "Yes, indeed, I've thought it over very carefully and I've made my choice. I know what creature I want to profit from as I live on. I yearn to become a cottontail."

"Fine, that's up to you. No one has ever chosen such an animal. But the choice is up to the individual. I take it you've weighed your decision carefully before selecting that creature. So we won't question your choice. You must have a reason for picking this particular animal. There's nothing wrong with that," the witch leader said. "Be sure to concentrate now on that animal as you jump over the hoop," he directed Coyote.

"All right, I'll definitely do that," she replied. She couldn't wait anymore.

The witch leader, who was the only human being left, now rolled the wheel for Coyote. He had barely sent it trundling along for her, when Coyote sped after it and threw herself over it. At the same moment she leaped over it, the man in charge spat after her. Obviously he had a reason for doing so. The instant Coyote landed on the other side of the

pay yaw antsa taavoniwti. Yaw taavoniwtiqe yaw ep hiisavo qatuwlawt
pu' yaw naami yorikqe yaw naami kyaatayta. "Is haw pi nuu'uy," yaw
naami kita. "Pu' pi nu' taavot pane' pay angk aqw supkitomantani. Pay
nu' kur son yaapiy hin itimuy qa piw noonopnamantani." Yan yaw pam
wuuwaqe yaw taavoniwtiqe tsuya. Pu' yaw pam ang qatuptuqe pay
yaw ep nuutum yantaqw pu' yaw pam mongwi'am pangqawu, "Ta'ay,
kwakwhay, pay hapi uma su'an yukuyay," yaw kita. "Pay itam oovi
nöngakye' itaakikiy angqe' ahoy nankwusaniy," yaw pam kita.

Pu' yaw pam piw iisawuy aw pangqawu, "Ta'ay, pay itam panis
yantotingwu. Pay pi oovi um pu' nimani. Pay pi um pu' tuwitay.
Niikyangw pay um hisat piw son naat qa angqwniy. Pay itam hisat piw
tsovaltininiqw pay um son ason qa navotniy. Noq oovi pu' pi pay um
uukiy ahoy aqwniy," yaw pam iisawuy aw kita.

Pay yaw pam panis aw kitaqw pu' yaw pay iisaw pangqaqw suyma.
Pas pi yaw pam qavomi kwangwtoya, pam hapi yaw pankyangw
maqnumniqe. Yanti yaw pam pepeqniiqe yaw pam oovi pangqaqw qa
iits nima. Yanhaqam yaw pam pepehaq naap unangwayniqw powaqvaki.

Pu' yaw pam pangqw yamakqe pu' yaw pam pay paasat nima. Is
yaw taavo haalaykyangw aqwhaqami tso'tima, yaqawmimitima yaw
aqwa'. Pas pi yaw pam naami kyaataytaqe taavo hintingwuniqw pam
yaw paavantsakma aqwa'. Hiisavo yaw a'ni warikt pu' piwningwu. Pu'
yaw ephaqam haqami qölömiq supkit pu' piwningwu. Hiihintsakma
yaw pam pangqw.

Noq pu' yaw pepeq kivaapeqwat pu' yaw pam popwaqtuy mongwi'am
piw pangqawu, "Pas pi iisaw hiita suutuptsiwngwu. Son pi pas antsa
itam put soosok tuwitoynayaniqw," yaw pam kitaaqe yaw angk tayati. Pu'
yaw pam mimuywatuy amumi pangqawu, "Ta'ay, pay itam son mooti
qa napwatotat pu' ason songqa yangqw nöngakniy," yaw pam pumuy-
watuy amumi kita.

Pu' yaw oovi puma son put tuwat hin qa tuwiy'yungqe oovi pan
pepehaq napwatotat pu' yaw pay pas hopiitniikyangw pangqw ahoy
nöönganta. Paasat pu' yaw puma oovi ahoy kiikiy ninma.

Noq pu' yaw i' iisaw kiy aw haykyalaqe pu' yaw pay ahoy yaw
iisawniwtiniqey yan wuuwa. Pan yaw wuuwaqe pu' yaw pam as hiita
aw naawakna, niiqe pu' yaw pam pangqawu. "Okiw nu' ahoy iisawniwti,"
kita yaw as pamnit pay yaw pas qa powalti. Noq yaw kur imuy popwaq-
tuy mongwi'am paniqw put angk töhahayku pepeq kivaapeq. Noq pay
pi yaw paasat pas qa talqw pay yaw pam qa powaltiqey qa navota.
Niiqe yaw pam oovi naat pay taavoniikyangw pangqw kiy aw hoyta. Pam
yaw oovi pay qa pas naami hin wuuwankyangw pu' yaw pay kiy awi'.

Pay yaw pam panis a'ni taataptuy qöyaniqey yansa pam wuuwan-
kyangw yaw oovi kiy aw pituuqe yaw aw supkito. Pu' yaw pam aw
pakiqw is yaw i'ishooyam ep yanyungwa. Niiqe puma hapi yaw teevep

hoop she was transformed into a cottontail. Coyote first sat there for a while and looked at her own self in disbelief. "How magnificent I am!" she exclaimed. "Now whenever I chase a rabbit into a hole, I will follow him right into his hole. From now on I'll have a way to provide for my children again." Coyote was overjoyed to have turned into a cottontail. She rose from the floor, and as she sat there amidst all the other beasts the sorcerer chief said, "Well then, I'm thankful everything's gone well. Let us leave now and return to our homes."

Then he also turned to Coyote and said, "Okay, this is all we do. You can run home now. You have learned our rites. I'm sure one day you'll be back again. You will hear of the date when we assemble again. So go now and return to your den."

As soon as the sorcerer chief had spoken, Coyote whisked out of the kiva. She was looking forward to the next day for she would go hunting in her new guise. This is what happened to Coyote, and that was the reason she went home so late. It was her own fault that she was inducted into a witchcraft society.

On leaving, Coyote headed straight home. How happy she was to be a rabbit. She was hopping along and wriggling her nose. She was amazed at herself and she kept doing all of the things a rabbit would normally do. Every once in a while she darted along a short distance at a terrific speed. From time to time she quickly popped into a hole. All sorts of acts she performed on her way back.

Meanwhile, in the kiva, the leader of the sorcerers spoke again. "What a gullible dupe Coyote is! We certainly wouldn't reveal all our secrets to her," he said with a malicious laugh behind Coyote's back. Then he turned to the others and said, "We'll have to change back into our true forms now and leave."

Thus, with whatever knowledge those witches possessed, they transformed themselves in such a way that they exited from the kiva as human beings. Thereupon they headed home.

By the time Coyote was nearing her house, she considered changing back into her true self again. So she prayed, "Please, I'd like to turn back into a coyote." But there was no transformation. This was because the leader of the sorcerers had spat after her down there in the kiva. But since it was a dark night she failed to realize that the change had not taken place. So Coyote was still in the shape of a cottontail as she sped along toward her den. Without paying very much attention to herself she headed on to her lair.

The only thing she had on her mind was that she would bag a great number of rabbits. Upon arriving home she rushed right into her den. As she entered she found the little Coyotes sitting there. They had not eaten

qa noonovaqw yaw oovi okiw tsöngso'iwta. Pas pi yaw oovi pam taavo pumuy amumi pakiqw pavan yaw puma hin unangwtoti. "Is ali, yangqaqw itamumi taavo paki," yaw puma naanami kitota. Pu' yaw puma put aw homikma. Yaw aw homikmaqe okiw yaw puma pep put nahoylangtoyniy'numya. Pu' hapi yaw pam a'ni töötöqa. "Is uti, ya uma hintiqw oovi okiw nuy yanhaqam hintsaatsanya? Taq pi umunguni-qöö'. Huvam nuy maatatve'e," yaw pam as okiw amumi kitalawu.

Noq yaw puma pas tsöngmokiwyungqe oovi put qa aw tuqayvastota. Qa hin yaw puma put maatatveniqe· unangwtoti. Tuwat pi yaw puma tsutsyakya pumuy amumi nöösiwqa'am naap pakiqw. Yaw puma pep put teevep nahoylangtoyniy'numya. Hisatniqw pay yaw okiw puma put kur niinaya. Pu' yaw puma pep put naatutkitoynayaqe yaw oovi naanaqle' naanan'ik sikwit kwangwanonova. Yan yaw puma okiw yuy niinaya. Yanhaqam yaw puma ngasta yuy'vaya niikyangw yaw puma kwangwa-nönösa put taavot. Naat kya oovi puma pephaqam yuy nuutayyungwa. Pay i' yuk pölö.

a morsel all day, so the poor things were starved. Thus, when that rabbit set foot into their den, they became all excited. "How delicious! There's a cottontail that just entered our lair!" they yipped to each other. Then they all pounced upon the rabbit. Seizing the animal they all jerked and pulled and yanked on it from different directions. Coyote screamed, "What's going on? Why are you doing this to me? Can't you see that I am your mother? Let go of me!" the poor thing pleaded.

But because the Coyote pups were so hungry, they did not heed her words. They had no intention of letting her loose. On the contrary, they were delighted that there was food that had walked on its own into their den. For a long time they kept tugging the rabbit back and forth. Finally they killed the wretched thing. They tore their kill into pieces and then, each of them at a different spot, devoured the meat with great relish. The Coyote children murdered their poor mother. This is how they lost their mother but they did enjoy that cottontail. They may still be waiting for their mother there. And here the story ends.

Iisawniqw So'yoko

Aliksa'i. Yaw orayve yeesiwa. Pu' yaw pay piw aqwhaqami kitsokinawit ima sinom yeese. Noq pu' yaw yep ismo'walpe yaw i' iisaw piw kiy'ta. Noq pam yaw pay pas peep naaqavo angqe' maqnumngwuniiqe yaw pam oovi pay pas haahaqe' tuwiy'ta. Noq pu' pay pi ima hopiit piw iisawuy su'an taataptuy sowiituy kwangway'yungqe pay yaw oovi puma pang haqe' i' iisaw maqnumngwuniqw pay yaw puma piw pang maqnumyangwu.Noq pu' yaw oovi panmakyangw pay yaw ima taatapt sowiit pay paapu pang sulaw'iwma. Pu' yaw imawat pang pee'iwyungqam pay yaw paapu pas a'ni tutumqamniiqe yaw oovi hihin haqam himu qalamtiqw pay yaw puma huur kiikiy ang tangaltingwu.

Noq pu' yaw oovi pantaqw pu' yaw paasat i' iisaw pay paapu as hihin haqami yaavo maqtoniqey yan wuuwa. Niiqe pu' yaw pam oovi ep mihikqw pay pas su'its puuwi. Pu' yaw qavongvaqw pay yaw naat pas

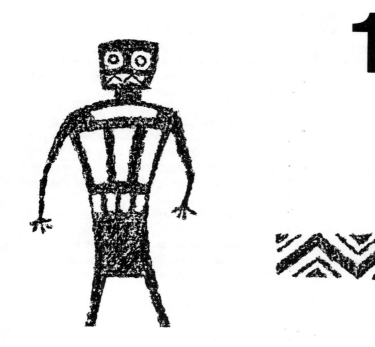

Coyote and the So'yoko Ogre

Aliksa'i. They say people were living in Orayvi, as well as in villages all over. Here, at Ismo'wala, Coyote had made his home. He was out hunting almost every day, so he was familiar with many places. The Hopis, like Coyote, had a taste for cottontails and jackrabbits and also made it a habit of hunting in the same area with Coyote. As a result, it was not long before the number of cottontails and jack rabbits began to dwindle. And those which remained became so skittish that, at the slightest noise, they dove deep into their holes.

Coyote decided he would go track game somewhere farther away. So that evening he retired early. The next day, before the yellow light of

pu' sikyangwnuptuqw yaw pam kiy angqw yamakqe pu' yaw pam pay hoo-
poqwat nakwsu. Niiqe pu' yaw pam pay pas wuuyavo nakwsukyangw pu'
yaw pam haqami hoqlömi paki. Noq pas hapi yaw pang pam hoqlö a'ni-
niiqe yaw qa talqw pam yaw oovi pay qa pas kwangwamaqnuma. Pay yaw
as oovi pang ima taatapt kyaastakyangw yaw soq himuwa hotskit atpipoq
supkiqw pay yaw pam kur hin put angk aqw pakingwu.

Niiqe yaw pam pang maqnumqe pay yaw pas teevep naanahoy
wawartinumqe yaw hisatniqw huruutiqw pay yaw pam kur hinti. Yaw
pam kur toknamusa. Pu' yaw pam oovi pay nawus maqqe'tiqe pu' yaw
pay paasat pephaqam qatuptuqe pu' wuuwanlawu. "Ya sen nu' haqami-
watnen su'aqwni?" yaw pam yan wuuwa. Pay yaw pam pas oovi pep
wuuyavo qatuwlawt pu' paasat pangqw nakwsu. Niikyangw pay yaw pam
haqaminiiqey qa navotiy'ta.

Pu' yaw pam panmakyangw pu' yaw pam haqami pas wuuyaq
qeniy'taqat aw pitu. Noq piw yaw pephaqam kur hak kiy'taqw oovi
yaw pephaqam kivaniqw pay yaw oovi angqaqw saaqa wunu. "Pay kya as hak
yep kiy'taqa nuy hinwat aa'awnani haqamiwat haknen oraymi pitungwu.
Pangqw pi pay nu' son ikiy aw qa pituni," yaw pam yan wuuwaqe pu'
yaw pam oovi pangso kivami nakwsu. Pu' yaw pam kivami pituuqe pu'
yaw aqwhaqami pangqawu, "Haw, ya qa hak qatu?" yaw aqw kitaqw pay
yaw qa hak angqw aw hingqawu. "Sen pi pas as hak qatukyangw qa
navota," yaw pam yan wuuva. Pu' yaw pam oovi piwniikyangw pu' yaw
pay pas hihin kyee'ew, "Haw, ya pay pas qa hak qatu?"

Noq iisaw pi yaw wukotönaniqw son pi yaw as hak qate' qa navotni.
Noq pay yaw sumataq pas qa hak epeqniqw pu' yaw pam pay oovi qa
aqw pakit pu' yaw pam pay panis aw kivats'omi wupqe pu' yaw
aqwhaqami taynuma. Noq pas yaw epeq qa talqw oovi yaw kur hinta.
Pu' yaw pam oovi pay paasat pangqw hawt pu' yaw pam pay put kivat
aakwiniwiwat nakwsuqw piw yaw pepwat i' taqatski wunu. Niikyangw pas
hapi yaw piw wukotaqatski. Pu' yaw piw pep tuuni wukohayiyita. Pam
yaw sumataq sowi'ingwsikwi pep haayiwyungwa.

Pu' hapi yaw pam put sikwit aw yorikqe yaw put aw hin u'nangway'-
ta. Pu' yaw pam paasat piw put taqatskit aw wuuwanva. "Hak pa it yep
wunuptsinaqw oovi pas i' hoskaya? Son pi hak pas qa wukotaqaniiqe
oovi pas oovahaqe' put sikwiy kwimimna." Yan yaw pam pep put aw
wuuwankyangw put sikwit aw kwangway'tuswa.

Pu' yaw pam oovi pep put taqatskit atpip waynumkyangw yaw as hin
piw put sikwit pangqw uu'uyiy'maniqey wuuwanta. Naat yaw oovi pam
pang pannumkyangw yaw pam hakiy kuktuwa. Noq pas pi yaw pam hak
kur wukokukuy'ta. Niiqe pay yaw pam hak oovi kur son antsa qa pas
wukotaqa. Pay yaw pam paasat tsawnaqe pu' yaw pay oovi paasat ahoy
hoqlömihaqami paki. Noq pas pi yaw pam kyan'ew pangqw qa hiita

dawn had yet appeared, he left his den and started out in an eastward direction. He had already covered a great distance when he entered an area densely wooded with juniper trees. The juniper growth was so thick that stalking there wasn't very pleasant for him. Of course, rabbits were plentiful, but each time one of them dashed under a juniper tree it was impossible for him to chase after it.

Prowling around the area, Coyote kept scouting back and forth all day long. When eventually he decided to rest, he realized that something was wrong. He had evidently lost his sense of direction. So he ended his hunt, sat down, and pondered his situation. "I wonder which is the right way." He sat there for quite a while thinking about this, but finally he moved on. Where he was going he had no idea.

After a while he came onto a large clearing. To his surprise there was evidence of someone residing there, for he saw a kiva with a ladder projecting upward from it. "Maybe the person who lives here can tell me the direction leading to Orayvi. From there I can surely find my lair." With these thoughts he proceeded towards the kiva. Upon reaching it, he shouted down, "Hey, is anyone home?" No one answered. "Maybe someone is home but just didn't hear me," he thought. Once more he yelled down, this time a little louder. "Hey, is there really nobody home?"

Coyote possesses a very deep voice, so if anyone had been there he surely would have heard him. But, apparently, no one was home. So Coyote did not enter the dwelling, but merely climbed on its roof and peered inside. It was so dark below, that he could not make out a thing. He next came back down and headed to the north side of the kiva. There stood an open-air field hut of gigantic size. What's more, many carcasses of meat were suspended there. It seemed to be venison.

When Coyote spotted that meat, he was filled with a great yearning for it. Then his thoughts focused on the hut again. "I wonder who erected this structure. It is so huge. It has to be a giant of a man to have hung that meat so high." These thoughts flashed through his head as he stood there, lusting for the meat.

Next he investigated the area underneath the open hut, racking his brains about how he could possibly filch the meat. He was still wondering about it when he discovered somebody's tracks. Whoever it was apparently had extremely large feet. It had to be an enormous man. Coyote became scared and ran right back into the juniper thicket. However, he

sikwiy'kyangw ahoy nimaniqey yan wuuwaqe pu' yaw pay piw pephaqam huruuti.

Pu' yaw pam pay paasat pangqw hoqlöngaqw taykyangw pu' wuuwanlawu, "Pay pa pam hak su'inun nöqsonaniiqe oovi a'ni sikwimaskyay'ta. Noq pay pi niitiwtaqat son pi pam navotni nu' sukw sutskyaqeniiqat yawmaqw'ö," yaw pam yan wuuwanta. "Pay ason pas hihin qa taalawvaqw pu' nu' ason awnen pu' sukw angqw uu'uyni. Pay pi nu' ason sukw lestavit qa putut yangqw tsötsöptime' ason put ang wupni," yaw pam naami kita.

Niiqe pu' yaw pam oovi pay as pangqw mootiniiqe pay qa kyaanavotiy'kyangw maqaptsiy'ta. Pu' yaw pam pangqw naanahoy yortinuma hakiy mokmaniy'kyangw. Noq pay hapi yaw pas wuuyavotiqw yaw qa hak ep pituni'eway. Pu' yaw pam pay paasat tis qa nakwhaniy'taqe pu' yaw pam pay piw ahoy awniqey yanti. "Pay pi pas qa hak angqaqw'ö, han pay aw'i," yaw pam naami kitaaqe pu' yaw pay pam pas awniqey öqalti.

Pu' yaw pam oovi pangqe' sukw lestaphoyat hepnumkyangw pu' sukw tuwaaqe pu' yaw pam oovi put pangso taqatskimi tsötsöptima. Pu' yaw pam put aw pitsinaqe pu' yaw pam put aqw oomiqhaqami tönga. Pantit pu' yaw pam put ang wuuvi. Naat yaw pam oovi pu' put ang wupqe naat pu' sukw kwimikput pangqw kwusuuqe iikwiltaniqw piw yaw himu haqaqw hingqawma. Noq yaw pay iisaw paasat kur tsawnaqe pu' yaw pay pam put sikwit iikwiwkyangw put lestavit huur tsöqö.

Noq pu' yaw pam himu pay pas kur yuumosa pangso taqatskimi pituto. Niiqe yaw oovi pam naat put lestavit ang wuviwtaqw yaw pam himu put iisawuy aw pitu. Noq kur yaw pam so'yoko. Niiqe pas pi yaw pam antsa kur wukotaqa. Pu' yaw piw pam himu nuutsel'eway. Pavan yaw wukomotsovuy'kyangw pu' piw wukoposvölöy'ta. Pankyangw pu' yaw piw a'ni höömiy'taqe yaw oovi pam pi'ep pi put höömiy poosiy angqw ayo' kweetangwu. Pu' yaw pam naat kur piw peehut sikwimokva. Pavan yaw put ho'apuyat angqw sikwi wukotangawta. Noq pay yaw naat pam paasat qa oomiq taatayt pu' pay yaw put ho'apuy tavit pu' paasat put angqw put sikwit ipwanva. Pu' yaw pam pay put sikwit naat tutskwami pangalanta.

Pu' yaw pam put soosok angqw ipwaqe pu' yaw pam sukw ep kwusuuqe pu' yaw put pangqw haynikyangw pu' yaw iisawuy tuwa. Yaw pam put tuwaaqe pu' yaw put aw pangqawu, "Ya um hakniiqe oovi piw hintiqw sumataq isikwiy uu'uyni? Son pi nu' ung put ahoy qa nawkini. Um oovi pew haawe' nuy aa'awnani hintiqw um pang wuviwtaqeyuy," yaw pam itsivu'iwkyangw put aw kita.

"Pi i' yangqw posq oovi nu' it yangqw ahoy hahayay," yaw pam iisaw put so'yokot aw kita.

"So'on pini, pi nu' put pangqw hayte' nu' put pangsoq hurusomngwu. Noq oovi um pay inumi a'tsalawu. Noq nu' oovi ung pangqw hawne' pay

considered the thought of returning home without meat to be such a waste, that he halted his run again.

Spying from the patch of junipers he rationalized, "Whoever that person is, I'll bet, he is as much a lover of meat as I am. That's why he keeps such a large stockpile of meat. But since there is so much, he probably won't notice if I help myself to one side of a carcass. I'll just wait for darkness, and then I'll go and pilfer one. I'll take along a log from here, one that's not too heavy, so I can climb up," he said to himself.

At first Coyote wasn't pressed for time. While waiting in his hiding place he kept scanning back and forth, waiting for someone to show up. Considerable time had passed but, apparently, no none was going to come. Finally, Coyote couldn't restrain himself any longer and chose to sneak back to the shed. "There's nobody coming, so why don't I head over there?" he muttered to himself as he got the urge to go.

He first went about searching for a small log, and when he found one he toted it to the open hut and propped it up. Having accomplished that, he scaled it. He had just reached the top end of the log, and was about to load a piece of stolen meat on his back when, to his consternation, he heard a noise approaching. Coyote got so frightened that, with the meat still shouldered on his back, he clutched the pole for dear life.

Whatever creature it was, it was evidently heading directly towards the open hut. Coyote was still up on the log when the creature came up to him. It turned out to be a So'yoko ogre. He was a gigantic man indeed, a monster horrible to look at. The ogre had a colossal snout and big bulging eyes. He also had a large crop of hair which he constantly swept away from his eyes. The monster had arrived with more meat. His burden basket was heaped to the brim. He had already unshouldered his basket but had not yet looked up; instead, he started taking out the meat and kept piling it on the ground.

After So'yoko had unloaded all the meat, he picked up a piece and was about to hang it up when he spotted Coyote. He growled, "Who are you, and why do I get the feeling that you want to steal my meat? Believe me, I'll have to take it away from you. Come down here and explain to me why you're up there," So'yoko hollered angrily.

"Well, this chunk fell off, so I am just hanging it back up," Coyote croaked.

"That's impossible! Whenever I hang something up there I tie it very securely. You're a liar. I'm going to get you down and feast on you; you

pi nu' son ung qa sowani, naamahin pi um lakharu. Pay pi nu ngas'ew
uusikwiwyay i'öngaspalay aqw mortoynakyangw angqw tsoonantani," yaw
pam kitaaqe pu' yaw pam put aqw mamavuyala.

Hisatniqw pu' yaw pam pas put qa ngu'aaqe pu' yaw pam put angk
pang lestavit ang aqw wuuvi. Pu' yaw pam so'yoko put lestavit ang
wuptoq pay yaw pam pavoskikiyku pam so'yoko a'ni putuniqw. Noq pay
yaw naat pam qa qöhikqw pay yaw pam put iisawuy ngu'aaqe pu' paasat
put kutsitsantat pu' paasat pay ahoy haawi. Paasat pu' yaw pam put
pangqw kiy aw wiiki. Pu' yaw pam put pangqw kiy aw wikkyangw pu'
yaw it tawma:

> Aahaa yoo'oo'oo'oo'oo,
> Aahaa yoo'oo'oo'oo'oo.
> Nu'u tsöngmokiwva,
> Nu'u nöqvalkiwva.
> Haqawata qövisata,
> Haqawata nu'ingyata,
> Nu' pu' sowani,
> Nu' pu' naasanni.
> Yaanah haanah haniiwa,
> Yaanah haanah haniiwaa'a.

Kitat pu' yaw pam so'ngwaveq, "So'yokoo," kite' pavan yaw wiisilangwu.
Pu' yaw pam piw kur yaw a'ni tönay'taqe pavan yaw oovi pas atkye'
wukotawma.

Pu' yaw pam paasat kiy ep pituuqe pu' yaw pam iisawuy sukyaktsiva
kwimikniy'kyangw pangsoq pana. Noq pas pi yaw pam wukokiy'ta. Pu'
yaw put saaqayat su'atpip yaw piw wuköqöpqoniqw naat yaw pangqw
a'ni muki töövu'iwta. Pu' yaw pam pay sumataq pas sunala kiy'takyangw
piw yaw pam pas qa qenit kiy'ta. Pas pi yaw pepeq öö'öqa aasaqaw-
yungwa. Paasat pu' yaw pam iisaw pan wuuwa, "Pay kur i' hak pas
sikwitsa tuumoyta; oovi pi pas i' öö'öqa yepeq niitiwta." Yaw pam yan
wuuwaqe pu' yaw pay paasat tsawna.

Niiqe pu' yaw pam pepeq pakiiqe pu' yaw pam put iisawuy pangsoq
kwiniwiq wiiki. Noq pangsoq yaw piw kur aapaviy'taqw yaw pangsoq i'
pas wuuyaqa putsqa'owa hötsiwmiq taatsikiwkyangw yaw pangsoq
uutsiy'ta. Noq pu' yaw so'yoko paasat iisawuy somt pu' yaw pangsoq
aapamiq hötaqw piw yaw hakim suupan pangqaqw hingqaqwa. Pu' yaw
so'yoko piw put iisawuy ep tsöpaataqe pu' paasat put pangsoq tsöpkyangw
paki.

Noq pu' yaw puma aqw pakiqw piw yaw pepeq ima hakim tsaatsayom
wukotangawta. Pu' yaw puma mootiniqw as pay naanami yeskyaakyangw
naanami yu'a'atotaqw pu' yaw pam so'yoko pumuy amumiq pakiqw pay
yaw puma paasat naanahoyyaqe yaw okiw pangqe' pöpsöva huur
naamavokoy'kyaakyangw tururutota. Noq pu' yaw pam so'yoko iisawuy

can be sure of that, even though you are lean and skinny. At least I can
dip the little meat you have into my salted water and suck on it." With
these words he lunged for Coyote.

When So'yoko failed to grasp him, he climbed up on the pole after
him. As the ogre was shinnying up, the log began to crack, because
So'yoko was terribly heavy. But he grabbed Coyote before the beam
snapped, tucked him under his arm, and slid back down. From there he
took him to his house. Carrying him over to his dwelling he was singing:

Aahaa yoo'oo'oo'oo'oo,
Aahaa yoo'oo'oo'oo'oo.
I arrived hungry,
I arrived craving meat.
Whoever is sulking,
Whoever is obstinate,
I'll devour him,
I'll gorge myself with him.
Yaanah haanah haniiwa,
Yaanah haanah haniiwaa'a.

The ogre kept chanting this song and then, at the song's end, he shouted,
"So'yokoo," drawing the word out. His voice was extremely deep and loud
and thundered along in a very low tone.

When the monster arrived at his house, he entered with Coyote slung
over his shoulder. How large and spacious his quarters were! Just beneath
the ladder there was an enormous fireplace with hot and glowing embers
still in it. Apparently he lived all by himself. The whole place was a mess.
There were bones strewn all over. Then it dawned on Coyote, "This
creature, apparently, feeds only on meat. That would account for the
large amount of bones down here." This frightened Coyote.

Upon his entrance, So'yoko hauled Coyote to the north side of the
house. Apparently, there was another chamber at that end, because a
huge flat rock was leaning against an opening to keep it closed. The ogre
tied Coyote up and opened the back room. Quite unexpectedly, there
seemed to be voices coming from inside. The ogre picked up Coyote and
entered the room with him.

When they were both in, Coyote, to his amazement, noticed a large
group of children. At first they had been sitting together and talking to
one another. When the ogre appeared they scattered into the corners and
crannies and sat there, shivering and clutching each other tightly. Then

aw pangqawu, "Ta'a, pay um haak yepeq imuy amumumni. Naat nu'
aapami qöötot pu' nu' paasat angqw ahoynen pu' nu' haqawat aw
neengem tuupe' put sowani. Hal son pi nu' qa lööqmuyni, pi' nu' imuy pas
kwangway'ta, pi ima pas qa huhuruwyamu. Noq ung pi nu' ason pay
naap hisatniqw sowani. Pay pi um son as kwangwni. Pi um himu pas
sumataq pöhösa'a. Son pi pas it ang hin wuuyoqa sikwi mookiwtani,"
yaw pam kitikyangw iisawuy puukyayat ang maprita. Pu' yaw pam paasat
yamakma.

Pu' yaw paasat iisaw pumuy tsaatsakwmuy amumi pangqawu,
"Huvam nuy ngaaya'ay. Uma nuy ngaayaqw pu' nu' umumi hin lavay-
tiniy," yaw pam pumuy amumi kita.

Noq pay yaw puma tsaatsayom qa hin naanawaknat yaw put aw
yuutukqe pu' yaw puma put ngaaya. Noq pu' yaw pam iisaw pumuy
tuuvingta, "Ya uma hin piw peqw ökiy? Pu' uma piw haqaqwyay?" yaw
pam pumuy amumi kita.

"Pay itam soosoyam orayeptsatsayomuy. Pay itam ephaqam itangu-
muy amungem kuywisqw pay pam so'yoko hakimuy soq uu'uyngwuy. Pu'
pay itam peetu pemaqnumyaqw pay piw pam hakimuy amumi pite' pu'
piw hakimuy tsamngwuy. Pu' ephaqam hakim komokwisqw pu' piw
tuvavoopongwisqw pay piw pam pantingwuy," yaw puma put iisawuy aw
yan tu'awiy'yungwa. "Noq pam ung hintiqw piw tuwat haqam ngu'ay?"
yaw haqawa put aw kita.

"Pi pay nu' kur put sikwiyat put taqatskiyat ep as uu'uyniqe pep it
lestavit ang wuviwtaqw pay pam inumi pituuqe pay nuy pew wiikiy," yaw
pam pumuy amumi kita.

"Hep owiy, pam put sowi'ingwsikwit pep wuko'oyiy'tay. Pam put
itamuy noonopnakyangw putakw itamuy wiitotoynay," yaw pam haqawa
kita.

"Noq pay uma pas qa hisat yangqw watqaniqey tuwantota?" yaw
iisaw kita.

"Qa'ey, hal suus itam navayniiqam hisat as put aw homikmat itam
put qa angwutotay a'ni hongviniqw'öö. Noq pu' pay pam ep pas
itsivutiqe pay itamungaqw naalöqniiqamuy qöyaqw oovi itam pay paapu
put mamqasyay," yaw pam suukyawa kita.

"Haw owi? Pay itam son hin yangqw qa nöngakniy, oovi uma inumi
paas tuuqayyungwniy," yaw iisaw kitaaqe pu' yaw pam hin wuuwantaqey
pumuy amumi lalvaya. "Yantotini hapi itamuy," yaw pam kita. "Ason
hapi pam piw angqw pakikyangw pu' paasat son haqawatuy lööqmuy
qa kutsitsantat pu' yamaktoniy. Noq pu' ason pam yamaktoq pu' nu' hapi
paasat aw warikye' pu' nu' hapi paasat put kuriveq kuukikyangw pay hapi
nu' put son naat maatapniy. Noq pu' hapi pam naatuhoy'te' pam pay
son pumuy qa maatapniy. Noq pu' ason pam pumuy panis maatapqw
pu' hapi uma pas soosoyam aw yuutukye' pu' pay hak put naap haqam

So'yoko announced, "All right, for now you will remain in here with these brats. Meanwhile, I am going next door to build a fire. When I return I'll roast one of these kids for my meal, or rather, I'll have two. They are delicious, and I am very fond of them because they are so tender. As for you, I can devour you some other time. Anyway, you may not taste very good. You seem to be nothing but fur. There can't be much meat under there," the ogre grumbled as he pinched Coyote's skin. Then the monster stomped off.

Coyote now turned to the children, "Untie me!" he commanded. "Untie me, and I'll have something to tell you."

Without hesitation the children rushed towards him and undid his fetters. Then Coyote asked them, "How did you come here, and where do you come from?"

"We're all Orayvi children. At times we go to fetch water for our parents, then that ogre kidnaps us. Also, while some of us are trapping kangaroo rats, he comes and snatches us. He does the same on other occasions too, when we go for wood or go to pick pinyons." These were the things the children related to Coyote. "But where did he nab you, and why?" one of them asked Coyote.

"Well, I was about to steal his meat from his open-air hut when it happened. I was up on a pole when he discovered me, and now he brought me here," he told them.

"Oh yes, he has a large supply of venison stored there. He feeds that to us to fatten us," one of the children explained.

"Did you ever try to escape from here?" Coyote asked.

"No, or rather, yes. Once, six of us ganged up on him, but we could not overcome him because he is very strong. At that time he became so furious that he killed four of us. That's why we're afraid of him," one of the children said.

"Oh really? Well, somehow we'll have to get out of here. I want you to listen very carefully now." And then Coyote told them of his plan. "This is what we'll do," he said. "When the ogre comes back, he's bound to leave with two of you under his arms. As he goes out I'll run up to him and sink my teeth into his rear. I will not let go of him. He'll be in such pain that he'll have to let the kids loose. As soon as he lets go of them, all of you must pounce on him and bite him anywhere you can. You, the

a'ni kuukimantaniy. Noq pu' um suswuyoqniiqa paasat aapamiwatnen
pu' um pep put poyoyat kwusut pu' um pay angqw ahoy peqw pakiniy.
Noq paasat hapi pay itam son put qa wa'ökniy'yungwniy," yaw iisaw
kita. "Pu' um paasat pay panis pew ahoy pakit pu' um pay put awnen
hiikwamiq put poyot akw söökwiknat pu' um put aapami yawme'
qöpqömiq tuuvaniy," yan yaw pam pumuy amumi tutaptaqw pay yaw
puma sunanakwha.

Noq pu' yaw antsa hiisavoniqw pay yaw pam so'yoko piw pangso
aapami hötaaqe pu' yaw paasat angqw paki. Pu' yaw pam pakiiqe pu'
yaw pep wunuptut piw posngaqw höömiy ayo' kweetat pu' paasat pumuy
tsaatsakwmuy amuupa taynuma. Niiqe pu' yaw kur pam pumuy lööqmuy
hakimuy namortaqe pu' yaw paasat antsa pumuy nan'ivaqw kutsitsantat
pu' paasat yamakto. Noq pam yaw kur qa navota pam iisaw qa
somiwtaqw. Naat yaw oovi so'yoko pu' hötsiwmi pitutoq pu' yaw iisaw
aakwayngyangaqw aw warikqe pu' aw tso'omti. Pu' yaw pam put
suukurimi mavastaqe pu' yaw pam pep put a'ni kuuki. Noq pu' yaw pam
so'yoko wukotönay ang, "Is ana," panis kitat pu' yaw pay pumuy
tsaakwmuy maatavi.

Pu' yaw paasat mimawat soosoyam put so'yokot aw yuutukqe pu'
yaw puma put naanaqle' kuukiy'yungwa. Pu' yaw pam so'yoko pay
pumuy qa angwutaqe paysoq yaw ep suptsatsatikyangw ananata. Pu'
yaw puma hin hintsakkyaakyangw pu' yaw put wa'öknayaqe pu' yaw put
pep hootaknaya. Pu' yaw pam suswuyoqa aapamihaqaminiiqe pu' yaw
pep so'yokot poyoyat hepnuma. Pu' yaw pam tuwaaqe pu' yaw paasat
angqw ahoyniiqe pu' yaw pam panis put aw pitut pu' pay put hiikwamiq
söökwikna. Pantit pu' yaw pam pay piw ahoy yamakmaqe pu' yaw pay
paasat put poyot pangsoq qöpqömiqhaqami tuuva. Pantiqw pu' yaw
iisaw pumuy tsaatsakwmuy amumi pangqawu, "Ta'ay, pay huvam
maatatvee'."

Kitaqw pu' yaw puma pay panis put maatatvet pu' pay yaw naanan-
'i'voq kweetsikma. Pu' hapi yaw pam so'yoko pang qatuptuqe eykikiti-
kyangw pu' yaw as angqe' may'numa. Pu' yaw pam kya pi hihin
nahongvitaqw pay yaw piw pam hiikway angqw ayo' ungway wukopavo-
yangwu. Pu' yaw pam pumuy tsaatsakwmuy amuupa yotinumkyangw pu'
piw pumuy amuupa ungwutsiy'numa. Niiqe pay yaw pam pas qa
hiitawat ngu'a. Pu' yaw puma tsaatsayom paasat pay qa hin put
mamqasyat tuwat yaw aw tsutsuya pam pang wiwtinumqw. Pay yaw
himuwa panis itsetseykungwu hiitawat pam ungway aw pavoyaqw.
Panmakyangw pu' yaw pay kur put so'yokot ungwa'at ang soosoy
tsoykiltiqw pay yaw pam okiw angqe' wa'ökmaqe pay yaw kur pas suus.

Yanhaqam yaw puma tsaatsayom put iisawuy amum put so'yokot
niinaya. Noq pu' yaw pam iisaw pangqawu, "Itam it kwaptukye' itam
put qötöyat sööngönkyaakyangw ahoy ninmani."

oldest, run into the front room, pick up his flint knife and come right back. By then, I'm confident we'll get him to fall," continued Coyote. "As soon as you are back, I want you to step up to the monster and thrust the knife into his throat. Then take it back and throw it into his fireplace." These were the instructions that Coyote gave the children. They whole-heartedly agreed.

Sure enough, it wasn't long before So'yoko reopened the back room and entered. First he just stood there, pushing his hair out of his eyes and looking about among the children. Then he selected two and made his way toward the door, with them tucked under his arms. He was not aware that Coyote was untied. The moment the ogre was nearing the doorway, Coyote rushed up to him from behind and pounced on him. He had aimed directly at his rear and flung his teeth into it with all his might. So'yoko in his deep voice yelled, "Ouch!" and let the two youngsters go.

All the other children now swarmed up to the monster and sunk their teeth all over his body. This time So'yoko failed to overpower them. All he could do was roar in pain and rapidly stomp his feet. With consider-able effort the children finally managed to topple the giant and spread-eagle him. The oldest now dashed into the room next door and searched for the ogre's knife. Finding it, he returned and, as soon as he reached So'yoko, he thrust it into his gullet. Then he hurried out again and cast the knife into the fireplace. Then Coyote commanded the children, "All right, let him go!"

Immediately the children released the beast and scattered into all directions. So'yoko struggled to his feet, moaning and groping about. Each time he strained himself, a large amount of blood spouted from his throat. He was lunging for the children and spurting blood on them at the same time. But he was unable to catch any of them. Without fear the children now laughed at him as he stumbled around, and they hurled their disgust at him whenever he sprayed them with his blood. Soon it became apparent that the giant was drained of all his blood. The wretched thing keeled over and breathed his last.

This is how those children, along with Coyote, slew the So'yoko ogre. Presently Coyote said, "We'll decapitate him, place his head on the end of a pole and take it along home."

Yaw pam kitaqw pu' yaw puma peetu oovi paasat put qötöyat ayo'
tutkuyaqw pu' yaw haqawat pangqw nöngakqe pu' paasat hiita hepwisa
hiita put qötöyat aqw söngnayaniqe. Paasat pu' yaw puma it kwingwvit
pas wuupat haqam tutwaqe pu' yaw put aw ahoy yaawisa. Paasat pu'
yaw puma put tsukutoynayat pu' paasat put so'yokot qötöyat put akw
söngnayat pu' paasat pangqaqw naanangk nöönganta.

Noq pu' yaw puma soosoyam nöngakqw pu' yaw i' pumuy amungaqw
suswuyoqa pangqawu, "Haakiy, pas hapi itam put so'yokot tuuniyat
kyan'ew paysoq yepeq maatatveniy. Noq oovi itam put it iisawuy engem
kiwisniy. Tsangaw pi pam itamuy pa'angwaqw oovi itam ninmaniy," yaw
pam mimuywatuy amumi kitaqw pu' yaw puma oovi pangso taqats-
kimiyaqe pu' pep put sikwit hannayaqe pu' put nanap iikwiltota. Niiqe
puma hapi yaw kyaysiwqe yaw oovi pay kur son hin put pangqw qa
soosok kiwisni.

Paasat pu' yaw puma oovi pangqw nankwusaqw pay yaw kur puma
peetu navotiy'yungwa haqamiwat pumaye' su'aqwyaniqat. Noq pu' yaw
pam suswuyoqa put so'yokot qötöyat sööngönmaqw pu' yaw mimawat
angk wukosikwimokyungwa. Panwiskyaakyangw pu' yaw puma orayviy
suhopaqw aw ökiwisa. Noq pu' yaw kur hak pumuy tuwaaqe pu' yaw
pay ang mimuywatuy orayvituy aa'awna, "Kur huvam inungkya'ay, taq
pi yangqw hoopaqw hakim tsaatsayomyakyangw piw hiita nuutsel'ewakw
sööngönwisa. Pu' piw iisawuy puma amumya."

Yaw pam pumuy amumi kitaqw pu' yaw puma oovi pangsoq yuyutya.
Noq antsa yaw pangqw puma tsaatsayom kyaysiwqam hoytakyangw pu'
yaw hisatniqw puma pumuy amumi öki. Noq pu' yaw puma orayvit
nanaptaqw kur yaw puma pumuy timatniqw yaw puma pumuy ahoy
naanami ökinayaqe yaw pumuy amumi haalaylalwa. Yaw puma pep
pumuy tsaatsakwmuy naanangk mamavoklalwa. Noq pu' yaw puma
tsaatsayom pumuy aa'awnaya pam so'yoko pumuy kiy aqw tsamqat. Pu'
yaw iisaw pumuy pa'angwaqw oovi puma pangqw watqaqat. Pu' yaw
paasat puma piw iisawuywat aw haalaylalwa. Noq pu' yaw haqawa
pangqawu, "Ta'ay, ya itam hintiqw qa hiita tiikivey'yungwa? Tsangaw
itam itaatimuy ahoy naaptotiy. Noq oovi iisaw pay haak qa nimaniy. Pay
ason um pas tiimayt pu' pay paasat pi ason nimaniy. Noq pay ason
itam uukiy aw son ungem uusikwiy qa o'yani tiitso'naye'ey," yaw pam
hak kitaqw pu' yaw pay puma put aw suntotiqw pu' yaw pay iisaw oovi
paasat pay naat qa nima.

Niiqe yaw kur puma tsetsletuyyaniqe yaw pay oovi ep mihikqw
mantangatotaqe pay yaw puma ep löötok yaw pay tiikivey'yungwni. Niiqe
pu' yaw puma oovi tuwanlalwakyangw pu' yaw puma totokyay aqw ökiiqe
pu' yaw puma toktay'yungqw yaw iisaw pumuy amumum. Pu' yaw pam
oovi piw ep tiikive talavay pumuy amumum pepeq nöösa. Pu' yaw pam
pay piw peehut sikwiy kur kuwaatiqw yaw puma oovi wukonöqkwiviy'-
yungwa.

With these instructions, some of the children set about severing his head from his body, while others went out to seek something upon which to place his head. When they found an oak branch, they brought it back, sharpened it, and with it skewered the ogre's head. Then they emerged from his abode.

After they had all come out, the oldest of them said, "Wait, it would be a waste if we left all of the ogre's meat here. Let's take it along for Coyote. We can only be grateful to him for aiding us in our return home." With that the others went to the open-air hut, brought the venison down, and then each of them packed some on his back. There were so many of them, that they managed to haul off all of the meat.

The whole group now departed from the ogre's place. Some of the children obviously knew which way to go, because they headed in the right direction. The oldest one carried So'yoko's head, jammed on top of the pole, while the others followed behind with the loads of meat packed on their backs. In this fashion they were coming back to Orayvi, directly from the east. When one of the villagers spotted the procession, he spread the news among the other people. "All of you come follow me. There is a train of children arriving from the east. They are carrying something dreadful stuck to the top of a pole. There's also a coyote among them."

The people hurried in that direction. Sure enough, a large band of children was approaching and soon reached them. When the Orayvi people realized that those were their own children who had returned, they greeted and welcomed them happily. One after another, they embraced their children. The children now related how So'yoko had carried them off to his abode, and how Coyote had aided in their escape from there. Then the people also expressed their gratefulness to Coyote. Someone suggested, "Well, why don't we have a dance? It is most fortunate that we got our children back. So Coyote should not go home yet." He turned to Coyote and said, "Wait until you have witnessed the dance, then you can return home. And when the ceremony is over we'll take your meat to your den for you." Everybody agreed to this proposal, and so Coyote stayed.

It was going to be a social dance, of course. So that night the girls were brought into the kiva to practice. The dance itself was to take place two days later. They all continued rehearsing until the day before the event. That night all the dancers stayed up the entire night, and Coyote was among those who stayed awake. He also ate with them down in the kiva on the morning of the dance day. He had donated some of his meat, so everybody had plenty of stewed venison.

Pu' yaw puma paasat nöönösaqe pu' yaw nöönönga. Pu' yaw puma it so'yokot qötöyat söngniwtaqat enang yawkyaakyangw nönga. Pu' yaw puma put kiisonmi yaawisqe pu' yaw puma pep put tsööqöknaya. Paapiy pu' yaw puma pep teevep put so'yokot qötöyat angqe qöqönyakyaakyangw tiikivey'yungwa. Pu' yaw himuwa taaqa put angqe qöniwmakyangw pu' yaw pam put qötöt aw a'ni kipoktöqtingwu.

Noq pu' yaw i' iisaw pay as hiisavo nuutum tawvongyay'taqe yaw pam tsoniy'ta. Pu' yaw pam pi pavan pas kur a'ni tönay'taqe pavan yaw a'ni tawma. Pu' yaw puma taataqt put pas pusukintaqat aqlap wunuptsinaya. Pantotiqw yaw pam pavan himuwya'iwta. Pu' yaw pay hisatniqw pas nu'an timayi. Pu' yaw ima pep sinom put iisawuy pas haalaytotiqe pu' yaw put tuututsamlalwa. Pu' yaw pam oovi angqe nösnumqe pavan yaw teevep a'ni ööyiwta. Panmakyangw pu' yaw pay tapkiqw pu' yaw puma pay pangso paasavo tiikivey'yungwa. Pu' yaw puma yukuyaqe pu' paasat pep kiisonve put so'yokot qötöyat atpip kotqatotaqe pu' paasat put uwiknaya. Yanhaqam yaw puma pep a'ni qatsitota.

Noq pu' yaw i' iisaw pay paasat naat piw qa angqw nimaaqe pu' pay yaw pam pep hakiy kiiyat ep puuwi. Pas yaw qavongvaqw pu' yaw paasat puma orayepsinom put paas piw nopnayat ahoy kiiyat aw wikya sikwiyat enang kiwiskyangw. Pu' yaw puma pep put paas taviyat pu' yaw aw haalaylalwat pu' pangqw ahoy ninma.

Yanhaqam pay yaw pam iisaw sikwit suniiti. Noq naat kya pam pephaqam a'ni sikwiy'kyangw qatu. Pay yuk pölö.

When they were through breakfasting, the dancers made their appearance. They emerged from the kiva with the head of the ogre stuck on top of the pole, taking it along to the dance court, and there they rammed the pole into the ground. From then on the dancers circled So'yoko's head all day long. Each time a man circled the head he yelled the war cry at the top of his voice.

For a while Coyote was in the singing group with the others. He participated with great enthusiasm. His voice was deep and loud, and he howled with all his might. Then the men placed him right next to the drummer. That made him feel very proud. Later he was a spectator. The villagers were so thankful to Coyote that they kept inviting him to feast at their homes. He went around, eating at so many different places, that he was stuffed all day long. As time went by, evening came, and they ended their dance. To conclude the event they stacked a pile of wood beneath the ogre's head and set it afire, causing a big spectacle.

Coyote still did not go home but, instead, spent another night in the village at somebody's house. It was not until the following morning, after the people of Orayvi had most graciously fed him once more, that they escorted him back home with all his meat. There they said goodbye to him, praised him again, and then departed for home.

This is how Coyote came to possess a bountiful stockpile of meat. It may be that he still lives there with his hoard of meat. And here the story ends.

Iisaw Korowistemuy
Walpeq Tsamva

Aliksa'i. Yaw walpeq yeesiwa, niikyangw pu' yaw pay aqwhaqami piw
kitsokinawit yeesiwa. Noq pu' yaw walpiy aakwiningyahaqam yaw i' istiyo
kiy'ta. Niikyangw pay yaw pam panis soy'taqe oovi yaw pam put amum
pephaqam qatu.

Noq pay yaw angqe' ima walpeq sinom pay tuwat hiitiita qa pas
a'aniwnaya. Yaw pumuy uuyiyamuy ima hiitu sowantotaqw oovi yaw
tuho'ostiqw yaw puma qa hiita pas nenngem tunösmaskyatotangwu.
Panmakyangw pu' yaw pay puma nuwu pas okiwtoti. Pay yaw pumuy
nöösiwqa'am paapu pas hiisa'hoya pee'iwyungwa.

Noq pu' yaw piw ima iisawt pay yaw piw okiw qa pas sutsep imuy
walpituy amun tuumoyta. Pay yaw puma piw tuwat nöösiwqat akw okiw.
Noq pu' yaw pam istiyo as pay naaqavo maqnumkyangw pay yaw okiw qa
sutsep hiita sakinangwu. Noq yaw suus pam orayviy pas hopkyaqe
wuupatpelat aqle' maqnuma. Noq yaw paasat pay as tapkiwmaqw naat

20

Coyote and
the Korowiste Kachinas

Aliksa'i. They say people were living in Walpi, and there were also many settlements in other areas. North of Walpi a young male Coyote had made his home. He had no one except his grandmother, so he lived there with her.

It so happened that in those days the people at Walpi were not very successful in raising their various crops. All sorts of creatures would eat their plants, so that when fall arrived they were not able to store any foodstuffs for themselves. As time went by their situation became desperate, because only a little of their food was left.

The two Coyotes also did not always have food to eat, just as the Walpi people. They, too, suffered from the shortage. Although Coyote Boy was out hunting every day, the poor thing was not always lucky in getting a kill. Once he was hunting near Wuupatpela, far east of Orayvi. It was already late in the evening, yet, he was still roaming the area. Wandering

[195]

yaw pam pangqe' waynuma. Pu' yaw pam ang pannumkyangw yaw hiita haqam navota. Pu' yaw pam oovi pay maqnumqe qe'tit pu' yaw pam pay pephaqam qatuptuqe pu' yaw paasat tuqayvaasiy'ta. Noq pay yaw pas antsa haqam hiitu hingqaqwa. Suyan pi yaw piw qa hak himu pangqe' waynumqw oovi yaw sutmakiwtaqw oovi yaw pam suyan hiita nanvota. Pu' yaw pam oovi pephaqam tuqayvaasiy'kyangw qatu. Noq pu' yaw pam paasat pas paas tuuqaytaqw piw yaw katsinam tiiva. Noq pay pi yaw pam qa hisat hiituy tiivaqw tiimayqw pay yaw oovi putniqw kur hiituya. Niikyangw pay yaw pas suyan katsinamyaqat putsa pay yaw pam navotiy'ta.

Noq pam yaw haqam qatuqw put yaw akwningya wupatuupelay'- taqa pay yaw pas pan maatsiwa, wuupatpela. Noq pam yaw put tuupelat ang aqw oomiq taymaqw piw yaw put sunasavehaqam pangsoq koroy'ta. Noq pangqaqw yaw pumuy katsinmuy taawi'am töötöqa. Noq pu' yaw pam paasat pangqw pangso tuupelmoniiqe pu' yaw pep put koroy'taqat su'atpip qatuptu. Qatuptut pu' yaw pam amumi tuuqayta. Noq pas yaw hiitu kwangwa'ewyaqw pam yaw oovi pep qatuwkyangw yaw kwangwatu- qayta. Pu' yaw pam kur pay hihin taawiyamuy taawiy'vaqe yaw oovi suruy taawiyamuy su'an wunimana. Panmakyangw pu' yaw pay tiitso'q pay yaw pam naat qa aapiy. Pay pi yaw naap hisat pi himuwa angqw aw kuyvaqw pam hin katsinat soniwngwuniqw put yaw pam tuwiy'vaniqe oovi.

Noq naat yaw pam oovi pep kwangwaqtuwkyangw pangsoq oomiq taytaqw piw yaw hak pangqaqw korongaqw hiita maspakyangw piw yaw put su'atpiponiqw yaw pam tsawnaqe ayo'haqami a'ni waaya. Noq pay yaw hak put pangqw maspaqw pay yaw pam put qa tuwa. Nit pu' yaw pam pang taynuma. Noq pay yaw hak qa piw pangqw hiita maspa. Paasat pu' yaw pam oovi piw aw nakwsu. Pu' yaw pam aw pituuqe yaw ang taynumqw piw yaw pangqe' tuupevu wuko'aasaqawta. Noq put yaw kur hak put pangqw oongaqw maspa. Pu' yaw pam angqe' yortinuma sen pi yaw hak haqaqw taytaniqw. Noq pay yaw pas qa hak haqaqw tayta'ewayniqw pu' yaw pam oovi pang put tuupevut pongitiva. Niiqe yaw pam ang put soosok poopongq pay yaw pas lomawuhaq. Pantit pu' yaw pam put pangqw tawimokkyangw nima. Niiqe pavan yaw pam haalayti. "Kwakwha! Kwakwhat pi hak it tuupevut pangqaqw maspaqw oovi pay kur nu' itaasoy amum son hiita qa nösni," yaw pam kitaaqe yaw haalayti.

Noq pas pi yaw pam tuupevu yangsava, pu' piw yaw paas kwasiw- yungwa. Pu' yaw pam sukw sowaaqe pu' yaw soy wuuwaqe yaw pangqawu, "Pay kur itaaso son it qa kyaatini. Pay pi kur qa huhuruwya." Yanhaqam yaw pam pepehaq hintiqe yaw oovi soy ep put tuupevut wukokiva. Paasat pu' yaw pam put tuupevut haqamniiqey put soy aw lalvaya. Noq pu' yaw put so'at yan yorikqe pas pi yaw haalayti. "Askwal

about as he was, he suddenly picked up a noise. He ceased hunting, sat down where he was, and listened sharply. Sure enough, there were voices coming from somewhere. Because no other creature was about, it was silent; this helped him to clearly discern the sound. So, squatting on his haunches he kept listening carefully. He concluded that he was hearing the dancing of kachinas; but, because he had never witnessed any kachina dancing, he had no idea what kind of kachinas they were. But that they were kachinas, of that he was quite sure.

Just to the north of Coyote's resting place was the face of a high cliff, which was also expressed by its name, Wuupatpela. And as his eyes scanned the precipice, he noticed, to his surprise, an opening in the middle of the wall. It was from there that the sounds of the kachina songs were emanating. So he trotted over to the bluff and settled down, directly beneath the cave in its wall. He just sat there and listened to the kachinas. Their dancing and singing was most pleasing to him, so he sat there, enjoying himself. As he became familiar with the tune of their song, he started wagging his tail to its beat. After a while the dancing ceased, but Coyote still remained in his place. After all, one of the kachinas might peek out at him, and then he would know what that kachina looked like.

He was still comfortably sitting there looking up when, quite unexpectedly, somebody hurled something out of that cave. The objects landed directly in front of him. This scared him so much that he quickly dashed off. Thus, he never got to see who had thrown that stuff out. He looked back at the opening, but whoever it had been, he didn't throw out any more. Finally, Coyote ventured back. When he reached the same spot he looked around and discovered a large amount of baked corn strewn over the ground. That was what had been thrown down from the hole. Coyote looked to and fro to see if anyone was watching. No one seemed to be observing him, so he began gathering up the baked corn. When all of it was picked up it came to a good amount. Presently Coyote headed homeward with the baked corn in his arms. He was elated. "Thanks! How very fortunate that someone threw these ears of baked corn out there! Now my grandmother and I will have something to eat." Saying this he was very happy.

The long baked corn ears were cooked well. When he sampled one he thought of his grandmother. "Grandmother won't have any trouble chewing these; they are nice and tender." And so it happened that Coyote was able to bring a lot of baked corn to his grandmother. He told her how he had acquired the baked corn, which made her very happy. "What a stroke of luck that you happened to be around there to receive all

pi um pangqe' waynumqe piw oovi angqaqw it wukokiva. Pay itam son
it akw qa hikistani," yaw pam put mööyiy aw kitaaqe yaw aw haalaylawu.

Qavongvaqw pu' yaw pam istiyo yaw piw maqtokyangw yaw pangso
wuupatpelmo haykyalniy'maqw pay yaw piw sumataq pep hiitu tiiva. Pu'
yaw pam oovi paasat pay pas yuumosa pangso nakwsu. Pu' yaw pam aw
pituqw pay yaw pas antsa pep tiikiveniikyangw pay yaw piw ep mootiwat
hiituyaqw pay yaw piw pumaya. Pu' yaw pam amumi tuuqaytaqw pay
yaw piw putakwya. Panmakyangw pu' yaw piw tiitso'a. Noq pu' yaw pam
paasat pay pas qa waayaniqey yantiqe pu' yaw pam pay pas pep
huruqtuwkyangw pangsoq oomiq koromiq tayta.

Niiqe yaw oovi pumuy tiitso'q yaw pay naat qa wuuyavotiqw pay yaw
piw hak pangqw korongaqw tuupevut maspa. Pu' yaw pam istiyo
sungwnuptuqe pu' yaw pisoq piw put tuupevut ang pongingita. Pu' yaw
pam put soosok ang poopongkt pu' yaw as oomiq taatayqw pay yaw qa hak
paasat haqam. Pu' yaw pam oovi pay paasat qa pas hakiy hepnumt pu'
yaw pam pay piw put tawimokkyangw pangqw nima, niikyangw pay yaw
piw an haalaykyangw pam pangqw nima. Pu' antsa yaw pam put kiy ep
pankyangw pituqw pavan yaw so'at piw haalayti. Pay yaw kur puma son
hin piw qa nösniqat kitaaqe yaw pam haalayti.

Noq pu' yaw puma pay paasat puwni. Pay yaw isso'wuuti kur
suupuwvaqe yaw a'ni herorota. Noq pu' yaw i' istiyo pay tuwat hiita
wuuwantaqe pay yaw oovi qa puwkyangw pay yaw paysoq aapay ang
wa'ökiwta. Noq yaw kur pam imuy katsinmuy aw wuuwanta. Pay kya
yaw puma sonqe paasatniqwhaqamsa pepeq tiivangwu. Niiqe pu' yaw
pam oovi pan wuuwa, "Pay nu' qaavo tapkiqw piw paasatniqwhaqam
pangsoqnen pay kya pumuy tuyqawvani." Yaw pam yan wuuwaqe
pu' yaw oovi pam qavomi pan tunatyawkyangw puwva.

Qavongvaqw pu' yaw puma talavay tuumoytaqw pu' yaw pam yan soy
aw lalvaya. Noq pay yaw put so'at piw sunakwha. Niiqe pu' yaw pam
istiyo pay ep qa haqami maqtot pay yaw kiy ep huru'iwtaqe pu' pay
ep pay soywat engem hiita hintsaki. Panmakyangw pu' yaw pay tapkiw-
maqw pu' yaw istiyo soy aw pangqawu, "Itaasoy, nu' pay hoytani. Pay
nu' hihin iitsnen pay kya nu' as su'aw tiivantivaqw epeq pituni. Pi pay
pas hiitu kwangwa'ewyaqw hak amumi kwangwatuqaytangwuy," yaw
pam soy aw kitat pu' piw pangqw pangsoq nakwsu.

Noq pu' yaw pam piw pangsoq pituqw pay yaw naat qa himu haqam
hingqawlawu. Pu' yaw pam oovi pay pep haqam qatuptuqe pu' yaw
pay pep maqaptsiy'ta. Noq pay yaw pam naat qa wuuyavo pep pantaqw
pay yaw antsa puma piw pepehaq tiivantivaya. Pu' yaw pam piw pangso
hihin hoyokqe pu' yaw piw pep qatuptut pu' yaw piw paasat pephaqam
pumuy amumi kwangwatuqayta. Panmakyangw pu' yaw puma piw
tiitso'a. Tiitso'qe pu' yaw puma piw pangqaqw put tuupevuy maspaya.
Paasat pu' yaw pam tsuyakqe pu' yaw paasat piw aw warikqe pu' yaw

of this. I'm sure this will last us for a while," she said praising her grandson.

The next day Coyote Boy went out hunting again, and as he again neared the high bluff at Wuupatpela, it sounded as though another dance was being performed. He headed straight for the cliff, and when he arrived, there was no doubt in his mind that a dance was in progress. They were the same kachinas, the ones who had been dancing there the first time. Coyote Boy listened and noticed that they were using the very same song. After a while the dancing came to a halt. This time Coyote decided not to run away but to remain and watch the opening up there in the wall.

Not long after the dancing stopped, someone again threw out baked corn ears from the hollow. This time Coyote Boy got up immediately and quickly retrieved them. When he had collected all the corn he looked up, but there was no one in sight. So he didn't bother to search for anybody. Instead, he started for home again with the corn in his arms. He was just as elated as before. And when he finally arrived home, his grandmother was also very pleased. They were going to have something to eat again, which made her very happy.

Now the two retired for the day. The old Coyote Lady quickly fell asleep and was snoring heavily. But Coyote Boy was lying there on his bedroll awake, with many things going through his head. His mind was on the kachinas he had heard. Apparently they were only performing the dance late in the day. He thought, "If I go there tomorrow, at approximately that hour, maybe I'll get there in time to catch them dancing." With this intention he fell asleep.

The following morning, as the two were breakfasting, he revealed his plan to his grandmother. She promptly agreed. So, that day Coyote did not go hunting anywhere; instead, he stayed home and did various chores for his grandmother. As time passed it was becoming evening. Finally, the lad said to his grandmother, "Grandmother, I'm leaving now. If I go a little early, I may get there just about at the time they begin their dance. Whoever they are, they're very enjoyable, and I like listening to them." With these words to his grandmother he set out.

When Coyote reached his destination, nothing was yet to be heard. So he settled down and waited. He had not been sitting there for very long when the dancing began. He moved somewhat closer and made himself comfortable. He was delighted by listening to the kachinas. Eventually the dancing again ceased. Having stopped, the kachinas cast down their baked corn. Coyote Boy was overjoyed and hastened to the site to gather

paasat piw ang put tuupevut poopongta. Pantit pu' yaw pam piw put paas tawimokyaatat pu' pangqw piw ahoy nima.

Noq pu' yaw i' istiyo yan kuwaatuwqe pu' yaw pam paapiy pay pas naaqavo pangsoq sasqa. Niikyangw pay yaw pam qa pas tuupevutsa oovi pangsoq sasqa. Pay yaw pam pumuy amumi piw pas kwangwatuqaytangwuniiqe put oovi piw pangsoqningwu. Niikyangw pay yaw pam naaqavo pangqw put tuupevut wukotawimokkyangw nimangwu. Panmakyangw pu' yaw pay puma put tuupevut pas niiti.

Noq pu' yaw it istiyot so'at pay kur navotiy'ta yaw ima walapsinom okiw pephaqam tsöngmokiwyungqw. Niiqe pu' yaw pam oovi put mööyiy aw pangqawu, "Imöyhoya, nu' ung hiita ayatani," yaw pam aw kita.

"Ta'ay, ya himu'u?" yaw pam kita.

"Owiy, pay hapi um pu' naaqavo yangqw kwiningyaqw it tuupevut pew itamungem oo'oyqw pay hapi itam nuwu niiti. Noq ima hapi yep tatkya walapsinom okiw nöösiwqat qa naa'aptsiniy'wisa. Pumuy okiw uuyiyamuy amumi hiitu homtaqw pay puma pu' paayis pa qa hiita höqyaqw pay pu'haqam pumuy nöösiwqa'am son paapu angqw qa wuuko'ew sulawti," yaw pam so'wuuti kita.

"Haw owi?" Is ohi antsa'ay," yaw pam istiyo kitaaqe yaw qa haalaytiqe yaw pumuy ookwatuwiy'ta.

"Noq oovi um as it peehut tuupevut mokyaate' pu' awhaqaminen ang pumuy sinmuy put tuuhuytani. Pay pi um naat son pu'sa put tuupevut oovi pangsoqni. Pay pi um sutsep wuuhaq kivangwu," yaw pam put mööyiy aw kita.

Noq pay yaw pam istiyo sunakwhaqe yaw pangqawu, "Ta'ay, pay pi nu' pantini; pay nu' pu' tapkiqw piw peehut kive' pay nu' ason mooti yep huruutini. Pu' nu' ason piw yep peehut ömaatat pu' pay pangso pumuy amungem put kimani," yaw pam kitaaqe pay yaw sunakwha.

Paasat pu' yaw oovi piw tapkiwmaqw pu' yaw pam piw pangsoq kwiniwiq wuupatpelmoqniiqe pay yaw antsa piw an yuku. Paasat pu' yaw pam piw pangqw ahoy nimakyangw pu' pay mooti kiy awniiqe pu' pep yaw hiita pas wukotukput aqw pu' kivaaqey peehut enang tangata. Noq antsa pay yaw pam put enangniiqe niitilti. Nit pu' yaw pam pay qa nöst pu' yaw pay pangqw put walmi i'ikwila. Pay hapi yaw a'ni putuutiqw pay yaw pam okiw put hihin kyaakyatiy'ma.

Panmakyangw pu' yaw pam pay pas masiphikiwtaqw pep pitu. Nit pu' yaw pam pangqw kwiningqöyngaqw kiimi wupt pu' paasat aw kiimi paki. Noq naat yaw pam pu' kiimi pakiqw pay hapi yaw kur popkot put hova'ikwyaqe yaw aw yuutukqe yaw aw wahahalalwa. Pu' yaw pay puma put ngööngöya. Pas pi yaw suupan soosoyam walappopkot put angkyaqw pas pi yaw hin töötöqa.

Pu' yaw pam put mookiy iikwiwkyangw aqw kiitevenge waaya. Pangqe pu' yaw pam kiitavangqöyvaqe waayakyangw pu' pay piw ahoy

the ears. When he was finished, he carefully cradled them in his arms and proceeded back home.

Coyote Boy found this arrangement so convenient that, from that point on, he headed out to Wuupatpela every day. But he did not go there just for corn. He also went because the kachinas performed most beautifully and he wanted to listen to them. Day after day he lugged an enormous load of corn back home and, as time went by, the two stock-piled great quantities of the baked ears.

Now, Coyote Boy's grandmother apparently knew that the people at Walpi were distressingly hungry. Thus she said to her grandchild, "My grandson, I'm going to ask you to do something."

"All right, what is it?" Coyote Boy replied.

"Yes," she said, "you've been bringing us this baked corn now every day from the north, and we are blessed with piles of it. But the Walpi people to the south do not have enough food to go around. Pests and other creatures have been descending upon their crops in hordes, so that for three years in a row now they have virtually not harvested anything. By now not much of their food can be left." This is what the old Coyote said.

"Is that a fact? How unfortunate!" the young Coyote exclaimed. He became sad and felt compassion for the people at Walpi.

"I would, therefore, like you to put some of our corn in a sack, take it to that village, and distribute it among the people. This probably won't be the last time you'll go to Wuupatpela for corn. Besides, you always bring plenty," she said to her grandson.

Coyote Boy quickly consented, "Of course, I'll do that. When I bring the corn again tonight, I'll make a stop here first to pick up some more, and then I'll take the whole load over to them."

In the late afternoon Coyote headed north to Wuupatpela and did just as he had done on previous occasions. On his way back he first stopped at his house and filled a huge sack with corn, including corn he had brought that evening. It was a great amount, indeed. Then, without having supper, he left for Walpi with the load on his back. It was so heavy that he was barely able to carry it.

By the time it was dusk he reached his destination. He made his ascent from the north side of the mesa and then entered the village. But no sooner had he crossed into the village than the dogs picked up his scent and rushed at him, barking furiously. They chased him, and it seemed as if every last one of the Walpi dogs was after him, such was the racket they were causing.

Coyote had to carry his sack as he scurried towards the west end of the village. Having fled along the west side, he turned towards the east.

hoopoqwat. Niiqe pay piw yaw kur pam a'ni hönginiiqe pay yaw oovi haq amupyeveti. Niiqe pu' yaw pam pay pep oovi hiisavo huruutit pu' yaw pam popkotuy amumi itsivuti. "Itse uma hiitu, nu'an kiivepopkot- niikyaakyangw, uma qa hisat naap hiita tunöstutwakyangw pas piw a'ni unangway'yungwa, akwsingwputsa noonovakyangw," yaw pam kitaaqe yaw itsivu'iwta.

Pantit pu' yaw pam pay naap hiniwqat yaw naap hakiy kiiyat aw pakini. Pu' yaw pam oovi angqe' taynumqw piw yaw pep kiisonviy akwningya naat qööhiwtaqw pu' yaw pam oovi pangso. Niiqe pu' yaw pam pay pas qa aw hingqawt pay pas aw supkito. Noq piw yaw kur pam pep kikmongwit kii'ata. Noq pu' yaw pam iisaw pep hiita wukomokiy'- kyangw pakiqw yaw pam kikmongwi put aw sayti. "Hintsaknuma pa pay piw i' nukuswuutaqa?" Yaw pam as yan wuuwat pay yaw pam put paas tavi. "Ta'ay, qatu'uy, um sumataq pas hak waynumay," yaw pam put aw kita.

"Hep owiy, pay nuy iso pew hoonaqw oovi nu' antsa yangqe' waynumay. Noq nu' as angqw pay umuukikmongwiy awniqw piw nuy ima popkot yang kiinawit ngöynumyaqw pay nu' hihin maanguy'kyangw pu' piw tsawnaqe oovi pay pew supkiy," yaw pam kita.

"Haw owi? Is itse puma hiitu nukuspopkot, pay niikyangw tsangaw kur ung qa hintsatnay. Noq pay nu' yep kikmongwiy, pay um piw su'aw pakiy," yaw pam istiyot aw kita. "Ta'ay, noq antsa kya um pas hiita oovi waynumay. Noq pew um hoyokq pu' itam yep naami yu'a'ataniy," yaw pam put aw kita.

Pu' yaw pam oovi put mookiy lölökinkyangw put aqlavo hoyo. Noq pu' yaw pay kur puma kiy'taqam naat hiita hiisakwhoyat nöösiwqat hintaqw pu' yaw oovi put kikmongwit nööma'at aw engem tunösvong- yaata. "Ta'ay, pay ason um mooti nösqw pu' itam yu'a'ataniy," yaw pam iisawuy aw kitaqw pu' yaw pam oovi tuumoyva.

Nit pay yaw pam panis hikis angqw yukut pu' pay yaw öyqey pangqawu. "Kwakwhay, nu' nöösay," yaw pam kitaaqe yaw haalayti puma put paas taviqw.

Paasat pu' yaw pam pep wuuti ang ayo' tunösvongyat qenita. "Ta'ay, pay pi um son paysoq waynumay. Son pi um qa pas hintiqw waynumqe oovi yaasatniqwhaqamniikyangw pu' piw naatatamtat pew kiimi pakiy," yaw pam kikmongwi put iisawuy aw kita.

"Hep owiy, pay antsa itam itaasoy amum navotq piw yaw uma yephaqam okiw tsöngso'iwtay. Noq pay as itam hiisavo piw pantiy. Noq nu' oovi pay as pas naamahin yaakye' maqnumngwuniikyangw pay nu' pas qa hiita okiw sakinangwuy. Nit nu' suus piw yukyiq orayviy hoopoqhaqami pituuqe pangqe' maqnumkyangw piw nu' hiita navotqe pu' nu' oovi pangso haqaqw töötöqqat aw nakwsuy. Noq nuy aw pituqw piw ima katsinam pephaqam tiivakyangw pu' puma tiitso'qe pangqaqw

He was obviously a fast runner, for he left the dogs quite a distance behind. He now paused briefly and hollered at them in scorn. "You darn critters, all you can do is stay at home! You've never found any food on your own, yet, here you come on, all mean and aggressive. All you can eat is leftovers." This is what he shouted at them in his anger.

Coyote decided to enter just anybody's house, regardless of the consequences. He looked about and noticed that at the north side of the plaza there was still a light burning. So he headed there and, without a word of warning, entered the house. It happened to be the village chief's house. When Coyote stepped in with his bulging sack, the village chief only smiled. "I wonder what this old rascal is up to?" he thought, but then he welcomed him anyway. "Have a seat, you must be someone quite important to be making a call."

"Yes, indeed, I am. My grandmother sent me, that's the reason for my being here. I came to see your chief, but the dogs kept chasing me all over the village. In the end, I got a little weary and scared, so I quickly entered this place," Coyote explained.

"Is that a fact? Darn those rotten dogs. I'm glad to see that they did not harm you. I am the village leader here. Believe it or not, you came to the right place," he said to Coyote Boy. "Well then, maybe you're here on an important mission. Come a little closer and we'll talk about it."

Coyote moved nearer to the chief, dragging along his sack of corn. Evidently, the residents still had a little food on hand, for the village chief's wife placed a dish before Coyote. "All right, we'll talk after you've eaten," he said to Coyote, so the latter started eating.

Coyote Boy only took a few bites and then he professed that he was full. "Thank you for feeding me," he said. He was glad that he had been received so warmly.

The woman cleared away the food which had been set before him. "Now," the village chief began, "I'm sure you have not come without a reason. There must be something of importance that made you come around to this house so late, without any concern for your own safety."

"Very true. My grandmother and I were surprised to learn that you are starving here. For a while we were also in the same situation. Even though I used to go hunting in far away places, I was sorely unlucky. Then, one day, I reached a place way east of Orayvi and hunted there when, unexpectedly, I heard something. I approached the site where the noise was coming from, and upon reaching it, I discovered, much to my surprise, that kachinas were dancing there. When they stopped they

korongaqw it tuupevut wukomaspayaqw pas pi nu' tsöngmokiwtaqe put tsuya," yaw pam put aw kita. "Noq pay hapi hinyungqam katsinamyaqw put nu' pay qa navotiy'tay. Pay pi nu' katsinmuy qa tuwimuy'ta," yaw pam istiyo kita. "Noq pay nu' pu' qa suus pangsoqniqw itam hapi put tuupevut niitiy. Noq pu' pam itaaso nuy yan ayata yaw nu' it angqw umungem kimaqw uma it yep naahuyve' tuwat it angqw nöönösaniy," yaw pam put aw kitaaqe pu' yaw put tuupepmokiy put kikmongwit aw tsawikna.

Is hapi yaw ep pam wuuwupa kwangw'e'way tuupevu pangawta. Pas pi yaw pam kikmongwi hin unangwti put aw yorikqe. Pu' yaw pam put aw yorikqe pu' yaw pep haalaylawu. "Is kwakwhay! Kwakwhat pi um angqaqw it kimaqw oovi itam kur utsviy pay son hin piw qa nöönösani. Pay pi as ungem una'ew pew sasqaniqw. Noq pay kur um hak tuwat kya pi nu'okwaniiqe oovi pay put qa aw hin wuuwat pay angqöy," yaw pam suposvalmunkyangw aw kita.

"Pay pi son hintiniy, pay pi uma pan piw qa pas hiita himuy'kyangw piw nuy paas nopnay, piw uma nuy paas taviy," yaw pam put kikmongwit aw kita. "Noq pay nu' qaavo piw aqwnen pu' umungem angqw piw peehut kimaniy. Pay pi itamwat pep a'ni tuumoytaqw pay nu' oovi pu' a'ni öqawiy'taqe pay pi nu' umungem angqw it yantsakniy," yaw pam istiyo kita.

"Kur antsa'ay, kwakwhay, pay itam sonqa pan naanawaknaniy. Noq pay pi um haak hiisavo itamum yepniniqw ason pay nu' ung ahoy hiisavo tuwalniy'maniy. Pay pi ima popkot piw nanapte' son piw ung qa ngööngöyaniy," yaw pam kikmongwi kita.

"Pay pi nu' payniy, taq nu' qaavo iits taataye' nu' naat itaasoy son engem mooti hiita qa hintit pu' piw pangsoqni. Noq pay pi naat puma pas tapkimi pepeq tiivangwuniqw hak put pangqw wuko'ikwiwte' qa iits ahoy pitungwuy," yaw pam istiyo kita.

"Ta'ay, kur antsa'ay," yaw pam kikmongwi kita. "Ason nuy ivösaalay ooviniqw pu' itamniy," yaw pam kitaaqe pu' aapamihaqami pakit pu' paasat angqw uskyangw ahoy yamakqw pu' yaw puma pangqw naama yama.

Paasat pu' yaw puma pangqw kiisonva hoopoq. Noq antsa pay yaw kur piw popkot nanaptaqe pavan yaw pumuy amungk homtiwisa. Pu' yaw pam kikmongwi pumuy amumi a'ni itsivuti. "Yupa, huvam aapiyya'ay, nukusvopkoot, nunuksiwamniikyaakyaangw. Son pi uma it an maamaakyamniikyangw pas piw a'ni unangway'yungway," yaw pam amumi kita. "Son pi nu' qa it engem lavaytini taq pi kur itam it atsviy ayo' nöngakni. Uma naatsoptotaniqeysa pi a'piit. Uma qa naap umuutimuy oyiy'yungngwuniikyangw pas piw sutsep put tumalay'yungngwuu." Yaw pam kitaaqe pumuy amumi a'ni itsivutit pu' yaw owat kwusuuqe pu' yaw pumuy amumi put tuuvaqw pavan yaw popkot maqasneveq kweetsikma.

threw down lots of baked corn from a cave up in the cliff. Naturally, being hungry as I was, I was delighted about that godsend. However, what sort of kachinas they were, I do not know. I am not familiar with those beings," Coyote Boy continued. "Now that I have been there many times, we have accumulated a great amount of baked corn. Therefore, my grandmother requested that I bring you this food, that you might divide it among yourselves and eat of it." With that, Coyote Boy unfastened his sackful of corn for the village leader.

There, before him, was a pile of long ears of delicious-looking baked corn. The chief was awed with this sight. When he had looked at the heap of corn, he exclaimed gratefully, "Many thanks! How fortunate for us that you brought us this! Now, thanks to your efforts, we'll be able to eat again. It was quite dangerous for you to come here, but you are so kind-hearted that you disregarded those perils and came here anyway." The chief had tears running down his cheeks as he spoke.

"Oh, that was nothing. You, too, didn't have very much and yet you fed me. Also, you welcomed me most heartily," Coyote replied to the village chief. "Tomorrow I'll go to Wuupatpela again and bring more corn. My grandmother and I are eating very well at our place, so I'm strong and can do this for you," said Coyote Boy.

"Very well, thank you! We would definitely wish that. But if you'd care to stay with us a little longer I could later accompany you for a short distance. If those dogs catch a whiff of you they're bound to chase you again," said the village chief.

"I think I should go now; I still have to do things for my grandmother, and then I'll go to that cliff again. Those kachinas don't dance until towards evening, so, when I have to lug a big load on my back I usually don't get back early."

"All right, that's fine," replied the village chief. "Wait till I get my blanket, then we'll leave." With that the chief stepped into another room and, in a moment, came out with his blanket wrapped around him. Then both of them exited together. They proceeded east, crossing the plaza. Sure enough, the dogs noticed Coyote again and came dashing after them in a pack. This time it was the village chief who harshly scolded them. "Go on, beat it, you good-for-nothing curs! Lazy creatures that you are! As hunters you're not as good as this one, and yet you act fierce," he shouted. "Rest assured that I will side with him, for it will be by his doing if we survive. All you can do is copulate. You don't feed your pups on your own, but you want to copulate all the time." In this way the chief cussed out the dogs. He was so infuriated that he picked up a rock and hurled it at them. As a result, they scattered in fright.

Paapiy pu' yaw pay qa himu pumuy amumi hintsakma. Pay yaw puma oovi pas walpiy ahopqöymi waltsay'taqat aw pituqw pu' yaw pam istiyo pangqawu, "Pay pi nu' yaapiy pu' naalaniy. Pay nu' yukyiq kwiningqöymiq hawqw pay son himu paasat inumi hintsakniy."

"Ta'ay, kur antsa'ay. Noq pay ason nu' qaavo tapkiqw angqw peqwnen pay ung yep nuutaytaniy, nen pu' nu' ason pay ung kiimi piw tuwalniy'mani," yaw pam put istiyot aw kitat pu' yaw pam pay pep put maatapqw pu' yaw pam iisaw aqw kwiningqöymiqhaqami hawmaqw pu' yaw pam pangqw tuwat nima.

Noq pu' yaw pay pam pas ep qavongvaqw pu' yaw put soy aw ep mihikqw hintiqey tu'awiy'ta. "Pay puye'em puma son put qa haalay-totini piw tsutsyakyaniqw oovi nu' ung pangso hoona," yaw pam put aw kita. Noq oovi pam yaw ep pay pas taawanasaproyakqw pu' yaw pam piw pangsoq nakwsu.

Pay yaw oovi pam aqw pituuqe naat qa wuuyavo maqaptsiy'taqw pay yaw piw ima katsinam pepeq tiivantivaya. Niiqe pu' yaw tiitso'qe pay yaw puma piw an pangqaqw tuupevuy maspaya. Pu' yaw pam aw warikqe pu' yaw pisoq put ang ponginuma. Pu' yaw pam put ang ponginumkyangw pu' yaw put paas mokyalawu. Pu' yaw pam pay panis put soosok pantit pu' yaw pay pangqaqw put kiy aqw i'ikwila. Ana yaw a'ni putuuti, tis pi yaw pam pu' wuuhaq moktaqw. Pu' yaw pam kiy aw pituuqe pay yaw panis pep hikwt pu' pay piw aapiyta.

Niiqe pay yaw oovi taawa naat pu' pakitoq yaw pam walpiy kwini-ngyaqw pu' aw pituto. Noq pu' yaw pam su'aw pangso tupo pituqw paasat pu' yaw taawa paki. Noq pay yaw kur pam walpeq kikmongwi pay pepeq waalay'taqat epeq put nuutaytaqe pay yaw oovi put tuwa pam pangso tupo pituqw, niiqe pu' yaw pam pay oovi paasat pangsoq hawto put eepewtoqe. Noq naat yaw pam istiyo pu' pephaqam qatuptu naasungwnaniqeniqw yaw pam put aw pitu. "Puye'em, um yangqw wuptoq oovi nu' pay angqw peqw uupewtoy. Noq um sumataq mangu-'iwmaqw oovi pay nu' pu' yaapiy ungem it iikwiwmaniy," yaw pam put aw kitaaqe pu' yaw pam oovi pay paasat put mookiyat nawkiqw pu' yaw puma pangqw naama oomiq wupto.

Pu' yaw pam kikmongwi oovi pay pas put engem paas wupnat pu' paasat piw aw ahoy tavi. "Ta'ay, pay um yaapiy kiimi it naap iikwiwmani. Pay pi um it itamungem pew kimaaqe pay son oovi um it qa naap kiimi panmaniy. Pu' piw ima yep nukusvopkot hapi pay piw son uumi qa yuutukniniqw ason nu' pay ung piw tuwalniy'maniy," yaw pam put istiyot aw kitaqw pu' yaw pam oovi paasat piw put mookiy iikwiltaqw pu' yaw puma pangqw paasat kiimiwat nakwsu.

Pu' yaw puma paasat kiimi haykyalaqw pay yaw kur antsa piw puma popkot nanaptaqe pay yaw piw antsa amumi yuutu. Pu' yaw puma pumuy amungk wahahatiwisa. Pu' yaw pam kikmongwi piw paasat pumuy amumi a'ni itsivuti. Pu' yaw pay pas puma qa watqaqw pu' yaw

From then on nothing bothered the two any more. It was not until they reached the gap, east of Walpi, that Coyote Boy said, "From here I will go on alone. On my way down the northside, I am sure, nothing will molest me."

"All right, very well. But tomorrow evening I'll come here and wait for you. Then I will escort you again to the village." With that the village leader took leave of Coyote Boy. Coyote descended the northside and headed on home.

It was not until the next morning that Coyote Boy told his grand-mother what had happened to him the night before. "I was certain they would happily accept that corn and be grateful. That was my reason for sending you there," she said to her grandson.

It was past noon that same day when Coyote once more set out for the place with the high cliff. When he arrived he did not have to wait long before the kachinas began their dance. And just as before, they afterward threw down the baked corn ears. Coyote dashed over and quickly went around, picking them up. As he gathered the ears he carefully placed them in his bag. As soon as he had sacked all of the corn he returned home, with the load on his back. It became very heavy, because this time he had bagged more than ever. Upon reaching home he only paused to take a drink of water and then continued on.

Coming from the north, Coyote reached Walpi at sundown, for just as he got to the foot of the mesa the sun set. The Walpi village chief was waiting for him at the gap; he had spotted Coyote as he was nearing the foot of the mesa and went down to meet him. Coyote Boy had just sat down to catch his breath when the chief approached him. "I figured that was you coming up there, so I came here to meet you. You seem to be growing tired. Let me take over now and carry this the rest of the way for you." With that he took Coyote's load, and then, together, they made their ascent of the mesa.

The village chief carried the load all the way to the top, then turned it back over to Coyote and said, "Well, now you can take this corn to the village yourself. After all, it was you who brought it here for us; so, it is only right that you take it to the village yourself. Also, those rotten dogs are bound to rush at you again, so I'll be along for your protection." Coyote Boy complied again, slinging the burden over his shoulders; then they both headed for the village.

When they neared the village it was obvious that the dogs had picked up the scent of Coyote. Once again they scurried up to them and followed them, barking. The village leader harshly rebuked them and, when they did not leave, he picked up some pebbles and, cursing, hurled them in

pam piw pangqe' o'wat poopongqe pu' yaw piw pumuy itsivu'iwkyangw
tatatuva. Paasat pu' yaw puma popkot piw a'ni watqa. Paasat pu' yaw
puma pay pas yuumosa put kikmongwit kiiyat awi'.

Niiqe puma yaw pumuy kiiyamuy ep pakiqw pavan yaw put nööma'at
haalaytiqe yaw iisawuy aw askwallawu. Pu' yaw pam kikmongwi piw put
mookiyat kwusunaqe pu' yaw piw tuwat haalaylawu. Pantiqw pu' yaw
put kikmongwit nööma'at piw put paas nopnaqw pu' yaw pam pep
pumuy amumum pay hiita yu'a'alawu. Niiqe pu' yaw pam piw put
kikmongwit aw pangqawu, pay yaw pam ason qaavo piw pumuy
amungem angqw peehut tuupevut kimani. Noq pu' yaw pay paasat
hihin mihikqw pu' yaw pam istiyo payniqey yaw pangqawu. Noq pu' yaw
pam kikmongwi piw paasat pösaalay kwusuqw pu' yaw puma naama
pangqw yama. Pu' yaw pam pay kur piw put istiyot hoopoq tuwalniy'-
maniqe oovi yaw pay put amum yama. Noq pay yaw naat puma qa
pas haqami pituqw pay yaw piw popkot kur nanaptaqe pay yaw piw
pumuy amungk homtiwisa. Paasat pay yaw kur i' kikmongwi o'wat
maskyay'maqe pay yaw oovi qa sööwu put ponginumt pay paasat pumuy
tatatuptiva a'ni itsivu'iwkyangw. Pu'sa yaw puma popkot a'ni watkita.
Paapiy pu' yaw puma piwniqw pay yaw paasat qa himu piw pumuy
amumi hintsakqw yaw puma pangso waalay'taqat aw piw pitu. Pangqw
pu' yaw pam istiyo pay paasat piw naalaniqw pay yaw put qa himu
hintsanqw pam ahoy kiy ep pitu.

Yanhaqam yaw pam istiyo pangso walapkimi pumuy amungem
tuupevut kimaqw pu' yaw puma tuwat put angqw nöönösa. Paapiy pu'
yaw pam pumuy amungem put tuupevut pangso oo'oya. Niikyangw
pay yaw qa pas naaqavoningwu. Pu' yaw pam kikmongwi pumuy
walapsinmuy amuupa put tuupevut oyaqw pay yaw puma naa'aptsi-
nayaqe putakw öqawtota. Niiqe pu' yaw puma iisawuy atsviy pay oovi qa
tsöngso'a. Niiqe yaw puma walapsinom yan nanaptaqe put istiyot
haalaytoti. Pu' yaw pam oovi angqwniniqw pay yaw puma paas navotiy'-
yungngwu. Niiqe pu' yaw puma oovi paasat hisatniqw pam angqaqwni-
niqw puma yaw aapiy pay pokmuy kotsqöknit aw somyangwu. Pu' yaw
pay peetu kiikiy ang pumuy tangatotangwu. Pu' peetu pay pumuy qa
kiy ang tangatotaniqam pay yaw pölavikkiva pumuy tangatotat pu'
pumuy amumiq hiita wuuyaqat utatotat pu' put hiita atsmi wuko'owat
akw tanguy'yangwu. Yanhaqam yaw puma pep hintotiqw yaw oovi antsa
pam istiyo pep pumuy amungem tuupevut iikwiwve' pay qa sööwunit pay
paasat aapiy kiiminingwu. Niiqe yaw pam pumuy walapsinmuy
amungem put tuupevut pangso oo'oyqe yaw qa ööna. Noq antsa yaw
haqaapiy puma walpit pay ahoy angqwtoti.

Noq pu' yaw aapiy pantaqw pu' yaw puma naamöm hisat tuumoy-
taqw yaw put istiyot so'at aw pangqawu, "Pay hapi um pu' qa suus

their direction. Now those dogs quickly fled, and the two made straight for the village chief's house.

Upon entering the chief's wife became overjoyed and thanked Coyote. The village chief relieved him of his load, praising him. When the chief's wife had fed Coyote, he remained there and chatted with the couple. He informed the village chief that the next day he would bring another load of baked corn for them. Finally, as it got later into the night, Coyote Boy announced that he would be leaving. Once again, the village chief picked up his blanket and, together, they went out. He wished to escort Coyote to the east, and so he accompanied him out. They had not gone far yet when, again, the dogs got wind of Coyote and came after them in a pack. This time the village chief already had some rocks in hand; without wasting any time to pick up more, he furiously started throwing them at the dogs. Only then did they back off and run away. The two continued on their way, and nothing bothered them until they reached the gap. From there Coyote Boy went on alone and arrived home without being pestered by anything.

In this fashion, Coyote Boy transported the baked corn to the people of Walpi village who, in turn, sustained themselves from it. From that point on he frequently brought baked corn for them. But he did not do it every day. The village chief distributed the ears among his people and, because there was enough for all, they soon gained back their strength. Thus, it was to Coyote's credit that the Walpi people did not die of starvation. When they became aware of this, they felt most grateful to that young Coyote. Whenever he came they already knew ahead of time and, prior to his arrival, they tied their dogs to some posts. Others would take them into their homes or place them into their outdoor bread ovens, sealing the openings with some large object and propping a large stone against it. This is what they used to do whenever Coyote arrived with the corn. Coyote, in turn, went right ahead and entered the village without hesitation. And he never grew tired of bringing the baked corn ears to the people of Walpi. Finally, there came a day when the Walpis were fully recovered.

Thus time went by. One day, when Grandmother Coyote and her grandson were having their meal, she remarked, "You have taken baked

pangso kiimi pumuy sinmuy amungem put tuupevut kimaqw pay hapi puma pu' son as qa ahoy angqwtotikyangw pay naat son pas hin yesniqey panya. Noq oovi um kur piw awnen pu' um pep kikmongwit aw tuuvingtani sen pam son naanakwhani um pangso imuy kwiningyaqw katsinmuy tsamniniqw. Noq kur pam pep pay nakwhaqw pu' um paasat piw pangsoq kwiniwiqnen pu' um paasat pepeqwat pumuy katsinmuy tuuvingtani sen puma son pantotiniqat," yaw pam put mööyiy aw kita.

"Kur antsa'ay," yaw pam istiyo kita. Qavongvaqw pu' yaw pam oovi ep tapkiqw pu' pangsoq kwiniwiq. Pay yaw pam oovi ep tapkiqw naat pumuy katsinmuy qa amumi hingqawu. Niiqe pu' yaw pam pay pas angqw walngaqw nimanikyangw pu' yaw put kikmongwit aw pangqawu, "Itam itaasoy amum se'el naat tuumoytaqw pam inumi pangqawu, sen yaw nu' son umungem yukyiq kwiniwiq imuy katsinmuy amumiq tuuvingtatoq pay as kya puma angqwye' umuy hin pa'angwayaniy. Noq um pi it aw hin wuuwe' um inumi pangqawqw nu' pantiniy," yaw pam put kikmongwit aw kita.

"Haw owi? Pay pi itam son put as qa naanawaknaniy. Tsangaw pi kur uma itamungem pan wuuwanta. Pu' um piw pewhaqami itamuy maqsonlawu. Pu' itam antsa piw hapi naat qa hiita a'aniwnayaqe itam kur hiita angqw poshumityaniy. Noq pay kya as antsa pumuy amutsviy hin pasiwtaniy," yaw pam kita. "Pay pi oovi kur um ngas'ew itamungem aqw tuwantaniy," yaw pam put aw kita.

"Kur antsa'ay, pay nu' yan hin navotniqe oovi piw angqöy. Noq oovi nu' ason pay qaavo aqw hin navottoniy," yaw pam put aw kita. "Noq ason nu' hin navote' pay nu' ason pas löötok pu' piw angqw ahoynen ung hin aa'awnani," yaw pam put aw kitat pu' pangqw nima.

Pu' yaw pam paasat kiy ep ahoy pituuqe pu' yaw pam soy aw yan lalvaya. Qavongvaqw pay pas tapkiwmaqw pu' yaw pam istiyo pay hiita hintsakqey put qe'ti. Qe'tit pu' yaw pam paasat pay soy aa'awna payniqey. "Ta'a, pay pi um aqwhaqami hin navottoni. Pay pi hisnentiqw um su'anniqw pay kya as ung nakwhanayani. Oovi um panhaqam hutunvaasiy'kyangw aqwni," yaw pam put mööyiy aw kitaqw pu' yaw pam oovi piw pangqw nakwsu.

Niiqe pay yaw oovi pumuy naat piw qa tiivantivaqw pay yaw pam piw pangsoq pitu. Pu' yaw pam pay oovi pep put koroy'taqat atpip kwangwaqtuptu. Noq pay yaw pam naat qa pas wuuyavo pep maqaptsiy'-taqw pay yaw piw epehaq tiivantiva. Niiqe pu' yaw puma tiivaqw yaw pam pumuy pas amumisa yukiy'taqe yaw pumuy tiitso'q yaw pam qa navota. Pay yaw puma pas tiitso'kyangw pu' put na'mangwuy piw angqw maspayaqw pu' yaw pam navota. Pay yaw as pam suukyawa tuupevu put qötöyat qa taatuvaqw pam yaw as son navotni puma hisatniqw tiitso'q. Pu' yaw pam paasat sungwnuptuqe pu' yaw paasat pangsoq-haqami tsaatsa'lawu. "Haakiy, haak uma qa haqamiyaqw haqawa as pew

corn many times now to the people of that villlage. They have recovered, but not to the state they had been living in before. So, I suggest you go there once more and ask the village chief if he would agree to your bringing those kachinas from the north to the village. If he consents, run north again and ask the kachinas at Wuupatpela if they would be willing to do that."

"Very well," Coyote Boy replied. Already the next evening Coyote again headed north. That evening, of course, he did not yet mention anything to the kachinas. Then, just before Coyote was going to leave for home from Walpi, he said to the chief, "This morning, as my grandmother and I were having breakfast, she requested that I go north and ask the kachinas whether they would be willing to come to Walpi and help you in your need. Think about it and let me know your decision. I will do your bidding."

"Really? Of course we would be interested. How glad I am that both of you thought of our well-being. Again, you have gone through a great deal of difficulties for us by coming here. It is true, indeed, we haven't been growing any crops because we have no way to acquire seeds for planting. We might succeed, however, with the kachinas' help. So you go ahead and at least give it a try for us," the village chief responded.

"All right, determining this was the purpose of my coming here. Tomorrow I'll go to Wuupatpela to make the request. Whatever the outcome of my mission, I'll be back in two days to let you know one way or the other." With that Coyote Boy departed for home.

Back home he related everything to his grandmother. The next day, when it was drawing toward evening, Coyote Boy ceased what he was doing and informed his grandmother that he was leaving. "All right, you go there and see what you can find out. If fortune is on your side, and things go well, maybe the kachinas will grant you your request. Therefore, go there with that wish in your heart." This is what she said to her grandson before he departed.

The kachinas had not yet started to sing and dance when Coyote Boy arrived. So he sat down beneath the cavity in the wall and made himself comfortable. He had not been waiting long when the kachinas began their performance. During their dancing all of Coyote's attention was focused on them, so much so that he failed to notice when their performance ended. Only after they had stopped dancing and thrown down their presents did he become aware of it. And had not one of the corn ears hit his head, he might never have noticed that they had halted their dancing. Coyote now quickly rose and shouted up to the cave, "Wait, wait, don't

inumi yamakqw nu' hakiywat as hiita tuuvingtaniy," yaw pam aqw-
haqami kita.

Kitat pu' yaw pam pangsoq koromiq kwuuvawta. Hiisavoniqw pu'
yaw pangqaqw himu put aw kuyvakyangw piw yaw himu soosoy qöötsa.
Noq yaw pam istiyo naat pay yansa yorikqw pay yaw pam himu aqw
ahoy pakima. Noq pu' yaw pam piw aqwhaqami pangqawu, "Pay uma
nuy qa mamqasyaniy, pay nu' hakiy qa hintsanngwuy," yaw pam aqw
kita. "Nu' pay pas loma'isaw'uy. Pay nu' son hakiywat peqw hawqat
yuuyuynaniy," pu' yaw piw yanwat.

Noq pu' yaw pam naat pangsoq kwuuvawtaqw pay yaw pangqw koro-
ngaqw yaw himu piw kuyva. Noq pu' yaw pam aqw taytaqw yaw kur pam
saaqa. Yaw kur hak paasat pangqw put saaqat haahawna. Noq pu'
yaw pam istiyo oovi pay paasat haqam qatuwtaqey pangqw ayo' hiisavo.
Paasat pu' yaw pam hak pangqw put saaqat hawnat pu' paasat yaw
angqaqw hawto. Pu' yaw pam hawqe pu' yaw iisawuy aw nakwsu. Noq
pam yaw kur i' korowistekatsina, niiqe pam yaw pan soosok qöötsat
yuwsiy'kyangw yaw pam put hopiwuuti hin kwasay'tangwuniqw pan yaw
pam it tuu'ihit ang pakiwta. Niiqe yaw put kwasayat atkyaqe lomatuu'-
ihiwta. Pankyangw pu' yaw pam sakwawsat tayway'taqw yaw put angqe
su'awvutsit paalangputnit pu' sikyangput akw uutsiwkyangw pu' pumuy
amuutsava piw qomvit akw naat uutsiwkyangw pu' paasat qöötsat akw ang
longna'iwta. Pu' yaw poosi'at as pay muringpuniikyangw yaw tuwat
oomiqwat ngölöwta. Pu' yaw mo'ave yaw paayom himu oomiq
iitsiwyungqw yaw pam oovi suupan tamay'taqw pay yaw pam qa tama'at,
pay yaw pam tuwat mo'ave pas panta. Pu' yaw put qötöyat aakwayng-
yavaqe ima pavatyam pey'yungwa. Pu' yaw pam it koyongvöyöt
tsimöqawtaqat nakway'ta. Pankyangw pu' yaw pam piw putngaqwat
aayay'kyangw pu' paasat suyngaqwat sakwawsat sooyat yawkyangw pu'
piw hiita tukpuhoyat ang mookiwtaqat. Pu' yaw piw lomasakwatotsta.
Yanhaqam yaw pam soniwqe pas pi yaw pay suhimukatsina. Qa hisat
pi yaw pam istiyo hiita katsinat aw yorikqe oovi put awsa tayta.

Noq pu' yaw pam korowiste put aw nakwsuqe pu' yaw as sumataq aw
hingqawu. Noq pam yaw pay hihin tsawnaqe pay yaw oovi hihin
yookolti. Pay yaw oovi pam put aw pas hihin wuuyavo wunuwtaqw pu'
yaw pam piw put aw kwuupu. Noq pam hapi katsinaniiqe son yaw as
oovi aw yu'a'aykuniqw piw yaw pam hin pi navota pam put aw
hingqawqw. Noq pu' yaw pam put aw pas yorikqw yaw kur pam put aw
maasanta. Pay yaw as pam oovi qa yu'a'atikyangw pay panis aw hiita
maasantaqw piw yaw pam pan nanvota pam aw yu'a'ataqw. Yan yaw
pam put nanvotna hiita pam iisawuy aawintaqw. Niiqe yaw pam put aw
pangqawu, "Ta'ay, ya um hintiqw itamuy piw uumi naamaatak-
nayaniqat naawaknay?" yaw pam put aw kita. "Pay pi um son paysoq nuy
peqw wangwayi, pi as itamuy hiituniqw son as um navotiy'tay," yaw pam
put aw kita.

leave yet! And have one of you come out to me so that I may ask him something!"

Coyote Boy kept his eyes fixed on the hole at the top. Soon afterwards someone peered out from the hollow. To his amazement, the being's head was all white. That was all Coyote managed to see, then it disappeared back inside. Once again, Coyote Boy yelled up, "Don't be afraid of me! I don't do any harm to anyone. I'm a good coyote. I won't bother whoever of you comes down here." In this way he continued his pleading.

He was still standing there, with his head raised and looking at the hole, when again something came out. Squinting his eyes he realized that it was a ladder. Someone was lowering a ladder. So Coyote moved a bit away from the spot where he had been sitting. When the ladder was lowered all the way, someone proceeded to come down. When the being had fully descended, he approached Coyote. He turned out to be a Korowiste kachina. Garbed completely in white, he wore a dress just as a Hopi woman would. The bottom of the dress was beautifully embroidered. The kachina's face was blue, bordered by fairly wide red and yellow lines. Between the colors was a black stripe, dotted with small white dashes. The eyes of the kachina were oval, with little hooks extending upwards at the outside. At the place of his mouth three objects were projecting upwards. They gave the appearance of teeth but in reality were not. That was simply how the kachina's mouth was shaped. On the back of his head were pollywog designs. On top several turkey down feathers were tied. In his right hand the kachina carried a rattle, in his left he had a planting stick painted blue, and a small sack filled with something. In addition, he wore beautiful blue-hued moccasins. This was what the Korowiste looked like. It truly was a most handsome-looking kachina. Never in his life had the young Coyote seen a kachina; small wonder that he was staring at him.

As the Korowiste strode towards Coyote he seemed to be saying something to him. Coyote became a little frightened and lowered his head. He stood there, in front of the kachina, for quite some time before he again looked at him. A kachina, of course, does not speak but, surprisingly enough, somehow Coyote heard the kachina talk to him. He looked at him carefully and noticed that the kachina was gesturing rather than talking. And yet, miraculously as it may sound, Coyote heard him speaking. In this manner the Korowiste conveyed to Coyote what he meant. The kachina asked, "Now, for what reason did you want us to reveal ourselves to you? I'm sure, you didn't call me just for the sake of calling me. I suppose you don't know what beings we are."

"Owiy," yaw pam put nawis'ewtiqw aw kita. "Pay antsa nu' umuy haqawat peqw hawniqat naawaknakyangw pay nu' qa neengem'oy," yaw pam put aw kita. Paasat pu' yaw pam put aw lalvaya hin pam pangsoq pumuy tuwaaqey. Pu' piw pan pam pangqw pumuy na'mangwuyamuy walmiq oo'oykyangw pu' pam angqw pumuy as pangsoq tsamniqey. "Noq ason yaw nu' pumuy amungem umumi maqaptsitani sen yaw uma son okiw pangsoye' ep tiivani. Pantiqw pu' yaw as uma yoknayaqw pay kya as puma piw hiita a'aniwnayaniy," yaw pam put aw kita.

"Haw owi? Ya panhaqam'oy? Pay pi kur antsa um qa neengem angqöy. Pu' kur um antsa peqw pumuy amungem maqsonlawuy. Noq pay pi um hak peqw loma'unangway'kyangw kur sasqaqw pay oovi itam son uutunawakniy qa antotiniy. Noq oovi pay pi um ahoy pangso kiiminen pep pumuy mongwiyamuy aw pangqawni pay itam naanakwhaqat'ay. Niikyangw pay ason uma put amum nalt angqw peqw itamuy tsamtoni. Pay ason yaapiy naalötok pu' uma piw angqwni, niikyangw pay uma ep piw yaasathaqam piw angqwniy," yaw pam put aw yan tutapta. "Noq pay hapi pam kikmongwi wuwniy'te' pay son ung qa moopeqniqat uumi pan naawaknaniy. Noq oovi pay um ason qa hin naawaknat pay nakwhaniy," yaw pam put aw kita.

Yanhaqam yaw pam put aw lomalavaytiqw pu' yaw pam pay ahoy pangqw nima. Niikyangw pay yaw pam mooti piw pang put tuupevut mooti poopongkt pu' paasat piw put mokkyangw nima. Pavan yaw pam kwivi'iwkyangw pangqw nima. Pu' yaw pam kiy ep ahoy pituuqe pu' yaw soy aw pay lomanavotqey put lalvaya. Noq yaw put so'at yan navotqe yaw put engem haalayti. Pu' yaw pam oovi pay qa nöst pu' yaw pay pangqw piw walmi. Noq pu' yaw pam piw angqw kwiningyaqw awniqw pay yaw pam kikmongwi piw kur put nuutaytaqe yaw oovi epeq ooveq pay paasat tsokiwta. Pu' yaw pam istiyo aw tupo pitutoq pu' yaw pam piw put pangsoq eepewto. Niiqe pu' yaw pam put aw pituuqe pu' piw paasat put mookiyat nawkiqw pu' yaw puma paasat piw naama wupto. Pu' yaw puma wupqe pu' yaw paasat kiimiwat nakwsuqw pay yaw pumuy qa suusa himu pooko amumi nakwsuqw yaw puma put kikmongwit kiiyat aw pitu.

Pay yaw oovi pumuy pas pituqw pu' yaw put kikmongwit nööma'at aw noovalawqe yaw pam yukuqw paasat pu' yaw puma soosoyam noonova. Pay yaw oovi pumuy pas paas nöönösaqw pu' yaw pam paasat hin navotqey pumuy amumi tu'awiy'ta. Pu' yaw pam kikmongwi yan tuwat lomanavotqe yaw haalayti. Pu' yaw paasat pam piw pumuywatuy istiyotnit pu' piw soyat haalayti. Paasat pu' yaw pam kikmongwi put aw pangqawu, "Pay um haak pu' yep itamumniy. Pay itam pu' yaapiy naamaniqw nu' yep pangsoqhaqami pumuy tokilayamuy aqw pumuy amungem hiita tumalay'taniy. Pay nu' sonqa uumi enang yankyangw yep put hintsakniy. Pu' ason itamuy angqwyaniqw pay pi um sonqa

"Yes," Coyote replied after a lengthy pause. "I wanted one of you to come down here, but it isn't for myself that I desire this." And then he told the kachina how he had discovered them there, that he had delivered their gifts to Walpi, and that he wanted to take them there. "So the village chief requested that I get permission from you to bring you to the village to dance. He believes that if that comes to pass, and if you make it rain, the people will be able to grow crops again."

"Indeed, is that how it is? Then truly it is not out of selfishness that you have come. You really went to a great deal of trouble to come here for them. Since you have come with good intentions, we will certainly fulfill your heart's desire. So, return to that village and tell its leader that we have consented. But when you come to guide us there, bring no one but him. Come back four days from now, at about this time of day. And if that village chief is wise, he will ask you to be in charge of this affair. If that happens, go ahead and comply," the kachina instructed Coyote.

After these favorable words Coyote Boy departed for home. But, as before, he first gathered the corn ears, packed them into a bag, and then left. How proud he was of himself as he trotted along. Back home he told his grandmother the good news. When she heard of the favorable response of the kachinas, she was elated for her grandson. Coyote wasted no time eating but again proceeded to Walpi. As he approached the village from the north, the chief was waiting for him. As usual, he was sitting there at the mesa top. When Coyote was nearing the foot of the mesa he descended to meet him. Upon their encounter, he again relieved Coyote of his bag and together they marched up to the top. Upon reaching the top, they headed toward the village and arrived at the chief's house without being bothered by any dogs.

After they had arrived at the house the chief's wife began preparing a meal. Soon she was finished and they all had supper together. When they were done with their meal, Coyote Boy told the chief and his wife of the response he had received. Upon learning the good news, the village chief was overjoyed, expressing his thanks to both Coyote and his grandmother. Then he said to Coyote Boy, "You stay here with us for the time being. From now on, as we move towards the date of the performance, let us be together while I prepare everything for the kachinas. I'll need your support in doing this. When we come back from Wuupatpela you will

mootiy'maniy, hal pay pi son um qa moopeq'iwtaniy," yaw pam put aw kita.

Noq pam yaw tutavotniiqe pay yaw oovi sunakwha. Niiqe pu' yaw pam oovi pay pep pumuy yaw amumum puwni. Noq pu' yaw iisaw pay pep put aw qatuqw pu' yaw pam kikmongwi pay paasat tsootsonglawu. Pay yaw oovi puma naama pas mihiknat pu' paasat puuwi.

Qavongvaqw pu' yaw pam kikmongwi pay su'its naat taawa qa hin yamakniniqw yaw nöömay it tsa'akmongwiy kiiyat aw oovi hoona. Noq pu' yaw pam tsa'akmongwi put kiiyat ep pituqw pu' yaw pam kikmongwi put tsa'akmongwit mooti tsootsongnat pu' yaw paasat put tsa'law'ayata. Pan yaw pam tsa'lawni, yaw yaapiy naalötokmi puma pep sinom imuy katsinmuy nuutayyungwni. Ep yaw puma pep tiivani. Noq oovi yaw puma tootim taataqt pumuy nuutaykyaakyangw mamaqani. Pu' yaw ima momoyam mamant tuwat noovalalwani. Noq pu' yaw i' istiyo sonqa moopeq'iwtani. Puma yaw oovi yaapiy haalaykyaakyangw lolmat unangway'kyaakyangw pumuy nuutayyungwni. Yan yaw pam put tsa'law'ayata.

Paasat pu' yaw oovi pam yamakqe pu' yaw oovi antsa pep pumuy sinmuy pan aa'awna. Pu' yaw puma sinom yan nanaptaqe yaw kwangwtotoya. Pu' yaw ima tsaatsayom piw tuwat taatayayaqe pu' yaw yan nanaptaqe yaw piw tuwat haalay'unangway tsotso'tinumya.

Paasat pu' yaw oovi puma soosoyam nöönösaqw pu' yaw i' kikmongwi pay paasat hiita himuy kimakyangw haqam kivay'taqey pangso yaw it istiyot amum. Noq pu' yaw i' tsa'akmongwi piw pep pumuy amum qaqtuniqe pay yaw oovi naat qa wuuyavotiqw pay pumuy amungk ep pitu.

Noq pu' yaw oovi paapiy ima tootim taataqt yaw tuwat naaqavo mamaqa, hiita hapi puma nöqkwipye' imuy katsinmuy nopniy'yungwniqey oovi. Pu' yaw piw naap hisat ima kiyavaqwvit nanapte' angqaqw tiimaywisni. Niiqe puma yaw pumuy enang wuuwankyaakyangw pay yaw oovi soosok hiituy maqnumya, imuy taataptuy, sowiituy, pu' piw imuy tukyaatuy. Pay yaw oovi puma su'awsa'totaqw yaw puma totokmiq öki. Noq pu' yaw ima momoyam mamant tuwat angqe' it hiisa' qaa'öy'yungqe put angqw pu' noovalalwa. Pu' yaw puma piw kikiy paas tumaltota. Pu' piw paas yaw kiikiy iikye' qenitota, pu' yaw puma piw kiikiy paas paavalwiya. Pu' yaw ima tsaatsayom aasakis yesve' pu' yaw piw yumuy namuy tuuvinglalwangwu hisat katsinam ökiniqat.

Noq pu' yaw i' istiyo pay qa pas teevep put kikmongwitnit pu' tsa'akmongwit pep amumumningwuniiqe pay yaw oovi piw tuwat maqnumngwu. Niiqe pay yaw pam pu' pas sakinangwuniiqe pay yaw pam tuwat pumuy soy aw oo'oya. Son pi yaw puma qa nuutum nöqkwiviy'tani, pi yaw pam istiyo a'ni mong'iwta. Pay yaw pam oovi mihikqwsanit pu' talavay hiisavo pep kivaapenit pu' aapiy pan maqnumngwu.

probably be at the head of the line, or rather, you will be in charge of the entire ceremony."

And because those had been the directions of the kachina, Coyote readily agreed. He would spend the night there with them. Coyote also sat close by the village chief while the latter did his ritual smoking. Both of them stayed up late into the night and then went to bed.

Early next morning, long before sunrise, the village leader sent his wife to summon his crier chief. When the crier chief arrived, he first invited him to a ritual smoke; then he requested that he make a public announcement. He was to proclaim that, four days hence, the village people should look for the arrival of the Korowiste kachinas. On that day the Korowistem would give a dance performance. The young boys and the men should hunt while awaiting their coming, while the girls and the women should start readying the food. Coyote Boy would have the honor of being in charge. And from that time on all people should cheerfully, and with good intentions in their hearts, look forward to the coming of the kachinas. This is what he bade him to announce.

The crier chief made his exit and informed the villagers of these matters. When the people learned of these developments, they were enthusiastic. And when the children woke and heard the news, they happily jumped around with joy.

After everyone had eaten, the village leader took his paraphernalia and retreated to his kiva, accompanied by Coyote Boy. The crier chief also was to be present and arrived soon after them.

From that time on the men and young boys, as requested, went hunting every day to obtain whatever they could for the stew which was to be prepared for the kachinas. The people in the other villages might hear about the dance and would certainly come as spectators. Therefore, they had them also in mind as they hunted all sorts of animals: cottontails, jack rabbits, and prairie dogs. The hunters had stalked a fair amount of game when they reached the eve before the public performance. The young girls and women, on the other hand, were preparing the food from what little corn they possessed. In preparation for the big event, they meticulously worked on their houses and cleaned the yards. They also white-washed their homes with great care. And the children, each day as they arose from sleep, asked their parents when the kachinas would come.

Young Coyote did not always remain in the presence of the village chief and the crier chief, but also went about hunting. This time he was having luck and took his kill to his grandmother. It was imperative that they would also have stew since Coyote Boy had been appointed to be in charge. Thus, it was only during the night and for short periods in the morning that he spent his time in the kiva; during the remaining time he roamed around, hunting.

Panmakyangw pu' yaw puma antsa pangsoq totokmiq öki. Noq pu'
yaw istiyo pay ep qa maqtot pay yaw tuwat pep kivaape pumuy lööqmuy
amumum pay nakwhaniy'ta, hisatniqw hapi yaw puma pangsoq kwiniwiq
pumuy katsinmuy tsamtoniniqw oovi. Panmakyangw pu' yaw taawana-
sami pitukyangw pu' yaw paasat piw tapkimi hoyoyota. Panmakyangw
pu' yaw hisatniqw aasattiqw pu' yaw istiyo kikmongwit amum naama
pangsoq nakwsu. Pay yaw puma oovi pangsoqniiqe pay yaw hihin a'niy'-
maqe pay yaw oovi aqw suptu.

Noq pu' yaw puma epeq pituqw pay yaw paasat naat kur puma qa
tiivaqw pu' yaw puma oovi pay pephaqam wuupatpelat aqlap kiisiy'-
taqat ep qatuptu. Niikyangw yaw puma naat pas pu' pep qatuptuqw
pay yaw piw ima katsinam epehaq tiivantivaya. Noq pay yaw puma qa
amumi nakwsut pay yaw puma pep qatukyangw pumuy amumi
kwangwatuqayta. Pay yaw oovi pumuy pas tiitso'q pu' yaw puma
pangso koroy'taqat aw nakwsu. Niiqe pu' yaw puma pep put koroy'taqat
atpip wunuptut pu' pay as pumuy amumi maqaptsiy'ta. Puma hapi yaw
wuuwantaqw puma hapi yaw naat piw pangqw tuupevuy maspayani. Noq
pay hapi yaw nawutstiqw pay yaw puma qa pantoti. Noq pu' yaw pay
i' istiyo pay qa nakwhaniy'ta. Pay pi yaw puma qa hisat pas yaasavoyat
pay pangqw put na'mangwuy maspaya. Niiqe pu' yaw pam oovi pay
paasat aqw pangqawu, "Haw, itam umuy tsamtoqe pituy. Uma oovi
soosoyam peqw haane' itamumyaniy," yaw pam aqwhaqami kita.

Noq pu' yaw hiisavoniqw pay yaw hak pangqw korongaqw piw saaqat
haahawna. Pu' yaw oovi pam hak put saaqat pangqw hawnaqw pu' yaw
puma korowistem pangqw naanangk hanta. Pu' yaw puma pangqw
hantakyangw pu' yaw puma pepeq atkyaq naanangk hongvanta. Pu' yaw
puma pumuy tsamtoqam yaw tuwat pepeq atkyaq pumuy amumi
kuwawata. "Paas uma hantaniy, paas uma naanangk hongvantaniy. Uma
hapi umuutötökiy qa pevewwisniy. Pay itam haalayti uma itamumi
nöngakqw'öy," yaw puma pumuy amumi kitalawu. "Pay haq ima kiive
umuy piw tuwat nuutayyungway. Pay puma piw kwangwtotoya umumi
yoyrikyaniqe'ey," yaw puma pumuy amumi kitalawu.

Pu' hapi yaw puma kur pepehaq kyaastaqe pay yaw pas oovi
nawutstiqw pu' yaw kur puma soosoyam haani. "Ta'ay, pay kya
paasa'yay. Ta'ay, pay uma paas itamungk kwilalatotaniy. Pay itam
soosoyam haalaykyaakyangw kiimiyaniy. Tsangaw kur uma kyaysiway,"
yaw pam kikmongwi kitaqw pu' yaw puma oovi pangqw kiimiq
nankwusa. Noq pu' yaw oovi i' istiyo mootiy'maqw pu' yaw paasat pam
kikmongwi put angkniqw pu' paasat pumawat katsinamya. Pu' yaw puma
oovi paasat tapkiwmaqw pangqw pumuy tsaamiy'ma. Noq pas pi yaw pu-
ma katsinam pumuy amungk wupawisiwta. Pu' yaw puma katsinam antsa
töötökiy qa pevewwisqw pas pi yaw hin töötöqa. Pas pi yaw sosonkiwa
pu' yaw puma piw a'ni na'mangwuy'wisa. Puma yaw kur paniqw pay ep
put tuupevuy pangqw qa maspaya.

As time passed they reached the eve before the dance. That day Coyote Boy did not go hunting but, instead, stayed with the other two in the kiva. After all, some time that evening the chief and he would have to go north to bring back the kachinas. Slowly it became noon, and then the day moved towards evening. Finally, when the moment had arrived to leave, Coyote Boy, together with the village chief, started north. They traveled at a pace quicker than normal walking speed and, as a result, reached their destination in a very brief time.

When the two arrived, the kachinas had not yet begun their performance. The two, therefore, moved to a shady spot near the cliff and sat down. No sooner had they sat down than the kachinas started to dance. Coyote and the chief didn't approach them; instead, they remained sitting, taking a great delight in listening to the kachina songs. They walked over to the hollow in the wall only after the dancing had ceased. They both stood beneath the opening awaiting the things to come. They thought the kachinas would again throw down their baked corn. However, considerable time had already passed, and still they had not done so. Coyote Boy was beginning to grow impatient. The kachinas had never taken that long to cast down their presents. So, Coyote shouted up to the hole, "Hey, we have come to get you! All of you come down here and follow us!"

A few moments later someone began lowering a ladder from the opening. When the ladder was down on the ground, one after another the Korowiste kachinas climbed down. And as they came down they began lining up one by one. Coyote Boy and the village chief welcomed them with many polite words. "Watch your step coming down! Take care as you are lining up! Don't let up uttering your cries! We're happy that you have come out to be with us!" Things of this nature the two kept saying to them. And they added, "At the village, too, the people are waiting for you. They are looking forward to seeing you."

Evidently, many kachinas lived there, because it took considerable time until they had all come down. "Well, I suppose that's all of you. And now each of you follow us with care. Let us all proceed happily to the village. How nice that there are so many of you." After these words from the village chief, the whole train began advancing towards the village. Coyote Boy was in the lead, the village chief came next, then the kachinas. The two led them off, just as evening was beginning to fall. What a long line of kachinas trailed behind them! And, of course, the kachinas kept up their cries. The air was full with the beautiful sounds of their calls. They also carried with them large amounts of gifts. This was why they had not thrown down their baked corn that evening.

Pu' yaw i' istiyo mootiy'maqe pavan yaw himuwya'iwma. Panwiskyaakyangw pu' yaw puma pangso kiimi ökiwisa. Niiqe pay yaw pumuy naat pas kwiningyaqwyaqw pay yaw kur ima sinom pep kiive nanaptaqe pu' yaw pep naa'awintota. Pu' yaw puma pangsoq kwiniwiq tumpoq yuyutya. Pu' yaw puma aqw kwiniwiq taayungqw antsa yaw hisatniqw pu' yaw puma angqw tuuwaqalawngwangaqw maatsiltoti. Pu' yaw puma hapi qöötsatsa yuwsiy'yungqw pavan pas yaw hin soniwa puma pangqw wupawisiwtaqw. Panwiskyaakyangw pu' yaw puma aw tupo ökiiqe pu' paasat pang haqe' aqw oomiq yayvanta. Pu' hapi yaw puma pangqw yayvantaqw pavan yaw puma ooveq sinom hin unangway'yungwa. Pavan yaw puma kwangwtotoya puma angqwyaqw. Nawis'ewtiqw pu' yaw puma soosoyam pangqw yayva. Pu' hapi yaw pumuy amungk sinom tsaatsayom homtiwisa.

Pangqw pu' yaw puma kiimiyaqe pu' paasat kiisonmi yungya. Pep pu' yaw puma katsinam pepeq pumuy kiy'yungqamuy ang na'manwuy tuuhuytinumya. Pas pi yaw puma put niitiy'vayaqe yaw oovi pas soosokmuy ang amuptsiniy'wisa. Pas pi yaw puma qa hakiy ayo' yamakniy'wisa. Hikis pi yaw titiposhooyam nuutum makiwya. Pavan yaw puma walapsinom ep qatsitota.

Paasat pu' yaw pumuy na'mangwu'am sulawtiqw pu' yaw paasat i' kikmongwi pumuy amumi pangqawu, pay yaw pam haak pumuy kivay aqw tangataqw pu' ason yaw pam ep qavongvaqw pu' pumuy nöngaknaqw pu' yaw ason ep pu' puma pas teevep pumuy pep tiitaptotani. Yaw pam pumuy amumi kitat pu' yaw oovi paasat pay pumuy pangsoq kivay aqw tsaama. Paasat pu' yaw oovi puma pangsoq yungmaqe pu' yaw paasat pepeq tiiva. Pu' hapi yaw ima sinom pep kivats'ove kur tsovaltiqe pu' yaw pep pumuy amumi tuuqayyungwa puma tiivaqw. Pas yaw puma oovi tiitso'q pu' yaw puma ahoy kiikiy angya. Yanhaqam yaw hinti puma katsinam epeq ökiqw.

Paasat pu' yaw puma ep mihikqw pepeq kivaapeq tuwat qa tookya. Puma yaw tuwat toktay'yungwa. Pu' yaw ima walaptaataqt kivami tsootsongwisqe yaw aqw sasqalalwa. Pu' yaw i' istiyo pay put piivat qa kwangway'taqe pay yaw oovi qa nuutum tsootsongkt pay yaw tuwat pas mongwiysa. Pay yaw pam tuwat it qöpqöt aatavang tuuwive qatuwkyangw a'ni hiita wuuwanta, son pi qa yooyangwuy. Pu' yaw ima katsinam tuwat ep mihikqw tookyep tiivanlalwa. Pu' yaw pam istiyo pavan yaw pumuy amumi kyaataykyangw pu' piw yaw kwangwatimayi. Qa hisat pi yaw pam panhaqam hiita aw yori.

Panmakyangw pu' yaw hisatniqw taalawva. Pu' yaw angqe sinom pay paasat kur yesvaqe yaw kyaanavotiy'yungwa katsinmuy nuutayyungqe. Panmakyangw pu' yaw hisatniqw ima katsinam pepeq kivaapeq piw tiivantivaya. Pu' yaw paasat ima sinom nanaptaqe pu' yaw piw ang naa'awintinumya. Pu' yaw puma pay aapiy kiisonmi sasqaya. Noq oovi

Coyote Boy who was in the lead was very proud. Eventually, the kachinas neared Walpi. They were still advancing from the north when some villagers learned of their coming and began to spread the word. Everybody started running to the mesa edge and stared north. Soon the procession appeared over the horizon. It was a most beautiful sight to behold. All of the kachinas were dressed in white and were forming a long line. In due time they reached the foot of the mesa and started their ascent to the top. How excited the people were up on the mesa as the kachinas climbed up. They were looking forward to their coming. Finally, after quite a while, they were all up on top. The people and children followed after them in droves.

The procession now made its way towards the village and entered the plaza. There the kachinas went about handing out their presents to the inhabitants of the village. They had brought so many with them that they had enough for everybody. No one was left out. Even the infants received a gift. That day was a great day for the people of Walpi.

When all the presents had been distributed, the village leader announced to the kachinas that he would now take them into his kiva. He would bring them out again the following morning, and then they could entertain the people all day. After these words he led them to his kiva. When all of them were inside, they performed down in the kiva. Meanwhile, the people had gathered near the roof of the kiva and were listening to the kachinas as they danced. When the dancing stopped, they went back to their homes. This is what took place when those kachinas arrived.

The kachinas in that kiva did not go to sleep that night. Instead, they kept a vigil. The Walpi men, in turn, constantly went back and forth to the kiva for ritual smoking. And young Coyote, who did not care for the taste of tobacco, didn't smoke with the others but played his leadership role. He sat on the stone bench, west of the fireplace, and meditated — most likely for rain. The kachinas, in turn, kept up their dancing all night. Coyote Boy watched them in awe and derived a great deal of pleasure from observing them. He had never witnessed anything like this before.

As time passed, it became morning. The people in the village rose and anxiously waited for the kachinas. Finally, they again started dancing down in the kiva. Upon hearing this, the people went around telling one another, and everybody flocked to the plaza ahead of time. The kachinas had not even arrived, yet, the whole dance court was

naat yaw katsinam pay qa kiisonmiyaqw pay yaw ima sinom pep oopo.
Pu' yaw piw kyaysiwqam ep kits'ovawta.

Panmakyangw pu' yaw hisatniqw katsinam kur nöngakniniqw pu'
yaw paasat i' istiyo kivat angqaqw yayma. Noq piw yaw i' kikmongwi kur
put engem pay pas paniqw haqam pösaalatniqw pam yaw oovi pavan
pas lomavösal'uskyangw pangqw yama. Pu' yaw angk i' kikmongwiniqw
pu' yaw paasat puma katsinamya. Pangqw pu' yaw puma naama pumuy
kiisonmi tsaamiy'ma. Niiqe pu' yaw puma pumuy pangso kiisonmi
tangataqw pas yaw ima katsinam pep oopo. Paasat pu' yaw puma pumuy
ang homnaqw pu' yaw puma paasat tiivantivaya. Tiivakyangw pu' yaw
puma tiitso'a. Tiitso'q pu' yaw puma piw pumuy sutsvowat naalaknaqw
pu' yaw puma piw pangwat tiiva. Pu' yaw puma piw tiitso'qe pu' yaw
paasat piw sutsvowat naala. Paasat pu' yaw puma piw pangwat tiiva-
kyangw pu' piw tiitso'qe paasat pu' yaw pay naasungwnawisni.

Noq pu' yaw pam kikmongwi mooti pumuy amumi hiisavat lavayti.
Niiqe yaw pumuy amumi pangqawu yaw pam haalayti puma pep pumuy
tiitaptotaniqe ökiqw. Pu' piw pay ason pam pas pumuy tapkiqw
maatapniqey. Pu' yaw puma it iisawuy amum son öönakyangw pumuy
pep tumalay'taniqat yan yaw pam pumuy amumi lavaytiqw pu' yaw
puma naasungwnawisa.

Pu' yaw puma naanasungwnaqe pu' yaw piw ahoy ökiiqe pu' paasat
piw tiikivey'yungwa. Pu' yaw puma pay paapiy pep teevep tiiva. Pu'
hapi yaw ima sinom pas kwangwatitimayyaqe yaw oovi pay pas suus
pangso kiisonmi yesva. Qa hak yaw suusa pangqw ayo' waaya. Pu' yaw i'
istiyo tuwat pep sinsonve pan naamaataknaqe yaw pavan himuwya'iwta.
Suyan pi yaw put atsviy puma katsinam pep tiiva. Pay yaw oovi pas
taawanasaptiqw puma yaw imuy katsinmuy nopnawisniniqw paasat pu'
yaw ima momoyam mamant kiikiy angyaqe pu' paasat katsinkimiq
noovay oo'oyaya. Pu' yaw ima taataqt tuwat pangsoq tsootsongwisa.

Pu' yaw puma katsinam paasat nöönösaqe pu' paapiy tapkimi piw
tiikivey'yungwa. Pu' yaw puma paapiy aasakis naasungwnawise' pu' ahoy
ökye' pu' yaw na'mangwuy niitiy'vayangwu. Pas pi yaw oovi qa hak qa
hiita makiwa. Pu' yaw puma sinom teevep pep kiisonve noonova. Pu' yaw
ima titipost pep naanan'ik hiihiita mooyungqe yaw oovi qa suusa hin
naanawakna, qa suusa tsaykitaqw yaw tapkimiq pitu. Paasat pu' yaw
kur puma katsinam pay suusyaniqe pay yaw paasat hiita tukpuhooyat
ang mookiy'kyaakyangw ahoy öki. Pu' yaw puma piw tiiva. Tiivakyangw
pu' yaw piw tiitso'a. Pu' yaw puma tiitso'qe pu' yaw puma paasat piw
pumuy sinmuy amuupa nankwusaqe pu' yaw paasat ang hiita tuuhuy-
tinumya. Noq yaw puma kur paasat it soosok hiita natwanit poshumiyat
pumuy huylalwa. Niiqe pu' hapi puma kyaysiwqe yaw oovi kur put
wukokivayaqw yaw oovi puma sinom put niitiya. Nanap yaw puma put
wukomokyaatota.

already packed with people. Also, there were lots of spectators on the housetops.

Then the moment for the kachinas to make their appearance had come, because Coyote Boy was emerging from the kiva. Apparently, the village chief had acquired a blanket for him, just for this occasion; so when he came out, he was wrapped in a beautiful blanket. Coyote was followed by the village chief, and then came the kachinas. Together the two now led them to the dance court. As they took them in, the kachinas filled up the entire court. They now sprinkled the kachinas with sacred cornmeal, and then the dancing got underway. The kachinas danced and then came to a stop. When they ceased dancing they were led to another part of the plaza where they started again. When they again stopped dancing they moved on to another spot. There they danced a third time, and when they were through they were going to leave the dance court.

But first the village chief addressed a few words to the kachinas. He told them how happy he was that they had come to entertain his people. He said he would not let them leave till it was evening. He and Coyote Boy would not tire of taking care of them. After these words the kachinas went to take a break.

Having rested, they returned and continued with the dance. From that time on they danced all day. The people were so thrilled, watching, that they actually sat at the plaza until the end. Not once did anyone leave. Coyote Boy, who was showing himself in his leadership role in the presence of all those people, was extremely proud of himself. There was no doubt that this kachina dance was entirely his accomplishment. At noontime, when they were going to feed the kachinas, the women and young girls went to their houses and then took their prepared food to the resting area of the kachinas. The men, on the other hand, went there to smoke.

After the kachinas had eaten they continued their performance until evening. Each time, in the course of the afternoon that they returned from their rest period, they brought a lot of gifts. There wasn't anyone who did not receive something. People were eating at the plaza throughout the day. The infants had various kinds of food in their mouths and never once, until it became evening, did one become cranky or cry. When the kachinas were going to give their last performance, they returned with small full bags. They danced once more and then stopped. Thereupon they went among the people and handed things out to them. They were distributing seeds for the various kinds of crops. And because there were so many kachinas, and they had brought such an abundance of seeds, the people accumulated quite a lot. Each one had a large bagful.

Paasat pu' yaw ima katsinam put ang tuuhuytotaqw pu' yaw i' kikmongwi pumuy tiitimaytuy amumi pangqawu, "It hapi uma haak pay qa hintsatsnat pay haak it waraniy'yungwniy. It hapi yaw itam tal'angwvaqw itaapasay ang tangatotaniqat ima yan inumi tutaptotaqw oovi nu' umuy aa'awnay. Ima yaw paniqw oovi itamungem it na'- sastotay," yaw pam pumuy amumi kita.

Pu' yaw ima sinom yan nanaptaqe pu' yaw naanami pangqaqwa, "Kwakwhat pi iisaw pumuy yep tsamvaqw oovi pay kur itam son hin yaapiy piw qa yesni." Yan yaw puma hingqaqwaqe yaw put iisawuy tsutsyakya.

Paasat pu' yaw puma katsinam piw löös tiivakyangw pu' tiitso'q pu' yaw paasat pam kikmongwi pumuy ang pahohuytat pu' paasat piw ang pumuy homna. Pantit pu' yaw pam pumuy mongwiyamuy awniiqe pu' paasat put aw pangqawu, "Ta'ay, yantaniy. Ason nu' umumi ngas'ew hiisavat lavaytiqw pu' ason i' umuy umuukiy aqw ahoy tsamniy. Pay antsa uma yep itamuy teevep tiitaptotaqw pay itam haalaytotiy. Pu' ima sinom tsaatsayom piw teevep yep noonovaqe piw haalaytotiy. Noq pay hapi uma itamuy a'ni tayawnaya, niikyangw uma hapi umuukiy epeq ahoy ökye' uma tuu'awvayaqw ima oo'omawt qa sööwuyat itamuy angqw paalay akw poptayaniy. Pay hapi itam put akw yep okiwhinyungway. Noq pay oovi yantaqw pay uma haalaykyaakyangw aqwhaqami ninmaniy," yaw pam pumuy amumi kita.

Noq pu' yaw paasat ima sinom tuwat pumuy amumiyaqe pu' pumuy tuwat ang homnayaqw paasat pu' yaw i' iisaw pumuy tsamkyangw hoopoq nakwsu. Pu' yaw puma pangso waalay'taqat aw ökiiqe pu' yaw puma pay pephaqam pangsoq kwiningqöymiq hant pu' paasat aapiy yuumosa kwiniwiqya. Pu' yaw puma pangsoqyaqw yaw ima sinom kur piw amungkyaqe yaw pangqe tumkyaqe amungk taayungwa. Pavan yaw aqwhaqami qötsatuwuhiwta. Panwiskyaakyangw pu' yaw puma katsinam ahoy kiy aqw öki. Paasat pu' yaw oovi i' istiyo pay pepeq pumuy maatapt pu' pay paasat pangqw ahoy nima.

Yanhaqam yaw pam istiyo pepeq walpeq pumuy katsinmuy tsamva. Yanhaqam yaw puma walapsinom pepeq put iisawuy atsviy a'ni qatsitota- kyangw pu' piw pumuy katsinmuy amungaqw a'ni poshumtota. Panmakyangw pu' yaw piw ahoy kwaakwangqatti. Paasat pu' yaw ima hopisinom yaw piw uyismi öki. Noq pu' yaw pepeq ima peetu walpit kur pas hiita nöönösaniqe pay yaw kur put poshumiy soswa. Niiqe yaw puma peetu oovi kur hiita uu'uyayaniqe pay yaw oovi nawus qa mimuywatuy amumum uywisa. Noq pu' yaw mimawat sinom soosoyam yan nanaptaqe pu' yaw pay himuy pumuy ngastayaqamuy angqw maqaya Panmakyangw pu' yaw pumuy uuyi'am wungwyakyangw pu' yaw tukwsi.

After the kachinas had handed out all the seeds, the village chief announced to the spectators, "Do not use these seeds yet. I want you to save them. The kachinas told me that when the weather gets warmer we are to plant them in our fields. So, I am conveying their message to you now. This is the reason why they prepared these seeds for us."

Upon hearing this, the people exclaimed to one another, "Thank goodness, Coyote brought these kachinas here! From today on we'll somehow manage to survive." This was what they kept saying, praising Coyote.

The kachinas now danced twice more, then they stopped. Thereupon the village chief bestowed prayer plumes on them, and once more sprinkled them with sacred cornmeal. After that he stepped up to the kachina leader and said to him, "Now, let it be this way; I'll speak a few more words to you, and then Coyote will take you back to your home. You have, indeed, entertained us here all day, which has delighted us greatly. The people and children here have been eating all day and so are very happy. You have pleased us greatly. But when you arrive back home, see that the clouds, without delay, come visit us with their moisture. For as far as rain is concerned, we have been in a most sorry state. This will be all, and now all of you may return home with happy feelings."

The other people also approached the kachinas now and also sprinkled them with the sacred cornmeal. Then Coyote started forth, leading them east. When they reached the gap, they descended along the north side and from there headed on straight north. And as they went that way, the people again flocked after them and watched them from the mesa rim. There was a long white line extending to the north. In that manner the Korowiste kachinas finally arrived back home. Coyote Boy left them there and himself returned home.

This was how that young Coyote brought those kachinas to Walpi. It was because of him that the people at Walpi had a great time and received an abundance of seeds from the kachinas. Soon the weather turned warm and it was planting season for the Hopi people. Apparently, some of the Walpi villagers had been so destitute of food that they had eaten up their seeds. Therefore, they had nothing to plant and, consequently, did not join the rest in planting. When the other people learned of this, they shared their seeds with those who had none. As time passed, their crops grew and matured. From that time on the people of Walpi kept reaping a variety of crops which filled their houses. They all

Paapiy pu' yaw puma sinom hiihiita natwaniy oo'oyayaqe yaw kiikiy ang opomnaya. Pu' yaw puma soosoyam a'ni höqyaqw pavan yaw pumuy tuu'oyi'am pas kyeevelmoq pitsiwyungwa. Yanhaqam yaw puma piw a'ni tunösmaskyatota. Yanhaqam pu' yaw puma piw angqw ahoytotiqe qa tsöngso'a. Naat kya puma oovi pepehaq nasaniy'yungwa. Pay yuk pölö.

harvested great amounts of corn; so much, in fact, that the corn stacked up to their ceilings. This was how the Walpis came to stockpile an abundance of food again. And for this reason they did not die of starvation but were revived. They may still have plenty to eat there. And here the story ends.

Istiyo Musangnupnömata

Aliksa'i. Yaw angqe' kitsokinawit yeesiwa, pu' yaw piw yangqe
hopiikivaqe naanaqle' kitsokiniqw yep yaw musangnuve piw oovi sinom
yeese. Noq pu' yaw pep pumuy kikmongwi'am nöömay'taqw pay yaw
puma pas suukw it mantiy'ta. Noq pas yaw pam hak maana piw
lomamananiqw pas yaw pep tootim soosoyam put aw tunglay'yungwa.
Pu' yaw pam maana piw yaw pas qa na'önaniqw putakw yaw puma
tootim piw pas put naayongya. Niiqe yantaqat akw yaw puma pas sutsep
put maanat aqw tutumaywisngwu.

    Niikyangw pay yaw piw qa musangnuptotimsa pangsoq ökiwta. Pay
yaw piw ayangqwwat kitsokit angqw piw mimawat tootim yan nanaptaqe
pu' yaw pay piw tuwat awyangwu. Noq yaw puma tootim aasakis
pangsoye' pavan yaw puma sutsep pep pangso naanangk maqaptsiy'yung-
ngwu. Noq yaw as puma tootim pangsoq kyaakyaysiwqw pay yaw pam

Coyote Boy
Marries a Girl from Musangnuvi

Aliksa'i. They say there was life in various places. Here too, throughout Hopiland, were scattered villages, and so people were also living at Musangnuvi. Their headman was married and he and his wife had one daughter. That girl was so beautiful that all the young men in the village wanted her. Moreover, she was also very industrious, and the youths also liked that in her. For these reasons they were constantly coming to court the girl.

But it wasn't just the unmarried men from Musangnuvi who came to see her. Unmarried men from other villages who had heard of the maiden also came to see her. So, each time when young men went to her house to court her, they had to wait in line. The number of wooers was large, yet, there was not a single one with whom the girl had fallen in love. She never encouraged anyone who talked to her in his quest. Usually

pas qa hakiywat naawakna. Niiqe yaw as oovi himuwa aw yu'a'aykuqw
pay yaw pam pas qa hisat hiitawat aw unangwtavi. Pay yaw as himuwa
pangqw poksöyat angqw aw hiisavo qatut pu' pay qa aw su'pataqw pu'
yaw pam pay okiwte' pu' pay nawus pangqw nimangwu. Tis yaw himuwa
pay tsako'nangwanen pay yaw suuwayangwu. Panhaqam yaw puma
pep put aw okiw nanvotya. Haqaapiy pu' pay yaw puma tootim paapu
qa aqw sasqaya. Pu' yaw yumat piw pay as put maanay engem kyaana-
votiy'taqw pay yaw pam pas qa hin kongtaniqey pan unangway'ta.

Noq pu' yaw musangnuviy aatatkyahaqam yaw isvaptukwive yan
maatsiwqat ep yaw i' hak istiyo tuwat kiy'ta. Noq pu' yaw pam soy'taqw
pay puma pas pep sunala kiy'ta. Noq pu' yaw pam iisaw pay sutsep
hiita pumuy amungem tunöshepnumngwuniiqe pay yaw pam pas naap
haqami hiita heptongwu. Noq pu' yaw pam suus pay pas tapkiwtaqw piw
musangnuviy pas aqle' waynumkyangw pam yaw pangso kiimi pitut qa
navota. Niikyangw pam yaw pay tumkyaqe kwayngyavaqe hinnuma. Noq
pam yaw naat haqe'niqw yaw hakim haqam hingqaqwaqw yaw pam
navota. Niiqe pu' yaw pam pay pep suhuruutit pu' yaw pam naqvu'itsiw-
kyangw tuqayvaasiy'ta. Noq yaw kur hakim tootimya. Pu' yaw pam
pumuy amumi tuuqaytaqw yaw puma hakim tootim put lomamanat
naanami yu'a'atota. Pu' yaw pam hin pitsangway'taqw put yaw puma
yu'a'atotaqe pas yaw pam nukngwaniiqat yansaya. Pas pi yaw son hak
haqam piw pan nukngwaniikyangw piw qa na'önaniqat puma kitota.
Noq oovi yaw putniiqa pas pi yaw son oovi qa tsuyakni. Yaw as puma
hinye' put mantuwtotaniqey yaayan hingqaqwa.

Noq pu' yaw i' iisaw pay pas put maanat aw hin yorikniqey unangw-
tiqe pu' yaw oovi pas kiimi nakwsu put maanat kiiyat heptoqe. Noq
paasat pay yaw as naat taalaniqw pam yaw pangsoniqw piw yaw pas qa
suusa himu pooko put aw wari. Noq pu' yaw pam pang kiinawit yannum-
kyangw pu' haqami pituqw pep yaw hakim tootim kiihut tupatsay'taqat
atpip hoongi. Noq pangqw yaw tupatsngaqw kootalqw pepeq yaw hak
susmataq ngumamata. Noq pu' yaw pepeq ooveq hak poksömiq
tsukuniwkyangw yaw sumataq aqw hingqawlawu. Nit pay yaw pam qa
pas wuuyavo pangsoq pantat pay yaw pam angqw ayo' waaya. Pu' yaw
pam hak angqw hawqw pu' yaw paasat piw suukyawa aqw wupt pu' pay
yaw pam piw qa wuuyavonit pu' yaw pay ahoy angqw haawi. Noq pu' yaw
puma pep naanangk pangsoq tuwanlalwa. Noq pay yaw pas qa himuwa
epeq wuuyavotat pay yaw angqw ahoy hawngwu.

Pu' yaw pay pas hihin mihikqw pu' yaw pay kur ima tootim soosoyam
aapiyya. Noq pam iisaw pi yaw pay haqam muykiisiy'taqat ep na'uyiy'-
taqe pu' yaw pam pangqw put maanat kiiyat aw nakwsu. Pu' yaw pam
paasat oovi tuwat pangsoq tupatsmiq wupqe pu' yaw haqaqw poksoy'-
taqw pay yaw pam pas yuumosa pangso. Pu' yaw pam aw pituuqe pu'
yaw pam pangsoq put maanat aqw na'uykuyta. Niiqe pam yaw as

a suitor would sit for a while by the small vent hole in the wall, but when the girl showed no friendly response he would get disheartened and leave. Particularly if a youth was timid, he would give up quickly. Thus they all failed to win the maiden's heart. There came a point when many young men simply didn't bother to call on her anymore. The parents of the young woman were anxious for their daughter to get married, but it looked as if she lacked any desire for a husband.

It so happened that south of Musangnuvi, at a place called Isvap-tukwi, a young Coyote had made his home. He had his grandmother but otherwise lived quite alone. That Coyote was always about searching for food, both for his granny and himself, and he would go anyplace to seek out something to eat. Once, quite late in the evening, as he was ranging through the land bordering Musangnuvi, he perchance neared the village without being aware of it. He was scrounging along the outskirts of the town at the rim of the cliffs. Rambling along the mesa edge he suddenly heard the voices of people. He instantly stopped and perked his ears attentively. The voices were evidently those of young men. Listening to them Coyote soon made out that the subject of their conversation was a pretty unmarried girl. The youths were talking about her beautiful face and kept saying how wonderful her body looked. Nowhere was there anyone so attractive and also so diligent in her work. Whoever got her for his own would be most fortunate. And at length they were wondering how they might go about winning her as a sweetheart.

Coyote set his heart on seeing the girl for himself and headed toward the village to seek out the girl's house. It was still light outdoors, but not once did a dog rush up to him. Roaming among the houses, he soon came to a spot where some youths were waiting below the second story of a house. A shimmer of light escaped from the upper level and the sounds of somebody grinding corn were clearly audible. Coyote espied a man kneeling, up by a little vent in the wall. He seemed to be talking into the hole, but he did not stay very long and soon deserted his place. The minute he was down somebody else made his way up to the second floor. He, too, did not remain very long before he came climbing down. One after the other the young men were trying to talk to the girl inside. But not a single one spent more than a short while before he made his descent.

Later, into the night, all young men departed. Coyote, who had been hiding in a shadow cast by the moon, now ventured over to the girl's house. He also worked his way up to the upper story, moving straight to the aperture. There he sneaked a peek at the girl. At first Coyote had not believed what he had overheard. There could not be a maiden anywhere

mootiniqw pay qa tuptsiwa. Son pi yaw hak pas antsa haqam
lomamananiikyangw pu' piw qa na'önaniqat yaw pam yan wuuwa. Niiqe
pu' yaw pam pas naap yorikqw pas yaw antsa pam kur hak lomamana.
Pu' hapi yaw pam pisoq ngumamataqe pas yaw qa ngas'ew huruusaltit pay
yaw wuuhaq piingyangwu. Niiqe yaw pam oovi naqlap paykomuy
yungyaput ang ngumnit wukomo'o'yungqat oyiy'ta. Pankyangw pu' yaw
pam piw haqam qatuwtaqey put oovaqe qa sukkw tsaqaptat angqw
ngumnit tangay'ta. Niiqe pu' yaw pam ngumantaqw pavan yaw pam
susmataq wukoqötsamamay'ta. Pavan yaw iisaw aw kwangway'tuswaqe
yaw oovi lengihayiwkyangw aw tayta.

Pu' yaw as pam pay paasat tuwat aw hingqawniqey yan wuuwat pay
yaw pam hinwattiqe pu' yaw pay oovi qa aw hingqawu. Pay yaw pam
ason qaavo piw angqwnen pu' paasat aw hingqawniqey yan wuuwa. Pu'
yaw pam hiisavo pay pas put tiimayi. Pas pi yaw pam hak sonwakw
pitsangway'taqw pas pi yaw pam oovi put qa timay'öyi. Niiqe yaw pam
oovi kur hin pangqw pay suu'aapiyniqe pu' yaw pam oovi pay pas
wuuyavo put aqw pantat pu' nawis'ewtiqw pu' yaw pam payniqey yaw aw
naa'angwuta.

Paasat pu' yaw pam pay oovi nima. Noq pay yaw piw pas qa suusa
himu haqam pooko put aw nakwsu. Pu' yaw antsa kiy ep ahoy pituuqe
pu' yaw soy aw tu'awiy'ta. Pu' yaw puma tuumoytaqw pu' yaw pam soy
aw pangqawu, "Itaasoy," yaw pam aw kita.

"Ya himu'u, imöyhoya?" yaw pam kita.

"Pas hapi nu' se'elhaq yang musangnuva itamungem tunöshepnum-
kyangw piw hakimuy amumi tuuqaytaqw puma pangqaqwaqw piw yaw
pep i' hak pas lomamana qa hakiy naawaknay. Niiqe nu' pas naap hin
yorikniqe pu' oovi qa hak epniqw pu' nu' tuwat awniqw pay pas kur
antsa'ay. Pu' hapi as tutumayt put aw naanangk ökiwtakyangw pay qa
himuwa wuuyavo aw yu'a'atat pay piw angqw ayo' waayangwuy. Noq nu'
aqw tunatyawtaqw pay pam pas qa hakiywat aw unangwtaviy," yaw pam
put aw kitalawu. "Noq ima kiyavaqtotim as piw awyaqw pay pam piw
pumuywatuy amumi qa su'pay. Noq nu' as kur ngas'ew tuwantaniqey
yan wuuway," yaw pam put soy aw kita.

Pu' yaw pam put mööyiy aw pangqawu, "Is uti hawapi, okiw um
himu imöyhoya. Son tis pi pam un'ewakw naawaknani. Pi um okiw
nukushoya, pu' um piw qa hiita tuwiy'ta. Hikis pi kur pumuy hopitotimuy
qa naawakna. Noq pay pi um piw pas hiita qa tuuqayngwuniiqe pay pi
um son piw qa awniqey su'qawta. Noq pay pi kur um ngas'ew tuwat
awni. Pi pay as um himu pevewin'ewayhoya," yaw pam put aw kitaaqe
pay yaw as put hihin qa nakwhana. Noq pay yaw antsa pam istiyo pas
pangso put maanat aw su'qawtaqe yaw oovi pay ep qavongvaqw mihikqw
piw awniqey pangqawu. Pu' yaw puma oovi paasat pay ang aapataqe pu'
yaw pay paasat puuwi.

that gorgeous and industrious at the same time, he had thought. But now he saw with his own eyes that it was true. The young woman was most lovely. She was busy grinding and paused not once until she had fine-ground a large pile of corn. Already there were three wicker plaques heaped with big mounds of cornmeal sitting next to her. In addition, there were many ollas filled with flour above the place where she was kneeling. As she was grinding Coyote could see her pleasingly large and light-complexioned arms. Coyote felt passion and desire for the girl; his tongue hung out, and his eyes were glued on her.

Coyote considered speaking to the girl, but changed his mind and kept silent. He decided to return the following day and then speak to her. For a while he just watched her. She had such a lovely face that he could not keep his eyes off of her. And since he could not get himself to leave right away, he sat there for a long, long time. Finally he overcame his reluctance to leave, and departed.

Coyote now proceeded homeward. To his surprise, not once did a dog attempt to approach him. Back at his den he related the entire experience to his grandmother. The two of them were in the middle of a meal when, all of a sudden, he burst out, "Grandmother!"

"What is it, my grandchild?"

"A while ago, as I was searching around Musangnuvi for foodstuff for us, I overheard some people talking about an unmarried village girl who is exceedingly pretty but doesn't care for any man. I wanted to see if it were true. So, while there was no one about, I too went to her house. And, indeed, it turned out to be very true. There were wooers arriving in droves, but not one of them spent more than a few minutes talking to her before he would go away. I watched what was going on up there and noticed that the girl didn't encourage any one of the men. Boys from other villages also came but they, too, were turned down. So I thought I would give it a try," he said to his grandmother.

She replied to her grandson, "Is uti hawapi, my poor grandchild! That girl wouldn't want a pitiful thing like you. You poor soul, you're neither handsome nor are you skilled to do things. Why, she doesn't even care for Hopi youths. But since you're stubborn, you've probably set your heart on going. Well, I guess, it can't hurt if you give it a try. But you're not one that anyone would take seriously." This she said, because she really didn't approve of what he had in mind. It was true, Coyote Boy was determined to call on the girl and said he would go the very next evening. Then it was time to spread out their bedrolls and go to sleep.

Qavongvaqw pu' yaw pam pay qa haqaminiiqe pay yaw oovi pas kiy ep teevep kwangwaqtu. Pu' yaw pam as tapkimi kyaanavotiy'taqw pas hapi yaw qa iits tapkiwma. Hisatniqw pu' yaw tapkiqw pu' yaw puma kur piw nösniniqw pu' yaw oovi so'at aw tunösvongyaataqw pu' yaw puma oovi tuumoyta. Noq pu' yaw pam istiyo pay pas tutumaytoniqey oovi pay yaw pas naanaphin suutumoyta. Pas hapi yaw pam kwangwtoya put maanat aw piw yorikniqe.

Pu' yaw pam oovi pay pas naap hin sunöst pu' yaw payniqey soy aw pangqawt pu' yaw pay tunösvongyat angqw ayo' waaya. Noq pu' yaw pam naat pay qa yamakqw pu' yaw put so'at aw pangqawu, "Haaki imöyhoya, naat nu' uumi hin tutaptani," yaw pam put mööyiy aw kita.

"Pisoqti tur'a. Piw kya um nuy sööwuy'toynani. Pay kya um piw nuy hin meewaniqe oovi pangqawlawu," yaw pam soy aw kita.

"Qa'e, pi nu' ung pa'angwaniqe oovi uumi hiita tutaptani," yaw pam put aw kita. "Pay um oovi haak ahoy yep qatuptuni," yaw pam put aw kitat pu' yaw pam yuk hoopowat tuupelmoniiqe pu' yaw pam pangqw poksöngaqw hiita oovi qörinuma.

Noq pu' yaw pam istiyo pay nawus pep ahoy qatuptukyangw yaw as kyaanavotiy'taqw piw yaw so'at sööwu hintsaki. Noq pu' yaw pam so'wuuti kur hiita hepnumqey tuwaaqe pu' paasat put mööyiy aw ahoy yawkyangw. Noq piw yaw pam himu tukpuhoyat ang mookiwta. Niiqe pu' yaw pam put aw pituuqe pu' yaw put aw pangqawu, "Pay hapi um okiw hin'ewayhoya nukushoyaniqw pay kya pam tis son un'ewakw hakiy aw unangwtapni. Noq oovi um it kime' ason pas kur uumi qa hingqawqw pu' um paasat it sukw angqw horoknat pu' um paasat it put matayat aqw tuuvani. Pu' pam paasat hapi ngumante' pam son it qa enangnen pu' qe'te' pu' paasat matay son aqw qa pootani. Pam himu hapi son as pangqw enang pakiwtaniqat yan pam wuuwe' pu' pam son pangsoq put hiita qa hepni. Noq pay ason pam put pas tuwe' pu' paasat son hakiy hapi qa hepni. Nen pu' paasat pam ung tuwe' pu' paasat pay son ung qa tuuvingtani sen um put pangsoq tuuvaqat'a. Noq pay um ason nakwhani. Pu' um paasat pay aw pangqawni kur put angqw yukuniqat'a. Noq pay pi um naap wuwniy'taqe oovi um hapi paapiy pay naapeniy," yaw put so'at aw kitat pu' yaw put aw hiita mokiwyat tavi.

Noq yaw kur pam himu it wiipatsvut angqw tukpu'iwtaqat ang mookiwta. Nit pay yaw pam iisaw panis, "Kur antsa'ay," kitat pu' yaw pay suymakto pisoq'iwtaqe. Pu' yaw pam oovi pay panis yamakt pu' yaw pam put pi'alhayta. Pantit pangqw pu' yaw pam piw musangnumi put tukpuhoyat pankyangw warikiwtaqe pay yaw pam pas put tukpuhoyat qa suusa aqw pootat pangso kiimi pitu.

Ep pituuqe pu' yaw pam pay pas yuumosa put maanat kiiyat awi'. Noq yaw pam haqaqw kiskyangaqw put kiiyat aqw tonikqw pay yaw piw pephaqam hihin qeniy'taqa ep kotqave yaw ima tootim pangso maqap-

The following day Coyote did not go anywhere but stayed at home all day and relaxed. He was anxiously awaiting the coming nightfall, but time seemed not to pass. At long last the sun went down and the two began supper. Coyote's grandmother laid out some food on the floor, and they both sat down to eat. Coyote Boy, who was bent on courting, hurriedly gobbled down his food. He looked forward to seeing the girl again.

Having wolfed down his meal, Coyote informed his grandmother that he was leaving and strode off from the food. He had not yet made his exit when his grandmother called him back. "Just a minute, my grandson, I have some things to say to you.!"

"Make it quick then, you're delaying me! You probably want to discourage me from going. That's why you said that," he replied.

"No, on the contrary, I'm trying to help you. I'd like to give you some advice. Just settle down for the time." With that she walked over to the east wall and rummaged around in a little niche.

Coyote Boy had no choice but to settle down. He was in a rush, yet, his grandmother was taking her time. Presently the old lady found what she was looking for and returned with it to her grandson. Whatever it was, it was bundled up in a little sack. Back by his side she said, "You wretched thing, you're so homely and unattractive. I'm afraid the girl may not pay any attention to one like you. So, take this along and if she does not respond to you pick out one of the things in this bag and throw it into her metate. She will, of course, be grinding and when she drags the thing along with the corn she will stop to check her metate. Feeling something which shouldn't be in there, she is bound to search for it. Not until she finds it will she look for someone. At that point she will discover you and will probably ask whether you are the one who threw that thing onto her grinding bin. You go ahead and acknowledge it. Then suggest to her to taste it. And as you have brains of your own, you can handle the situation from there by yourself." With that, Grandmother Coyote handed the small sack over to her grandson.

Whatever the contents, they were in the sack fashioned from deer hide. Since he was in a rush, Coyote merely said, "All right, all right!" and already was on his way out. No sooner was he through the door than he tied the sack to his waist. That done, he whisked off toward Musangnuvi with the small sack on his hip. Not once had he looked into it before he reached the village.

Upon arriving, Coyote headed straight to the maiden's home. As he turned the corner, out of an alleyway towards her house, he again found young men waiting at the clearing by a pile of firewood, but not as many

tsiy'yungwa. Niikyangw pay yaw pu' qa an wuuhaqya. Pay yaw peetu
paapu naapevewintotiqe pay yaw paapu qa aw tutumaywisa, tis oovi yaw
ima kiyavaqtotim. Pay yaw kur puma qa hiita oovi pangso yaavohaqami
maqsonlalwa. Niiqe pay yaw oovi puma sumataq musangnuptotimsa pas
naat qa tsako'nangwtotiqam pepya. Noq pay yaw oovi naat qa
wuuyavotiqw pay yaw puma pep asyaqam kur tokwisa.

Noq pay yaw piw kur ima popkot naat qa nanapta pam iisaw pangso
kiimi pituqw. Noq pu' yaw oovi qa hak haqam'ewayniqw pu' yaw pam
piw pangsoq tupatsmiq wupqe pu' yaw aqw poksömiq qatuptu. Noq
yaw pam aqw kuyvaqw pay yaw pam piw antsa ngumanta. Pu' yaw pam
as mootiniqw pay paysoq aqw taynuma. Hisatniqw pu' yaw pam suutaq-
'ewtaqe pu' yaw paasat aqw pangqawu, "St, soh, maanay," yaw pam as
aqw kitaqw pay yaw pam pas qa qe'ti ngumantaqe. Pu' yaw pam piw
hiisavo pangsoq pantat pu' yaw piiw, "St, maanay, nu' angqw uumi'iy,"
yaw pam as piw aqw kitaqw pay yaw pam pas qa hin put aw ngas'ew
kwuupukniqey anta. Niiqe yaw pam oovi huur yooko'kyangw ngumas-
veveta.

Pu' yaw pam pay pas qa tsako'nangwtiqe yaw oovi pay pas qa angqw
ayo' aapiy. Pu' yaw pam naat as pu' piw aw hingqawnikyangw pu' yaw
pam put mokiwyay u'na. Nit pu' yaw pam oovi put tukpuhoyat pi'alay
ep ngaat pu' yaw pam pep qa talpuve put aqw qörinuma. Pantikyangw
pu' yaw pam put sukw hiita angqw horokna. Niiqe yaw pam hiita
pölangwput horoknaqe yaw aw wuuwanlawu himu pamniqw. Pu' yaw
pam pas hin navotniqe pu' yaw pam oovi haqami hihin talpumi put
iita. Noq yaw kur pam leposit pangqw tangay'numa. Niikyangw pas
yaw piw wuuwuyoqa. Paasat pu' yaw pam put maanat matayat su'aqw
mavastat pu' yaw put aqw tuuva.

Noq piw yaw pam su'aqw tuuvaqw yaw antsa pam maana nguman-
taqe naat pu' yaw piw put mataakiy atkyamiqwat haakoknakyangw yaw
pam hiita hurut enangniiqe sunvota. Pay yaw pam antsa paasat suuqe'-
tiqe pu' yaw pangqw mataakiy angqw hiita hepnumkyangw pu' yaw
tuwa. Pu' yaw pam put tuwaaqe pas yaw paasat pu' pavan oomi
kwuupukqe pu' yaw angqe' taynuma. Noq pas yaw paasat pu' pam
iisaw put maanat taywayat paas piptsa. Noq pas pi yaw antsa pam hak
lomamana. Yaw hak wuyaqtayway'kyangw pu' yaw piw sikyavu. Pu' yaw
piw pavan pas wuyaqvoli'inkyangw yaw lomatu'oynaaqay'ta. Pu' yaw i'
ngumanqöma'at son'ewakoyat aw hoyokna. Pas pi yaw pam iisaw put
aw pavan yorikqe yaw qa yan unangwti.

Niiqe oovi yaw pam maana put aw hingqawqw pam yaw mootiniqw
qa aw hingqawu. Pas yaw piwniqw pu' yaw pam hihin navotqe pu' yaw
aw pangqawu, "Haw himu'u?" pay yaw pam put maanat panis aw kita.
Pu' yaw pam piw, "Ya um peqw it tuuva?" yaw pam maana kita.

Paasat pu' yaw pam put aw pangqawu, "Owiy," yaw pam kita.

as the last time. Some of them obviously had lost confidence in themselves and had not returned to court her anymore, especially those who were from other villages. All the hardships they had endured by coming so far had been in vain. It appeared that only Musangnuvi youths had not yet given up. Not long after, even the young men who were present left to go to bed.

Once again the dogs had not noticed Coyote as he approached the village. Since no one was in sight, he clambered up to the second story and squatted down by the vent hole in the wall. Casting a glance inside, sure enough, there was the girl grinding corn. At first he just looked in. Time passed, and finally he mustered up the courage to call through the hole. "Pst, hey, young girl!" he cried. But she didn't stop grinding. Again he sat there for a while, and he repeated his call. "Pst, young girl, I have come to see you!" The girl showed no response; she did not even look up. She ground away steadily, firmly bent over her work.

Coyote did not lose heart but remained in his place. He was about to address the girl a third time when he recalled his little bundle. Untying the small pouch from his hip, he dug around in it in the dark. Then he took out one of the things from inside. What he took out was round, and he wondered what it could possibly be. To find out he held it out to a little bit of light. Lo and behold, there were juniper berries in his pouch. But they were much larger than the normal size. He now took careful aim and tossed the berry toward the girl's metate.

To his surprise, Coyote threw the berry exactly into the bin. The girl, of course, was grinding and just gave the mealing stone a downward stroke, and immediately she felt something hard. As predicted, she halted her grinding at once and searched within her metate until she found something. Having discovered the berry, she raised her head higher and looked around. Now Coyote got his first good look at her face—she was indeed a beauty. Her face was well rounded and lightly hued. Her hair was done up in large butterfly whorls while her ears were adorned with a pair of pretty earrings, studded with turquoise mosaic. Her loveliness was only heightened by the cornmeal make-up on her cheeks. Now that Coyote had gotten a close look at her, he was stunned.

Thus, when the girl said something to him, he remained silent at first. Only when she repeated herself did he slightly hear her, and then asked, "What was that?" These were the only words he could manage to utter. Once more the girl inquired, "Did you cast this thing in here?"

Now Coyote broke his silence. "Yes," he breathed.

"Is uti, ya um hintiqw piw oovi nuy yuuyuyna?" yaw pam iisawuy
aw kita.

"Pay nu' qa ung yuuyuyna. Pay um pas inumi yu'a'aykuniqat oovi
nu' antsa put pangsoq tuuvay. Niikyangw kur um put angqw yukuniy. Sen
pi um kwangway'taniy," yaw pam put maanat aw kitaqw pu' yaw pam
oovi put leposit mo'amiqhaqami panat pu' yaw sowa.

Noq pas hapi yaw kur pam kwangwa. Pay yaw as pam qa suus
leposit angqw yukukyangw pam yaw qa hisat pas pan kwangwat angqw
yuku. Pu' yaw pam sowaaqe pu' yaw put aw pangqawu, "Is ali, ya um
haqam pas it yan kwangwat'a?"

"Pay nu' puunat ayang kwiningya waynumkyangw nu' it hotskit aw
pituqw piw pam pep pas wuuwukoq leposiy'taqw pu' nu' oovi put sukw
angqw tukuuqe pu' angqw yukuy. Noq pu' nu' pan kwangwayat aw
navotqe pu' nu' oovi pep put wukomawiy," yaw pam put aw kita.

"Noq um qa piw peehut himuy'ta?" yaw pam aw kita.

"As'ay, pay nu' naat wuuhaq himuy'tay," yaw pam aw kita. "Noq um
piw peehutniniqw pay pi nu' piw ung peehut angqw maqaniy," yaw pam
istiyo put maanat aw kita.

"Antsa'a, himu tis pi pay um pew pakiqw pay itam naami yep
yu'a'atikyangw put tuumoytani," yaw pam put aw kita. "Yangqewat
taavangqöyvaqe hötsiwa, pangqe um pakini," panis yaw pam put aw
kitaqw pay yaw pam pangsoqwat warikqe pu' yaw aw supki.

Noq yaw i' iisaw pay yaw kur qa paysoq iisaw. Pay yaw pam as qa
powaqaniikyangw pay yaw pam piw a'ni himu. Niiqe pu' yaw pam
oovi it maanat aw naamataqtaniqe pay yaw pam pas suhopiniwti. Pam
pi yaw iipaqw aw yu'a'ataqw pam maana yaw naat paasat pay put qa
tuway'ta. Niiqe pam yaw oovi pankyangw pep put aw paki.

Pu' yaw pam maana paas put engem naqlap kanel'aapat puhiknat
pu' yaw put pangso qatu'a'awna. Is yaw tumaya qa sööwunit yaw aqlap
suqtuptu. Paasat pu' yaw puma put leposit tuumoykyangw naami
yu'a'ata. Pas pi yaw pam sakinaqe qa sööwu pangqw poksöngaqw aw
yu'a'atat pas yaw amum ep pakiwkyangw. Pas pi yaw pam maana put qa
aw hinnit pay put naat suusniqw pay pana. Tumaya pi pay as pas
poksöngaqwsaningwuniqw pam yaw oovi naat pu' niikyangw pay pakiiqe
pas pi yaw himuwya'iwta.

Noq pu' yaw pam maana ngumantaqe qe'tiqw pay yaw put yumat
sunvota. Pu' yaw put yu'at nayat aw pangqawu, "Meh, taq pi haq maana
ngumanqe'ti," yaw pam kita.

"Hep owiy, pay nu' piw navotay. Noq pay sen pi pam maanguy'qe
oovi qe'tiy. Pay pi ephaqam pantingwu," yaw put na'atwa kita.

Pu' yaw puma pay pepeq wa'ökiwkyangw pay yaw naat qa puuwi.
Niikyangw yaw puma kur naama put aw paas tunatyawtaqw pay yaw pas
nawutstiqw pay yaw pam pas qa piw ahoy ngumanva. Noq pu' yaw pam

"For goodness sake, why are you pestering me?"

"I'm not pestering you. I just wanted you to speak to me. Yes, it was me who threw the berry into your bin. Take a bite out of it, you might like it." The girl did as bidden, popped the juniper berry into her mouth, and ate it.

Come to find out, it had a pleasant flavor. The girl had sampled such berries many times before, but never had she tasted any as sweet as this. Having eaten the berry, she exclaimed, "How delicious! Where on earth did you come by one so exquisite as this?"

"Well, recently I was roaming the area north of here, and I chanced upon a juniper tree which, much to my surprise, was full of large-size berries. I plucked one off and tried it. When I found out how savory it was, I picked a large quantity," Coyote lied.

"Do you have some more?" the girl asked.

"Oh yes, I still have quite a few. If you care for more, I'll give you some," Coyote replied.

"Very well. Why don't you come in? Then we can eat and talk at the same time. There's an opening on the west side. Come in through there." Barely had she said so, when Coyote zipped around the side and quickly entered.

Now this Coyote was not an ordinary creature. He was not a witch, but still he was a being with extraordinary powers. So when he was to reveal himself to the girl he now changed into the shape of a human. As long as he had been conversing with the girl from the outside, she had not been able to see him yet. So, in that form he entered her chamber.

Presently the girl spread out a sheepskin next to herself and invited Coyote to have a seat. Wow, never did a suitor squat down so fast and with less hesitation! The two began eating the juniper berries and chatting away. What a stroke of luck for Coyote that he did not have to talk to her through the opening in the wall. Instead, there he was, inside with her. The girl had not been a bit hesitant and had let him in on his first call. As a rule, a suitor would talk to his love through the vent hole only; so, when Coyote was asked inside the very first time, he was tremendously pleased.

The moment the girl had ceased grinding, her parents immediately became aware of it. The mother remarked to the father, "Listen, our daughter has stopped her grinding!"

"Oh yes, I also noticed it. Maybe she grew tired and that's the reason for her pausing. She does that sometimes."

The girl's parents were lying down but had not yet gone to sleep. They were both paying close attention to their daughter. After quite a while had passed, she still had not started grinding again. Her mother

yu'at piw pangqawu, "Pay hapi pas sumataq qe'ti. Pu' kya hakiy hiiyongtiqe oovi hakiy kya aw yu'a'ayku."

"Pas hapi nu' pay su'un aw wuuway. Pay kya antsa kwakwhat nawis'ewtiqw hakiy tuway. Pay pi as itam pan engem naawaknaqw pay pi pas naap kyaanawaknaqe oovi naat qa siwatuwtat pu' kya hakiy tuway," yaw pam taaqa nöömay aw kita. Pu' yaw puma pay paasat put qa hin aw wuuwantat pay yaw kur hisatniqw naama puwva.

Noq pu' yaw puma tuwat pepeq put iisawuy leposiyat tuumoyta. Noq pay yaw hisatniqw kur yaw puma put soosok sowaqw pu' yaw pam iisaw pay hihin okiwti himu'at sulawtiqw. Pu' yaw pam oovi pay nimaniqey pangqawu. Pay pi yaw pam kur hintiqw oovi pepeq put amumni. Pam pi pay wuuwaqw pam pay put leposiyat oovi put pana. Noq pu' yaw pam ahoy qatuptuqe pu' yaw as hötsiwmi nakwsuqw pu' yaw pam maana put aw pangqawu, "Pay haaki, naat nu' ung tuwat hiita akw tayawnani."

Yaw pam put aw kitat pu' yaw pam ayo'wat aapamihaqami pakiiqe pu' yaw hiisavoniqw piw angqw ahoy yamakkyangw piw yaw hiita mokta. Pu' yaw pam put iisawuy aw tavit pu' yaw aw pangqawu, "It um kimakyangw nime' ason um it nöst pu' paasat puwni," yaw pam kita. "Noq um son piw qaavo mihikqw angqw ahoyni? Pas hapi um qa ngutsuniqw nu' uumi kwangwayu'a'ata. Pu' nu' piw uuleposiy angqw kwangwayuku. Noq oovi kur um piw angqwnen um as piw peehut angqw kimani," yaw pam maana kita.

Noq yaw pam maana kur put muupiy mokyaatoyna. Pavan yaw pam iisaw haalayti. "Kwakwhay, um nuy nitkyatoynay. Pay nu' son ason piw qa angqwniy. Pu' pay nu' son ason ungem angqw piw put qa kimaniy," yaw pam put aw kitat pu' pay pangqw yama.

Pavan yaw pam haalaykyangw pangqw nima. Tis yaw pam maanat noovayat kimakyangwniiqe oovi. Noq pay yaw piw pas put popkot qa suusa yuuyuynayaqw yaw pam musangnuviy tatkyaqöymiq hawt pu' pay pangqw yuumosa kiy awi'. Noq pu' yaw pam ep pituqw pay yaw naat kur put so'at qa puuwi. Pu' yaw pam pay panis aqw pakit pu' yaw pam soy aw pangqawu, "Itaasoy, nuy it ömaatoyna'ay," yaw pam aw kita.

"Is uni, ya um piw hiita hinva?" yaw pam put mööyiy aw kita.

"Pay pam piiki pep mookiwtay. Ason itam mooti pikqenat pu' puwniy," yaw pam soy aw kita.

Pu' yaw pam isso'wuuti put mookit tsawiknaqw piw yaw antsa ep piiki wukotutukmol'iwta. "Is uti, ya um haqam piw it uu'uyi?"

"Pi nu' put qa uu'uyiy. Pi pay nuy put maana mokyaatoynay," yaw iisaw kita.

"So'on pini, son pi pam un'ewakw it maqani. Pi um pay okiw nu'an iisaw," yaw pam put aw kitaaqe yaw okiw qa hin tuptsiwa.

"Hep as'ay, pay pam nuy pas put suyan maqay. Nit pu' piw naat nuy qavomi mihikmi ahoy ngeeminta. Niikyangw nu' yaw paapu hihin wuuhaq angqw engem leposiy'maniy."

remarked, "I think she's quit for good. Maybe she found a boy she likes and is talking to him."

"The same thought struck me. Thank goodness, maybe she's found someone at last. That's what we wished for her, but she has been so picky that she still has no boyfriend. Maybe she has one now," the man said to his wife. They both did not worry about it as much anymore and eventually fell asleep.

In the meantime, the two on the second floor were munching away on Coyote's juniper berries. After a while they had eaten all of them. Coyote, who was somewhat despondent for not having any more to offer, announced that he would be returning home. He had no other excuse to be there with the girl. As he saw it, she had allowed him in on account of those berries. He rose from his seat and started for the door when the young woman called out, "Just a moment, I also want to please you with something." Then she disappeared into another room.

A few minutes later she emerged with a bundle in her hands which she handed to Coyote saying, "Take this along with you, and when you are back home, snack on this before you go to bed. Do you suppose you can come around again tomorrow night? You're not shy, and I enjoy conversing with you. And I delighted in eating your juniper berries. Should you call again, please bring some more."

There was no mistake, the girl had wrapped up some of her piiki rolls for him. How elated Coyote was. "Thank you for packing me this food. Believe me, I'll return, and for sure I'll bring you more of those berries." With these words he left the house.

Coyote was all happiness and joy as he turned homeward, especially since he was bringing back some of the maiden's cooking. Again he was not molested by a single dog as he descended the south side of Musangnuvi and cut a straight path toward his den. Reaching home he found that his grandmother was not yet asleep. He entered exclaiming, "Grandmother, take this!"

"How nice, what have you brought?" she queried.

"That's piiki wrapped up in there. Let's have piiki with water before we go to bed."

The aged Coyote Woman unwrapped the bundle and, sure enough, much to her surprise she found a good stack of piiki inside. "Dear me, where did you pilfer this?"

"I didn't steal it, the young girl packed it for me!" Coyote explained.

"No way! She would not have given this to someone as ugly as you. You're only a coyote," replied his grandmother in disbelief.

"But it's true; she really did give it to me. And she invited me back for tomorrow night. I'm supposed to bring along more juniper berries for her."

Yaw pam soy aw kitaqw paasat pu' yaw so'wuuti sumataq hihin
tuptsiwqe pu' yaw pangqawu, "Is askwali, pay kya pi antsa pam uumi
suutaq'ewniiqe oovi pay kur ung nitkyatoyna. Niikyangw pay um qa pas
haak kwivi'iwtani. Pay kya pam uuleposiy oovi ung pana. Ason pi pay pas
antsa ung naawakne' pay naat son ung hin qa navotnani," yaw pam put
mööyiy aw kitaqw pu' yaw puma pep put muupit tuumoyta.

Noq pas hapi yaw kur pam naat puhumuupiniiqe yaw oovi kwangwa-
mowa'iwta. Niiqe pu' yaw puma oovi pan kwangwanöst pu' yaw puma
pay paasat ang aapataqe pu' yaw pay paasat wa'ökt pu' pay hisatniqw
kur naama puwva.

Qavongvaqw pu' yaw pam istiyo pay pas su'its taatayqe pu' yaw
pam soy taataynaqw pu' yaw pam pumuy amungem hiita aw nösniqat
hinti. Pu' yaw pam istiyo naat tuumoytaqw pu' yaw pam so'at put engem
nitkyalawu. Pu' yaw pam nöst pu' yaw pam put soy noovayat nitkyakwew-
tat pu' paasat pangqw kiy angqw yama. Noq yaw kur pam maqto.

Niiqe yaw pam oovi kiy angqw hooponiiqe pu' yaw pam pangqe
maqnuma. Pu' yaw pam pay piw pas a'ni tuway'numqe pay yaw naat
oovi qa taawanasaptiqw pay yaw pam naalöqmuy taataptuy qöyaaqe pu'
pay pan wuuwa, "Pay pi nu' haak yaasa'ni. Pay pi i' a'ni'i," yaw pam
yan wuuwaqe pu' yaw pam pay paasat pangqw ahoy nima.

Noq pu' yaw pam ahoy kiy ep put tuuniy iikwiwvaqw pavan yaw
so'at haalayti. Noq pu' yaw pam soy aw pangqawu, "Pay um haak
lööqmuy qa siskwaniy. Naat nu' pumuy tapkiqw put maanat engem
iikwiwtaniy," yaw pam soy aw kitaqw pu' yaw pam oovi pay panis
pumuysa siskwaqe pu' yaw pumuy aw tuupey'ta.

Noq pay yaw taawanasami pam naat qa kwasiqw pu' yaw pam istiyo
hiita nitkyakwewmaqey paasat pu' sowa. Noq pu' yaw so'at pay piw put
maanat piikiyat tuwat nöösa. Pu' paasat taawanasapviipiy pay yaw pam
iisaw piw qa hiita hintsaki. Pay yaw pam pas okiw qa hiita tuwiy'ta. Pay
yaw pam qa tuulewkya. Pu' yaw piw ngasta paasay'ta. Pay yaw pam panis
mak'api'iwtangwuniiqe oovi yaw putsa tuwiy'ta. Niiqe pay yaw pam oovi
pas panis wawa'öktinumkyangw tapkimi maqaptsiy'ta.

Hisatniqw pu' yaw piw tapkiqw pu' yaw so'at piw aw tunösvo-
ngyaataqw pu' yaw puma nöösa. Noq pu' yaw i' istiyo pay yaw piw naap
hin sunösqe pay yaw piw oovi suu'öyi. Pu' yaw pam pay paasat
piwniqey yaw soy aw pangqawqe pu' paasat pumuy paykomuy tuuniy
angqw akwsingwqat iikwilta, suukw yaw paas tuupewput enang. Pantit
pu' yaw pam soy aw piw peehut leposit tuuvingtaqw pu' yaw pam put
angqw pas hihin wuuhaq mokyaatoyna. Pangqw pu' yaw pam put
pankyangw tumaynakwsu.

Niiqe pay yaw oovi se'elhaq masiphikqw pu' yaw pam piw pangqw
musangnuviy aatatkyaqöyngaqw wuuvi. Niiqe pu' yaw pam piw pang
haqe' nana'uytimakyangw pu' piw paasat put maanat kiiyat aqw hoyta.

After this explanation Coyote's grandmother seemed to take more credence in his words and replied, "Thanks so much. I suppose she must have some feelings toward you, otherwise she would not have prepared this food for you. Still, don't get your hopes up too high. She may have let you in only because of the juniper berries. If it's really you she wants, she will let you know, somehow." After these words to her grandson, they began helping themselves to the piiki.

Obviously, the piiki was freshly made, because it was still gently moist. The two ate it with great delight. Then they spread out their bedrolls, laid down, and soon both fell asleep.

The next morning Coyote Boy was awake very early. He roused his grandmother and she fixed breakfast for them. While Coyote Boy was still eating, his grandmother made ready some journey food for him. When he was through with his breakfast he tied the lunch around his waist and sauntered out of the house. He was going hunting.

Coyote was headed eastward from his den and hunted there. Surprisingly, he spotted a lot of game. He had already bagged four cottontails before noon. "I think this will be enough for a while; this is plenty," he thought and returned home.

Coyote's grandmother was thrilled when he arrived with his prey slung over his shoulder. He then said to his grandmother, "Leave two of the rabbits unskinned. Those I'm going to take with me tonight." His grandmother did as requested, dressing and baking only two of them.

By noon the meat was not yet done, so Coyote Boy ate the luncheon his grandmother had fixed. His grandmother lunched on the girl's piiki. From midday on Coyote was idle. The poor soul had no skills whatever. He was not a weaver, nor did he have a field to farm. He was gifted only in hunting; that was his sole expertise. So he could do nothing but lie about, waiting for night to fall.

Eventually darkness came. Grandmother Coyote set out the food and they had their evening meal. Just as before, Coyote Boy ravenously gulped down his meal and was satiated in no time. Then he announced to his grandmother that he was leaving again. He slung the three quarries over his shoulder, one of which was already fully roasted. Then he begged his grandmother for more juniper berries, and this time she gave him a larger batch. Finally he set out in pursuit of his adored one.

Dusk had already fallen when Coyote ascended the mesa from the south side of Musangnuvi. As before, he crept along stealthily toward the house of the girl. Not a single time, not anywhere, was he set upon by a

Noq pay yaw piw pas qa suusa haqam put aw pooko nakwsu. Haqami pi yaw pumayaqe oovi. Noq pu' yaw pam piw haqaqw kiskyangaqw put maanat kiiyat aw taytaqw pay yaw pas qa hak paasat haqam. Noq pu' yaw pam pay pangqw muykiisit angqw hiisavo maqaptsiy'ta. Noq pay yaw pas qa hak suusa put maanat kiiyat awniqw pu' yaw pam oovi piw aw nakwsuqe pu' yaw piw pangsoq tupatsmiq wuuvi.

Pu' yaw pam paasat pay piw put poksöyat angqw put aqw kuyva. Noq naat yaw piw pam ngumantaqe yaw oovi put qa tuwa pam aqw kuyvaqw. Pu' yaw pam paasat piw aqw, "St, soh, maanay," yaw aqw kitaqw pay yaw pam pas qa navotqey unangwti. Pu' yaw pam as piwniqw pay yaw pam maana pas qa kwuupu. Paasat pu' yaw pam put leposit put maanat mataakiyat aqw tuuvaqw pu' yaw pam piw put enangniiqe pay yaw antsa nanvota kur pam istiyo ep pituqw. Pu' yaw pam maana put aw pangqawu, "Ya um pitu?" yaw aw kita.

"Owiy."

"Pay tsangawa. Um oovi qa sööwu pangqw pantat pay pew pakini," yaw pam put aw kitaqw pu' yaw pam pay paasat piw aw supki.

Niiqe pu' yaw pam pay pas ep panis pakit pay yaw pam put aw tuuniy no'a. "Yep nu' ungem it yanvay. Noq ason uma tuwat qaavo it nöönösaniy. Noq pu' itam pay itwat pu' mihikqw naama sowaniy," yaw pam put aw kitaqw pu' yaw pam put kwusunaqe pu' haalaylawu.

Noq pu' yaw pam pay put haqami paas tavit pu' paasat piw put naqlavo qatu'a'awna. Paasat pu' yaw pam piw leposmokiy horoknaqw pu' yaw puma piw pepeq putnit pu' put taptuupet tuumoykyangw piw pay hiihiita yu'a'ata. Noq pas yaw kur pam maana put leposit kwangway'taqe pavan yaw oovi kwangwatumoyta.

Noq pam maana pi yaw qa hisat naat put tiyot aw yori pangso tutumaytoq. Niiqe pu' yaw pam oovi put pay hiihiita tuuvinglawu. Pu' yaw pam haqaqwwat kitsokit angqwniiqat pam put tuuvingtaqw pu' yaw pam put aw pangqawu, "Pi pay nu' yangqw tatkyaqw isvaptukwing-aqw'öy," yaw pam put aw kita.

Noq pay yaw pam put qa pas aw hin wuuwanta pay pi yaw putniqw kur pam haqam. Pu' yaw pam maana piw put tuuvingta, "Niiqe um hakiy tuwat amum pephaqam kiy'ta?" yaw aw kita.

"Pi pay nu' okiw panis soy'taqe nu' put amum pep qatuy. Pay itam pas nalt'u. Pay pi nu' as angqe' sinomuy'kyangw pay nu' puuvumuy qa tuwimuy'ta," yaw pam put maanat aw yan naalalvayi. Pay yaw pam qa suusa put aw hiita atsalawu. Pu' yaw pam piw pay qa suusa neengem hin kwivilalvayi.

Noq pu' yaw pay paasat kur put maanat yumat piw navota pam ngumantaqe qe'tiqw. Pu' yaw na'at piw pangqawu, "Kur tuqayvasta'ay, pay hapi sumataq itaamana piw hakiy pitsinaqe oovi pay qe'tiy. Noq pay pi itam son pas pay aw hingqawniy. Ason pay itam qaavo pu'

dog. Who knows where they had disappeared to. From the alleyway he surveyed the girl's house, but not a soul was in sight that time. For a while he waited in a moon shadow. When no one neared her dwelling during all this time, he once more advanced toward her abode and climbed up to the upper story.

Coyote again looked in at the girl through the vent opening in the wall. As on his first visit, the girl was busy grinding, so she wasn't aware of his presence when he peeked in. Just as the previous time, he whispered, "Pst, hey, girl!" She, however, pretended not to have heard him. Once more he repeated his call, but the girl never so much as lifted her head. He now tossed a juniper berry into her grinding. When she rolled the fruit in her cornmeal she realized that Coyote was back. The girl asked, "Is it you?"

"Yes."

"That's good. Don't waste your time out there. Step right in," she said, whereupon Coyote again whisked through the door.

The minute he was inside he handed his quarry over to her. "Here, I brought this game for you, so you and your parents can feast on it tomorrow. And this rabbit we'll eat ourselves tonight." The girl relieved him of his gifts and thanked him.

She carefully put the rabbits away and then bade Coyote to have a seat next to her. As before, he took out his pouch filled with juniper berries, and once more the two fell to chatting as they consumed the berries, along with the roasted rabbit. The girl enjoyed the berries, downing them with great delight.

Before his first visit, the girl had never before seen that young man coming to court her. So she asked many things about him. She inquired which village he was from. He answered, "I come from a place south of here, called Isvaptukwi."

The girl didn't give it much thought since she knew nothing about the location of that place. Next she queried, "And with whom do you live there?"

"Alas, I have only a granny whom I stay with. We live quite solitary. I have relatives about, but I am not acquainted with them," he revealed to the girl. Not once did he tell her anything untrue, nor did he ever brag about himself.

By that time the girl's parents, of course, had taken notice of the fact that the grinding had ceased. It was her father who remarked, "Listen! I believe our daughter has a visitor because she stopped grinding. But let's not say anything to her just yet. We'll wait till tomorrow with our

tuuvinglawniy," yaw put maanat na'at kitaqw pu' yaw puma paapiy pay
qa pumuy amumiq tunatyawtat pay paasat puuwi.

Ep pu' yaw pam iisaw pay pas hihin mihiknat pu' yaw paasat
nimaniqey piw pangqawu. "Haaki, pay haak um qa pas payni. Naat
nu' ungem hiita yukuuqey put uumi mooti oyaqw pu' um paasat put
kimakyangwni," yaw pam put aw kitat pu' paasat piw ayo'wat aapami-
haqami pakiiqe pu' paasat piw hiita mokkyangw pangqw ahoy yama.
"Ta'a, um it piw ahoy kime' pu' ason um uukiy ep ahoy pituqw pu'
paasat uma ason it nöst pu' puwni," yaw pam put aw kitat pu' yaw paasat
put iisawuy aw piw hiita mookiwtaqat tavi. Pu' yaw pam maana piw aw
pangqawu, "Noq pay hapi nu' pu' löös ung angqw inovay maqa. Noq pay
um sonqa navota pay nu' as pas qa hakiy amumtiniqey wuuwantaqe oovi
nu' qa hisat hakiy yangqaqwniiqat aw unangwtavi. Noq himu pi nuy
pan unangwtapnaqw oovi nu' ung aapiyniikyangw pay pana. Noq oovi
um yaapiynen pay löötok pay hihin qa taalawvaqw pu' um nuy pay angqw
wiktoni. Nu' hapi uumi pay lööqöktoni. Noq um oovi pay uusoy yan
aa'awnani," yaw pam put aw kita.

Pu' yaw pam iisaw tsuyakqe pu' yaw aw pangqawu, "Kur antsa'ay,
kwakwhay. Pay kya pi um nuy qa peevewnaqe oovi kur pay panhaqam
wuuwantay. Noq pay pi nu' sonqa nakwhaniy. Pay oovi um antsa nuy
awhaqami nuutaytaniy," yaw pam put aw yan lavaytit pu' piw pangqw
haawi.

Pangqw pu' yaw pam pavan pas haalaykyangw ahoy nima. Noq
paasat pu' yaw kur ima popkot hin nanaptaqe pu' yaw okiw put aw
yuutukqe pu' yaw angk homtiwiskyangw wahahatiwisa. Pu' yaw pam okiw
maqasneveq pang taatöq tso'tima put mookiy iikwiwkyangw. Pu' yaw pam
pumuy amumi pangqawma, "Soo, soo, uma qa pas hintsatskyaniy, taq pi
uma mö'wiy'vayaniy. Uma mö'wiy'vaye' uma naanasnanikyaangw. Uma
tsukuvikvalat kwangwahihikwyaniy. Pu' uma son nöqkwivit qa naanas-
nanikyangw pas piw a'ni hintsatskyaniqey anyungwaa," yaw pam pumuy
amumi kitimaqe yaw a'ni itsivu'iwma.

Haqaapiy pu' yaw pay puma put maatatve. "Hihiyya, puma hakim
hiitu a'ni unangway'yungwa, nu'an qa a'pitniikyangw," yaw pam kitat
pu' paasat aqw tatkyaqöymiqhaqami hawma. Pangqw pu' yaw pam
piw kiy aw haalay'unangway tsotso'tima.

Pu' yaw pam piw ahoy pituqw pay yaw naat kur put so'at piw qa
puuwi. Noq pu' yaw pam aqw pakiqw pay yaw as kur pam pumuy
amungem paas ang aapataqe pay yaw oovi naap aapay ang kwangwawa-
'ökiwkyangw hiita yaw tawlawkyangw yaw kukuy wunimana. Niiqe pu'
yaw pam put soy aw pangqawu, "Qatuptu'uy, itaasoy, nu' yep piw
noovamokvay. It nuy pu' piw mokyaatoynaqw ason yaw itam it nöst pu'
paasat puwniy," yaw pam soy aw kitaqw pu' yaw oovi pam so'wuuti
angqe' qaqtuptu.

questions." So her parents paid no heed to the two upstairs any longer but went to sleep instead.

That night Coyote spent a little more time there before saying that he was ready to go home. "Hold on, don't leave just yet! First let me give you something that I made for you. I'd like you to take it along," exclaimed the girl. Again she disappeared into the other room and reentered carrying something wrapped up. "There, take this along with you. When you get home, both you and your granny can partake of this before retiring." With that she bestowed the bundle on Coyote. Presently she added, "Twice now I have given you food. I'm sure you are aware that I was not thinking of marrying anyone. Thus, whenever someone would come around here, I never tried to encourage him in his pursuit. I don't know what came over me that I let you in right from the start. So, two days hence, when night falls, you come to take me to your home. I'll be along in preparation for our marriage. And advise your grandmother of this news," she instructed.

Coyote was overjoyed, exclaiming, "All right, thank you ever so much! I guess you believe in me if you have that on your mind. I, for my part, will surely accept your wish. So wait for me till then." After this response Coyote descended from the chamber.

Coyote sauntered home, feeling exhuberant. This time the dogs somehow detected him and came, barking fiercely, and dashing after the poor creature in packs. Frightened, Coyote skipped along southward, carrying his bundle on his back. He hollered at them as he sped away, "Hey, hey, don't be so aggressive. You are going to acquire a mö'wi. When she becomes your relative, you'll always have plenty to eat. You'll enjoy sipping tsukuviki juice. And you'll be feeding on stewed meat. So, how can you be so nasty?" He was very cross with the dogs.

At some point the dogs left him alone. "Hihiyya, fierce they are, those critters—yet, do-nothings, too!" he snarled as he whisked down the south side. Once on the plain he was cheerful again as he bounded homeward.

Back at his house he found his granny still awake. Inside he saw that she had neatly unfolded their bedrolls. Already she was comfortably stretched out on her bed. She was humming a song and keeping time with the tune by wiggling her feet. Coyote cried out, "Get up, Grandma! I've come with another bundle! The girl prepared it for me. We're supposed to eat it before we go to sleep!" His grandmother complied and got up.

Qatuptuqe pu' yaw pam put awnit pu' yaw put tsöpaatoyna. Pantiqw pu' yaw puma naama qöpqöt aqlavoniiqe pu' yaw paasat pep put tsawikna. Noq yaw kur pam paasat somivikitwat put siwatway mokyaatoyna. Pu' yaw pam isso'wuuti pangqawu, "Is ali, is uni askwali. Ya pay piw ung nitkyatoyna? Pay kya pi um pas qa atsalawu. Oovi pi pay um pu' löös put maanat noovayat kiva. Pay nu' oovi pu' tuptsiwa," yaw pam kitat pu' yaw pay paasat put sukw angqw kwusuuqe pay yaw pam put qa paṣ aw maqaptsiy'tat pay yaw paasat put tuumoyva.

Pu' yaw pam mööyi'at tuwat sukw angqw kwusuuqe pu' yaw put siingyat pu' paasat tuumoyta. Pas yaw puma ep mihikqw naasant pu' puuwi. Noq pay yaw pam iisaw naat pay soy qa aa'awna hin pam maana put aw tutaptaqw. Pay yaw pam pas ason ep qavongvaqw pu' put aa'awnaniqey yan wuuwankyangw puwva. Niikyangw yaw pam löötokmi kwangwtoya put maanat aw wiktoniqe.

Qavongvaqw pu' yaw i' maana tuwat pep musangnuve taatayqe pu' yaw tuwat pangqw tupatsngaqw haawi. Pam yaw kur pay pepeq tuwat puwngwu. Niiqe pu' yaw pam put tiyot tuuniyat kimakyangw pu' yaw yumuy amumi paki. Noq pay pi yaw naat su'itsniqw oovi pay yaw naat puma kur qa nöösa. Pu' yaw pam pay panis kiy aw pakit pu' yaw pay noovalawu. Noq pay yaw naat put yumat qa pas put hiita pas tuuvinglawu. Pay yaw puma panis haalayti pam put sikwit kivaqw. Pay yaw puma putsa tuuvingta haqam pam put sikwitniiqat.

Pu' yaw pam pay panis pumuy amumi pangqawu, "Pi pay it tooki inungem tiyo iikwiwva. Noq ason yaw itam soosoyamyakyangw pu' it soswani. Oovi pay nu' ason taawanasami pu' it aw tuupeni," pay yaw pam panis pumuy amumi kita.

Kitat pu' yaw pam aw noovataqw pu' yaw puma noonova. Pas yaw paasat pu' yaw put yumat tuuvingtiva hakiy haqaqw sinot pam siwatuwtaqw.

Noq pu' yaw pam pumuy amumi pangqawu, "Pi pay pam hakniqw nu' put qa navotiy'ta. Pay nu' piw pas qa tuuvingta hin pam maatsiwqö. Pay pam hukyaltok naat pu' as suus inuupe kuyvamaqw pay nu' hintiqw pi oovi antsa put aw su'unangwtavi. Noq pay yaw as pam qa hiita pas himuy'kyangw pay piw as qa pas hin suhimuniqw pay pi nu' hiita pi oovi akw put naayongwa. Niikyangw pay pam nuy panis itsa pas suyan aa'awna. Yaw pam yangqw tatkyaqw haqaqw isvaptukwingaqwniiqey pangqawu. Pu' yaw pam pay piw panis soy'taqe oovi yaw put amum kiy'ta."

Noq pu' yaw put maanat na'at put ang wuuwa. "Ya sen haqam pam pan maatsiwqa kitsoki?" Pu' yaw pam as pang tatkye' piptsanta sen yaw pephaqam haqam kitsokiniqw. Noq pay yaw put pas qa aw himu pan'eway paki. Pas yaw kur pam oovi haqami pam wuuwani. Pay pi yaw suupan qa hak pep tatkya kiy'ta'eway. Noq pu' yaw ima hisatsinom

She rose and went over to her grandson, lifting the bundle out of his arms. Then the two betook themselves to the fire and there unwrapped the gift. It was somiviki that the girl had packaged this time for her lover. "How dainty!" the old lady cried. "How very nice, thanks! So she packed some food for you again, huh? I guess you're telling the truth after all, for twice now you've brought home that girl's cooking. I do believe you now." With that she picked out one somiviki and started eating it without waiting for her grandson.

Her grandchild also helped himself to one, peeled off the husk, and fell to munching away. That night the two really gorged themselves before they went to bed. Coyote had not yet told his grandmother what the girl had requested of him. He thought he'd wait and tell her the next day. As he fell asleep, he was looking forward to the day after tomorrow when he would go and fetch the girl.

Meanwhile, the following morning at Musangnuvi, the girl awoke and came down from the upper level of the house. Apparently she was wont to sleep up there. With her she brought the young man's gifts to the room where her parents were. It was still very early in the day, and from the look of things they had not yet eaten. The girl had barely stepped into the house when she began fixing breakfast. Her parents were still not asking any questions. They simply expressed their delight at the meat she brought in and asked where she got it.

She said casually, "A young man brought this for me last night. When we're all together we'll eat it. I'll wait till just before noon to roast it."

After this response the girl prepared breakfast, and they had their meal. It was then that her parents queried her as to who her boyfriend was and where he lived.

She answered, "Who he is I really don't know. Also, I didn't bother to ask his name. The first time he called on me was the eve before last, and why I gave in to him so quickly puzzles me. He's not well-to-do, nor is he all that great looking. I don't understand why I took a fancy to him. The only thing he let me know for sure is this: he claims to be from a place down south called Isvaptukwi and says that he only has a grandmother to share his house."

The girl's father mulled this over. "Where, I wonder, is a village so named?" He tried to picture the land down south, wondering if there was such a village located thereabouts. But nothing like the name she had mentioned he could recall. There was no such place he could think of because no one seemed to inhabit the area there in the south. But since

pay haahaqe' yaktangwuniqw sen pi pam oovi pay mit si'ookit pangqawqat pam yan wuuwa. Niiqe pay yaw pam oovi qa piw tuuving-lawu pam haqaqwniqw.

Nit pu' yaw pam maana paasat pumuy aa'awna hin pam put tiyot aw lavaytiqey. "Noq nu' tooki put tiyot aw pangqawu pay nuy qaavo angqw wiktoniqat'a. Niiqe pay pam sunakwhaqe oovi pay nuy hu'wana. Noq pay oovi pam ep nuy angqw wiktoq nu' hapi pay paasat sonqa amumni," yaw pam yumuy amumi kita.

"Haw owi? Pay pi kur antsa um aw paas yuku. Pay pi um antsa oovi amum awhaqamini. Pay pi nuwupi um aw pangqawu. Pu' pay pi piw kur nakwhay," yaw pam na'at put tiy aw kita. Noq yu'atwa pay yaw pas qa hinwat lavayti. Noq pu' yaw pumuy nöönösaqw pu' yaw pam maana pay piw ahoy tupatsmiq wuuvi. Pu' yaw pam pay paasat piw ngumantiva.

Noq pu' yaw i' iisaw pay piw pas su'its taytaqe pay yaw pam as hiisavo aapay ang wa'ökiwtat pu' yaw pay öönatiqe pu' pay yaw paasat qatuptu. Qatuptuqe pu' yaw pam pay paasat piw soy qatuptsina. Pu' yaw pam pay paasat nawus piw qatuptuqe pu' piw pumuy amungem noovataqw pu' yaw puma piw tuumoytaqw yaw pam soy aw pangqawu, "Itaasoy!"

"Ya himu'u?"

"Nu' ung hiita aa'awnani."

"Ta'a, ya hiita'a?"

"Owiy, pay nu' ura pu' löös yuk musangnumi'iy. Noq pay ura nu' ung aa'awna pam pep maana inumi su'unangwtapqw'öy. Niiqe pu' pay löös piw nuy noovay maqaqw itam put angqw kwangwayukuy. Noq tooki nu' ahoy angqwniniqw pam inumi pangqawu, pay yaw nu' qaavo mihikqw put aw wiktoniqat yan pam inumi naawaknay. Noq pay pi nu' pas naawaknaqe oovi pay nu' piw nakwhay. Tsangaw kya pi pay pam inumi suutaq'ewniiqe oovi pay naap inumi pan naawakna," yaw pam soy aw kita.

Noq pay yaw as put so'at haalaytiqe yaw oovi pangqawu, "Is uni antsaa, kur um pu'haqam tuwat nöömatani. Noq pay nu' ungem piw oovi tsuya. Pu' nu' piw mö'wiy'vaniqe kwangwtoya," yaw pam put aw kitaaqe yaw oovi engem haalayti. Nit pu' yaw pam piw pangqawu, "Niikyangw pay nu' piw hihin qa haalayti. Pay hapi itam naltniqw nu' pu' piw ang wuuwa hin itam put yuwsinaniqat'a. Pi ima hopiit piw hin'ur tuwiy'yungwa. Puma pan mö'wiy'vaye' puma put hin'ur yuwsinayangwu. Noq pu' um piw qa hiita tuwiy'ta, um qa tuulewkya, um qa totstuwiy'ta. Noq hin pi oovi itam yukuni," yaw pam yanwatniiqe pu' paasat piw qa haalayi. "Noq pay kya as itamungem hin pasiwtani," yaw pam put aw kitaqw pu' pay puma paasat hihin ahoy angqwti.

Noq pu' yaw oovi ep qavongvaqw pay pas masiphiktoq pu' yaw pam iisaw pangso musangnumi put maanat wikto. Noq pu' yaw pam ep pituqw pay yaw paasat ima popkot qa aw yuutu. Noq pu'

the ancient people traveled all over, he figured that her suitor had meant Zuni land. So he didn't question her any further about where the boy was from.

The girl then shared what she had said to the young man with her parents. "I told him last night that he is to come and fetch me tomorrow. He readily agreed and gave me his word that he would. So, when he comes after me I will accompany him."

"Is that a fact? Well, evidently you've already told him of your plans. So you go ahead and follow him, for you committed yourself to him. And he, too, has given his consent," the father said to his daughter. But her mother kept silent. After they had eaten, the young girl went back upstairs. She again set about grinding corn.

Coyote was awake early, but he lay on his bedroll for a while. When he got bored he got up. At the same time he roused his grandmother, who had to get up and cook breakfast for the two of them. As they began to eat, Coyote said, "Grandmother!"

"What is it?"

"I have something to tell you."

"All right, what?"

"Yes, as you recall, I've been to Musangnuvi twice now. I also told you that the girl took to me right away. Two times she has given me food now, and in each case we loved it. Then, last night as I was about to come home, she mentioned to me that she would like me to fetch her tomorrow night. And because I really want her, I consented. Fortunately, I guess, she must like me enough to ask this of me," he said to his grandmother.

His grandmother was happy to hear this, for she replied, "How nice, indeed! It looks like it's time that you will take a bride. I'm truly happy for you. I'm also looking forward to having a mö'wi." She really felt delighted for him. Then she added, "But in another way I'm somewhat distressed. We're all alone, so how are we going to make her wedding robes? These Hopis have very elaborate wedding customs. When they gain a daughter-in-law they make various garments for her. You yourself don't know how to do any of those things. You can't weave and you don't know how to make moccasins. I really have no idea how we'll be able to manage." Saying this she was quite downhearted. "But maybe there is a way out for us," she said and their spirits lifted a little.

The next day, at dusk, Coyote went over to Musangnuvi to bring back the young girl. When he arrived at the village, the dogs did not

yaw pam put maanat kiiyat aw pituqw pay yaw pam put kur nuutayta.
"Ta'ay, nu' ung angqw wiktoy," yaw pam put maanat aw kita. "Pay itam
payniy, taq pi pay nu' hihin yaap kiy'tay. Noq sen pi um naat piw hiita
hintininik pay iitsniy," yaw pam put aw kita.

"Qa'e, pay nu' paas soosok hiita yukiy'taqw um pitu," yaw pam put aw
kita. "Niikyangw um as inungem it iikwiwmaniy," yaw pam maana
put iisawuy aw kitat pu' yaw put aw hiita tsötsöptima. Noq yaw kur pam
put ngumni'ata. Put yaw kur pam put engem iikwiwmani. Noq pu' yaw
pam put iikwiltaqw pas yaw pam kur a'ni putu. Pam maana yaw put
ngumniy hiita aqw tangataqe yaw kur pas pavan huur aqw ngunguy'taqw
pam yaw oovi niitiwpu put hiita aqw yungqe yaw oovi a'ni putuuti.
"Ta'a, pay pamsa'a. Pay pi oovi itam antsa payni, taq kya antsa pay
uukiy awhaqami haq'a," yaw pam put aw kitaqw pu' yaw puma paasat
naama pangqw tupatsngaqw haawi.

Pangqw yaw puma hawt pu' yaw puma aqw kiitatöqniiqe pu' yaw
aqw tumpoq pituuqe pu' yaw paasat pang haqe' pönawit aqw hawto.
Noq pay pi yaw ep mihikqw suyan muytalqw oovi pay yaw pangsoq qa
hin pas unahinta. Paasat pu' yaw puma pas atkyami hawqe pu' yaw
paasat hihin pavan'iwma. Noq pay yaw pas oovi mihikiwtaqw puma pep
iisawuy kiiyat ep pitu. Noq pu' yaw pam iisaw aqw pangqawu, "Haw,
kuwawatangwuy, taq nu' qa naala'ay!"

Yaw pam aqw kitaqw antsa yaw so'at angqaqw kuwawata. "Peqw
huvam yungya'a! Tsangaw kya um antsa qa naala waynuma," yaw pam
angqaqw kitaqw pu' yaw puma oovi aqw paki. Pu' yaw puma epeq
pakiqw pavan yaw pam so'wuuti put maanat aw haalayti. "Is uni, um
hak pavan pas sonewmana. Pi kur antsa itam pas pavan nawinmö'wiy'-
vayani. Pay pi tsangaw um kya pi itamumi suutaq'ewniiqe oovi it amum
pay angqaqö," yaw pam put aw kitat pu' yaw pam put nguman-
tangayat haqami paas tavit pu' put maanat haqami paas qatu'a'awna.

Noq pay yaw kur pam pumuy amuusavo paas hiita mukiniy'taqe
pu' yaw oovi pay pumuy amungem aw suutunösvongyaata. Pantiqw pu'
yaw puma pay pas soosoyam aw yesvaqe pu' paasat pep noonova. "Um
qa nanahinkinakyangw angqw tuumoytani," yaw pam so'wuuti put
maanat aw kitalawu. Hisatniqw pu' yaw puma öö'öyayaqw pu' yaw
pam so'wuuti ang ayo' qenitat pu' yaw pam pangqawu, "Ta'a, pay
pi itam tokni, taq nu' qaavo ung haqami ayatani. Um oovi son nawus
pay qa iits taytani. Pu' i' piw son okiw qa mangu'iwta, pi uma
wuukonakwsut pew pitu," yaw pam so'wuuti kitaaqe pu' yaw oovi pam
paasat pay ang aapalawu. Niiqe pu' yaw pam ang aapatat pu' yaw
pam put maanat aw pangqawu, "Ta'a, pay um yang puwni."

Naat yaw pam pu' kitaqw pay yaw pam istiyo pangso warikqe pu' yaw
pay ang suwa'ö. Noq pu' yaw put so'at aw pangqawu, "Pi nu' qa ung
pangqawu, pi nu' it engem pang aapata. Um pi pay nawus sonqa

approach him. He found the girl already waiting for him at her house. "All right, I've come to get you!" he exclaimed. "Let's leave at once, because my home is quite a distance away. If you still have something to do, you should do it quickly," he advised her.

"No, everything was ready when you came around," she replied. "But I would like you to pack this on your back for me." With that she brought him her ground cornflour which was not easy for her to carry. He was to carry that for her. When he loaded it on his back he realized how heavy it was. She had packed the container so tight that there was a lot in it, so it was very weighty. "All right, that's all. As you said, we might as well leave now because it may be true that you live far away." With that the two descended together from the upper story.

When they reached the ground they started toward the south end of the village, and when they reached the mesa rim they headed down a trail to the plain. The moon was bright that night, so it was not so dangerous going down. Once they reached the bottom of the mesa, they went faster. It was deep in the night when they finally arrived at Coyote's den. Presently Coyote shouted inside, "Here I am! How about some words of welcome, I'm not alone!"

Sure enough, his grandmother responded enthusiastically. "Come on in! How nice that you are not alone!" After this hearty welcome the two entered. The old lady was very cordial toward the girl. "How nice! What a lovely girl you are! For sure, we're going to have a magnificent bride. We're fortunate you care enough for us that you came along with this one." After these welcoming words, she carefully stashed away the container with the flour and warmly bade the girl to take a seat.

Beforehand the old lady had warmed up some food, and she immediately set it out. Then they all sat down to a late meal. "Don't be bashful as you eat from it," the old lady told the young maiden again and again. After some time they were all full, so Coyote's grandmother cleared off the dishes. She then said, "All right, we may as well go to bed, because tomorrow I'm going to ask you to do something. You must be up early. I'm sure, this poor child is also tired; you've traveled far to get here." With these words she proceeded to roll out the beddings. When that was done, she pointed out to the girl, "Now, you'll sleep here."

She had barely uttered these words when young Coyote rushed to that place and quickly laid down. His grandmother got angry with him. "I didn't mean you. I made that bed for her. You'll have to sleep in the

ISTIYO MUSANGNUPNÖMATA

aapaveq puwni," yaw pam kitaaqe mööyiy aw itsivuti.

Noq pay yaw piw iisaw pas qa hin pangqw ayo' waayaniqey unangwti. "So'on piniy, pi nu' put amum puuvuwniqe oovi put amumtini. Son pi nu' panhaqam hintsakniniqw piw um panhaqam inumi naawakna, nukusso'wuutii," yaw pam soy aw kitaaqe yaw a'ni put aw ahoy koliliyku.

"Son pi tis um pay it amum puwni, pi um naat it qa aasata. Naat pi um qa hiita engem yuku. Yupa, paapu qa hingqawlawt aapamiq puwtoo'! Um himu nukustiyo, hin qaqtsinhoya. Niikyangw um hapi. nawus qaavo su'its taytani, taq nu' ung hiita ayatani," yaw pam put mööyiy aw kitaaqe yaw put a'ni qööqöya.

Pu' yaw pam iisaw nawus pay ang qatuptuqe pu' yaw pam haqam apamokiy taviy'taqe pangsonit pu' yaw ep kwusuuqe pu' yaw paasat pay aapamiq itsivu'iwkyangw hiita lalvaytikyangw pakima. Paasat pu' yaw puma pay oovi tookya.

Qavongvaqw pay yaw mimawat naat qa qatuptuqw, pay yaw i' maana mooti su'its talavay qatuptuqe pu' yaw pay nanap'unangway aw noovalawu. Noq pu' yaw kur pam isso'wuuti pay navota pam hiita qaltoynaqw. Niiqe pu' yaw pam pay paasat qatuptuqe pu' yaw oovi put maanat aw piw haalayti. "Is uni, ya um pay aw noovalawu?" yaw pam put aw kita.

"Owi, niikyangw pay kya nu' piw okiw hiita qa umuukwangway aw hintsaki. Piw nu' qa ngas'ew umuy tuuvingtat pay antsa yantsaki," yaw pam maana kita.

"Pay son hintini, pi pay itam qa hiita qa kwangway'ta. Noq tsangaw pi kur um pay panwat wuwniy'taqe oovi pay noovalawu. Noq oovi um ason yukye' pay itamuusavo aw tunösvongyaataqw pu' itam ason noonovani. Naat pi nu' kur sonqa uusiwatway aqw taataynatoni. Pay pi nu' as tooki aw pangqawqw pay piw himu pas qa qaptuptu. Naat pi nu' put aw hin tutaptani," yaw pam kitaaqe pu' yaw pam oovi paasat aqw aapamiqhaqami pakima.

Noq yaw pam aqw pakiqw naat yaw pam iisaw ang kwangwawa- 'ökiwkyangw a'ni herorota. Pu' yaw pam so'wuuti panis aw pitut pu' yaw pam put hotpe a'ni puusuknat pu' aw pangqawu, "Is uti um himu nukuswuutaqa. Ura nu' qa yan uumi tutaptaqw piw pay um qa qaqtuptu," yaw pam kitaaqe put mööyiy aw a'ni itsivuti.

Pavan yaw pam iisaw ang suqtuptuqe yaw naahoy yortinuma. "Is utiy, ya himu'uy?" yaw pam kita. Pu' yaw pam paasat pay suuhavivo- kyalqe pu' yaw soy aw pangqawu, "Is ohi, nu' kur antsa qa iits taatayi. Noq pas nu' naat as hiihiita kyaatumoklawqe oovi pas qa taatayiy. Noq himu'uy?" yaw pam put aw kita.

"Pi ura nu' ung hiita ayataniqey uumi tooki pangqawkyangw ung iits puw'ayalawu," yaw pam so'wuuti kita.

inner room," she chided him.

Coyote had no intention of leaving. "Oh no, I'm going to marry for the pleasure of sleeping with her. I'm not going to budge like you asked me to, you no-good old hag," he snapped back at his grandmother.

"You can't sleep with her yet; you haven't earned her. Not a single thing have you made for her. Come on, don't give me any lip. Go to bed in the room next door, you good-for-nothing troublemaker! But you'll have to rise early, as I have something I want you to do," she said to her grandson, rebuking him.

Coyote had no choice but to rise. He lurched to the place where he kept his bedroll, picked it up and disappeared into the other room. He was fuming with anger and mumbling various things under his breath. Then they finally settled down for the night.

The following morning the girl arose very early, before the other two got up, and took it upon herself to start cooking. The old lady heard her clanging things around, so she also got out of bed. She again had praise for the girl. "How nice of you! Are you already fixing something?" she asked.

"Yes, but maybe I'm preparing something that's not to your taste. I didn't even ask you before starting," the girl answered.

"It doesn't matter! There isn't anything we don't like. I'm glad you took the initiative to prepare a meal. When you're done, go ahead and lay out the food and then we'll have breakfast. Looks like I'll have to get your lover out of bed. I instructed him last night to rise early, but he's still asleep. I have things to tell him yet." With that she disappeared into the next room.

Upon her entrance she discovered that Coyote was still fast asleep and snoring heavily. The moment she came upon him she struck him on his back with her fist and hollered, "How awful, you no-good rascal! This isn't what I told you. You are not even up yet!" She really chastized her grandson.

Coyote leaped out of bed and was looking around. "Whew, what is it?" he cried. In an instant he was fully awake and said to his grandmother, "Too bad, I evidently overslept. I was still having all sorts of interesting dreams, that's why I didn't wake up. Now, what is it?" he asked.

"I told you last night I had an errand for you. That's why I asked you to retire early," the old woman replied.

"Hep owiy, antsa uraa'. Noq himu'uy?"

"Pay ura um nuy mooti it maanat wikvaniqey aa'awnaqw ura nu' pay as mootiniqw ungem tsuya. Nit pu' nu' ang ahoy wuuwaqw pay hapi itam pas nalt'u. Pu' nu' paasat piw ang wuuwa hin itam itaamö'wiy yuwsinaniqw. It nu' aw wuuwaqe pay paasat piw qa haalayti," yaw pam put aw kita. "Niikyangw pu' nu' piw ang pas wuuwaqw pay as um taahamuy'taqw piw puma pas yaakye' yeese. Noq oovi um son nawus qa naap angqe nakwse' pu' um pumuy aa'awnani. Pay kya as puma ungem hin aw wuuwayaqw pay kya as itam hin uumantuway yuwsinani," yaw pam so'wuuti kita.

"Ta'ay, pay pi nu' antsa angqe' nakwse' pu' pumuy ngas'ew navotnaniy. Noq nu' haqami pumuy hakimuy heptoniy?" yaw pam soy tuuvingta. "Pay kya nu' as iitsnen pay tapkimihaqami pumuy soosokmuy aa'awnaniy," yaw pam kitikyangw angqe' qaqtuptu.

"Pay um naat son pas pay pantini. Pay um son nawus qa hikistani. Niikyangw um oovi ason nöst pu' um mooti yukyiq kwiniwiqwatni. Pu' um pangsoqniikyangw pu' um ason pas pepeq löqöqlömi pitukyangw pu' um ason pang naanahoy put hepnumni. Noq pay um put itsivuyat akw sonqa maamatsni. Pu' pam piw wunupte' pam pavan pas wupataqaningwu. Pu' pam hapi son pep qa itsivu'iwkyangw hiita naahoy maspinumni. Pu' piw put loqotskit ang pam harinumni. Niikyangw um ason qa mamqast aw nakwsuni. Pu' um aw pite' um aw pangqawni, 'Ya qa um hak itahay?' pay um aw kitaqw pay pam son ung qa maamatsni. Noq ason um paasat pu' put aw it maanat lalvayniy," yaw pam put aw kitat pu' pay paasat ahoy aapamihaqami pakima.

"Paasat pu' yaw pam iisaw qatuptuqe pu' paasat aapay ang tsovalat pu' paasat pam pay pep put apatsovalniy maatapt pu' paasat soy angk aapami paki. Noq pu' yaw pay kur paasat i' maana paas novayukiy'taqw pu' pam iisaw ep paki. Noq pu' yaw puma it so'wuutit amum pay paasat aw tunösvongyaataqw pu' yaw pam so'wuuti pangqawu, "Ta'a, itam noonovani. Tsangaw pay kur i' paas novayuku, taq um naat haq'urmiqhaqamini," yaw pam kitaqw pu' yaw puma oovi pay paasat noonova.

Noq pu' yaw i' iisaw pay paasat piw hihin pisoq'iwkyangw tuumoytaqe pay yaw pam oovi mooti öyqe pu' pay paasat tunösvongyat angqw ayo' waaya. Pu' yaw put mantuwa'at pay piw paasat wunuptuqe pu' yaw paasat put iisawuy aw pangqawu, "Haaki, pay um sonqa hiita hinmani, taq pi yaw um haqami yaavoqniqat uuso pangqawu. Oovi um it kime' ason um haqami tsöngmokye' pu' um paasat ason it nösni," yaw pam put aw kitat pu' paasat put hiita kwewtoyna. Pu' yaw pam kur piw put engem paas kuywikyaata. Paasat pu' yaw pam put pankyangw pangqw yama.

"Oh yes, now I recall. So, what is this errand?"

"When you first informed me about bringing this girl, I was elated for you. But when I thought it over I realized how alone we were. Above all, I wondered how we would be able to fashion the garments for our in-law. That thought made me sad. But then it dawned on me that you do have uncles, although they live far off. Now you'll have to go there on your own and tell them of this event. Maybe they'll have some suggestions for you which will enable us to make the wedding garments for your bride," the old lady explained.

"All right, I'll just go ahead and go to those places, and let them in on the news. But where do I go to look for them?" he asked his grandmother. "If I get an early start, I might be able to inform all of them by this evening," he added as he was beginning to rise.

"I doubt if you can accomplish that so fast. You'll probably need several days. Have breakfast, and then go to your first destination, which lies in the north. Wait until you've reached a pine forest before you search. You will recognize your uncle by his rage. When he rears up he is very tall. For sure, he'll be angry and fling things about. Also, he'll be slashing the pines with his claws. Approach him without fear, and when you reach him ask: 'Are you not my uncle?' Then he will know who you are. Next tell him all about the girl." With this his grandmother returned to the front room.

Coyote then got up and gathered his bedding. He left it where it was, following his grandmother into the next room. By the time Coyote entered, the girl had finished preparing breakfast. Presently she and the old woman began setting out the food. Then the old lady declared, "Come on, let's eat. I'm glad this girl has prepared a meal, because you still have to travel." With that they started to eat.

Again Coyote rushed his meal. He was the first full, so he left the table. At the same moment his bride got up and said to Coyote, "Wait, you will have to take something along. Your grandmother said you're going to a place far away. So, take this, and eat it when you get hungry." Then she tied something about his waist. Apparently, she had also filled a container with water for him. With these things Coyote emerged from his den.

Yamakkyangw pu' yaw pam pangqw ayoq kwiniwiqwat nakwsu. Pu' yaw pam pay qa pas susmataqpuvaniqe pu' yaw pam oovi pay musangnuviy pas hopkye' aqw kwiniwiq hoyta. Niiqe pay yaw as pam oovi wuuyavo nakwsukyangw naat yaw pam qa haqami löqöy'taqat aw pitu. Paasat pu' yaw pam oovi pay paapu pas hihin pisoq'iwma. Niiqe pu' yaw pam panmakyangw su'aw yaw pam pangso haqami löqöqlömi pitukyangw yaw pam tsöngmoki. Paasat pu' yaw pam oovi pay pephaqam huruutiqe pu' yaw pam put sukw löqötskit atpip qatuptut pu' put nitkyakweway tavi. Pantit pu' yaw pam put puruknaqw yaw kur pam maana put engem it kwiptositnit pu' piw piikit mokyaata. Pu' yaw pam oovi put toosit hiisa' put kuuyiy aqw oyat pu' pantaqat aqw pu' yaw pam put piikiy mortoynakyangw yaw kwangwatumoyta. Pu' yaw pam piw it kutukit as kur engem enang mokyaataqw putwat pay yaw pam naat qa aw hintsaki. Ason pay yaw pam pas hisatniqw nimakyangw pu' yaw pam paasat put tuumoymaniqey yan wuuwankyangw pay yaw naat put qa aw ponta. Niiqe pu' yaw pam put piikiy pas soosok sowaaqe pu' paasat tuumoytaqe qe'ti. Pu' yaw pam paasat put pikqenvalay angqw piw soosok hiiko.

Pantit pu' yaw pam pay pep hiisavo qatuwkyangw naahoy taynuma. Pay yaw pam ason pas hihin öysööpukt pu' paasat yaw piw aapiytani. "Maataq pa nu' haqamiwatnen su'aqwwat nakwsuni," yan yaw pam wuuwankyangw pep qatuwta. Pu' yaw pam paasat hiisavoniqw ahoy sööpukqe pu' yaw oovi pam wunuptut pu' yaw pam paasat teevengewat nakwsu. "Kur nu' pay mooti yukyiqni. Ason pi nu' pepeqwat qa tuwe' paasat pay nu' angqw ahoywatnen pu' piw sutskye'wat hepni," yan yaw pam wuuwaqe pu' yaw oovi pangsoq teevengewat nakwsu.

Pu' yaw pay as pam wuuyavo pangsoqwatnit pay yaw pam qa suusa hakiy aw pitu. Paasat pu' yaw pam pay pep ahoywat namtökt pu' yaw paasat pay pas hihin kwiniwinit pu' pay pangqe' hoopoqwat. Noq naat yaw pam panmakyangw yaw pam hiita navota. Pu' yaw pam pay paasat pep suhuruutit pu' yaw pam angqe' taynuma. Noq yaw ayam pay naat pas hihin hoop yaw i' qö'angw wukowunu. Pu' yaw pep piw himu a'ni höykitinuma. Noq pas pi yaw qö'angw qa talqw pam yaw oovi qa hiita tuway'ta. Pu' yaw pam as pay naamahin qa hiita tuway'kyangw pay yaw pam awwat nakwsu. "Pay kya nu' it hakiy hepnuma," yan yaw pam wuuwaqe pu' yaw pay oovi nawuko'nangwtaqe pu' yaw oovi awi'.

Noq pay yaw oovi pam pu' naat hiisavo aw peetaqw pay yaw kur pam hak put tuwaaqe pu' yaw pam oovi pay paasat hihin sun yukuuqe pu' yaw put awsa tayta. Nit pu' pay yaw pam wunuptu. Niiqe pu' yaw pam wunuptuqe pavan yaw antsa pam hak wupataqa. Niiqe pu' yaw pam iisaw put maamatsqw pam yaw kur i' suqömhonaw. Noq yaw kur pam put iisawuy angqw awniqw pam yaw navota. Niiqe pam yaw put pan

The minute he was outdoors he headed north. As he wanted to avoid traveling right in the open, he chose a path quite a distance east of Musangnuvi. Already he had been traveling for quite some time, but still he had not come to a pine forest. So he began to quicken his pace. On and on he went. By the time he reached the forest he was hungry. So he stopped, squatted down under a tree and removed the journey food from his waist. As he unwrapped it, he discovered that the girl had packed sweet cornmeal and piiki for him. Having stirred some of the ground corn flour into the water, he dipped the piiki into it and ate with great gusto. The girl had also included some parched corn, but he did not touch it yet. He decided to wait and eat it on his trip home, so he didn't bother it. He ate all the piiki before he stopped. To finish he downed all of the water into which he had dipped the piiki.

Then he sat there for a while, looking around. He would proceed only after his food had settled. "I wonder which is the right direction," he mused. When the food in his stomach had settled, he got up and trotted westward. "I think I'll head this way first. If I don't find anybody there I'll come back and look elsewhere." With that thought he trotted off to the west.

Already he had traveled quite a distance in that direction, but still he had not encountered anyone. So he swung back. He first ran a little ways north but then continued eastward. Suddenly he heard a noise. He stopped in his tracks and scanned about. There, quite a distance in the east, stood a massive column of dust. And there some creature was growling, loud and fierce. But because the dust was so thick he could not make out anything. Even though he knew not what it was, he now went forth to face it. "This may be the one I search for," he thought. He mustered up some courage and strode on.

Coyote had only a little distance left to go when the mysterious creature spotted him. As a result the creature calmed down a bit and fixed his eyes on him. Next, he reared up on his hind legs. How extremely tall the creature was! Presently Coyote recognized who it was. It was Black Bear. He had evidently heard Coyote coming, and because he wanted to be discovered he was furiously throwing things about. But in

navotnaniqe oovi pep pan itsivu'iwkyangw naahoy hiita wahinuma. Noq pay yaw pam as qa pas antsa itsivu'iwta. Pay yaw pam put iisawuy aw hin heptaqe oovi yaw pep pantsaki. Pay yaw pam pas suyan put hepnume' son waayaniqat pam hoonaw navotiy'taqe oovi pay yaw naap a'ni naalay'- totoyna. Noq paasat pu' yaw pam iisaw put aw pangqawu, "Ya pay um hak itahay? Ya pay nu' ung hepnumay?" yaw pam put aw kita.

"Owiy, pay um nuy oovi angqöy. Noq hintiqw um nuy hepnumqw put pay nu' qa navotiy'tay," yaw pam hoonaw kita.

"Owiy, pay antsa itaaso nuy peqw hoonay. Noq pay nu' yaw yan angqw tuu'awmaniqat pam nuy ayatay."

"Haw owi? Ya hiita'a?"

"Pay hapi nu' sakinaqe nu' musangnungaqw maanat mantuwtaqe nu' tooki put itaakiy ep wikvaqw pam haapi son oovi qa pu' ep ngumantay. Noq i' itaaso pangqawqw yaw ima hopiit möömö'wituy a'ni yuuyuwsinayaqw antsa nu' hapi qa hiita tuwiy'kyangw nu' put aw qa wuuwat pay pangqw put maanat wiikiy. Noq pay yaw nu' ung it yan aa'awnaqw pay yaw kya as um it hin aw itamungem wuuwaqw pay kya yaw as itam hin yukuyaniqat yan itaaso inumi lavaytit nuy angqw peqw hoonay," yaw pam put aw kita.

"Haw owi? Kur antsa'ay, kwakwhay. Kur antsa kya pi itam mö'wiy'- yungway. Noq pay nu' haalayti uma antsa nuy angqw aa'awnaqw'öy. Pay nu' yan tunglay'tangwuy. Pay as haqawa yanhaqam hiita aw pite' ngas'ew nuy angqw aa'awnamantaniqat nu' naawaknangwuy. Noq pay pas qa hisat hak inumi yan enang taqa'nangwtiqw pay nu' oovi haalayti uma nuy peqwhaqami u'naqw'öy. Noq pay uma oovi qa pas put aw hin wuuwantaniy. Pay itam son ungem hin qa yukuyaniy. Noq oovi um qaavo piw teevengewat nuvatukya'omini. Pep piw i' suukyawa uutaha kiy'tay. Niikyangw pam tuwat pas a'ni tumqay. Pay ung naat pu' put aw pitutoq pay pam sonqa a'ni waayani. Niikyangw pay um pas angk qa tuuqayniy. Pu' paasat um piw angk haykyalaqw pu' pam pay paasat son pep qa ahoy sunamtökt pu' paasat yookoltit pu' uumi warikniqey antini. Niikyangw pam mooti pay it tutskwat pep haritat pu' hakiy aalantaniqey oovi aw warikngwuy. Pu' pam hapi pas wuko'alay'tay. Noq ason pam put tutskwat harivaqw pu' um put aa'awnani nu' ung pangso hoonaqat'ay. Pu' um piw itaatiw'ayaniiqey aw pangqawqw pay pam son paasat qa pöhikye' pu' tuwat uumi pi hin lavaytiniy. Pay uma put pangso tuwat navotnaqw pay pam son tuwat qa haalaytini. Niikyangw pay pam son piw qa inun uumi lavaytini," yan yaw pam hoonaw put iisawuy aw tutaptat pu' yaw aw pangqawu pay ahoy nimaniqat.

Pangqw pu' yaw pam oovi pay nima. Niiqe yaw pam oovi pangqw tsuyakiwma pan put angqw lomanavotqe. Haqe'niikyangw pu' yaw pam put kutukiy u'naqe pu' yaw oovi pangqw put tuumoykyangw ahoy

reality he was not angry at all. He was only testing Coyote, that's why he was acting in such a manner. Bear knew that if Coyote was earnestly looking for him, he would not run away. For this reason he took on airs fiercer than normal. Presently Coyote asked, "Are you an uncle of mine? Are you the one whom I am seeking?"

"Yes, I'm the one you are after. But why came you to search for me?" Bear replied.

"Yes, to speak the truth, my grandmother sent me here. She bade me to come and bring you the news."

"Oh yes? What news is that?"

"I have been so fortunate as to win a girl from Musangnuvi for my love. Last night I brought her to our house, and I'm sure she's there now grinding corn. My grandmother explained to me that the Hopi weave many garments for their female in-laws. But I, without taking into consideration that I can't do anything, went ahead and brought her home. I am supposed to tell you this. Perhaps you have a solution for us so that somehow we can get through the wedding. These were my grandma's instructions, this is why she sent me here."

"Is that so? I'm truly grateful then, for I guess we're about to acquire a mö'wi. I am happy that you have come to inform me. I've always wanted this. If ever anyone had such an event as this, I had hoped that he would at least make it known to me. But no one ever came to me for help, so I'm glad that you've remembered me here. So, don't worry at all, somehow we'll get you through the ceremony. Tomorrow you must run west to Nuvatukya'ovi. There resides another uncle of yours. But he is very shy. Even before you have neared him, he will most likely dart away. But be persistent in your pursuit of him. When you come close to him again, he'll quickly swing around and bend his head as if he was about to charge you. But before he runs forth to gore anyone with his horns, he usually paws the ground. His antlers have a tremendous span. Then, as he begins to paw the earth, let him know that I am the one who sent you there. When you further tell him that you are our nephew, he's bound to calm down. I don't know what he will say to you, but he will be happy when you bring him this information, I'm convinced of that. And I'm sure he'll tell you the same thing I did." With these instructions Bear advised Coyote to return.

So Coyote trotted home. He went back overjoyed about the good tidings he had received. Somewhere along the way he remembered his parched corn, so he munched that as he returned home. It was very late in the evening when he arrived at his den. Right away his grandmother

nimiwma. Pay yaw pam oovi pas tapkiwtaqw pu' kiy ep ahoy pitu. Pu' yaw pam ep pituqw put yaw so'at pay put suutuvingta hin pam put taahay angqw navotqat. Pu' yaw pam put aw pangqawu, "Pay nu' lomanavotay. Pay itam put aqw aa'awnaqw pay pam haalaytiqe pay yaw son oovi itamumi qa unangwtapniy. Niikyangw pay yaw naat nu' piw yuk teevengewat piw sukw itaatahay awniqat pam nuy ayatay. Noq pay nu' oovi son nawus qa piw iits tayte' pay hakiy pangso heptoniy," yaw pam put soy aw kita.

Noq yaw put so'at yan navotqe yaw tuwat haalayti. "Askwali, pay pam puye'em son itamumi qa unangwtapniniqw oovi nu' ung pangsoq hoona. Noq pay kur pam piw tsangaw hakiywat itamungem tuway'ta itamumi unangwtapniqat'a," yaw pam kitaaqe yaw haalayti.

Noq naat yaw puma pep naami yu'avisoq'iwtaqw pay yaw paasat i' maana kur aw noovalawqe pay paas yukiy'taqw puma yu'a'ataqe qe'ti. Pu' yaw pam put tiyot aw pangqawu, "Ta'a, um yep nösni, taq pi pay um se'elhaqam nakwsukyangw pu' pay piw qa pas wuukoq nitkyay'numqe son ahoy qa tsöngmokiwkyangw pitu. Hal pay pi itam soosoyam noonovani," yaw pam maana kitaqw pu' yaw puma oovi soosoyam put maanat tunösvongyayat aw yesvaqe pu' noonova.

Pu' yaw puma nöönösat pu' yaw pay puma hiisavo pep yeskyaakyangw pay yu'a'atota. Pay yaw naat oovi qa pas wuuyavotiqw pay yaw pam so'wuuti pangqawu, "Ta'a, pay pi itam nawus piw tokni, taq kur pi um naat piw qaavo haqamiwat ayatiwa."

Yaw pam kitaaqe pu' yaw pay paasat oovi piw neengemnit pu' put maanat engem piw ang aapata. Pu' yaw paasat pam tiyo pay aapamiqhaqami pakiiqe pu' yaw oovi tuwat neengem aapatat pu' pay paasat wa'ö. Niikyangw pay yaw as pam hihin itsivu'iwkyangw wa'ökt pay nawus qa pas hingqawlawu. Pay pi yaw so'at son naat piw nakwhani pam put maanat amum puwniniqw.

Qavongvaqw pu' yaw pam piw pangqw nakwsukyangw pay yaw paasat aapiy teevenge henanatima. Pay yaw pam paapu qa sööwu wayma. Niiqe pay yaw pam oovi su'aw taawanasap'iwmaqw yaw pam pangso nuvatukya'omi haykyala. Nit pay yaw pam pas qa huruuti. Pay yaw pam pas it hovi'itstuyqat aahopqöymi pituuqe paasat pu' pep piw sukw löqötskit atpip qatuptut pu' piw pep nöösa. Pu' yaw pam pay piw pep hiisavo qatuwkyangw wuuwanta haqamiwatniqey. Pu' yaw pam hisatniqw piw ahoy qatuptuqe pu' yaw pan pay qa tupowatnit pay yaw pam kwiniwiwat nakwsu. Niiqe pay yaw pam naat qa pas wuuyavo nakwsut pay yaw pam hakimuy aw haykyala. Noq naat yaw pam as pu' pumuy hakimuy amumi hingqawqw pay yaw puma kur wuupukyaqe pay hoopoqwat a'ni yuutu. Noq i' yaw hak nuutungkniy'maqa pay yaw as qa amun a'ni warikkyangw pay yaw pas a'ni hoyta.

Niiqe yaw pam iisaw put hakiy aw yorikqw pam yaw hak wuko'alay'ta. Pavan yaw piw a'ni nataqay'taqat aalay'ta. Pankyangw pu' yaw piw

asked him what news he had received from his uncle. He told her, "I heard good things. He was elated because we sent him word, and he is ready to help us out. But he instructed me to go west to find another uncle of mine. I'll have to rise first thing again to get an early start when I go looking for him."

When the grandmother heard this, she was also happy. "How grateful I am! I was almost positive that he would be able to help us, that's why I sent you there. Fortunately for us, he also seems to know someone else who will be able to assist us."

While the two were busy chatting with each other, the young girl was cooking and had everything ready when Coyote and his grandmother stopped planning. She said to the young man, "Come on, sit down and eat. You left quite a while ago, and since you didn't take a very big lunch, you've probably come back hungry. Let's eat." With that they all settled down to the food the girl had laid out and began eating.

After the meal they lounged around for a while, chatting. And not much time had passed before the old lady said, "Well, I guess we'll have to retire because you've been asked to call on someone else tomorrow."

Presently she spread out the bedroll for the young girl and for herself. The young man withdrew into the inner room, spread out his bedding and lay down. He was a little perturbed as he bedded down, but didn't say anything. Surely, his grandmother would still not consent to his sleeping with the girl.

The following day Coyote trotted westward. This time he didn't waste time on the way. It was just about high noon when he neared Nuvatu-kya'ovi. But he didn't bother to stop. Not before he came to the east side of Hovi'itstuyqa, did he stop to sit down under a pine tree and eat his lunch. He sat there, musing over which direction to go. After a bit he got up, but instead of approaching the base of the mountain he headed north. He had not yet gone very far when he neared some beings. He said a few words to them, but they got startled and rapidly dashed off toward the east. The one who was bringing up the rear, though moving at a very high speed, was not running as fast as the others.

When Coyote spotted this enormous male, he noticed his gigantic antlers with many branches on them. Right away Coyote thought, "This

pavan wukotaqa. Noq pu' yaw pam iisaw pay suupan wuuwa, "Pay kya
nu' it hakiy pew hepto," yaw pam naami kitaaqe pu' yaw pam pay paasat
oovi put angk nakwsu. Noq yaw kur pam it tsayrisat angki. Noq pu' yaw
pam wukotsayrisa mimuywatuy amungkniikyangw pay yaw haq pumuy
amungk hinma. Pu' yaw pam piw ahoywatsa taatataytimakyangw pumuy
amungk. Noq pu' yaw pam iisaw pay pas sumataq pumuy sutsepngöy-
taqw pu' yaw pam nuutungkniy'maqa put aw paas tunatyawma. Naat
yaw oovi pam iisaw put angk yanmaqw pay yaw pam tsayrisa suhuruutit
pu' pay pep sunamtö. Pantit pu' yaw pay pam antsa yookolti. Niiqe pu'
yaw pay pam mooti pavan pas hin hiikwistat pu' yaw pay pam put
tutskwat putngaqwwat may akw hariva. Pu' yaw pam pep pantsakqe
pavan yaw pam pep qö'angwpokniy'ta. Pu' yaw pam iisaw pay panis yan
yorikt pu' yaw pam put aw töqti, "Haakiy, pay um okiw qa nuy
hintsanniy. Pi pay nu' sumataq ung angqw heptoy. Pay sumataq ung i'
kwiningyaq itaataha lalvaya. Ya um hak qa itahay?" yaw pam put aw
kita.

Pay yaw pam panis kitaqw pay yaw pam paasat sun yuku. Pu' yaw
pam pay mooti aw taynumt pu' yaw aw pangqawu, "As'ay, pay nu' piw
uutahay. Noq pay nu' ung qa maamatsqe oovi ung as tsaawinaniqe
antsa a'ni hintsakiy. Noq pay um qa nuy mamqast pewnen um hiita
oovi angqwniiqey nuy put aa'awnaniy," yaw pam put aw kitaqw pu' yaw
pam oovi put aw nakwsuqe pu' put aw tu'awiy'ta kwusiy'taqey. Pay
yaw pam it hoonawuy aw hin lalvaytiqey pay yaw pam putwat piw
su'an aw lalvaya.

"Haw owi? Kwakwhay, antsa kur itam mö'wiy'vayaniy. Noq pay
antsa nu' tuwat haalayti uma nuy angqaqw aa'awnayaqw'öy. Noq pay nu'
antsa son hinwat umuy qa pa'angwaniy. Pay oovi um qa hin wuuwan-
kyangw pay ahoyniy," yaw pam put iisawuy aw kita. "Noq pay naat hapi
piw suukyawa uutaha qatuy. Pay um son put piw qa aw aa'awnaniy.
Niikyangw pam hapi pas inuupeniiqe yaap kiy'tay. Noq oovi um hapi
pay panis uukiy ep pitut pu' um paasat pay hapi nawus qa nöst, hiita
nitkyamaskyatat pu' um pay taatöqwat nakwsuni. Niikyangw pay um
tookyepnen sonqa su'aw taltimi haqami hoqlöy'taqat aw pituni. Noq
ason um pangso pite' pay um haak pephaqam huruutit pu' um pay pep
haak hakiy nuutaykyangw tuumoytani. Pu' ason pam uumi pite' paasat
pu' pam son ung haqami hakiy aw qa paas wiikiy'mani. Ta'ay, oovi um
payniy," yaw pam kita.

Paasat pu' yaw pam iisaw oovi pay qa sööwunit pu' yaw pay pangqw
ahoy a'ni warikiwma. Niiqe pay yaw naat oovi antsa i' taawa qa pakiqw
pay yaw pam ahoy kiy ep pituuqe pu' yaw piw soy aw yan tu'awiy'ta. Noq
pu' yaw pam yanwat piw navotqe yaw haalayti. Paasat pu' yaw put pam
tsayrisa aw hin tutaptaqw pay yaw pam panis pantit pu' pay piw
taatöqwat nakwsu. Pay yaw pam oovi pas yaaptiqw pu' yaw pay taawa

is probably the one I'm seeking," and immediately he raced after him in pursuit. Coyote was, of course, after an elk. The large buck followed the herd, running quite a distance behind it. He kept looking back over his shoulders as he tailed the other elks. Coyote was clearly pursuing the elk, so the buck kept a careful eye on him. Coyote was still after them when the buck suddenly halted, swinging quickly around. He then lowered his head, snorted angrily, then with his right hoof started pawing the ground. In doing so he kicked up a great cloud of dust. As soon as Coyote saw this, he shouted, "Wait! Please don't harm me! I think it is you whom I came to seek. It's you that my uncle in the north was talking about, I believe. Aren't you my uncle?"

No sooner had Coyote spoken these words than Elk calmed down. He eyed him from head to toe. Finally he replied, "Yes, I am your uncle too. I didn't recognize you. I wanted to scare you, that's why I behaved so fiercely. So, have no fear of me but come here and tell me your reason for coming." After these words Coyote stepped up and told him about the girl at his home and that he was in the process of marrying her. He told Elk exactly what he had told Bear.

"Is that a fact? I'm pleased that we'll be gaining a mö'wi. And, truly, I also am happy that you came to tell me of this event. You can, indeed, count on some help from me. Don't give it another thought and go right back," he said to Coyote. "But there is yet another uncle of yours that is still about. Be sure to inform him too. However, he lives farther away than I. As soon as you return home, don't bother to eat, but only prepare some journey food and immediately head southward. If you travel all night you should definitely reach a juniper forest by daybreak. When you arrive, pause there for a while and eat your morning meal while you wait. Wait until a being comes who will direct you to your uncle. Now, go ahead and be off."

Coyote didn't hesitate a minute and ran home fast. Indeed, the sun had not yet set before he was back at his den telling his grandmother how he had fared. Again she was joyous when she heard the good news. Then he started off toward the south. Already he had gone quite a ways when the sun dipped below the horizon. That night the moon happened to be

paki. Pu' yaw ep mihikqw piw pay suyan muytalqw oovi yaw pam pay qa hin hiita ang wiwtima. Panmakyangw pu' yaw pam antsa löqöqlövehaqam talöngna.

Noq pay pi yaw as pam naamahin taala' pang waynumqw pay yaw naat paasat iyoho'niqw pu' yaw pam oovi pay put sukwat hotskit atpip taaviy'taqat ep qatuptut pu' yaw tuumoyva. Noq pu' yaw naat pam tuumoytaqw yaw hak atsve tsokiitit pu' pangqawu, "Ya um pitu? Pay nu' ung angqw wiktoqe oovi angqw pew'iy. Noq pay as um qa wuuyavo peeta. Pay oovi um haak ason pas hihin hikwsut manguy'qalaptuqw pu' nu' ung aw wikniy," yaw pam hak put aw kita.

Noq pu' yaw pam as aw kwuupukt pay yaw pam qa hakiy tuwa. Yaw pam as qa hakiy tuwakyangw pay yaw aqwhaqami pangqawu, "Kwakwhay, pay nu' kur ung tuyqawvay. Noq naat nu' tuumoytay. Oovi um pew haawe' yep inumum nösniy," yaw pam aqw kitaqw pu' yaw pam hak paasat aw haawi. Niiqe yaw pam pangqw hawqe yaw put aw tsotso'timakyangw yaw aw pituqw piw yaw kur pam i' kopölöpsona. Niiqe pu' yaw pam put aw pituuqe pu' yaw aw pangqawu, "Is ali, pas um sumataq hiita tuumoytay," yaw pam iisawuy aw kita.

"Pay nu' panis it taptuupet kutukit enang tuumoytay. Yangqw tuwat nöösaa'," yaw pam put aw kitaqw pu' yaw pam oovi pep put amum tuumoyta.

Niikyangw pay yaw kopölöpsona pas kutukitsaniiqe pay yaw pam it tapsikwit qa suusa angqw yuku. Pu' yaw pam piw put pay pas suupanyungqat kwukwu'u. Noq pu' yaw puma naat tuumoytaqw yaw pam kopölöpsona put istiyot aw pangqawu, "Yaapiynen pu' nu' hapi pay utsva puuyawmaqw um paasat pay inungkniy. Pay nu' pas hihin ason oovaniqw pay um son nuy qa tuway'maniy. Noq nu' yaw ung yuk tatkyaqöymi patuphami wikniqat piw tooki inumi tuu'awi pituy. Noq pep antsa piw i' suukya uutaha kiy'taqw pay um kwusiy'taqey son put qa enang aa'awnaniy. Pay um pantiqw pay pam son tuwat qa haalaytiniy. Noq oovi ason itamuy ep pituqw nu' pay hapi ason ung haak pep haqam qalave nuutaytani. Pay ason pas ung pep yukuqw pu' nu' paasat pay piw pew ung wikniy," yaw pam put aw kita. "Pu' itam ep pituqw pay um qa sööwunit pu' um pay pangsoq patuphamiq pakye' pu' um aw sunasami hoytimani. Pu' um aw pan hoytimakyangw pu' um pangqawmani, 'Itaatahay, nu' uumi hiita tuu'awvaqe oovi yep pituy,' um aw kitimani. Noq pay pam navote' son uumi qa naamataqtaniy. Ason paasat pu' um kwusiy'taqey put aa'awnaniy. Noq oovi itam payni, taq pay um naat piw haq'urmiqhaqami nimaniy," pay yaw pam panis put aw kitat pu' yaw pay puuyalti.

Noq pu' yaw pam antsa pay pas hihin oova puuyawmaqw pay yaw iisaw put suyan tuway'ma. Panmakyangw pu' yaw puma antsa haqami wukovatuphami pitu. Noq pu' yaw pam kopölöpsona pay pep qalave

shining bright, so he went along his way without stumbling on anything. In this fashion he actually reached by morning an area forested with juniper.

Even though it was summer, it was still cold at that time of the day; so he stopped in front of a tree where the sun's rays were striking and began to eat. He was still eating when someone perched above him on a juniper tree said, "Have you arrived? I came to fetch you, that's why I flew over. You don't have too much farther to go. So, wait until you have caught your breath and rested. Then I'll take you along."

Coyote lifted his head but was not able to see anyone. He shouted up anyway, "Thank goodness, I made it here in time to meet you. I'm still breakfasting, so come down and join me!" With this invitation the being came down to him. Landing on the ground he hopped over to Coyote. When he approached him, Coyote saw that it was Woodpecker. Now that he was by Coyote's side, Woodpecker said to him, "How delicious that looks! You seem to be having something special."

"I'm only eating rabbit roast with parched corn. Here, help yourself!" And so Woodpecker ate there with Coyote.

The woodpecker ate only of the parched corn; not once did he touch the baked rabbit. He swallowed the kernels whole. And so they were still munching away when Woodpecker said, "From here on I'll fly above you, and you follow me. I'll make sure to fly at a high altitude so that you'll be able to see me. Word came to me last night that I am supposed to take you to a lake south of here. There another of your uncles resides. You should inform him that the young girl is at your house to get married to you. He is bound to be as happy to hear this as your other uncles. When we get to our destination, I'll wait for you at the shoreline. And after you have completed your mission, I will bring you back here," Woodpecker said. "The minute we arrive, don't waste any time but wade right into the lake and proceed toward the middle. On your way keep uttering, 'Our uncle, I have brought you some news, that's why I have come.' Hearing this he will definitely make himself visible to you. That is the moment when you can tell him of your engagement. So let us go right now, because you have far to travel home." With these words Woodpecker flew up in the air.

It was true, the bird was flying high in the sky so that Coyote could see him clearly. In due time they really reached a large pool of water. Woodpecker alighted by the edge of the water, while Coyote headed

qatuptu. Noq pu' yaw pam iisaw pas aw patuphaminiiqe pu' yaw aqw pakit pu' yaw pam aw naasami hoytimakyangw pangqawma, "Itaatahay, nu' ung angqw hiita aa'awnatoqe oovi pituy," yaw pam kitikyangw pangso naasami hoytima. Noq nuwu pay yaw paahu put tawitsqayat aw pitutoq naat yaw qa hak aw naamataqta. Pay yaw oovi put iisawuy kwapmi pam paahu pituqw pu' yaw hak put apyeve sungwnuptuqe yaw put tsaawina. Niiqe pam yaw hak pep yamakqa pam yaw hak himu öngtsonay. Pam yaw hak it ööngat himuy'kyangw yaw kur tuwat pephaqam kiy'ta. Pu' yaw pam hak kur piw wupataqaniikyangw pu' piw soosoy qöötsa. Niiqe yaw oovi it taawat taalawngwa'at su'an aw yeevantaqw pavan yaw put angqw tal'ikwta.

Pu' yaw pam iisaw kya pi pas tsawnaqe yaw okiw qa hingqawkyangw paysoq pep wunuwta. Noq pu' yaw pay pam öngtsona put mooti aw hingqawu. "Ta'ay, ya himu'uy? Pay um nuy heptoy," yaw pam as put aw kitaqw pay yaw iisaw pas qa atsat tsawnaqe yaw as hingqawnikyangw qa aniwti. Pay yaw mo'a'at paysoq wayayata. Pu' yaw pam piiw, "Ta'ay, son pi um pavan qa hiita tuu'awvaqe oovi yukyiq yaavoq nuy heptoy," yaw pam aw kita.

Paasat pu' yaw pam istiyo putwat piw aa'awna kwusiy'taqeyniqw pay yaw pam piw tuwat haalayti put angqw aa'awnayaqw. Niiqe yaw oovi put aw pangqawu, "Pay um tuu'awvaqw pay uma uusoy amum qa hin wuuwantaniy. Pay antsa tsangaw kur um aptuy. Noq pay itam mö'wiy'-vayaniqe soosoyam kwangwtotoyay," yaw pam put aw kita. "Tsangaw pi kur pam maana pas qa atsat ungsa naawaknaqe oovi pay itamungaqw itamun'ewakw aw unangwtaviy. Niikyangw um hapi naat qaavo piw son nawus qa yukyiq mungya'omiq it piw sukw uutahay aqw tuu'awmaniy. Pay um pantiqw pay pam son tuwat qa haalayte' pay pam son tuwat qa hin umuy pa'angwaniy. Niikyangw um put aw pitutoq pam hapi son it löqötskit ang qa wuviwtaniy. Pu' um haqaqwwat awniqw pam hapi sonqa ayoqwat naalakni. Pu' um pangsoqwatniqw pu' pam pay tuwat ayangqewat ahoy ayoqwatniy. Pam pay okiw hamananiiqe oovi pantingwuy. Noq oovi um pay qa pas aw pisoq'iwtat pay um haak nawus aw maqaptsiy'taniy. Pay ason pam ung naakyaviwe' pay son paasat uumi qa hingqawniy," yaw pam put aw kita. "Noq oovi pay um ahoy pisoqte' ngas'ew suus piw aasupoq puwt pu' paasat piw pangsoqwatniy. Pay itam soosoyamye' son ungem hin qa yukuyaniy," yaw pam put aw kitaqw pu' yaw pam oovi pangqw patuphangaqw yama.

Paasat pu' yaw pay pam kopölöpsona piw puuyaltiqw pu' yaw pam put angk warikiwta. Noq pay yaw oovi naat qa taawanasaptiqw pay yaw puma piw ahoy haqam naami pituuqey pangso ahoy pitu. "Ta'ay, pay um aqwhaqami haalaykyangwniy. Tsangaw pay um lomanavotay," yaw pam put aw kitat pu' piw a'ni öqala.

Noq pu' yaw pam iisaw naat kur kutukiy qa soosokniiqe pu' yaw pam oovi pay put hiisa' peetaqey pu' put kopölöpsonat aw oyaqw pavan

on toward the lake. He entered the water and waded toward the lake's center. All the while, he shouted, "Uncle, I have come to tell you something, that's why I am here!" Meanwhile, the water was already reaching Coyote's chest, yet, no one made his appearance. By now the water was standing as high as his neck. Suddenly someone rose in the water in front of him — which made his flesh creep. The person who had emerged was none other than Öngtsona. It was he who inhabited that lake and also owned the salt which is present there. He was a gigantic person, and was white all over. And whenever the sun's rays fell on him in the right angle, lights would flash off of him.

Coyote had become so frightened that he stood there, awed and in silence. Öngtsona spoke to him first. "All right, what is it? I'm the one you came to seek." Coyote was so terribly frightened that nothing came out of his mouth when he started to speak. His snout was only shaking. Again Öngtsona said, "Come on, I'm sure you came with important news to have traveled so far to seek me out."

It was then that Coyote Boy told him, as he had the others, of his coming marriage. Öngtsona was happy to be informed of this event. So he said to Coyote, "You take back word that you and your grandma need not be worried. It is indeed fortunate that you have found a girl. We're all looking forward to gaining an in-law. I'm glad the girl really loves you. How else could she have become involved with one as homely as the rest of us. Now, tomorrow you will have to go to Mungya'ovi to relate this to another of your uncles. When you have done so, he, in turn, is bound to become happy and help you in some way. When you near him, he will probably be up in a pine tree. No matter from what direction you approach him, he will certainly go around to the other side. When you follow him there, he'll move to the other side, around the other way. He does that because he is very bashful. Therefore, you must be patient and wait for him. Once he is more familiar with you then he will speak to you first. So, hurry back and get at least a good night's sleep and then go to that place. When all of us band together, we will somehow finish this affair for you." With these instructions from the Öngtsona, Coyote emerged from the lake.

Woodpecker flew up again and Coyote followed running after him. It was not yet noon when the two arrived back at the place of their encounter. "Now, you go on your way happily. I'm glad your journey was a success," Woodpecker said and also gave Coyote some words of encouragement.

Apparently Coyote had not yet finished off his parched corn, so he gave what was left to Woodpecker. The latter was very happy, because

yaw pam haalayti. Pas pi yaw pam kur put kwangway'ta. Pantit pu' yaw pam oovi pay pangqw nima. Niiqe pay yaw pam pas qa suusa haqam huruutiqe yaw oovi naat pu' masiphikiwtaqw kiy ep ahoy pitu. Noq pu' yaw pam piw soy aw lalvaya hin pam pepwat navotqey. Noq pay yaw antsa pam so'wuuti piw tsuya pam mööyi'at yan lomatu'awvaqw.

Qavongvaqw pu' yaw pam iisaw pay piw pas su'its taytaqe yaw oovi su'its pangsoq hoopoq nakwsu. Pu' pay yaw pam piw warikiwmaqe pay yaw naat oovi qa taawanasaptiqw pay yaw piw pangsoq löqöqlömiq pitu. Niiqe pu' yaw pam pangso pakiiqe pay yaw naat qa wuuyavo nakwsu- kyangw pay yaw hakiy aw pitu. Noq antsa yaw pam hak pang löqötskit ang wuviwtakyangw pep tsöpölöwtay. Noq yaw antsa pam naat pu' aw haykyalaqw pay yaw pam hopqöymiqwat naala. Pu' yaw pam paasat as angkniqw pay yaw pam piw sutsvoqwat. Pu' yaw pam iisaw as haqaqwwat aw wunuptuqw pay yaw pam piw ayoqwatnen pu' pay pangqwwat aw taynumngwu. Niiqe pu' yaw pam pay paapu qa angknit pu' pay yaw put löqöt tatkyaqöyngaqwwat wunuptu.

Noq yaw kur pam pep it muungyawuy amum pantsaki. Pu' yaw pam pangqw put aw wunuwkyangw yaw aw pangqawu, "Ya qa um hak piw itahay?" yaw pam aw kitaqw pay yaw pam pas qa aw hingqawt tuwat soq yaw put löqöt aakwayngyavoq na'uyta. Pu' yaw pam iisaw piw as aw pangqawu. Noq pay yaw pam pas put qa hu'wana. Pas yaw pam naalöstaqw pu' yaw pam put aw pangqawu, "As'ay, noq himu'uy?" yaw pam put aw kita.

"Pay hapi nu' kwusiy'taqe oovi ung put angqw aa'awnatoy," yaw pam put aw kitat pu' paasat aapiy piw putwat aw hin hiniwtapnaqey put lalvaya.

Noq pu' yaw pam yan navotqe pay yaw piw tuwat engem haalayti. Niiqe pay yaw pam oovi son hiita put mö'wit engem qa hintiniqey aw pangqawu. "Noq pay kur itam aptu hiita mö'wit engem hintotiniqam. Noq pay uma qavomi itamuy nuutayyungwni," yaw pam put aw kitat pay yaw qa tuwat put haqamiwat hoona.

Pangqw pu' yaw iisaw ahoy nimaaqe pu' yaw yan tuu'awva. Noq yaw so'at yan navotqe haalayti, "Is askwali, pay kur itam son itaamö'wiy qa imuy hopiituy amun yuwsinayani," yaw pam kitaaqe pavan yaw supakhaalayti.

Qavongvaqw tapkimi pay yaw ima iisawuy taahamat ökiwta. Pu' yaw piw mimawat ii'ist pu' piw leeletayt kweekwewt amumum ökiwta. Noq pu' yaw i' hoonaw hiita wukomokkyangw pituuqe pu' yaw put amumi purukna. Noq yaw pam kur a'ni tuulewkyaniiqe pam yaw oovi kur imuy lööqmuy oovat yuku, sukw tsaaqatnit pu' wuuyaqatwat. Pu' yaw pay pam piw kur mö'wit engem wukokwewtaqw pam yaw oovi ep enang mookiwta. Noq pu' yaw i' nuvatukya'ongaqw tsayrisa pu' tuwat it sowi'ingwsikwit pas lööqmuy suupantaqat iikwiwva. Sukwat yaw puma

he obviously enjoyed that food. And so Coyote started home. And because he did not once stop at any place, he reached home just after dusk. Once again he related to his grandmother what he had heard. As before, the old woman delighted in the news.

The next day Coyote was up very early once more to get an early start on his trip. Since he ran again, it was not yet noon when he came to a pine forest. He entered the forest and had not gone far when he encountered a creature. Indeed, there was someone up in a pine tree. Sure enough, the minute he came closer to him he moved to the eastern side. Coyote followed him, and he went to another side. No matter from what side Coyote stood facing him, he would again go around to the other side and stare at him from there. Finally he did not follow him any longer but stood there south of the pine tree.

Coyote happened to be playing this game with Porcupine. Standing there on that side Coyote asked, "Are you not also my uncle?" But instead of answering, Porcupine hid behind the pine tree. Coyote repeated his question, but still there was no response. Finally, after the fourth time, Porcupine replied, "Yes, and what is it you want?"

"I came to tell you that I am getting married." He filled him in on the events of the past few days.

When Porcupine heard this, he also was happy for Coyote. He assured him he would definitely do something for the in-law. "Obviously, there are enough of us to make things for her. So, wait for us until tomorrow." With that he did not, like the others, send Coyote to any other place.

Coyote now returned home and conveyed the news to his grandmother; when she heard everything, she was elated. "Thanks, there is no doubt now that we'll be able to clothe our mö'wi just as the Hopi do." She was so overjoyed that she had tears in her eyes.

The next day, toward evening, Coyote's uncles began to arrive. And the other coyotes, and the foxes and the wolves, also came along. Bear arrived with a large bundle and presently revealed its contents. He happened to be a great weaver; therefore he had woven two wedding capes, one small one and one large one. He also had woven a wedding sash for the in-law, so that was in his bundle too. Then Elk, from Nuva-tukya'ovi, arrived with two entire carcasses of deer meat on his back.

pay nöqkwipye' pu' pay sinmuy tuunopnayani. Noq pu' yaw ason mö'wi nimaniniqw paasat pu' yaw puma mitwat ason sikwitote' pu' put enang kiiyat aw kiwisni. Yan yaw pam pumuy amumi tutapta.

Noq pu' yaw i' öngtsona tuwat paa'öngat qa suukw tukput ang mokva. Noq pu' yaw i' muungyaw angqaqw momimitikyangw suusus hoyta. Niiqe pu' yaw pam ep pituuqe pamwa pu' yaw tuwat it mö'wit kur engem totsta. Noq pas pi yaw pam kur wukosowi'ngway'taqe pavan yaw pam oovi wukototsit kwusiva. Noq pu' yaw paasat i' suukyawa kwewu songowat wuko'ikwiwva. Noq pay yaw pam panis put pep kivaqw pu' yaw pay puma ii'ist, leeletayt, kweekwewt put songowat ang siipantota. Pu' yaw puma pay panis put yukiy'wisqw pu' yaw pay haqawa put qeqtivaqe pay yaw qa oovi naat wuuyavotiqw pay yaw pam it songoosivut yuku. Yanhaqam yaw puma put mö'wiy engem soosok hiita yukuyaqw pavan yaw puma naamöm pep kiy'taqam askwaliy qa pevewma. Yanhaqam yaw puma put mö'wiy paas yuwsinayay.

Noq pu' yaw puma aapiy pay löötok put mö'wiy taviwisniqey yaw yan naanami yukuya. Noq pu' yaw ima mö'wiy'yungqam put mö'wiy taviwisniniqw pu' yaw i' so'wuuti mootiy'maqw pu' yaw paasat i' nöömay'taqa angkni. Pep pu' yaw i' mö'winiqw pu' pay yaw put angk put istiyot sinomat. Noq puma yaw it mö'wit angkyaqam yaw tuunit wuko-'ikwiwwisa. Pu' yaw ima ii'ist, leeletayt, kweekwewt yaw maamaa-kyamniiqe yaw puma oovi imuy tsöötsöptuy, taataptuy, sowiituy wukoqöqyaqe yaw nanap pumuy sikwiyamuy wuko'ikwiwyungwa. Pu' paasat pam suukyawa piw put pas wukosowi'ngwat iikwiwma.

Panwiskyaakyangw yaw puma aqw kwiniwiq wupawisiwma. Noq pu' yaw yep musangnuve puma maanat yumat naat pay yaw as qa hin put tiy nuutayta. Pay pi yaw pam himu mö'önghimu wuuyavotiqw pu' yukiltingwu.

Noq piw yaw kur ima hakim mamanhooyam tumkyaqe kiki'-hepnumyaqe pangsoq pumuy tutwaqe yaw amumiq taayungwa. Noq piw yaw pam hak suukya pas qöötsatsa yuwsiy'maqw puma yaw put aw maamatslalwa hintiqw pam panmaqw. Noq pu' yaw suukya manawya pangqawu, "Ura i' itaakikmongwiy ti'at yaw puunathaqam pangso-haqami taatö lööqö. Noq kya puma put pay ahoy taviwisa," yaw pam kita.

Noq pu' yaw puma aqw taayungqw pu' yaw puma pumuy amumiq haykyalayaqw pay yaw pam suukyawa manawya put maanat pas suyan maamatsi. "Pi pay pas pam'i. Nu' pay oovi yumuyatuy amumi tuu-'awmani," yaw pam kitaaqe pu' yaw pay oovi pangqw put kikmongwit kiiyat aw tuu'awma.

Pu' yaw pam pumuy yan aa'awnaqw pu' yaw puma pay paasat pangsoq tumpoq kuyvato. Noq pu' yaw mimawat mamanhooyam tuwat kiikiy angyaqe pu' pang put tuu'a'awnaya. Pu' yaw pay paasat ima

One of them they were going to stew to feed the people. The other they were instructed to cut up and take along when delivering the bride back to her place.

Next, Öngtsona lugged in several bags of rock salt. Porcupine came along slowly, walking pigeon-toed. When he finally showed up, he presented the wedding boots which he had fashioned. He had obviously been in the possession of a big buckskin, because the boots which he had brought were extremely large. Then, one of the wolves came, toting a large bundle of reeds. As soon as he arrived, all the coyotes, foxes and wolves, fell to shaving the husks off the reeds. Just before they had completed this task, someone began fastening the ends together by intertwining a small cord along the ends. In a short time he had fashioned a reed case. In this manner they completed everything for their in-law. The two Coyotes never stopped expressing their gratitude. This is how the entire wedding outfit was created for their mö'wi.

They were in agreement that two days hence they would escort the bride back to her home. So, when the time for returning her had come, the old lady was at the head of the line, in front of the groom. After the groom came the bride, who was followed by Coyote Boy's relatives. Those in line after the bride carried great quantities of meat. As it was, the coyotes, foxes and wolves, were good hunters. They had killed many antelopes, jack rabbits, and cottontails, and each transported a good heap of the meat. One of them bore on his back the whole carcass of a large deer.

In that fashion they trekked along, northward, in a long, long line. Meanwhile, at Musangnuvi, the parents of the girl were not yet expecting their child. After all, an event such as a wedding took quite a bit of time to prepare for.

It so happened that some little girls were searching along the mesa edge for items to be used in playing house, when they espied the procession. Immediately, they were all eyes. To their surprise they noticed one of the participants garbed entirely in white; so the little girls were guessing why someone would be dressed in such a way. Presently one of them exclaimed, "Don't you recall that our village leader's daughter went someplace south to be married, just recently? Maybe they're already bringing her back."

They were staring in that direction and, as the party neared, one of the little girls unmistakenly recognized the young maiden. "It's really her. I have to take the news to her parents." So she ran to the leader's house to tell him.

The minute she had informed the parents, they immediately rushed to the mesa edge to see. The other little girls went about their homes to spread the news. Presently the villagers began informing one another.

sinom pep kiive put naa'awintota. Pu' yaw himuwa panis put navot pu' pay paasat tuwat pangsoqningwu. Tumpoq yaw puma naakwusta. Pavan yaw puma pangsoq naspawma. Hakiy pi yaw pam aw lööqökqw put hapi yaw kur puma hin nanaptaniqe oovi yaw pangsoq pas naap yorikwisa. Noq oovi yaw puma pepeq wukotsovawtaqw yaw pumawat pumuy amumiq oki. Noq pu' yaw put musangnupmanat sinomat pumuy mö'wiy taviwisqamuy amuupa nankwusaqe pu' paasat pumuy put sikwit ömaatotoynaya piw tuwat haalaylalwakyangw.

Noq pu' yaw puma pumuy put maanat kiiyat aw tsamyaqe pu' yaw pumuy paas o'ya. Pu' yaw puma pep kiy'yungqam pay paasat novavisoq-totiqe pay yaw oovi naat qa wuuyavotiqw pay yaw kur novayukuyaqe pu' paasat aw tunösvongyalalwa. Paasat pu' yaw puma pep put puhumö-'önangwuy sinomuyatuy nopniy'yungwa. Noq pu' yaw puma pay panis nöönösat pu' yaw puma pay pangqw ahoy ninma. Pay yaw pam istiyosa naala pep huruuti.

Yanhaqam yaw puma hiihiitu popkot hintotiy. Noq pu' yaw paapiy pay pam istiyo pep pas huur qatuptu. Lomanömay'va yaw pami'. Paapiy pu' yaw pam pay put amum puuvuwqe paapu yaw oovi qa qövis'iw-kyangw tuwat yaw kwangwtapniy'kyangw puwtongwu.

Noq pu' yaw mimawat tootim kur nanapta pam maana put amumtiqw. Niiqe pay yaw puma put tiyot aw yoyrikyaqe pay yaw qa naaniya. Pay pi yaw pam as qa pas hinkyangw qa pas suhimuniikyangw piw put maanat tuyqawva.

Noq pu' yaw pam iisaw naat kur piw hin wuuwantaqe pu' yaw pam oovi ep mihikqw put nöömay nayat awniiqe pu' yaw aw pangqawu, "Ta'ay, nu' hapi as yep umuy kiy'yungqamuy amungem hin wuuwan-kyangw nu' hapi son naalaniikyangw aw antiniy. Noq pay oovi sonqa um nuy pa'angwaniy," yaw pam put kikmongwit aw kita.

"Ta'ay, ya hiita um inumi tunglay'tay?" yaw pam aw kita.

"Owiy, pay nu' hapi wuuwantaqe yaapiy naalötok imuy pas wuuwukoqmuy tuutuvosiptuy peqw tsamniqey nu' wuuwantay. Pu' nu' ason pumuy peqw ökine' pu' nu' paasat pumuy pas peqw kiimiq yayvanakyangw pu' paasat pumuy pew kiisonmi tangataniy. Noq nu' hapi it paahot qa tuwiy'tay. Noq put hapi as um ngas'ew akw inumumtiniy. Noq oovi qaavo nu' hapi pumuy tsovalatoniqey nakwsukqw um yep inuukwayngyap inuusavo put aw tumalay'taniy. Pu' nu' ep ason pumuy angqw peqw laymaqw pu' um nuy tuwe' paasat pu' um put paahot yep kiisonve pahokingaqw tsöqömnani. Pu' um pumuy peqw taatöq taayungqamuy pangqw leetsilani, ispi nu' hapi pangqw pumuy laykyangw pitutoniqw oovi'i. Pam paaho hapi pumuy peqwyaniqat pan unangwtoy-nani. Niikyangw um hapi put aw paas tunatyawtani. Um aw paas tunatyawtaqw qa himu hapi put hiitawat kwiniwiqwat royaknani. Pu' hak nukpananen ung put qa aw paas tunatyawtaqw pam pay son uqle'

And no sooner had a person learned of this than he, too, ran to the mesa edge. Everybody was on the way to the rim of the mesa. People were swarming there in droves. They wanted to find out to whom she had gotten married; that's why they were going to witness for themselves. They were gathered there in a great crowd when the procession arrived. The relatives of the Musangnuvi girl went out among those who were delivering the bride and relieved them of the meat with many words of thanks.

They then led them to the young lady's home and warmly welcomed them. Those who resided there began preparing food. It was not long before they were finished and began setting out their cooking. They fed their new son-in-law's relatives. As soon as they had eaten, the relatives departed for home. Coyote Boy was the only one who remained.

This is what the animals did. From that point on Coyote Boy settled there for good. He had gained a beautiful wife. In the ensuing days he slept with her, and instead of pouting he looked forward to going to bed.

By now the other young men had heard who the girl had married. When they saw the young man they were very jealous. There was nothing great about him, nor was he very handsome; and yet, he had been the one to win the girl.

Coyote obviously had things on his mind—because that night he approached his father-in-law. "I have a plan to do something for the people living here, but I cannot carry it out by myself. You will have to aid me," he said to the village leader.

"All right, what do you want of me?" he asked.

"Yes, I've been thinking that four days from now I will go out and bring all the large game animals here. When I get them to this place I will bring them up here and fill the plaza with them. But I don't know how to make prayer sticks. I would like to have you help me with that. So tomorrow, after I've gone out to round up the game, I would like to have you work on prayer sticks here, while I'm away. The day you spot me, driving the animals here, take the prayer sticks to the plaza and set them upright in the shrine. Place them in a row, facing south, for that is the direction from which I will drive the game. The prayer sticks will make them want to come this way. But you will have to keep a careful eye on the prayer sticks. Watch them closely, so that no one turns any of them to the north. If you are not on your guard, an evil person may

put hiitawat qa pangsoq royaknaqw pay pam son aw aniwtini. Noq hisnentiqw qa panhaqamniqw puma pangso yungye' pay puma pep sonqa nakwhaniy'yungwniy. Naamahin puma a'ni tutumqamu, pay puma son pangqw watqaniy," yaw pam put aw kita. "Noq pu' um pay angwu uutsa'akmongwiy aa'awnaqw hisatniqw nu' pangqw pumuy laykyangw maatsiltiqw pam hapi yep tsa'lawe' sinmuy aa'awnaqw pu' puma angqw pew kiisonmiyani. Pu' paasat himuwa hiitawat aw kwangway'tuswe' pu' paasat put ngu'amantani. Pu' pam ason pay paasat put niine' pu' put kiy aw sikwimoktamantaniy," yan yaw pam put aw tutapta.

"Kur antsa'ay, kwakwhay. Pay kur um antsa itamungem lolmat hiita naawaknaqw pay nu' oovi antsa ngas'ew ung panwat pa'angwaniy," yaw pam put aw kitaaqe pu' pay sunakwha.

Niiqe pu' yaw pam kikmongwi ep qavongvaqw pay su'its pay haqami pahongapto. Niiqe pu' yaw pam oovi ep ahoy pituuqe pu' yaw pay paasat pep kiy ep put tumalay'ta. Noq pu' yaw pam istiyo tuwat pay ep nakwsukyangw pay pam mooti soy awi'. Pu' yaw pam ep pituuqe pu' paasat put soy aw pangqawu hin pam put kikmongwit aw lavaytiqey. "Pay hapi nu' tsangaw as yan'ewayhoyaniikyangw piw pep lomanömataqe put ang wuuwaqe as oovi pumuy amungem suushaqam yan hiita kyaahin- tiniy. Pay as puma ngas'ew suushaqam soosoyam inutsviy mongvastotini- qat nu' naawaknay. Noq oovi um as nuy pa'angwaniqw oovi nu' mooti angqw uumi'iy," yaw pam soy aw kita.

Pu' yaw put so'at aw pangqawu, "Kur antsa'a, pay as um su'an pi wuuwaqey anti. Noq pay ima peetu qa naaniyaqam son naat uumi hin qa hepyani. Sen puma ungem pay it nukushintsatsnani. Noq oovi kur panhaqamniniqw pay um nawus qa pas put ep hin unangwtini. Pay kur panhaqamniniqw pay um paasat nawus angqw suus pew ahoy nimani kur i' qa aw aniwtiqöö'," yaw pam so'wuuti kita. "Noq pay pi nu' ung suukw pas mööyiy'taqe pay nu' son oovi uumi qa unangwtapni. Noq oovi um inumi paas tuuqaytani. Nu' hapi uumi hiita tawlawni," yaw pam put tiyot aw kita. "It hapi um tawkyangw angqe' pumuy tsovalannumni. Pay um it amungk tawmaqw pay puma son hin naanawaknat pay upyeve hoytani. Niikyangw um mooti yukyiq kwiniwiqwatni, pangqe pu' um teevengeniikyangw pu' um ayo' nuvatukya'omini. Pep pu' um taatöqwatnen pu' um paasat pas suus teevepniikyangw pu' um paasat pay hoopoqwat pumuy laymani. Panmakyangw pu' um ason yuk tatkyaqöymi nuvakwewtaqat aw pite' pu' um passat pay pumuy peqwwat laymani. Nen pu' um pi pay paasat son pumuy pangso kiimi qa naap ökinani," yaw pam put aw yan tutaptat pu' yaw pam paasat tawkuyna. Niiqe it yaw pam put mööyiy tatawkosna:

Iisaw inaaloltima, inaaloltima,
oki'iyiyiyiy hiy.
Iisaw inaaloltima, inaaloltima,

place them facing north behind you, and our purpose will be defeated. If we are lucky that won't happen, and the animals will enter the plaza and surely stay calm. Even though they are very skittish, they won't run off. So, you tell your village crier beforehand that when you have caught sight of me herding them in, he is to announce to the people to gather here at the plaza. They may then grab whichever of the animals they desire, kill it, and take its meat home." This is what Coyote said.

"Very well, thank you! Obviously, you want to help us. I will, of course, assist you in that small way," the village chief replied, agreeing readily.

The next morning the village leader went out very early to gather material for the prayer sticks. Right after his return he began working on them at his home. That same day Coyote Boy started off on his mission; he first went to his grandmother. When he arrived there, he told her all about his conversation with the village chief. "In spite of my unattractive features, I've been fortunate, I believe, in taking a beautiful wife from that village; this is why I want to do something spectacular for them just once. I want all of them to feast at least once because of me. So, I am asking you to assist me; that's why I came to you first," he said to his grandmother.

His grandmother replied, "Indeed, you may have thought you did the right thing. But there are some who did not like you marrying that girl, and they will still put you to a test. They may ruin these plans of yours. If that turns out to be the case you must not feel upset about it. But if your plans fail, you will have to return home for good. Yet, because you are my only grandson, I will aid you. So, listen to me carefully, I'm going to sing something to you," she said to the young lad. "Sing this song while you are gathering the animals. When you go along behind them, singing it, they will cooperate and move along in front of you. Go north first, then run along west over to Nuvatukya'ovi. From there head south for one day, before heading back east, herding them along. After that, wait until you reach Nuvakwewtaqa on the south side; from there drive the entire herd back this way. By then you will get them to the village on your own." With these instructions she began singing the song. This was the song which she was teaching her grandson:

Iisaw inaaloltima, inaaloltima,
oki'iyiyiyiy hiy.
Iisaw inaaloltima, inaaloltima,

okye'eyeyeyeye he.
Ivöövöötaviyu anawit naakwusama.

Pu' yaw pam taawiy so'tapne' pu' yaw epeq, "Wa'wa'oo," kitangwu. Pu' yaw pam pay lööshaqam it taawit so'tapnaqw pay yaw kur pam taawiy'va. "Pay nu' taawiy'va, pay nu' oovi payni," yaw pam soy aw kita.

"Antsa'a, pay hak aqwhaqami öqawmangwu," yaw so'at aw kita. Pu' yaw pam piw put paas hiita nitkyay'maniqat maskyatoyna.

"Antsa'ay," pay yaw pam panis kitat pu' pay paasat piw kwiniwiqnii-kyangw pay yaw pam piw musangnuviy pas hopkye' pangsoq. Niiqe ep yaw pam haqam hoonawuy aw pituuqey yaw put pas yuumoqwat pitu. Niiqe pepehaq yaw pam imuy momsayrutuy amumi pitu. Noq pay yaw as mootiniqw pam pumuy amungkniqw tutwaqe pay yaw as oovi puma yuutu. Noq pu' yaw pam put taawiy kuynaqw pay yaw puma paasat suupan kwakwhatotiqe pu' pay put apyeve nuvatukya'omiqwat nankwusa. Pangqw pu' yaw pam pay paysoq pumuy amungk wayma. Qa hin pi yaw pam pas pumuy layma. Pay yaw puma pas nanap'unangway teevengewat nankwusa.

Panmakyangw pu' yaw pam nuvatukya'oviy hopqöymi pumuy ökinaqw pephaqam pu' yaw piw imawat tsöötsöpt noonoptinumya. Niiqe pay yaw kur puma tuwat nanapta puma pumuy amumi ökiwisqw. Pu' yaw pay puma noonoptinumyaqe suuqe'totit pu' yaw pay angqe' naanaqle' naqvuvotawkyaakyangw hoongi. Pu' yaw suru'am piw su'omiq iitsiwyungqw yaw qötsakuri'am yaavaqw susmataqya. Noq naat yaw puma as sumataq pu' wuupukyaniniqw pay yaw pam istiyo piw taawiy tawkuyna. Noq pay yaw puma paasat piw tuwat sun yukuyaqe pu' pay pangso nuvatukya'omiwat pumuy momsayrutuy amupyeve nankwusa. Niiqe su'aw yaw pam pumuy pangso pas tupo ökinaqw yaw taawa paki. Pu' yaw pam oovi pay pep talöngnaniqey wuuwaqe pu' yaw pay oovi pephaqam nöst pu' puwva.

Qavongvaqw pu' yaw pam taatayqe angqe' taynumqw pay yaw naat puma tuutuvosipt pep tsovawkyangw suupan yaw put aw maqaptsiy'-yungwa. Pu' yaw pam oovi pay paasat qatuptuqe pu' yaw pumuy amumi nakwsu. Noq pay yaw puma piw nanap'unangway nankwusa-kyangw pu' pay piw taatöqwatya. Pu' yaw pam tiyo pay pumuy amungk waymakyangw pay paasat tuumoyma. Panwiskyaakyangw pu' yaw pam pangsoqwat imuy tsayrisamuy tsovalanma. Pay yaw pam hiituywatuy töonavituy amumi pite' pu' put taawiy tawkuynaqw pay yaw puma piw mimuywatuy amupyeve aqw taatöqyangwu. Niikyangw pangsoqwat pay yaw puma qa an a'ni hoyta. Noq yaw pam tutavot pas su'anmaqe yaw pam oovi pas teevep pangsoqwatnit pu' paasat pepeq haqam piw mihikqw puuwi.

Qavongvaqw pay yaw naat puma piw aw yanyungqw yaw pam taatayi. Pangqw pu' yaw puma hoopoqwat nankwusa. Paasat pu' yaw

okye'eyeyeyeye he.

Ivöövöötaviyu anawit naakwusama.

Upon ending the song she would cry, "Wa'wa'oo." When she had completed the song twice, Coyote had learned it. "I know the song now, so I'll leave right away," he said to his grandmother.

"All right, be on your way with a strong heart," his grandmother advised. She had also prepared some journey food for him to take along.

"Very well," were the only words Coyote spoke in reply. Thereupon he headed north, and again he took a route to the east of Musangnuvi. But he traveled even further than the place where he had encountered his uncle, Bear. At his destination he came upon the bisons. At first Coyote tried to follow them, but they spotted him and thundered off. Then he commenced singing his song, and they appeared to grow gentle and tame, because they started off in front of him, heading towards Nuvatukya'ovi. All Coyote now did was follow them. He did not have to drive them. On their own free will they were headed westward.

Eventually he got them to a place east of Nuvatukya'ovi where the antelopes were browsing. Apparently they had gotten wind of the bisons approaching them and immediately ceased grazing. All stood around with their ears perked. And since their tails also stuck straight into the air, the white side of their tails was clearly visible, even from a considerable distance. They seemed to be on the verge of stampeding off when Coyote Boy again burst forth with his song. So they, too, calmed down and started off toward Nuvatukya'ovi, in advance of the bisons. Just as they reached the foot of the mountains, the sun dipped below the horizon. Coyote decided to spend the night at that site, so he ate and went to bed.

The next day, upon waking up, Coyote looked about and noticed that the game animals still stood there in a large herd—as if they were waiting for him. Immediately he got up and ran toward them. As before, they set forth on their own and headed south. Now he had time to eat while he was following them. In that fashion Coyote next went along collecting the elks. Whenever he came upon a herd and began his song, all the animals would precede the others in a southerly direction. But their pace was not as rapid as before. Coyote followed exactly the instructions he had received and took all day heading toward his goal. And then he spent another night out there.

The following day the animals were again assembled when Coyote woke up. They now went eastward. On the way to their destination they

pangsoqwat imawat sosowi'ngwam pu' tuwat amumumtoti. Pu' hapi yaw puma tuutuvosipt qa an'ewakw pangsoq hoytota. Pavan yaw pumuy amungk tutskwa paas pöhingpu'iwma. Pu' yaw pangsoqwat puma pay tis pas suusus hoytiwisa. Panwiskyaakyangw pu' yaw puma nawis'ewtiqw pu' pangso nuvakwewtaqat aw ökiiqe pu' paasat pay pep yesva. Pu' yaw pam ason pay pas pumuy pep naasungwnat pu' paasat pangqw pumuy kiimiqwat tsamni. Pu' yaw oovi hisatniqw mihikqw pu' yaw pam pay piw pep pumuy amuqlaphaqam puwva. Qavongvaqw pu' yaw pam piw taatayqe pu' yaw paasat pumuy kiimiqwat ponilaqw pu' yaw puma pay piw qa hin naanawaknat pay pangsoqwat hoyta. Noq pu' yaw hisatniqw pu' puma it iisawuy kiiyat aqle'yaqw pang yaw kur put so'at pumuy amungem pöötava. Niiqe pam pöötavi yaw suupangsoq musang-numiq yaw taviwta.

Noq pu' yaw puma pangyaqw yaw i' suswuyoqa tsayrisa pas momiqsa öqalqe pay yaw hisatniqw pangsoq yama. Pangqw pu' yaw puma soosoyam put angkya. Panwiskyaakyangw pu' yaw puma musangnumi haykyalayaqw kur yaw hak pumuy tuwa. Pu' yaw pam pangsoq taatöq taytaqw pavan yaw pangqw qö'angw wukowunukyangw aqwwat hoyta. Pu' yaw pam oovi pangso kikmongwit aw put tuu'awma. Noq pu' yaw pam yan navotqe pu' yaw pam tsa'akmongwiy tsa'law'ayataqw pu' yaw pam pan tsa'lawu. Pu' yaw pam kikmongwi pay paasat kiisonminiiqe pu' yaw put paahoy pangsoq pahokimiq tangata. Pu' yaw pam put pangqe taatöqwat taayungqamuy leetsilat pu' yaw pay pep aw huruuti put aw tunatyawtaniqe.

Noq naat yaw qa wuuyavotiqw pay yaw sinom pangso kiisonmi tsovaltiqe yaw ep opopota. Pu' yaw puma tuutuvosipt pangqw tatkya-qöyngaqw yayvakyangw pu' yaw aw kiisonmiwat hoyta. Pu' yaw puma pangqw tatkyaqwwat kiskyangaqw aw kiisonmi kuukuyvaqw yaw i' pas suswuyoqa tsayrisa mootiy'ma. Pu' yaw pam pay as qa hin naawaknat pay yaw as yuumosa aw kiisonmi pakitoq pu' yaw mimawat angkya. Niikyangw pam yaw su'aw pas kiisonmi pakit pu' aw naasami pitut pay yaw pam suyokoltit pu' yaw pay pam pep tutskwat haritikyangw a'ni qötöy wiilanta. Pu' yaw pay mimawat angkyaqam wuupukyaqe pu' hapi yaw pay kiisonve yuyuttinumya. Pu' hapi yaw puma hiihiitu pep suqvivita. Pu' yaw as puma pep sinom hiitawat ngu'ayaniqey oovi amuupa yotinumyakyangw pay yaw pas qa hiitawat ngu'aya. Noq pu' yaw mimawat naat kiisonmi qa yungqam pay paasat haqaqwyaqey pangsoqwat yuutukma. Pu' yaw himuwa hin hintsakkyangw pu' pangqw kiisonngaqw yamakye' pu' tuwat piw waayangwu.

Pu' yaw puma pas soosoyam watqaqw pu' yaw pam suswukotsayrisa pas qa hakiy tusiy'kyangw pu' taatöqwat kiskyamiq a'ni wari, yaw qötöy wiilankyangw aqwhaqami yamakma. Su'aw yaw oovi pam istiyo pu' tuwat pangso kiimi wupqw yaw pam tsayrisa put aqle' suhawt pu' paasat

were joined by deer. By now an immense number of game animals was moving along. Behind them the earth was getting softened. Facing their goal now, they went even slower. Finally, they all came to Nuvakwewtaqa and there they paused. Only after Coyote had let them rest there, would he take them toward the village. Before long, night fell, and once more he slept there beside the animals. The next morning, when Coyote rose again, he pointed the animals toward the village of Musangnuvi, and without hesitation they set forth in that direction. Somewhat later, as they were passing Coyote's den, his grandmother had laid out a cornmeal path for them. That path was laid out so that it pointed them directly to Musangnuvi.

As the animals trekked along, the largest elk had the urge to take the lead of the herd and moved into this position. From that point on all the animals followed him. In this fashion they finally neared Musangnuvi. And evidently one of the villagers spotted them. As he was staring south he noticed a gigantic column of dust moving towards him. So he went to the village leader to tell him about it. Upon hearing this, the leader engaged his crier chief to make a public announcement. This the crier did. Presently the chief went to the plaza and placed the prayer sticks within the shrine. After establishing them in a row, facing south, he remained there to guard them.

Before long a large throng of people crowded into the plaza. By now the game animals had ascended the mesa from the south and were moving toward the village center. They appeared at the south alleyway leading into the plaza, the gigantic elk in the lead. Without the slightest reluctance he strode straight onto the plaza, the others following. But the moment he reached the center of the plaza he lowered his head and pawed the ground, shaking his head wildly. Those following became alarmed and began dashing about within the plaza, causing an enormous commotion. The people grabbed at them but failed to catch any. The animals that had not yet entered the plaza scurried off into the direction from which they had come. And of the animals on the plaza each one, after several attempts to escape, found its way out and made its getaway.

When the animals had stampeded off, the largest elk shook his head and, running at top speed towards the southern alleyway, dashed out without concern for anyone's safety. And just as Coyote Boy came up the mesa from the south, the elk sped down right by him and, upon reaching the plain below, headed westward. To the south, west, and north there was dust hanging in thick clouds. Coyote Boy rushed straight to the plaza

tutskwami hawqe pu' teevengewat waaya. Pavan yaw taatöq teevenge
kwiniwiq qö'angw qa taala. Pangqw pu' yaw pam istiyo pay yuumosa
kiisonmi warikqe pu' yaw put kikmongwit aqle' pangsoq pahokimiq
poota. Noq pay yaw kur antsa hak put sukw kwiniwiqwat namtökna. "Is
ohiy, puye'em pay son hak it qa yantsanniniqw oovi um as it aw paas
tunatyawtaniqat nu' uumi tutaptay. Noq pay pi nuwupi. Pay kya pi uma
qa hiita inungaqwyaniqat hak naawaknaqe oovi panhaqam hintsakiy,"
pay yaw pam panis kita.

Paasat pu' yaw pam pay pangqw put nuutungk waayaqat angkniiqe
pu' yaw paasat itwat tawma:

Ya'iiy, ya'iiy hyowina.
Yaa'aw hyowina.
Ya'iih ya'iyoo.
Ay hiyo, ay hiyo, ay hiyo.

Pu' yaw pam haqam put so'tapnaqe pay yaw pam pep pumuy amungem
naanan'i'voq pöötava. "Yantaqw pay uma suus angqe' haqaqw nu' umuy
tsamvaqw pang uma yesvaniy," yaw pam kitat pu' yaw pam pay pangqw
pas kiy aw ahoy nimakyangw yaw okiw pakkyangw qa haalaykyangw soy
aw ahoy pituto. Noq pam yaw pan pumuy amungem pas suus pöötapqw
oovi yaw puma tuutuvosipt pay paapu qa pangqe hopiikivaqe yeese.
Paapiy pu' yaw ima hopiit nawus put hakiy nukpanat atsviy pangqe'
imuy tuutuvosiptuy sikwiyamuy oovi maqsonlalwa. Pay yuk pölö.

and, bypassing the village leader, checked the prayer sticks in the shrine. Sure enough, somebody had turned one of the sticks so that it was facing north. "Dear me," he exclaimed. "I knew that someone would do this; so I had instructed you to keep a careful eye on these prayer sticks. But what's done is now done. It cannot be helped. I guess someone just didn't want you to reap any benefits from me, that's why he did such a thing." That was all Coyote Boy said.

Presently Coyote Boy ran after the last animal that was fleeing the scene, and this time he sang the following song:

Ya'iiy, ya'iiy hyowina.
Yaa'aw hyowina.
Ya'iih ya'iyoo.
Ay hiyo, ay hiyo, ay hiyo.

At the place where he ended his song he made cornmeal paths for the animals in each direction. "Let it be like this: Settle and live forever in the areas from which I brought you!" Having uttered these words, Coyote proceeded toward his real home. The poor thing went downhearted and weeping back to his grandmother. And because he had made a permanent path for those game animals, they do not inhabit the land of the Hopi. From that day forward the Hopi, because of that one evil person's doing, had to endure great hardships to acquire the meat of game animals. And here the story ends.

Glossary

ALIKSA'I

Tuutuwutsniqa sutsep aliksa'it akw yaynangwu. Noq hakim put aw tuuqayyungqam hu'wanayanik hakim, "Oh," kitotangwu. Pu' pay aapiy pam tuutuwutsqw paapiy pu' hakim put piw pay an hu'wantiwisngwu. Noq pay qa soosoyam hopiit pan tuuwutsit yaynayangwu. Itam orayngaqwyaqam pay tuwat pan tuwiy'yungqw pu' imawat kiyavaqsinom peetu, "Haliksa'i, kur yaw ituwutsi," yan tuuwutsiy yaynayangwu.

HONANI

Hopitniqw i' honani a'ni tuuhikyaningwu. Pu' pay i' hopi piw put katsinay'ta. Niiqe pam oovi ephaqam hiita akw naawalawe' pam put aw naawaknangwu put qalaptsinaniqat oovi. Pu' i' honani piw peetuy hopiituy wu'ya'am.

TUUPEVU

Tuupevu pay i' tawaktsi tuupewpuningwu. Put hak koysömiq tuupengwu. Noq pu' hakim put pangqw ipwaye' pu' put hotomnayat pu' put taplakniy'yungngwu. Paasat pu' pam pas lakqw pu' hakim hisat piw tuupevutyanik hakim pay put panis ahoy kwalaknayaqw pay pam piw ahoy antingwu. Noq i' katsina pay pas son piw put enang qa na'-mangwuy'vangwu.

HOONAW

It hoonawuy pay ima hopiit hisatngahaqaqw tuwiy'yungwa. Noq i' pay suqömhonaw pay suyan yang nuvatukya'oviy aqle' löqöqlöva waynuma. Putwat pay qa suukya pep put aw yorikiy'ta. Niiqe oovi peetu put wu'yay'yungwa. Noq pumuy amungaqw i' hopit kikmongwi'atningwu. Pu' ima peetu tuutuhikt put aw enang yankyaakyangw pumuy namuy'-kyaakyangw yep sinot tumalay'yungwa. Pu' piw hopi put hoonawuy katsinay'kyangw puma lööpwat, i' suukyawa qötsahonawniqw pu' suukyawa suqömhonaw. Pu' pam kya pi piw pas a'ni himuniqw oovi himuwa katsina put maqtöyat tayway ep peeniy'tangwu.

TSIRO

I' tsiro pay as himu masay'taqaningwuniikyangw pam pay qa wuuyoqaningwu pu' pam piw pay it sikwit qa tuumoytangwu. Pay ima sikyats-'im, a'aat, aa'asyam, tsootsort, höwiit, tooto'tsam, totokotsqam, wuwuringyawt, pangsayom itamuyniqw pay suuvo tsiroot yan maamatsiwya. Noq pu' ima pas wuuwuyoqam piw masay'yungqam, kwaatu,

ALIKSA'I

A storyteller usually begins with *aliksa'i*. In reply to this introductory formula the listeners utter, *"oh"*. As the narrator continues with his story we keep acknowledging his story with this same response. But not all Hopis begin their tales in this manner. We, who trace our ancestry to Orayvi, follow this custom, while some living in the distant villages of the other mesas commence by saying, *"Haliksa'i,* it is my story."

BADGER

For the Hopi, the badger is a great medicine man. They also revere him as a kachina. Hence, when a person is suffering from some malady, he prays to the badger to be healed. The badger is also the clan ancestor of some Hopi.

BAKED SWEET CORN

Tuupevu is sweet corn baked in a pit oven. After removal from the underground oven it is strung up and then dried in the sun. Once the *tuupevu* has hardened and people want to eat some, they need only boil it for it to return to its moist state. A kachina always includes *tuupevu* when he comes bearing gifts.

BEAR

The Hopi have been familiar with bears for a very long time. It is well established that black bears still roam the forests near the San Francisco Mountains. More than one person has spotted that species there. For some Hopi, the bear constitutes a clan ancestor. Traditionally, the *kikmongwi* comes from this clan. Some medicine men derive their powers from bears and use them as ceremonial fathers when they treat people. Bears are also part of the Hopi kachina pantheon. There are two kinds: the White Bear and the Black Bear. Because this animal is considered a powerful being, a kachina will have its paw depicted on his face.

BIRD

A *tsiro* is a small winged creature that does not feed on meat. In the Hopi view of things, warblers, jays, finches, bluebirds, doves, hummingbirds, blackbirds, flickers, and other birds of this size are classified as *tsiro*, or "small, non-predatory birds." The larger birds such as eagles,

a'angwust, wiwisokt, puma pangsayom pay qa tsiroot. Pu' imuy peetuy tsirootuy homasayamuy sen pöhöyamuy pu' piw suruyamuy angqw enang i' hopi paaholawngwu.

A'A

A'a pi pay pan töötöqngwuniiqe oovi pan maatsiwa. Pu' pay as piw tsironiikyangw pay angwusit antangwu, pay hiita hovalangwu. Noq oovi hopiit pay pumuy pöhöyamuy angqw qa hiita hintsatskya.

TOKOTSI

Tokotsi pi pay as it moosat su'an soniwngwuniikyangw pam pay pas put epniiqe wuuyoqaningwu. Pay hiitawat pookot pas aasayningwu. Pam pay tuwat imuy hiituy taataptuy, sowiituy, paavan'e'wakwmuy kwangway'taqe oovi pumuy akw qatu.

Pu' piw ima peetu popwaqt yaw pumuy enang akw mongvasya. Pumuy yaw puma akw yakta. Noq pu' i' hopi pay put qa pas akw mongvasi. Pu' ima peetu katsinam put puukyayat usyungwa. I' hiilili pay pas sutsep putsa puukyayat pantangwu, pu' ima hotootot piw. Noq pay hisatsa kya pi puma pumuy puukyayamuy angqw homitotslalwangwu. Noq pu' hakim hiitawat qa su'patniiqat pangqaqwangwu tokotsiniiqat.

MOSAYRU

It mosayrut pay i' hopi piw tuwiy'taqe pam oovi hiituy tsetsletuy hintsakninik pam ephaqam pumuy hintsakngwu. Pu' pam piw put pay katsinay'ta. Noq puma pay qa haqe' hopiikivaqe as yaktangwuniqw hin pi oovi hopi put tuway'va. Pay sen pam hisat haqe' yaakye' waynumkyangw pumuy haqam amumi pituuqe pan pumuy tuwiy'va.

NALÖNANGWMOMNGWIT

Hopitniqw taawa tatkyaqw yamakkyangw pu' pam paasat teevengewat pakingwu. Noq pu' hopi piw it kwiniwiqnit pu' it hoopoqniiqat tuwiy'ta. Noq pu' pangqw nalönan'i'vaqw piw ima nalönangwmomngwit yesqat piw hopi tuwat tuptsiwniy'ta. Noq pu' himuwa yeewate' kur pam imuy oo'omawtuy enang tawsomiy'taniniqw puma piw nana'löngwkt hinyungqam oo'omawt pangqw naanan'i'vaqwyangwu. Noq oovi yangqw kwiningyaqwniiqat sikya'omawuy pam susmooti tungwaniy'tangwu. Pu' paasat

crows, and buzzards are not considered *tsiro*. Wing, down, and tail feathers of *tsiro* are used by the Hopi in making *paaho*.

BLUE JAY

A'a is the sound produced by the blue jay. This accounts for its name. The blue jay resembles the crow in being wasteful. For this reason the Hopi refuse to use its feathers in the production of *paaho*.

BOBCAT

The bobcat resembles a cat but is much larger. It can attain the same size as some dogs. Bobcats like to feed on cottontails, jack rabbits and similar creatures, which provide their subsistence.

It is also said that some sorcerers benefit from them, traveling about in bobcat disguise. The Hopi, however, do not have much use for the bobcat. A few kachinas wear their pelts as capes. The Hiilili always carries a bobcat hide in this fashion, as do the two Hotooto kachinas. And in times past people made snow boots from bobcat hides. People also refer to a bad tempered person as a *tokotsi* or "wild cat."

BUFFALO

The Hopi is familiar with the buffalo. Therefore when he wants to stage a social dance he does the Buffalo dance. He also has the animal for a kachina. Since buffalos do not roam Hopi country, it is not known how the Hopi learned of them. They may possibly have been traveling in places far away when they encountered such animals.

CHIEFS OF THE FOUR DIRECTIONS

In the Hopi view of things, the sun rises in the southeast and sets in the southwest. In addition, the Hopi know of a northwest and northeast. The Hopi further believe that The Chiefs of the Four Directions reside in those four directions of the compass. Hence, when someone composes a song and the song incorporates clouds as a subject, four differently colored clouds come from those directions. First a yellow cloud is mentioned as coming from the northwest. It is followed by a blue cloud

angk taawangqwniiqat sakwa'omawningwu, pu' tatkyaqw pala'omawniqw
pu' hoopaqw i' qötsa'omawningwu.
    Pu' paasat hopi hiita wiimiy aw pite' pam ephaqam pongyaate' pam
it qaa'öt enang pongyay'tangwu. Noq pu' pam pay piw nana'löngö
qaaqa'ö pep pongya'iwkyangw pu' i' takuri kwiningyaqw qatsngwu. Noq
pu' i' sakwapqa'ö taavangqwwat qatsqw pu' i' palaqa'ö tatkyaqwwatniqw
pu' i' qötsaqa'ö hoopaqwningwu. Noq pu' paasat i' kokoma yaw
oongaqwniiqat tu'awiy'taqw pu' i' tawaktsi atkyaqwniiqat tu'awiy'tangwu.

MAAHU

    I' maahu yaw tuwat it hiita mumkiwuy tuwiy'taqw oovi hopi put
paniqw pas hiitay'ta. Pam yaw leelenqw pu' yaw paasat kwangqattingwu.
Noq ima leelent put tuwat aw enang naawakinkyaakyangw wiimiy
hintsatskyangwu. Noq pu' ima leeniwuy himuy'yungqam yaw hisat naat
qa peqw hopiikimiq ökikyangw naat angqe' haqe' nankwusaniqey
panyakyangw yaw pas suskwiniwiq ökikyangw pepeq pu' yaw puma as
putakw it patusngwat paalalwakyangw put qa angwutota.

QAA'Ö

    Hopit qatsiyat ep i' qaa'ö pas qa sulawningwu. Hak tiitiwe' tsotsmi-
ngwut mooti enang yuy'tangwu. Pu' itam put angqw hiita yuykuya,
nöösiwqat, hoomat, ngumnit. Himu haqam hintsakqw i' qaa'ö sen put
angqw himu yukiltiqa pam qa hisat pep qa sulaw. Noq oovi pam it hopit
aw pas himuniqw oovi antsa hiita taawi'ewakw ep hiitawat qaa'öt
tungwaniy'te' pay piw pam put yuutangwu. Pu' hak mokq pu' pay piw
putakw hakiy engem homvöötotaqw pu' hak paasat haqaminiqey put
angningwu.

HOOMA

    It hoomat akw i' hopi as hisat pas naaqavo hintsakngwu. Aasakis
talavay pam kuyvate' pam naat piw putakw talpumiq naawaknangwu.
    Pu' i' katsinmuy na'am pumuy tumalay'te' pay naat pam piw putakw
pumuy tumalay'tangwu. Naalakyaniqw pu' amungem pöötapngwu. Put
pumuy nopnaqw pu' puma tiivantivayangwu. Pu' tapkiqw yukuyaqw pay
naat pam piw put enang pumuy yuwsinaqw pu' puma ninmangwu.

from the southwest, a red cloud from the southeast, and finally a white cloud from the northeast.

During a ceremony, a Hopi will occasionally set up an altar which partly comprises dried ears of corn. Once again, the different colors of corn point to the different directions. The yellow ear lies in the north-west, the blue ear in the southwest, the red ear in the southeast, and the white ear in the northeast. Dark purple corn represents the zenith and sweet corn is for the nadir.

CICADA

The cicada is supposed to have the knowledge of producing warmth. This is why the Hopi hold it in high regard. It is said that when the cicada plays its flute warm weather arrives. Members of the Flute society pray to the cicada, among other things, when conducting their ceremony. Long ago when the Hopi had not yet come to their destined land but were still engaged in their migration, the owners of the Flute ritual reached the northernmost spot on earth. They tried in vain to melt the ice there, using their knowledge of producing heat, before they arrived in Hopi country.

CORN

Corn is ever present in the life of a Hopi. At birth a perfect ear of white corn represents the symbolic mother of a child. From corn a variety of items are made: food, sacred cornmeal, flour. Wherever a special event is going on, corn or its byproduct is never missing. Corn is so precious that whenever it is incorporated into a Hopi's song it is spoken of as his mother. At death a trail of cornmeal is made along which the deceased travels wherever he is destined to go.

CORNMEAL

Cornmeal was once used by the Hopi on an everyday basis. Each morning as he went out to pray toward the rising sun he made it a habit to pray with *hooma*.

The kachina father, that is, the man who tends the kachinas, also uses it as he takes care of them during their dances. When the kachinas are to change dance positions the father makes a cornmeal path for them. He ceremonially feeds them with the cornmeal, whereupon they commence dancing. In the evening, at the conclusion of their perform-ance, sacred cornmeal is again an ingredient in ritually preparing the kachinas for their journey home.

Pu' mö'öngna'yat yukiltiqw pu' pam mö'wi nimaniniqw paasat pu' piw put engem homvöötotangwu. Pu' hiitu yungyiwte', pavasiwye' puma hoomat piw naat enang akw hintsatskyangwu. Pu' i' piw kwaaniy'taqa astotokpe putakw hoomat akw haqe' pöhut utatangwu. Pu' himuwa paahoy oyate' pam piw sutsep it hoomat enang kimangwu. Nen pu' pam haqam put oye' pam piw naat hoomay akw put aw naawaknat pu' paasat put oyangwu. Paniqw oovi himuwa hom'oytoqat pangqaqwangwu.

TAAVO

Ima taatapt hisat yangqe hopiikivaqe kyaastangwuniqw ima hopiit angqe' pumuy oovi maqnumyangwu. Hisat naat qa haqam i' himu kaneeloningwuniqw puma pumuynit imuy taataptuy, sowiituysa pas nönöqkwipyangwu. Pu' himuwa ephaqam pay naala maqtongwu, pu' ephaqam pam piw pay haqawat sungway'mangwu. Pu' piw hisat it maakiwuy pas tiingapyat pu' paasat ep pu' aqw pituqw paasat pu' puma pas soosoyam maqwisngwu. Pu' paasat piw tömöngvaqw naat pu' nuvatiqw paasat piw haqam maqwisngwu, paasat hapi puma susmataq kuukuy'yungngwuniqw oovi. Pu' himuwa pay piw taavot puukyayat angqw neengem homitotstangwu.

IISAW

I' iisaw hopitniqw pay qa hiita aw awiwaniiqe oovi pam pay put qa pas hiitay'ta. Pay sen hisathaqam as ima hisatsinom put aapiy hin mongvasyaqw put pay qa hisat hak panhaqam yu'a'ata.

Noq pu' pam tuuwutsit epnen pam hiita suutuptsiwe' pam pay naap hiita qa lomahintaqat aqw naavitsinaqw hakim put aw tsutsuyngwu. Noq oovi himuwa piw hiita suutuptsiwngwuniqw hakim put ihu yan tuwiy'- yungngwu. Pu' pam piw hiita pas sonqa naawinngwu. Pu' pam piw hiitawat tuuwutsit ep nuvöy akw piw hiita nukushiita aqw naavitsina- ngwu. Niikyangw pay pam suushaqam hiitawat ep it sinot engem hiita lolmat hintingwu.

Noq pu' ima pasvayaqam put pas qa atsat qa haalayya. Pam soq pumuy kawayvatngayamuynit pu' melooniyamuy pasva hovalantinum- ngwuniqw oovi. Niiqe hisat puma pumuy ii'istuy qöqyaninik puma hisat islalayyangwu. Niikyangw pay as puma pumuy puukyayamuy pu' piw sikwiyamuy as qa hintsatsnangwu. Pu' ima peetu hopiit put iisawuy naatoylay'yungqe oovi isngyamniiqey pangqaqwangwu.

On the occasion of a wedding, after the ceremony is completed and the bride is to return home, a cornmeal path is once more marked on the ground for her. Again when there is a ritual in progress and prayers are being conducted, cornmeal is involved. On *astotokya,* the climactic night of the Wuwtsim initiation, a member of the Kwan society seals off the paths leading into the village with cornmeal. Finally, when one goes to deposit a *paaho* one always takes cornmeal along. Before the *paaho* is deposited, one first prays to it using the cornmeal. This accounts for the expression *hom'oyto* "he is going to deposit cornmeal."

COTTONTAIL

Long ago, cottontails were quite abundant in Hopi country so that the Hopi went about hunting them. At the time when sheep did not yet exist, cottontails and jack rabbits were the Hopi's only source of stewing meat. Hunting was either done alone or with a partner. However, communal rabbit hunts were also announced for specific dates in those days. When a set date was reached, everybody went out to hunt. Frequently, people went out hunting in winter, immediately after a snowfall, because then the animals' tracks could be readily seen. People also used to fashion snowboots out of cottontail skins.

COYOTE

A Hopi has no use for the coyote whatsoever; therefore, he does not prize him. It may be that the ancient Hopi benefited from him somehow, but no one has ever mentioned anything along these lines.

In many stories Coyote believes everything he is told. As a result he gets into all sorts of predicaments and people laugh at him. Any person, therefore, who is equally easily duped is labeled *ihu* by the Hopi, a term denoting both "coyote" and "sucker." Coyote also has to imitate everything. In other tales he gets himself into sticky situations because of his lechery. Once in a while, however, he will do something beneficial for people.

Farmers, certainly, do not appreciate the coyote. After all, it roams their fields destroying their watermelons and musk melons. Thus, long ago people used to organize coyote drives to get rid of these vermin. However, neither its pelt nor meat was ever used.

For some Hopi the coyote constitutes a clan totem. Consequently, they refer to themselves as belonging to the Coyote clan.

TSA'AKMONGWI

I' tsa'akmongwi hisat imuy tepngyamuy tuwat amungaqwningwu.
I' kikmongwi put hiita tsa'law'ayataqw pu' pam put tsa'lawngwu. Pu'
hiita hintsakpit engem tokiltotaqw sen nimantotokyat sen maakiwniqat
pay ii'it pam tsa'lawngwu. Noq pu' put aw hin tsa'lawniqat tutaptaqw
pam put pas su'an tsa'lawngwu. Kur sen haqam natönvastani sen
öhömtiniqw pam piw pas put su'antingwu.

ANGWUSI

I' angwusi pay hopitniqw qa hiita pas aw awiwa. Pu' tis oovi i'
himuwa uuyiy'taqa put iingyalngwu. Pam put aw itsivu'iwtangwu ispi pam
put uuyiyat sowangwuniqw oovi. Niiqe oovi hisat himuwa put niine' pam
put uuyiy ep haayiy'tangwu, mimawat qa uuyiyat awyaniqw oovi.
    Noq pu' ephaqam ima hopiit pay it angwusit piw powaqsasvingwu.
Noq pay puma piw pangqaqwangwuniqw ima popwaqt pay imuy
a'angwustuy enang akw yakta, akw enang mongvasya. Noq pay hak
ephaqam su'its taataye' hak angqe' waynumqw antsa ephaqam pangqw
hoopaqw ima a'angwust peetu puuyawwisngwu. Pu' himuwa ephaqam
pay taawat se'elhaq yamakiwtaqw pu' tuwat pangqaqw puuyawmaqw put
paasat pu' pangqaqwangwu, "Okiw kur i' qa iits taatayqe oovi naat pu'
yangqaqw pituto, nu'an powaq'angwusi. Kur i' hak qa taawasangwnaqe
oovi naat pu' tuwat pituto." Noq pu' hopi piw navotiy'taqw ima popwaqt
piw pepehaq hoopahaq haqam palangwuy epehaq wukotsovalte' pu'
pepeq tuwat tuwiy hintsatskyangwu. Noq oovi pangqw hoopaqw angwusi
pay se'elhaq taawat yamakiwtaqw puuyawmaqw put paasat peetu
powaqsasviyangwu. Pay kya qa hisat haqaqwwat put angwusit paasat-
niqwhaqam pan puuyawmaqw hopi pangqawngwu pam powaq'angwu-
siniiqat.
    Noq ima lööyöm katsinat angwusnasomtaqaniqw pu' i' angwushahay'i
put angwusit masayat naasomtangwu. Noq pu' i' wawarkatsina, angwus-
ngöntaqa, pay piw put angwusit angqw homasayat ngönay'tangwu.
    Noq imuy wawarkatsinmuy ökininiqw himuwa hakimuy amungaqw
it navote' pam hakimuy kiiyamuy ep pakye' pangqawngwu, "Angwusi
sakwatotsnumay." Noq pu' hakim tsaatsayomnen it yan nanapte' hakim
iipoq as nöngakye' angqe' taynumyangwu. Noq hak angwusit haqe'
puuyawnumqat aw yorikqw pam qa hisat sakwatotsnuma. Pay hak pas
wuuyoqte' paasat pu' hak navotngwu hintiqw pangqaqwangwuniqw. Pay
pi hiihiimu hiitawat qa wimkyat aw naat pay tupkiwtaniqw oovi himuwa
pangqawngwu. Niikyangw pam imuy momoymuy pan navotnaqw pu'
puma paasat pumuy wawarkatsinmuy amungem it na'mangwut tumalto-
tangwu.

CRIER CHIEF

In the past the *tsa'akmongwi* or "crier chief" was in charge of public announcements. He usually came from the Greasewood clan. Whenever the *kikmongwi* commissioned him to make an announcement he would do his bidding. If a date had been set for a certain event, such as the Niman ceremony, or if there was to be a hunt, the *tsa'akmongwi* would announce it publicly. After he had been instructed as to the announcement he would cry it out verbatim. Thus, if the *kikmongwi* cleared his voice or coughed at a certain point, the crier would do likewise.

CROW

In the eyes of the Hopi, the crow is a completely useless creature. The farmer, above all, wants to be rid of it. He detests crows because they feed on his crops. Thus, in the past, when someone killed a crow, he hung it up in the midst of his field to discourage other crows from flocking there.

Occasionally, the Hopi will also accuse the crow of being a witch. They claim that witches use crows as a mode of transportation and profit from the crow. Once in a while when one rises early in the morning and goes about, he will discover some crows flying in from the east. At other times, a crow will come flying from that direction some time after sunrise. It is then that people say, "This wretched creature got up late. That's why it is only coming home now, that darn witch crow. This guy did not beat the sunrise, that's why he's returning just now." According to Hopi tradition the sorcerers gather in large numbers somewhere in the east at a place called Palangwu to practice their witchcraft. For this reason a crow that comes flying in from the east after the sun has been up for a while is tagged as a witch crow.

Two kachinas, the Angwusnasomtaqa and the Angwushahay'i, adorn the sides of their heads with crow's wings. Moreover, Angwusngöntaqa, one of the racing kachinas, wears crow feathers as a ruff.

When a Hopi learns about the arrival of the racing kachinas he comes into the house and announces, "The crow is flying about in blue moccasins." As children when we heard this we usually ran outdoors and looked around. But when one of us actually spotted a crow flying about it never wore blue moccasins. Many things are still unrevealed to an uninitiated person and it was only later, after a person had grown older, that he figured out why this peculiar saying was used. This was the way of signalling the women to begin preparing foods that the racing kachinas would then bear as gifts.

TIIKIVE

I' tiikive pay sutsep hakiy sen hiita tokilayat susnuutungk talöngvaqat epeqningwu. Noq pu' kur ep himu wunimaniniqw pam tuwat pep qeniy'tangwu. Noq pay qa suukya himu hopit hintsakpi'at tiikivet akw so'tingwu. Noq pu' ima hiitu tiitso'nayaqw pam pay paasat pangso yukiltingwu.

Noq ima hiita yungyiwtaqam puma suukop taalat aqw put tiikivey wiikiye' pu' puma paasat ep tiivangwu. Ima tsuutsu't, leelent, wuwtsimtniqw pu' ima mamrawt pantotingwu. Noq pu' imuy nimankatsinmuy amungem tiingapyaqw pu' puma put angk ökye' pu' puma ep piw tiivangwuniikyangw puma pay qa yungyiwtangwu. Pu' ima tsetslet pay piw qa yungyiwtakyangw pay puma piw tiikivey angk ökye' puma piw ep tiivangwu.

SOWI'NGWA

Ima sosowi'ngwam pay yang löqöqlöva nuvatukya'oviy aqle' yeese. Hak hisat put niine' hak put sikwiyat aw imuy kyamuy tuutsamngwu. Niiqe hisat himuwa pas maakyanensa piw put niinangwu naat umukinpi qa haqamningwuniqw. Noq pu' itam hopiit piw put katsinay'yungwa.

POOKO

Hakim yaw popkotuy qa yuuyuynayangwu. Puma popkot yaw it tsowilawuy nay'yungqw oovi hakim pumuy qa yuuyuynayangwu. Hak yaw put yuuyuyne' hak yaw tamötspöltingwu. Put tamötspölöt qa himu powatangwu. Yan i' piw itamumi maqastutavoniqw oovi itam popkotuy qa yuuyuynangwu.

TSAYRISA

I' tsayrisa pay piw ima sosowi'ngwam haqe' yesqw puma pay piw pang yeese. Niikyangw pam put sowi'ngwat epniiqe pas hoskayaningwu. Pu' pam piw pas wuko'alay'tangwuniiqe oovi pam haqe'nen pas kwuuvawmangwu, put aala'at aakwayngyavoqwatsa a'ni putu'iwmangwuniqw oovi. Pu' puma piw pay imuy tsöötsöptuy, sosowi'ngwamuy amun a'ni tutumqam. Noq pu' pam pi a'ni pööngalat puukyay'tangwuniqw oovi ima hisatsinom put angqw enang tuwvotat yuykuya.

DANCE DAY

The day called *tiikive* can refer to two things: it either marks the last day of a given time span set by an individual or it constitutes the last day of a ceremony. If the latter is to include a public performance, it occurs on that day. Several activities conclude with *tiikive*.

When those who are congregating in secret rituals have come to their last day, *tiikive* is the day on which they dance. This applies to the initiates of the Snake, Flute, Wuwtsim, and Maraw societies. When the day set for the Niman kachinas arrives they likewise perform their dance on *tiikive*, but on this occasion no secret rites are performed. In a similar way the social dancers do not engage in any secret rituals, but they also close their public performance as soon as *tiikive* comes. Thus, public dances mark the completion of the ceremonies for all these various groups.

DEER

Deer live in the forest near the San Francisco Mountains. In times past, when a Hopi slew one he would invite his paternal aunts to feast on its meat. One had to be a good hunter to kill a deer in those days because firearms did not exist then. The Hopi also have a Deer kachina.

DOG

Dogs should not be teased by people, for they are said to be the off-spring of Tsowilaw. One who transgresses this taboo will be afflicted with incurable stiffening of his joints. This is a very painful malady. Since this has been given us as a warning we do not harm dogs.

ELK

The elk shares its habitat with the deer. But the elk is much larger than the deer. Its antlers are huge, and when it moves about it does so with its head raised since its antlers place a lot of strain on its back. Like antelopes and deer, elks are easily frightened. Because elk hide is extremely thick, the old people fashioned shields from it.

MÖ'WI

I' hakimuy aangaqwvi'am nöömataqw put nööma'at pamningwu, mö'wi. Noq oovi hakim himungyamniqw pangqw puma taataqtuy nöömamat möömö'witningwu. Niiqe hakim soosoyam ngyam pu' piw hakimuy amumumyaqam pumuy mö'wiy'yungngwu. Pu' piw hakimuy ti'am nöömataqw pam piw mö'winingwu. Noq paasat pay ima taataqtsa put namat put mö'wiy'yungngwu.

Noq pu' pam mö'wi pas himuningwuniqw oovi hakim put qa tungwayangwu. Hak put yaw tungwaqw i' taawa yaw hakiy enang pakingwu. Noq pay hintiqw pi pangqaqwangwu.

LEETAYO

It leetayot puukyayat akw i' hopi pay a'ni mongvasi. Pam put puukyayat suruy'kyangw hiita wunimangwu. Meh, ima tootim, taataqt put suruy'kyaakyangw poliititipkoyangwu. Pu' ima katsinam peep soosoyam piw put suruyat pan aakwayngyavoq haayiy'yungngwu.

Noq pu' it hopit navoti'atniqw i' taawa put yawkyangw yamakye' pu' put kivay atsve söngnaqw paasat yaw qöyangwnuptungwu. Noq i'wa qöyaletayo yan pas maatsiwa.

TÖÖTÖLÖ

I' töötölö pay taala'sa tuwat piw waynumngwu. Noq hisat hakimuy amumi pangqaqwangwuniqw yaw i' töötölö hakiy yaqatkungwu. Himuwa yaw naat hiita noovalawkyangw naat qa yukuqw pay hak aapiy put angqw yukuqw pam yaw hakiy pantsanngwu. Pu' puma töötölöt soq piw uuyit soswangwu.

NGUMANTA

Wuuti, maana ngumantanik pam moqti hiisa'niqey paasa' huumit pu' paasat put wuwhingwu. Pu' pam put pantiqw pu' i' tsiipu'atniqw pu' i' aa'avu'iwyungqa ang ayo' löhökngwu. Paasat pu' pam put hakomtamiq oye' pu' pam put pangqe haakokintangwu. Ephaqam put hakomtat mataaki'at pööngalaningwu. Pu' hak putakw put tuqyaknangwu. Tuqyaknat pu' pam paasat piw ahoy oomiq kweete' paasat pu' pam put angqe piw pan ngumantangwu, angqe haanintakyangw pu' pam hihin tsaatsakwtangwu. Paasat pu' pam put hakwurkwakyangw pu' kur pay pangsayniniqw pu' pam ahoy put intangwu. Inte' pu' pam haqam tulakinsivut qööhe' paasat pu' pam put aqw tulaknangwu. Pangsoq pu' pam put laknat paasat pu' put angqw ahoy tsaame' pu' pam put pingyamtamiqwat oyangwu. Pu' pam put pangqe möyikniy'kyangw put hukyaniy'kyangw pu' pam ason hukyaqw paasat pu' pam put angqe piingyantangwu. Pu' pam put paas put piingye' pu' pam paasat put tsaatsayat pu' ang tsiipuyat ayo' maspat paasat pu' hak piw ephaqam angqe haananik pantingwu.

FEMALE IN-LAW

Mö'wi is a kinship form reserved for the female who marries a man related to you through your clan. Thus, the wives of the men of a certain clan are *mö'wi* to all members of that clan and the phratry it belongs to. When a son marries, his wife is also a *mö'wi*. But in this case only the father and his male clan relatives consider her as their *mö'wi*.

Because a *mö'wi* is generally very revered she is not addressed by name. However, if someone mentions her by her given name, he is said to be carried off by the setting sun. Why this saying exists, no one knows.

FOX

The Hopi makes use of fox pelts in many ways. He employs the skin as pendant in the back from the waist down when he dances. For example, boys and men wear fox pelts in this fashion when they dance the Butterfly Dance. Most of the kachinas do likewise.

According to Hopi mythology, the sun god emerges from his kiva in the morning carrying a fox skin. He puts the skin up on top of his kiva at which time gray dawn appears. This particular fox is called Gray Fox.

GRASSHOPPER

The grasshopper, like some other creatures, only comes out in the summer. It used to be said that a grasshopper will cut a person's nose. He will do this to one who samples uncooked food while a meal is still being prepared. Grasshoppers are also pests because they eat crops.

GRINDING CORN

When a woman or girl is to grind corn she first shells the amount of dried corn she wants and then winnows it so that the chaff and worm-eaten kernels can be separated. Next, she puts the corn kernels into the coarse grinding stone and there begins to crush them, coarse-grinding everything. This done, she heaps the corn back up in the slanted metate and grinds it repeatedly to make it finer. Finally, the corn becomes cornmeal, and when the desired texture is reached, it is scooped from the grinding bin. Next, the woman builds a fire under a roasting pot, and dry-roasts the cornmeal until no trace of moisture is left. Then she places the corn in a finer metate, spreading it out to cool off, at which time she fine-grinds it. This accomplished, she sifts the cornmeal to remove any remaining chaff and, if she wishes, grinds it once more.

HAW!

I' taaqa hakiy hiita navotnanik mooti, "Haw!" kitat pu' paasat hiita pangqawniqey pangqawngwu. Meh, hisat kya pi himuwa hakiy kiiyat aw pite' mooti aqw pangqawngwu, "Haw!" Pu' pay paasat angk sen ayang-qawngwu, "Ya qa hak qatu?" Pu' paasat himuwa haqami kivami hakiy sen wikte' pam mooti kivats'omi wuuve' pu' piw aqw pangqawngwu, "Haw! Ya pam qa pepeq pakiwta?" Noq wuutinen pu' tuwat, "Hawaah!" kitangwu.

HIHIYYA!

Hak naat naa'unay'taqw sen himu hintini. Sen hak hakiy tsaawinani, sen hak naat yantaqw pay himu hakiy tuuhotaqw hak pangqawngwu, "Hihiyya!"

HOPI

Itam hopiit pay pas kyaahisat yepeq yesvakyangw naat pay itam yepeqya. Niikyangw i' pay qa itaatutskwa, itam pay naat yep haakyese. Niikyangw itam yaw pay soosok hiituy sinmuy amumum as öngtupqaveq nöngakkyangw pay itam pangqw naanan'i'voq nankwusa.

Noq i' hak mooti yep qatuuqa itamumi hin tutaptaqw pay itamsa naat pay put tutavoyat hihin anhaqam yeese. Noq itam yaw mooti angqe' haqe' wuukonankwusat pu' peqw hopiikimiq öki. Niiqe itam yaw angqe' a'ni kiiqötotaqw naat pam angqe' hongya. Niiqe itam oovi songyawnen angqe' hiisaq tutskway'yungqey put akw itam angqe' tuvoylatota. Noq pu' peetu piw pay as angqe' nankwusaqam pay as piw itamun hopiitniikyaa-kyangw pay puma haqamiwat ökye' pay puma hiita akw pep pas huruyesva. Noq itam hapi as naat yuk yaw haqami tuuwanasami mooti ökit pu' paasat pep pas suus yesvaniqat yan as i' itamumi tutavoniqw pay pumawat qa pantoti.

Noq pu' i' hopi as hiita qa nukpanat himuyat suupan hintsakqe oovi pan natngwaniy'ta. Noq pay peetu itamungaqw nuunukpant.

HOVI'ITSTUYQA

Hovi'itstuyqa pay yep nuvatukya'oviy aatatkyahaqam tuukwi pan maatsiwqa. Noq put atpip pay qa suukya kiiqö. Noq pay ima hopiit piw put pangso tuway'yungqe pay piw pangqaqwangwuniqw yaw pay puma pep hisat yesqam piw hopiit. Noq itam sinom qa sun yukiwyungqw haqawat peetu wukohoviy'yungqw hiitawat hoovi'at pay pavan ayo'

HAW!

When a man wants to let something be known to another person, he first announces his presence with *"Haw!"* and then tells him what he wants to say. Thus, long ago it used to be customary that when a man approached someone else's home he first shouted, *"Haw!"* Following that he might have added, "Is anyone at home?" Or on a different occasion today, if a man is to fetch another person at a kiva, he will first climb to the kiva's roof and call, *"Haw!* Is he down there?" In the case of a woman, on the other hand, the appropriate exclamation is, *"Hawaah!"*

HIHIYYA!

Suppose a person is preoccupied and something unexpected happens. Maybe he is frightened by another or is suddenly injured while doing something. In any of these situations he generally exclaims, *"Hihiyya!"*

HOPI

We Hopi settled here ages ago and we are still here. But the land is not ours. We are here only as tenants. We emerged from the underworld at the Grand Canyon with many races of people and then migrated in all directions.

The being who first inhabited this upper world gave us explicit instructions, and we are the only people that still adhere in some ways to these instructions. Tradition has it that we first undertook a long migration before arriving here in Hopi country. Along the way we left many structures that still exist as ruins. It is as if in this way we marked out the land area that is ours. Some of those participating in the migration are Hopi just like us, but when they arrived at certain places they settled permanently for some reason. Yet our destination was a place called Tuuwanasavi or "Earth Center," and only after reaching this place were we to settle for good. These were our instructions, though they were not followed by other men.

It seems as though a Hopi does not do any evil, hence the name Hopi. But some of us are evil.

HOVI'ITSTUYQA (Mount Elden)

Hovi'itstuyqa is a promontory situated southeast of the San Francisco Mountains. Several ruins can be found at its foot. The Hopi are well familiar with this place and claim that the people who lived there in ancient times are some of their forebears. The Hopi remark that people are not all physically built the same, some having more prominent buttocks than others. As one looks at Hovi'itstuyqa it resembles a person's

iitsiwtangwu. Noq hak put aw taytaqw pay suupan pam hakiy hoovi'at angqw ayo' iitsiwtangwuniqw oovi pan put hopi tuwiy'ta.

HURUSUKI

Pay pi wuuti hurusuktanik pam mooti tuupatangwu. Pu' pam kwalakqw pu' pam put aqw it sakwapngumnit sen qötsangumnit aqw siwuwutoynangwu. Pantsakkyangw pu' pam put qöritangwu. Pu' pam hisatniqw huruutiqw pam pay paasat yukiltingwu.

SOWI

I' sowi pay it taavot an a'ni tumqaniikyangw pam put epniiqe pay hihin wuuyoqa. Pu' ima hopiit pay pumuy piw noonovaqe oovi pumuy sikwiyamuy oovi maqnumyangwu. Pay haqawa ephaqam naalaningwu. Pu' pay piw it maakiwuy ep puma pumuy soosok hiituy nöqkwakwangwtuy oovi maqnumyangwu. Noq pu' maakiwniniqw i' tsa'akmongwi piw put pas tsa'lawngwu hisat haqam pan maqwisniniqw. Pu' piw himuwa put tuuniy'vaqw haqawa put tuupeqa piw put engem it hakwurkwit angqw tangu'viktangwuniqw pam sowitangu'viki yan maatsiwngwu. Pu' pumuy sowiituy puukyayamuy angqw hisat piw it sowitvuput yuykuya.

KATSINA

I' katsina it hopit aw pas himu. Noq pam katsina pay as qataymataq qatukyangw pay haqawa hopiikiveq pumuy wangwayqw pay puma pepeq pas naap ökingwu. Noq pay hakim paasat pumuy oovi tuway'yungngwu. Nen pu' puma piw hakimuy taawanawit songyawnen tiitaptotangwu. Niikyangw pay puma soosok hiita lolmatniqat enang tunatyawkyaakyangw hakimuy pootayangwu. Pu' hakimuy amungem na'mangwuy siwamuy noovayamuy oo'oyayangwu. Noq pu' puma tiitso'nayaqw pu' hakim piw pumuy yuwsinayat pu' pumuy amumi okiwlalwangwu. Puma hapi naanan'i'vo tuu'awwisqw pew yooyangw piptuniqat oovi. Niikyangw hopi pay qa neengemsa it yan naawaknangwu, pay pam sopkyawatuy sinmuy paanaqso'iwyungqamuy amungem enang naawaknangwu, pu' piw imuy popkotuy amungem pu' uuyiy piw engem. Pay pam soosok hiita hiihikwqat engem pumuy amumi yoynawaknangwu.

Pu' puma pay haahaqe' piw kiy'yungwa. Haqam paahu yamakiwtaqw pay puma pang tuwat yeese. Niikyangw pay puma imuy oo'omawtuy akw yaktaqe oovi puma putakw hakimuy poptayangwu. Noq hopi hisat as it katsinawuy qa naap hintsakngwu. Hisat ima pas katsinam pas naap imuy

buttocks jutting out and for this reason the Hopi refer to the mountain feature as "Buttocks-sticking-out-promontory."

HURUSUKI (Hopi dish)

When a woman intends to prepare *hurusuki* she first boils water, into which she sprinkles either white or blue flour, stirring everything at the same time. When the mixture thickens the *hurusuki* is finished.

JACK RABBIT

The jack rabbit is as skittish as the cottontail but is quite a bit larger. Jack rabbits were consumed by the Hopi, so they were hunted for there meat. Sometimes a person will go out stalking them alone. On a communal hunt, however, everyone goes out hunting for all the animals that have good meat. Such a hunt was formally announced by the town crier, who specified the place and time of the venture. When a prey of jack rabbit had been brought home, a female member of the hunter's household would roast the prey and bake a special cake of cornmeal called *sowitangu'viki* for the occasion. Blankets were made from jack rabbit pelts.

KACHINA

A kachina is very special to a Hopi. Although the kachinas live unseen, they appear in person when someone calls them from Hopi country. At that time they materialize. On arrival they entertain us all day long. They visit us with the intention that all will be well and they bring us gifts consisting of food prepared by their sisters. At the conclusion of their dances we present them with *paaho* and pray that they take our messages in all directions so that we may be constantly visited by rain. But a Hopi does not pray solely for himself; he prays for everyone who is thirsty, including animals and plants. He prays to the kachinas for rain for all things.

The kachinas inhabit a variety of places. They usually reside where springs surface. They travel about by way of clouds and visit us in that guise. Way back in the past the Hopi did not carry out kachina ceremonies on their own. At that time it was the actual kachina gods who

hopiituy amumi ökiwtangwuniqw pay pi i' hopi nukpananiiqe oovi pay pumuy haqaapiy qa kyaptsiy'maqw pu' puma pay son pi put ep haalay- totiqe pu' pay puma pumuy pas suus maatatve. Niikyangw pay puma pumuy piw put tuwiy mooti amumi no'ayat pu' haqamiya. Paapiy pu' pay hopi nawus naap put katsinawuy hintsakma.

KATSINTAWI

I' katsina wunimaninik pam taawit akw enang wunimangwu. Pu' ephaqam pay hiituwat amungem kookoyemsim'e'wayom amungem tawlalwaqw pu' puma tiivangwu. Noq antsa kasinam piw qa sun taawiy'- yungngwu. Puma naap piw tuwat tawvöy'yungwa. Niikyangw pay soosokmuy katsinmuy taawi'am atkyaqw mooti yayvangwu. Nit pu' piw naat atkyaminit pu' paasat löös omiway'tangwu. Paasat pu' pam piw suus atkyaqwnit pu' paasat tiitso'nangwu.

KAKTSINTUYQA

Kaktsintuyqa pay orayviy taavanghaqam pay naat payutmomi qa pituqw pam pang tuutukwi pan natngwaniy'ta. Hisat ima kastiilam susmooti pew hopitutskwat aw ökiqw pumuy amumum ima tota'tsim ökiiqe puma yepeq huruutotikyangw pu' puma it hiita katsinawuy aw pumuy hopiituy meewantota. Pumuyniqw yaw pam himu pay nukpanat himu'at. Noq pu' puma hisatsinom tuwat imuy katsinmuy amutsviy yoknayangwuniiqe pay son kur put ayo' lewtotaniqe pu' puma oovi pangsoqhaqami kaktsintuyqamiq songyawnen naa'u'uyiy'wiskyangw pu' pepeq tuwanlalwangwu.

Noq pu' pay naat hayphaqam pu' peetu naawinye' yaw pas qa awinit akw imuy katsinmuy hintsatskyanik pu' puma pangsoq piw tuwantawisqw antsa qa hak navotngwu puma pantsatskyaqw. Nen pu' puma hisat tokilayamuy aqw pituqw paasat pu' puma pangso kiimi pas qa awinit akw ökingwu. Noq pan puma pepeq kakatsinyangwuniqw oovi pam pan maatsiwa.

KIVA

Yang kivanawit pay hiihiitu katsinam tiilalwangwu. Niikyangw pay qa pumasa it kivat akw mongvasya. Pay hiituywatuy wiimiyamuy aw pituqw puma piw pang yungyiwta. Ima taataqt it wuwtsimuy ang puma pang hintsatskyangwu. Pu' ima popwamuyt, leelent, tsuu'tsu't, pay puuvuma haqamwat yungyiwtangwu.

Pu' ima tsetslet tuwanlalwe' pay puma piw kivanawit pantsatskya-

came to the Hopi. Because some Hopi were evil, however, and began to show disrespect for the kachinas, the kachinas abandoned them. Before departing they turned over their secrets to the Hopi. From that time forward the Hopi had to carry on the kachina cult by themselves.

KACHINA SONGS

When a kachina dances he always does so to the accompaniment of a song. At times a group of Kooyemsi will sing for the kachinas while they perform. Each type of kachina has his own particular song with its own characteristic melodic style. But all kachina songs commence with a verse called the "down" part. After a repetition of this part the "up" part follows, which is performed twice. The song then picks up the "down" part once more, whereupon it comes to an end.

KAKTSINTUYQA

Kaktsintuyqa is the name for the buttes one encounters southwest of Orayvi before reaching the Little Colorado River. Long ago, when the Spaniards first arrived in Hopiland, they were accompanied by priests who remained here and forbade the Hopi to practice the kachina cult. In their eyes this cult was of the devil. But because the Hopi of long ago received rain owing to the kachinas, they evidently would not do away with them. For this reason the Hopi would steal out to Kaktsintuyqa and rehearse their performances there.

In more recent times, when people wanted to hold a kachina performance without anyone's prior knowledge, they would go there to practice and, indeed, no one was then aware of them. On the day when the public performance was to be staged, they walked to the village without prior announcement. Thus, the buttes got their name because of the way the kachina dances were secretly performed there.

KIVA

Many different kachinas hold their dance performances in the kivas. But they are not the only ones who make use of the kiva. When the initiates of a secret society are to hold their ceremonies they also assemble within these underground structures. For example, the men stage their religious activities here during Wuwtsim. In addition, the Powamuy, the Flute and the Snake societies, to mention only a few, congregate here for their secret endeavors.

Social dancers, too, use the kivas to practice. In winter, men and boys

ngwu. Noq pu' hakim taataqt, tootimnen yangqe' tömölnawit piw hakim kivaapa yesngwu. Pu' hakim pay pang hiihiita pay taqahiita tumalay'- yungngwu. Ephaqam himuwa tuulewniy pangso yawme' pam pep put langakniy'tangwu. Pu' hakim piw it hiita tihut, awtat, puuvut hiita powamuymi pang kivanawit yuykuyangwu. Noq ima momoyam piw naap wiimiy'yungqe oovi ima mamrawt, lalkont piw haqamwat put aw pituqw pep kivaape yungyiwtangwu. Niiqe oovi pay qa taataqtsa pang yesngwu. Pay ima tsaatsayomsa qa wiiwimkyam pangso qa yungtangwu. Pas ason paamuynawit pu' piw angktiwqat ep ima katsinam pang yungyiwmaqw pu' pam tsay pangsoq yuy, soy amum tiimaytongwu. Pu' puma pangsoq ep tiimaywise' puma pay tuuwingaqwsa tiitimayyangwu imuy momoymuy amumum. Hikis ima mamant naamahin wiiwim- kyamniikyangw hisat qa nanalt pangsoq tiimaywisngwu, pu' piw tsets- letuy tuwantawise'.

Noq ima hisatsinom as soosoyam kivat ang yesngwu. Niiqe oovi i' kiva hopitniqw pay piw kiihuningwu. Niikyangw pam pay itamuy pu' hinyungqat kiy'yungqw qa pantangwu. Pam hisat pay yaw tutskwat aqw hangwniwkyangw pu' ki'amiwtangwu. Niiqe oovi himuwa pangsoq pakininik pam pay it saaqatsa ang pangsoq pakingwu.

KOONINA

Ima kooninam pay tuwat piw himusinom. Noq ima hopiit pay pumuy tuwiy'yungwa. Pay yaw puma hisat oraymi as ökiwtangwu. Pu' peetu pay yaw pumuy mamqasyangwu, tis oovi ima tsaatsayom. Noq puma lööpwat kooninamya, ima peetu yavaqkooninamniqw pu' ima peetu pay öngtup- qaveq kiy'yungqam pay kooninam. Pu' hopi piw pay soosokmuy hiituy sinmuy enang katsinay'taqw oovi pam piw suukya kooninkatsina.

KOROWISTE

I' korowisteniqw pu' i' kwasay'taqa puma pay sunanhaqam soniwa, sunanhaqam pitsangway'ta. Niikyangw suukyawa pay it kanelmötsaput kwasay'tangwu, pamwa kwasay'taqa. Noq pu' korowiste tuwat it tuu- 'ihitwat kwasay'tangwu. Pu' pam piw qöötsat tayway'taqw pu' mi'wa sakwapkuwtangwu. Noq puma pay tuwat naama it poshumit sinmuy amungem kivangwu. Put puma tuwat nana'löngöt poshumit na'ma- ngwuy'vayangwu. Pu' puma tiive', tiitso'e' pu' puma imuy sinmuy ang put huytotaqw pay puma tuwat put makiwye' haalaytotingwu, ispi i' pay naap himu katsinat angqw makiwqa pas himuningwuniqw oovi. Pu' pam hapi pas pumuy katsinmuy naap poshumi'amniiqe oovi pas kur hin qa kuyvani.

occupy the kivas engaging in whatever activities are assigned to them. Thus, one may bring his weaving to the kiva and set up his loom there. For Powamuya, kachina dolls, bows and arrows, and other items of this nature are manufactured. Since the women, too, have rituals of their own, the Maraw and Lakon societies also carry out their ceremonies in a kiva. So these religious chambers are not occupied solely by men. A kiva is off limits only to uninitiated children. It is not until the month of Paamuya, and the night dances following the Powamuy rites, that these children, accompanied by their mothers or grandmothers, are allowed to witness the dances. On these occasions they watch, together with the women, from the raised area at the south end of the kiva's interior. At one time even young girl initiates were not permitted to witness dances unaccompanied. The same was true when they went there to practice for a social dance.

The ancestors of the Hopi all lived in kivas once. Thus, in the eyes of the Hopi, the kiva is also a home. However, it was not like the dwellings we inhabit today, but rather was simply a hole dug in the ground with a cover on top. Entering the kiva was, therefore, only possible by descending a ladder.

KOONINA INDIANS

The Koonina are people of a different Indian culture. The Hopi are familiar with them, for they used to come to Orayvi in the past. They say some were afraid of them, especially Hopi children. There are two kinds of Koonina people. One group are the "Far Koonina" i.e., the Walapai Indians, while those living in the Grand Canyon are simply referred to as Koonina, i.e., Havasupai Indians. And as the Hopi have incorporated all Indian tribes into their kachina pantheon, one kachina is also known as the Kooninkatsina.

KOROWISTE KACHINA

The Korowiste and the Kwasay'taqa are almost identical kachinas, for they possess the same facial features. Kwasay'taqa wears a Hopi woman's black dress; Korowiste, on the other hand, is clad in an embroidered robe. He has white features, while Kwasay'taqa's face is blue. Both bring gifts of seeds for the people. These seeds produce a variety of crops. After the kachinas have danced and finished their performance, they dole out the seeds among the people, who are elated to receive them. After all, any present received from the kachinas is precious. Because they are the kachina's own seeds they will undoubtedly grow.

MONGWI

I' mongwi pi pay hakim hiita hintsatskyaqw pam moopeq'iwtangwu. Niikyangw pam it pahaanat mongwiyat qa panwat. Pam pay hakimuy hiita qa paysoq a'yalawngwu. Pam hakimuy qa amumi pan naawakna- ngwu hakim put unangwayat hintsatskyaniqat. Niikyangw pay hakim son naap hiita ep hakiy aw qa yankyaakyangw hiita hintsatskyangwuniqw pam oovi paniqw mong'iwtangwu.

LEENANGWVA

Leenangwva orayviy taavangniqw hisat ima hisat'orayvit yaw pangsosa pas kuywisngwu, pep kya pi pay pas sutsep paahuningwuniqw oovi. Noq pu' ima leelent hisat piw orayve kya pi yungyiwte' puma tiikive sen totokpe pep piw pas hintsatskyangwuniqw oovi pam pumuy aw maatsiwa. Noq pu' piw it nevenwehekiwuy ep piw ima mamant taataq- tuy, tootimuy amumum pep tsovalte' pu' pangqw nankwusaqw pu' paasat ima tootim, taataqt pangqw neevenwisngwu.

MUNQAPI

Hisat yepeq munqapeq naat qa kitsokiningwuniqw ima peetu orayvit pepeq uuyiy'yungngwu. Pepeq a'ni paahuniqw oovi pepeq himu a'ni aniwtingwu. Pu' himuwa pepeq uuyiy'te' pam pas orayngaqw pang- soqhaqami naapningwu. Pu' himuwa kawayvookoy'te' pam putakw- ningwu. Pu' pam pepeq uuyiy ang tumaltat pu' piw angqw ahoy nimangwu. Noq pu' pay pepeq peetu hopisinom kitsoktota. Niikyangw pam pepeq lööp natsve kitsoki. Noq imuy atkyawat kiy'yungqamuy pay atkyavit yan tuwiy'yungwkyangw pu' imuy ooveq kiy'yungqamuy ooveqvit yan tuwiy'yungwa.

MUSANGNUVI

Pam musangnuvi pi pay susmooti peqw pituuqe pam yep kwangwup'- oviy taavangqöyveq mooti kitsokta. Kitsoktat pu' pam as songoopaviniwti- niqe pu' pam oovi pangso kikmongwit aw maqaptsita. Pu' yaw pam piw a'ni lavayiy'ta, a'ni yaw nukpantuqayta kya pi pam musangnuvi. Noq yaw kikmongwi hingqawqw pay yaw pam piw naap hin put aw sulvaytingwu. Noq pay yaw pam put aw pangqawu, "Pay kur uma hin yep songoopave itamum yesniy," yaw kita. "Pay itam wuuhaqti yep'e. Pu' uma pas antsa yep itamum hopiituy amumum yep yesninik uma pep hoop tuukwive naap kitsoktotani. Pep hapi nu' ivoshumiy hiihiita tangay'ta. Kur uma pas antsa yep itamumyaninik uma pangsoye' uma pep kiitote' pu' uma pep ivoshumtangay tuuwalayaniy," yaw amumi kita. Pu' yaw pay musangnuvi nakwhaqe pu' panti.

LEADER

A *mongwi* is the person in charge when any activity is taking place. But he is not like the white man's leader. He does not tell others to do things just for the sake of it. Nor does he bid others do his wishes. But people must have someone overseeing them in any endeavor, and that is the reason he is in charge.

LEENANGWVA

Leenangwva lies southwest of Orayvi. It was the main spring where the old residents of Orayvi went to fetch water. Apparently, it held a constant supply of water. Way back when the members of the Len or Flute society practiced their rites in Orayvi, they did something important at Leenangwva on the final day of the ceremony or on the day before. Hence, the spring is named after them. Also, at the time of Nevenwehe, unmarried girls used to congregate at the spring along with men and older boys. After departing from the spring, the boys and men gathered wild greens.

MUNQAPI (Third Mesa village)

In the days when no village was yet established at Munqapi, some of the Orayvi people had their fields there. Because water is abundant there, everything grows profusely. A farmer who had crops growing at that location would go to Munqapi by foot all the way from Orayvi, tend his field, and then return. Today a Hopi community exists at the site. Actually, two villages are situated there, one above the other. Those who reside in the lower one are known as *atkyavit* or "down-people," while those in the upper one are called *ooveqvit* or "up-people."

MUSANGNUVI (Second Mesa village)

When the Musangnuvi people arrived here they first settled on the west side of Kwangwup'ovi. In due course, when they expressed a desire to become integrated members of the village of Songoopavi they approached the *kikmongwi* to ask his permission. Tradition has it that they were very loquacious and that they spoke quite aggressively. Whenever the *kikmongwi* said something they were quick to give a negative reply. But the *kikmongwi* of Songoopavi spoke to them as follows: "There is no way that you can live with us here in Songoopavi. We have become quite numerous here. If your heart is indeed set on living here with the Hopi, build your own settlement at that butte off to the east. There I have my seeds stored. If you really want to settle here among us, go to that place, establish a village, and guard my seeds." The Musangnuvis consented and did exactly that.

TASAVU

I' himu tasavu imuy wuuwuyoqamuy lavaytangwuniqw puma yaw naat pay pu' hayphaqam peqw pas öki. Pay yaw as puma hisat pas haqe' hopkyaqehaqe' yesngwuniikyangw pu' pay puma angqw peqwwat hoyoyoyku. Noq pu' hopi piw pangqawngwuniqw tasavu pas uyingwuningwuniiqe oovi pam hiitawat paasayat angqw pas son hiita qa kimangwu ahoy nime'. Pu' hisat hakimuy tsaatsakwmuyniqw hakimuy yumat, namat, amumi pangqaqwangwu, yaw hak qahop'iwtaqw pay yaw puma hakiy tasapmuy amumi huyayamantani. Pu' piw yaw puma hakiy wikyangwuqat puma pangqaqwangwu. Noq oovi himuwa kiimi pituqw hakim put mamqasyangwu. Pu' hopi pay pumuy naat pu' peqw ökiqw pay puma angqaqw pumuy amumum naatuwqay'yungngwu. Niiqe oovi pay qa suukya put aw qatsiy kwahi. Noq pay naat pu' hayphaqam ima hopiit pumuy amumum pas naakwatstota.

NAALÖS

Hopi pay pas sutsep naalössa aqw hiita hintingwu. Pu' pam pay piw nanalsikisniikyangw pu' piw suukop enang akw hintsakma. Noq oovi hiituwat sen hiita yungyiwte' kur puma pas aqwhaqami pan yungyiwtaninik puma suukop taalat ang aqw yungyiwtangwu. Pu' puma ephaqam pay panis nanalsikis sen naalös yungyiwtangwu. Pu' oovi piw himuwa hiita sen aw maqaptsitaninik pam piw naat naalös pantit pu' pay paasavoningwu. Ason pepeq pu' pam hinwat put aw lavaytingwu, kur pay qa aapiy hu'wananinik. Pay oovi qa himu hopit hiita himu'at qa naalöq aqw tuwaniy'ta. Pu' pay i' hak itamuy it hikwsit maqaaqa pu' pay paayista itamuy powataqw oovi pu' yaw pam kur piw naat itamuy hiitawat akw powataniniqw paapiy pu' yaw itam pas hin yesniqey pas pan yesni.

NUVAKWEWTAQA

Nuvakwewtaqa pay i' tuukwi pan maatsiwa, pam homol'oviy angqw teevenge pay qa wuuyavo. Noq oovi hopiit pay pam haqamniqw put tuway'yungwa. Noq hisat nuvate' pam it nuvat pay songyawnen kwewtangwuniiqe oovi paniqw pan maatsiwa.

NUVATUKYA'OVI

Nuvatukya'ovi pay it hopiikit aatavang tuukwi pan maatsiwa. Pangso itam tuwat it itaahintsakpiy nimaniwuy ep pu' piw ephaqam powamuyve uymokwisngwu. Pu' pang piw tuutuskyaniqw pang piw puma uymok-

NAVAJO

The elders tell of the Navajo as having arrived only relatively recently in the Hopi area. They say that long ago Navajos used to live farther east but they started migrating in this direction. Moreover, the Hopi claim that Navajos are such thieves that they are certain to pilfer something from one's field on their way home. When we were children our mothers and fathers warned us that if we behaved badly they would trade us to the Navajo. They also said that Navajos would kidnap people. So it is small wonder a Navajo is feared when he comes into the village. Ever since the Navajos arrived in this area the Hopi and Navajo have been enemies. As a result more than one Hopi has lost his life to them. It has only been in more recent times that the Hopi and Navajo have become friendly toward each other.

NUMBER "FOUR"

A Hopi always does things four times, or in multiples of four: for example, eight and sixteen times. Thus, when a group of people engage in a ceremony which is planned to run its entire length, they will be in session for the full sixteen days. At other times they may go on for only eight or even four days. By the same token, when a Hopi seeks a response to his inquiry he will ask up to four times only and then quit. At that point he will be given an answer if he did not receive one right away. Thus there is not a single aspect of Hopi culture that does not require the number four as a determiner. Likewise, the creator has now purified us thrice. If he cares to repeat this purification and cleanses us once more, we will live thereafter as we should.

NUVAKWEWTAQA

A mesa known by the name of Nuvakwewtaqa lies a short distance southwest of Homol'ovi (Winslow). Therefore the Hopi know where it is situated. After a snowfall it is as if this mesa had a belt of snow, and for this reason it is called "That-which-wears-a-snow-belt."

NUVATUKYA'OVI (San Francisco Mountains)

The mountain range to the southwest of Hopiland is known by the name of Nuvatukya'ovi. The Hopi go there during the Home dance, and occasionally at Powamuya, to gather evergreens. Since shrines are located there, those who go to gather these evergreens deposit *paaho* at these sites. It is Hopi belief that the mountains are one of the homes of the

312GLOSSARY

wisqam it paahoy oo'oytiwisngwu. Pu' pam pep piw itamuyniqw imuy
katsinmuy kii'amniqw oovi yaw pepeq ooveq piw pas kiva. Pu' i' hopi
hiisaq tutskwa makiway'taqw pam piw put qalalni'at.

ORAYVI

Peetuyniqw hopi yaw songoopave susmooti kitsokta. Noq pu' yaw
puma hakim pep naatupkom i' kikmongwiniqw pu' tupko'at kya pi hiita
ep neepewtiqw pu' i' tupko'atwa yaw pangqw naakopanqe pu' pam
kwiniwiqniiqe pu' orayve tuwat naap kitsokta. Noq pay pi qa soosoyam it
sun navotiy'yungqw peetuyniqw hopi pay öngtupqaveq yamakkyangw pu'
angqe' mooti nakwsukyangw pu' paasat orayve mooti kitsokta.

Noq pu' hayphaqam puma pep it pahanqatsit, tutuqayiwuy ep piw
neepewtotiqw pu' paasat puma pep naahonayaqw pu' ima qa pahan-
nanawaknaqam pu' pangqw nöngakqe pu' oovi hotvelpeq tuwat kitsok-
tota. Pu' pay puma piw tuwat hiita ep neepewtotiqw pu' puma peetu
paaqavitwat ep yesva. Noq pu' ima peetu pay pahannanawaknaqam
orayve huruutotiqam atkyami hanqe pu' piw pepwat tuwat yesva. Pay
puma pep tumalyesva. Noq pam pepeq pu' kiqötsmovi yan natngwa-
niy'ta. Paasat pu' piw peetu munqamiqwat hintiqw pi oovi tuwat nönga.
Niikyangw pangsoq pay ima orayvit hisat sasqaya. Puma pepeq paasay'-
yungngwuniiqe oovi pangsoq naap hisat sasqayangwu. It naatsikiwuy
akw pu' oovi orayviy kwiniwiqwat pu' qa suukya kitsoki.

ÖNGTSONA

I' öngtsona pay piw imuy qataymataq yesqamuy amun qatukyangw
pam tuwat it ööngat himuy'ta. Niiqe pam yep si'ookit aqlap ööngat ep
qatu. Pam as pay qa katsinaniqw pu' pay peqwhaqami ima songoopavit
put katsintota. Noq pam oovi powamuyve songoopave tsaatsakwmuy
katsinyungwniniqw pitungwu. Pam 'it a'hat pay su'anhaqam soniwa. Pu'
pam pi öngtsonaniiqe oovi son pi qa ööngat antaniqe pam oovi it tuumat
tsöqa'asiy'tangwuniiqe oovi qöötsaningwu.

ÖNGTUPQA

Öngtupqaveq yaw itam hopiit nöngakqat it yan hopi navotiy'ta.
Pepeq yaw haqam sipaapuniy epeq yaw itam nönga. Noq pam naat pay
epeq panta.

Noq pu' hak mookye' hak yaw ahoy pangsoq öngtupqamiq nima-
ngwu. Noq pu' ima katsinam yaw piw pepeq kiy'yungwa ispi pangqe
paayuniqw oovi. Noq pu' oovi ima oo'omawt piw pangqw hakimuy
amumi ökiwtangwu. Puma pay ima katsinam pumuy akw hakimuy
poptayangwu.

kachinas; therefore, there is a kiva at the summit of the peaks. Nuvatu-kya'ovi also constitutes one of the traditional boundary markers of the Hopiland.

ORAYVI (Third Mesa village)

According to some, the Hopi first settled at Songoopavi. There the *kikmongwi* and his younger brother are said to have differed over some matter. As a result, some believe the younger brother left, headed north and started his own community at Orayvi, while others claim that the Hopi, after their emergence at the Grand Canyon, first embarked on a migration before establishing their first settlement at Orayvi.

More recently, the people of Orayvi clashed due to differing views regarding the white man's way of life, in particular, schooling. This led to the banishment of the faction that rejected the Anglo way of life. It, in turn, founded the village of Hotvela. After renewed conflicts there, some people settled at Paaqavi. Next, several of those who wanted to adopt the way of the whites, and who had remained at Orayvi, moved below the mesa and established another village where they worked for the government. Today that place is known as Kiqötsmovi. Yet others, for some reason, migrated to Munqapi, a place the Orayvians had already been going to on foot for ages because of the farming land they owned there. Thus, as a result of the banishment, several villages now exist north of Orayvi.

ÖNGTSONA

Öngtsona is one of the many beings who live invisibly. He is the owner of the salt and inhabits the salt lake near the village of Zuni. He is not a kachina but recently the people of Songoopavi made him into one. In this village he becomes visible at Powamuya when children are initiated into the kachina cult. He strongly resembles the A'ha kachina. Because he is öngtsona he must look like salt. For this reason his body paint consists of white kaolin. So he is white in appearance.

ÖNGTUPQA (Grand Canyon)

We Hopi know by tradition that we made our emergence at Öngtup-qa, that is, the Grand Canyon. There, at a site known as Sipaapuni, we came out of the underworld. That place still exists.

When a person dies he is said to return home to Öngtupqa. Kachinas are also supposed to reside in the canyon because of the river flowing there. Therefore, clouds descend upon us from that region. The clouds are kachinas who visit us in that form.

PAAYU

It homol'oviy aatevenge' muunangwuy mumunqat i' hopi paayu yan
tuwiy'ta. Noq pu' i' öngtupqavaqeniiqa pavan hihin wukomunangw
pisisvayu yan maatsiwa.

PALÖNGAWHOYA

Palöngawhoya it kookyangwso'wuutit mööyi'atniikyangw pam it
pöqangwhoyat tupko'at.

KYAARO

Ima hisatsinom yaw as hisat pas naap kyarvokmuy'yungngwu.
Niikyangw pay piw qa soosoyam pumuy pokmuy'yungngwuniqw oovi
hak kya pi hisat put pookoy'te' hak akw enang a'ni naatuwiwtangwu.
Pu' put suru'at, pöhö'at piw pas hisat kya pi haqningwuniqw oovi puma
put haqaqw pas tatkyahaqaqw put oo'oyaya. Pu' piw pangqw pumuy
poklalwa. Noq pu' pay qa suukya katsina it kyarngunat enang yuwsi-
ngwu. Pu' himuwa qötöveq piw put qötöyat pay naap yukiwput tsokiy'-
kyangw pu' put aakwayngyavoq i' kyaasuru tsomikiwkyangw iitsiwyung-
ngwu. Pu' ima peetu hopiit piw put kyaarot tuwat wu'yay'yungwa. Noq
pu' i' hopi piw put kyaarot katsinay'ta.

PAVAYOYKYASI

I' pavayoykyasi pay tuwat yaw pas su'its talavay imuy hopiituy
uuyiyamuy ang waynume' pam pang maakwannumngwu. Noq oovi
pantiqw antsa hak pu' uuyiy aw pituqw put uuyit ang paatsöpölöwyu-
ngwa. Noq pay lavaytangwuniqw pam hak himu suhimutiyo. Pu' pay
pam piw sutsep lomayuwsiy'numngwu.
Noq pu' i' piw suukya pavayoykyasi yan maatsiwqa put i' himu
kwaakatsina'eway iikwiwtangwu, pu' i' leenangw piiwu.

PAYUTMO

Hak yangqw orayngaqw teevengewat kaktsintuyqat aqwwat nakw-
suqw put hak aapiy hiisavoniqw pangqe' i' paayu. Noq pay pep haqam-
wat ang namuruwtaqw put pangso pangqaqwangwu payutmo. Hisat yaw
naat ima hopiit imuy kareetamuy akw yaktangwuniqw puma yaw
nuvatukya'omiye' puma yaw pay pas son pephaqam qa huruutote' pep
naanasungwnat, tokt pu' piw aapiytotangwu.

PAAYU (Little Colorado River)

The river that flows past the southwest side of the Homol'ovi ruins is called Paayu by the Hopi. The river that flows through the Grand Canyon, however, which is much larger, is referred to as Pisisvayu (Colorado River).

PALÖNGAWHOYA

Palöngawhoya is the grandchild of Spider Woman and the younger brother of Pöqangwhoya.

PARROT

The ancient Hopi kept parrots for pets. But not everyone could afford such a bird. Small wonder that a person who did possess one was renowned. Parrot tail and down feathers were very scarce in the old days and had to be imported from far away in the south. From there the Hopi also acquired parrots as pets. Several kachinas use bunches of parrot feathers on their costumes. One in particular has attached on top of his mask the hand-carved head of a parrot to the back of which a mass of macaw tail feathers are tied sticking outward. Some Hopi regard this bird as their clan totem. In addition, the Hopi have a Parrot kachina.

PAVAYOYKYASI

They say that Pavayoykyasi walks about sprinkling the plants in the Hopis' fields very early in the morning. And, indeed, just as one arrives at a field drops of dew can be seen clinging to the crops. People describe Pavayoykyasi as a handsome youth who is always dressed very nicely.

The term *pavayoykyasi* also denotes the "moisture tablet" worn on the Eagle kachina's back. Members of the Flute society also carry them on their backs.

PAYUTMO

A place name. As one heads southwest from Orayvi towards Kaktsin-tuyqa and continues on for a little while, one comes to the Little Colorado. Somewhere along the river is a ridge that is referred to as Payutmo. In olden days, when the Hopi were still traveling by wagons, they stopped there to rest on their way to Nuvatukya'ovi. Usually, they spent the night and then moved on.

PIIKI

I' piiki pas it hopit hisatnösiwqa'at. Wuuti piktanik pam mooti tumay aqw qööngwu. Qööt pu' pam tuupatangwu. Tuupate' pu' kwalakqw pu' pam put sakwapngumniy aw wuutangwu. Ngumniy aw wuutat paasat pu' pam qötsvit aqw piw kuyqw pu' put paqwri'at put qöötsapkuyit akw kuwantingwu. Pu' put tuma'at mukiitiqw pu' pam put sivostosit sumitsovalat paasat pu' pam put ang taqtsokt pu' paasat put akw tumay ang maamapringwu. Pam pantiqw pu' put tuma'at ahoy taviltingwu. Pu' pam paasat pik'oyqw pu' pam paasat kwasingwu. Put pam sukw ang ayo' hölöknat pu' pam piw ep lelwingwu. Pu' pam put mootiniiqat put naat pu' ang lelwiqey atsmi taviqw pu' pam pay söviwangwuy akw mowatingwu. Paasat pu' pam put muupat pu' ayo' tavingwu. Nit paasat pu' pam pay piw antikyangw pu' pay pansa put aapiy yuykungwu, put muupankyangw pu' put naanatsva oo'oyngwu.

Pay it kookyangwso'wuutit pangqaqwangwuniqw pam yaw tuhisaniikyangw pu' piw nawiso'aniqw oovi himuwa piktuwiy'vanik pam yaw put aw naawaknangwu. Noq ayam orayviy taavangqöyve pep atkyahaqam pam kur piw kiy'ta. Noq oovi hak pan piktuwiy'vanik hak pangso put kiiyat aw kohot kimangwu. Pu' hak hoomat enang put aw oyangwu.

KIISONVI

I' kiisonvi pam pay haqamwat kitsokit ep pay sunasavehaqamningwuniqw oovi pam pan natngwaniy'ta. Noq himu hintsakye' sen katsina pite' pam pep wunimangwu. Pu' pay piw aapiy hiihiimu tiitikive pep hintsakiwa. Meh, pay ima tsuutsu't, lalkont, kwaakwant, pay ii'ima pep tiikivey'yungngwu.

Pu' pay pangqw naanan'i'vaqw kiikihu aqwwat hongyangwu. Pu' pay angqw piw aw kiskyay'yungngwu. Pu' hisat himuwa hiita huuyaniniqw haqawa put engem pan tsa'lawqw pu' pam paasat piw ephaqam pep huuyangwu.

MUUNGYAW

I' muungyaw pay hopiikivaqe waynumngwu. Noq pam a'ni kuutay'-tangwuniqw hak put yuuyuynaqw pam itsivute' pam kuutay hakiy aw tsalaknangwu. Noq oovi pay qa suukya pooko put aw unahintsakqa motsovuy ang put kuutayat yankyangw haqaqw pitu. Noq pam kuuta hakiy aw pakye' pam tuwat yuumoqwatsa ö'qalngwuniqw oovi himuwa kyaanavot pu' put kuutayat ang ayo' maspangwu.

Pu' pam yaw piw hamananingwuniiqe oovi hak put aw pitutoq pam hakiy aqwwat kuriy iitangwu. Pay hisat pi hopisinom hiituy sikwiyamuy noonovangwuniiqe pay puma kya pi antsa put muungyawuy sikwiyat

PIIKI (Hopi dish)

Piiki is an ancient food of the Hopi. When a woman plans to make it she begins by heating up her stone griddle. She then boils some water and pours it on the blue flour. That accomplished, she adds wood ashes mixed with water, giving the batter its hue. As soon as her stone griddle is hot enough, she gathers ground melon seeds, burns them and the rubs the remains into the surface of the griddle to make it smooth again. Next she spreads the liquid batter on the griddle. When the batter is done she removes the *piiki* sheet and spreads a new layer of batter over the griddle. The previously made *piiki* is now placed on top and becomes moist from the steam of the new batter. The completed *piiki* can then be rolled up for storage. From that point on she continues rolling and stacking one *piiki* on top of another.

It is said that Old Spider Woman is skillful and talented in many things, so someone eager to learn how to make *piiki* prays to her. Old Spider Woman also resides somewhere west of Orayvi. Thus, whenever a girl wishes to learn the art of *piiki* making she takes some wood to her abode and leaves it there for Old Spider Woman along with some sacred cornmeal.

PLAZA

The plaza is usually situated somewhere near the middle of a village, hence it is used as the dance court if a ceremonial activity is taking place, for example, and kachinas have come. Various other non-kachina dances are also performed in the plaza. The Snake, Lakon, and Kwan societies, for instance, carry out their dance performances there.

Houses are erected on all four sides of the plaza and alleys lead into it. In the past, when certain items were to be traded, someone would make a public announcement on behalf of the vendor, who would then sell his things at the plaza.

PORCUPINE

The porcupine inhabits Hopi country. It has an enormous number of quills and when one teases it and it becomes riled, it flings its quills at you. More than one dog who risked playing around with a porcupine has returned with a snoutful of quills. When a quill penetrates the skin it keeps working its way further and further in so that one has a difficult time removing it.

The porcupine is also said to be bashful and for this reason it turns its back on the person who approaches it. Long ago the Hopi consumed the

noonovangwu. Pu' pay piw himuwa yup'iwtaqw hakim put engem aw kwipyangwu.

POWAMUYKATSINA

Powamuykatsina pi pay tuwat pep powamuyve qeniy'tangwu. Pam pep pitungwuniiqe oovi pan natngwaniy'ta. It natngat ep ima tsaatsayom yungye' puma paasat pu' pumuy powamuykatsinmuy susmooti tuwiy'- vayangwu. Noq pam katsina suhimuningwu pu' piw lomayuwsiy'tangwu.

PÖQANGWHOYA

I' pöqangwhoya pay it kookyangwso'wuutit mööyi'at.

PÖQANGWHOYAT

Ima naatupkom pöqangwhoyat lööyömniikyangw puma qa sun maatsiwa. I' wuuyoqwa pöqangwhoya yan maatsiwqw pu' tupko'atwa palöngawhoya yan maatsiwa. Puma pay panis soy'kyangw puma put amum qatu. Noq pam so'wuuti i' kookyangwso'wuuti.

Noq pay tuuwutsit ep puma sutsep hiita qahophintsakngwu. Niikyangw pay puma piw a'ni nu'okwatniiqe oovi sinmuy pay pas son hiita akw qa pa'angwangwu. Noq puma piw tuwat tatatsiwuy pas hiitay'taqe puma sutsep pantsakngwu. Pu' puma piw haqe' waynume' puma piw pay pas sonqa pankyangw angqe' waynumngwu. Pu' piw puma sutsep naayawngwu. Pu' yaw puma piw pay okiw hin'ewayhoyat, yaqas- pirukhoyat, saskwitsa yuwsiy'tangwu. Pu' puma hiita hintsakye' piw qa unangwtalawvangwu. Noq oovi pumuy so'at hiita meewantaqw puma pas qa nanvotngwu. Pu' pam hinwat pumuy hiita qe'tapnaqw puma put soy aw a'ni itsivutingwu. Pu' puma pay soosovik yesqe oovi puma pay hiitawat tuuwutsit ep pay kiihayphaqam kiy'yungngwu.

Noq i' hikwsit himuy'taqa, i' qataymataq qatuuqa, pumuynit pu' peetuy a'ni hiituy enang mooti yuku. Noq pumuy so'am pas put hakiy soosok hiita yukuuqat amumniqw yang i' hiihiimu yukilti. Noq pu' puma naatupkom it tuuwaqatsit nan'ivaqw huur nguy'taqw oovi i' tutskwa sun yep yanta. Pumuy hapi put maatapqw pu' i' tutskwa pay paasat soosoy riyayaykuni.

PÖVÖLPIKI

Pövölpikit yukuniqa pay kuuyiy kwalaknat pu' paasat ngumniy tsaqaptat aqw oyat pu' kuuyit kwalalataqat ngumniy aqw wuutangwu.

meat of all sorts of animals, including the porcupine. As a rule, meat from this animal was prepared for someone suffering from malnutrition.

POWAMUY KACHINA

The Powamuy kachina has his place in the lunar month of Powamuya, approximately February. His name reflects his custom of coming at that time of the year. During initiation into the Kachina or Powamuy societies children have their first occasion to become familiar with these kachinas. The Powamuy kachina is handsome and beautifully clothed.

PÖQANGWHOYA

Pöqangwhoya is the grandson of Spider Woman.

PÖQANGWHOYA BROTHERS

The Pöqangwhoya brothers are two in number but they do not share the same name. The elder is known as Pöqangwhoya while his younger brother is named Palöngawhoya. They have a grandmother with whom they live. That old woman is the famous Spider Woman.

In stories the two boys are usually mischievous. However, they can also be very benevolent and are sure to aid people in certain ways. Since they are ardent shinny players they are constantly engaged in this game. Whenever and wherever they roam they play shinny. They are also forever fighting with each other. The brothers are said to be very homely, runny-nosed and dressed in rags. Each time they do something they are completely engrossed in their activity. Thus, when their grandmother pleads with them to stop, they simply won't listen to her. And when she finally manages to stop them somehow, they become quite annoyed with her. Since in stories the two can live all over the land, they normally reside in the vicinity of a Hopi village.

They and other powerful beings were the first to be made by the supreme creator. Their grandmother was with him when he created everything on Earth. And because the two brothers hold the Earth tightly on each side, it is stationary and calm. Should they let go of it, it would immediately begin to spin wildly.

PÖVÖLPIKI (a Hopi dish)

To prepare *pövölpiki* a woman first boils water which she then adds to a bowlful of blue flour. Into this she pours water mixed with ashes,

Pu' pam piw hak qöötsapkuyiy aqw wuutakyangw pu' put enang qöqri-
ngwu. Pu' pay pan naawaknaqa pay aqw piw kwangwa'öngat oyangwu
akw kwangwtaniqey oovi. Noq hisat ima momoyam it yöngöt tos'iwput
akw put kwangwtotangwu. Noq pam i' yöngövövölpikiningwu. Kur put
paqwri'at pas paakuypuniqw pu' pam put ngumnit akw huruutangwu.
Pu' pam hihin huruutiqw paasat pu' pam put may akw angqw hingsakw
tutkilawkyangw pu' put pölölantangwu. Pu' pam put yukye' pu' pam pay
piw kuuyit piw aqw kwalaknangwu.

NAKWAKWUSI

Nakwakusit hak pay piw aw okiwlawkyangw put yukungwu. Pu' hak
piw naat put aw tsootsongngwu. I' nakwakwusi pay qa suupwat engem.
I' suukya pöötaviningwu pu' paasat pay hak piw put nakway'tangwu.
Pu' ephaqam hak hiita put hikwsitoynangwu. I' nakwakwusi pay it
kwavöhötnit pu' pösöptonit angqw yukiwta.

PAAHO

I' himu paahoniqa pam pay soosok hiita angqw yukiwkyangw pu' piw
qa sun yuykiwa. Niikyangw pam pay qa hisat kwavöhöt angqw yukilti.
Pu' pay piw it koyongvöhöt angqw enang paaholalwa. Meh, pay kivaapa
panyungwa, haqaqw kyeevelngaqw haayiwyungngwu. Pu' pay imuy
katsinmuy ninmaniniqw pu' pumuy put huytotangwu. Pu' pay piw ima
hiihiitu kwaakwant, aa'alt, wuwtsimt puma piw qa sunyungqat paaho-
lalwa. Pu' piw soyalangwuy ep qa suukya paaho yukiltingwu. Pay imuy
hiituy amungem put yuykuyaqw puma tuwat put ömaatote' yaw tuwat
haalaytotingwu. Pu' pay piw pam hakiy unangwvaasiyat, okiwayat enang
yawmangwu. Pu' pay himuwa tuuhikya hakiy aw mamkyaqa piw paahot
enang hakiy hiita tuuyayat enang hom'oytongwu. Pu' pay hopi qa hiita
qa engem paahotangwu. It taawat, muuyawuy, pu' imuy qataymataq
yesqamuy, pu' pay aapiy soosok hiituy amumi enang taqa'nangwqey
pumuy amungem pam piw paaholawngwu.

SONGOOSIVU

I' songoosivu mö'wit engem yukiltingwu. Nen pu' pam hisat nima-
niqat ep pu' put engem it tsaaqatwat oovatnit pu' put wukokwewayat akw
engem mokyaatotangwu. Put mö'wit hisat engem it oovat yuykuye' puma
ep piw put engem yuykuyangwu. Pam i' pay songowa naanami qeq-
'iwtangwu.

blending everything again. If desired she can add sugar to make the mixture sweeter. In the past, women used to add pulverized prickly pears as a sweetener. This recipe was then known as *yöngövövölpiki*. If the batter is still too watery she adds more flour to thicken it. When it finally has the right consistency she takes small amounts at a time and rolls them into little balls. Then the balls are boiled.

PRAYER FEATHER

A *nakwakwusi* is fashioned to the accompaniment of a prayer. Then smoke is exhaled on it. This type of prayer feather has more than one function. It can be the symbol of a path laid out, but it can equally well be worn on the head. It also serves to represent symbolically the breath of life. A *nakwakwusi* is produced from the downy breast feather of an eagle, together with hand-spun cotton twine.

PRAYER STICK/PRAYER FEATHER

A *paaho* is not only made from a variety of items, but it is also fashioned in many different ways. While it is never made from the breast feather of the eagle, it can be made from turkey feathers. For example, *paaho* can be found hanging from the ceilings of kivas. When kachinas are to return to their homes they are given *paaho*. The members of the Kwan, Al, and Wuwtsim societies each fashion their own unique *paaho*. A great diversity of *paaho* are made at the time of Soyalangw. It is said that those for whom the *paaho* is intended are elated upon receiving it. A *paaho* carries with it a person's most intense wishes and prayers. A medicine man who has treated you takes what ails you along with a *paaho* and goes to deposit it. In fact, there is nothing that the Hopi does not make a *paaho* for. He makes it for the sun, the moon, deities who exist unseen, and all the other beings that he relies upon for his existence.

REED CONTAINER

The reed container is made for a *mö'wi*. At the time when she is to return home after the wedding ceremony the small bridal cape and the wedding sash are wrapped in it for her. The receptacle, consisting of reeds strung together, is made at the same time as the wedding garments are fashioned for the *mö'wi*.

ÖNGMOKWISA

Hisat tiyo wuwtsimvakye' pam naat qa ep pay hoyngwu. Pam naat pas piw hiita hintit pu' paasat hoyngwu. Niiqe pam oovi piw naato öngmoktongwu. Noq hisat ima orayvit öngtupqamiq pantsanwisngwu. Pu' imawat songoopavit, walpit tuwat si'ookimiyangwu. Pu' paasat ima orayvit öngtupqamiqye' puma sumataq pay kya lööshaqam pas tokt pu' puma ahoy ökingwu. Niikyangw puma sen aqwye' sen angqw ahoyye' puma mawyaviy aatavang tutuventiwngwuy ep naatoylay peenayangwu. Pu' puma piw pepeq öngtupqaveq öngmokyaatote' puma pepeq ooveq haqam yaw it ongwuutit aw peehut himuy o'yangwu. Noq pep yaw haqam oove i' qötsa'owaniqw put yaw sunasaveq i' suqöm'owaniikyangw pam yaw it löwat su'an soniwa. Noq put yaw himuwa it oovat akw naakwapnaqw paasat pu' yaw himuwa put oovat atpipoq pakye' pu' put pangsoq tsopngwu. Noq yaw pam kur put öngwuutit tsopngwu.

(No Equivalent Hopi Terms)

Hopi pay it hiita natkolawniqey puuvut hiita pay qa aw hin wuuwantangwuniiqe oovi pay naap timuy amuqlap puuvut hiita yu'a'atangwu. Pu' piw hiita pay as pi tuyoy'ewakw hintingwu, niikyangw pam pay itamumi qa himu. Noq oovi ephaqam tuuwutsit ep himuwa pay pas sonqa sisiwkuktongwu pu' piw siisitongwu. Pu' piw hiituwat naatsoptangwu. Noq i' himu tuuwutsi pantaqa yaw mumuspiy'taqa tuuwutsiningwu. Pu' pay himuwa aw pay pas hoyoknanik pam ephaqam pay kunatwiy'te' aw hin yukuqw hakim ephaqam put aw tsutsuyngwu.

Pu' piw yep kiisonve ima tsutskut qa haamanyat put pan'ewakw hiita hintsatskyaqw antsa hakim amumi tsutsuyngwu. Ephaqam puma piptuqwuutit tsopyangwu. Pu' ephaqam pay hiita tuyoy'ewakw noonovangwu sen sisikuyi'ewakw hikwyangwu.

NAHOYTATATSIW

Hisat hakim tsaatsayomningwuniiqe hakim hinwat naataplalwaninik hakim ephaqam nahoytatatsyangwu. Niikyangw hakim pay wuuhaqniiqamyangwu, niikyangw hakim piw lööpwat toonavityangwu. Noq pu' hakim lööqmuy hakimuy mongwiy'yungqw puma pu' paasat hakimuy pumuy amungaqwyaniqamuy mooti namortaqw pu' paasat hakim nan'ivaq tatsit engem kiitotangwu. Hakim haqamiwat kiy'yungwe' hakim pangsoq tatsit panayaniqey mamavasyangwu. Pu' hakim yaynayaninik hakim mooti suusunasave qölötotat pu' paasat put tatsiy pangsoq amyangwu. Paasat pu' hakim lööyöm namortiwqam pep put tatsimrikhoy akw pangsoq wuvaatikyangw pu' put aqw hangwantangwu. Hisatniqw

SALT EXPEDITION

In olden days, after a young male had been initiated into the Wuwtsim society, he was not yet a fully-fledged member. To achieve that status he still had to do something else: he had to go on a salt gathering expedition. In days past the people of Orayvi generally went to Öngtupqa, i.e. to the Grand Canyon, to do that. The villagers of Songoopavi and Walpi, on the other hand, would go to Zuni. The Orayvians spent about two nights at the Grand Canyon before returning. On the way to their destination or on their return trip they would draw their clan symbols at a site southwest of Mawyavi called Tutuventiwngwu. After gathering salt at the Grand Canyon it was the habit of the expedition participants to give some of their salt to *öngwuuti* or "Salt Woman" on the rim of the canyon. Somewhere there at the rim is located a white rock which has in its center a black rock closely resembling a vulva. This rock was covered by someone with a wedding robe and then somebody else would crawl under it and simulate copulation with Salt Woman.

SCATOLOGICAL AND EROTIC REFERENCES

The Hopi does not give a second thought when referring to sex and related subjects, and he will openly talk of these things in the presence of his children. He will also do many things that may be considered repulsive in the eyes of a cultural outsider, but these things are not so to him. Thus, characters in a story will urinate or defecate and engage in sexual activities. Tales with erotic references are *mumuspiy'taqa,* i.e., "stories containing arousing material." If a narrator is somewhat of a comic he will embellish his tale along these lines to amuse his audience.

In the plaza, too, the clowns do things of the above-mentioned nature without embarrassment, and people laugh at them. Sometimes the clowns will engage in mock sexual activities with a Piptuqa Woman and at other times they will eat filth or drink urine.

SHINNY

When we were children and wanted to entertain ourselves we would do so by playing shinny. There were many of us and we always had two sides. We had two leaders who would choose whomever they wanted on their team. A goal was made at each end of the playing field. The object of the game was to get the ball into the opponent's goal. To start the game a hole was dug in the middle of the field and the ball buried in it. Then two players were selected to strike the dirt with their shinny sticks in order to uncover the ball. As soon as the ball was extracted from the hole

pu' puma put aqw pite' pu' put tatsit horoknaqw paasat pu' hakim pas
soosoyam pan nahoytatatsyangwu. Pu' hakim pay mooti oovi piw pang-
qaqwangwu, haqawat hiisakis kiy mooti aqw put tatsit panaye' puma
hakimuy pö'ayamantani.

SIKYATKI

I' sikyatki pay walpiy aahoophaqam kiiqö. Noq pep yaw ima isngyam
mooti yesva. Nit pu' puma pay pangqw son pi hintaqat akw qa nankwu-
saqe pu' pay hopiikivaqe aatsavala.

TSOOTSONGO

Hisat hopi yaw pas naaqavo hiita aw okiwlawngwuniikyangw pam it
tsoongot pas sonqa akw enangningwu. Pu' i' kikmongwi hisat hakiy kya pi
pitsine' pam put piw pas sonqa tsootsongnangwu. Noq pu' haqaqwwat
katsinamyaniqw hak nuutumninik hak aqw pakiqw paasat pu' i' pepeq
mong'iwtaqa piw hakiy pas mooti tsootsongnaqw pu' hak pumuy
amumumningwu. Pu' paasat hakim hiita yungyiwte' hakim mooti pu' piw
yukuye' pu' hakim piw tsotsongqöniwmangwu. Pu' hakiy tsootsongnaqa
aw tsoongoy taviqw pu' paasat hak angqw hiisakishaqam tsootsongnat
pu' paasat hak put aw hin yantaqey pangqawngwu. Sen hak nay'te' hak
pangqawngwu, "Ina'a." Noq pu' pam hakiy tuwat hu'wane' pu' pang-
qawngwu, "Iti'i." Pay hak hisat hakiy aw hinwat yantaqey pay hak put
tuwiy'tangwu. Niikyangw pay ephaqam hak hakiy qa tuwiy'te' pay pam
kur hakiy epniiqe wuuyoqniqw pay hak sen, "Ina'a," aw kitangwu. Pu'
pay sen hakiy epniiqe qa pas wuuyoqniqw pay hak son kya qa, "Ipava,"
kitangwu. Noq pu' paasat pay hak qa pangqawninik pay hak piw
ayangqawngwu, "I'unangwsungwa," pay hak piw kitangwu.

Noq hak tsootsongye' hak mooti unangwngaqw hiita nukngwat, hiita
lolmat as okiw aw aniwtiniqat yan hak hutunvastat pu' put kwiitsingwuy
mo'angaqw nöngaknangwu. Noq pu' i' kwiitsingw yaw hakiy hiita
okiwlawqw put yaw pam haqami imuy pas pavanyaqamuy paasat
kimangwu. Yan it hopi navotiy'taqe oovi pam aasakis hiita hintsakqw i'
piivaniqw pu' i' tsoongo pas son pep sulawningwu.

SO'YOKO

So'yoko pi pay as katsinaningwuniikyangw pam pay qa mimuywatuy
amun su'pa. Pu' pam piw nuutsel'ewayningwu. Pam wukomotsovuy'-
kyangw pu' piw wupamotsovuy'tangwu. Pu' piw a'ni tamay'tangwu. Pu'
pam piw posvölöy'kyangw pu' nan'ivaqw aalay'tangwu. Pu' pam qötöy
aakwayngyaq piw kwaawukit pootakniy'kyangw pu' kwaatsakway'tangwu.

we all joined in to play shinny. Before the game it was also decided how many times a team would have to put the ball into the other side's goal to be declared the winner.

SIKYATKI

Sikyatki is a ruin northeast of Walpi. The place was first settled by the Coyote clan. Then, for some reason, the members of this clan moved away and now they have spread throughout the Hopi villages.

SMOKING

Long ago a Hopi prayed every day, and while he did this he always smoked a pipe. Also, whenever the *kikmongwi* had a caller he had to offer him his pipe. Likewise, when one plans to participate in a kachina dance and goes to the kiva from which the kachina impersonators will come, the person in charge of the ceremony must first offer you a smoke before you can join in. While a ceremony is in progress, there is a round of smoking at the beginning and end of the ritual. As soon as your neighbor has finished he hands you the pipe. You now take a few puffs and address him in the manner according to which you are related to him. If he is your father you would say, "My father." When his turn comes to reply he would say, "My child." In the past all people knew how they were related to one another. If one is not familiar with one's neighbor and that person happens to be older than you, you may address him as, "My father." And if he is not much older than you the proper form of address would be, "My elder brother." If one does not wish to use this expression an alternative form of address is "Companion of my heart."

Before exhaling the smoke, the person smoking prays fervently from his heart that things will turn out beneficially for him and prosper. The smoke then carries one's prayers to those who are more powerful. This is what ritual smoking means to a Hopi, and so it is little wonder that whenever he is engaged in a certain endeavor, tobacco and pipe are ever present.

SO'YOKO

So'yoko is a kachina, but he is not kind like the others. He is a monstrous creature with a large and long snout studded with a multitude of teeth. In addition, he has goggle eyes and horns on each side of his head. This is the way he appears and he acts very ferocious. On the back of his head he carries a fan of eagle wing tips and a bunch of eagle feathers.

Noq oovi himuwa tsay qahop'iwtaqw hakim put akw tsaawina-
yangwu. Noq pam qöpqöngaqw kiy'tangwuqat hakim put aw pang-
qaqwangwu, pu' piw pam hakiy sowangwuqat. Pu' pay tuuwutsit ep pam
pas son sinmuy qa uu'uyngwu. Pu' puma powamuyat yukiltiqw puma pas
ep antsawat ökingwu. Nen pu' puma ang imuy tsaatsakwmuy amuupa
nankwuse' pu' puma pumuy hin amumi navotiy'yungwe' puma pumuy
amumi pangqaqwangwu. Noq pu' himuwa paapu qa pantaniqey as
amumi pangqawqw pay puma put aw qa tuuqayyungwkt pay pas put
wikyaniqey pangqaqwangwu. Noq pu' oovi himuwa nawus hiita
nöösiwqat akw naatuy'niqey amumi as pangqawqw pay puma ephaqam
put qa naanakwhangwu. Puma yaw put pay qa kwangway'yungqey
pangqaqwangwu. Tsay yaw qa huruningwuniqw oovi puma put tsaakw
oovi pas qa tuutuqayyangwu. Pu' i' tiyooya sikwiy akw naatuy'ngwuniqw
pu' manawya toosiy akwningwu. Pu' puma suyan ökininiqw pu' ephaqam
pam tiyooya aapiy pay hiituy maqnumngwu. Nen pam oovi ephaqam pay
imuy pöövöstuy qöye' pu' put amumi kuwaatingwu. Noq pu' manawya
pay toosit pu' tuwat aapiy ngumantangwu.

SOMIVIKI

Somiviki pay it sakwapngumnit paqwri'iwtaqat angqw yuykiwa. Pam
it angvut ang mookiwkyangw pu' löökye' it moohot akw somiwtangwu.
Put pan mokyaatotat pu' paasat put kwalaknayangwu.

SONGOOPAVI

Songoopavi pay orayviy aatatkyahaqam. Noq peetuy navoti'amniqw
pep yaw i' hopi susmooti kitsokta. Niikyangw pay qa pep oove, pay puma
aapiy wuuyavotiqw pu' pangso yayva. Noq pu' piw peetu navotiy'yungqw
yaw puma hakim pep naatupkom, i' kikmongwiniqw pu' put tupko'at
matsito yan maatsiwqa, hiita ep pay neepewtiqw pu' pam tupko'atwat
oraymiqniiqe pu' pepeq tuwat peetuy sinmuy tsamkyangw pu' qatuptu.
Noq pay hintaqat akw pi puma songoopavitniqw pu' orayvit qa sun
tuuqayyungwa naamahin as puma sun hopiitniikyaakyangw.

TAATAWI

Hopi hiita hintsakninik pam hisat taawit akw enang hiita hintsak-
ngwu. Meh, taaqa hisat pasminen tawkyangwningwu. Pam yaw uuyiy
navotnaniqe oovi tawkyangw pangso pitutongwu, aasavo yaw puma
havivokyalniqat oovi. Pu' pam pang waynumkyangw piw tawkyangwni-
ngwu.

When a child is ill-behaved we threaten him with So'yoko. We tell the child that the monster lives in the stove and that he devours people. In stories he always kidnaps people. The entire group of So'yoko kachinas actually appears at the conclusion of the Powamuy ceremony. At that time the monsters go among the children telling them all the bad things they know about them. And even when a child promises them not to behave that way any more, they do not heed his words but instead insist on abducting him. In such a case the child offers the So'yoko foodstuff in place of himself, but they decline the offer. They claim not to enjoy the taste of a human's food. Since a child's meat is supposed to be tender they insist on taking the child. In the end, however, a little boy buys himself back with meat, while a little girl achieves the same result with her *toosi* or "ground sweet corn." When it is certain that the monster kachina will arrive, a little boy goes hunting for animals ahead of time. Sometimes he will kill mice and offer them to the monster. A little girl, on the other hand, will grind sweet cornmeal beforehand.

SOMIVIKI (a Hopi dish)

Somiviki is made from the batter of blue corn flour. It is wrapped in a corn husk and then tied in two places with yucca strips. After being packaged this way it is boiled.

SONGOOPAVI (Second Mesa village)

Songoopavi lies approximately southeast of Orayvi. According to the traditions of some, the Hopi established their first settlement there. However, they did not settle on top of the mesa then, but migrated there much later. Tradition also has it that two brothers, the *kikmongwi* and his younger brother Matsito, had differences of opinion which resulted in the latter's moving to Orayvi. He took some people along and founded Orayvi. For some unknown reason the people of Songoopavi and the people of Orayvi do not speak the same dialect, even though they are all Hopi.

SONGS

In the past, when a Hopi engaged in some activity, he usually did so to the accompaniment of a song. For example, long ago a man would go to the fields singing. The reason for the singing was to alert the crops of his approach. He wanted them fully awake before his arrival. And as he walked about his plants he also sang. Likewise, when a woman or a

Noq pu' wuuti, maana piw ngumante' pam taawit akw enang
ngumantangwu. Pam ngumantawiningwu. Taawit akw yaw put tumala-
'at pay qa pas maqsoniningwuniqw oovi pam tuwat tawkyangw nguman-
tangwu. Noq pu' wuuti piw tiy puupuwvitsne' pam piw put aw puwvits-
tawit tawlawngwu. Noq pu' hakim tsaatsayomnen hakim hohonaqye'
hakim piw naat pay taawit akw enang hohonaqyangwu. Pu' piw hakim
momoryaqw pep pu' piw naat suukya taawiningwu. Pu' hikis piw
nukpana it hiita tuskyaptawit piw maskyay'ta. Putakw pam yaw hakiy
wariknangwu hakiy aw tunglay'te'.

Pu' soosoy himu wiimi taawitsa akw pasiwta. Noq pu' ima wuwtsimt,
mamrawt, katsinam, tsetslet, tsutskut, ii'ima soosoyam nanap taawiy'-
yungwa. Pu' i' piw tsu'tawiniqw pu' lentawiniqw pu' kwantawi. Noq pu'
sosotukyaqam piw pas naap taatawiy'yungwa. Puma pantsatsyaqam put
tawkyaakyangw nanavö'yangwu. Pu' momoyam piw yungyaplalwe' puma
ephaqam pay it owaqöltatawit tawkyaakyangw pantsatskyangwu.

Noq pu' paasat i' tuutuwutsi as hisat pay sumataq pas sonqa taawiy'-
tangwu. Niikyangw peehu pay pu' suutokiwa. Pu' hopi yaw pay yaapanii-
qe oovi qa suukw hiituy lavayiyamuy ang enang yeewatima. Niiqe oovi
ephaqam himuwa taawi si'olalvayngwu pu' piw tasaplalvayngwu. Pu' pay
aapiy piw himusinmuy lavayi'am hiita taawit pay pas son ep qa pakiw-
tangwu. Pu' pay peehu taatawi pay pas hisattatawiniqw oovi pay peehu
kur hiita lalvayya.

Noq iisaw hiita tuuwutsit ep tawme' pam pas sonqa wukotaw-
mangwu. Qa hisat pay pam tsaakw ang tawma, pavan pam umukniy'-
tangwu.

POWAQA

I' powaqa pi pay songyawnen nukpananingwuniqw oovi itam hopiit
as pumuy qa awiniy'kyaakyangw pewwat atkyangaqw nöngakniniqw pay
puma hin pi nanaptaqe oovi pew antsa itamum nönga. Noq pay puma
haqam yaw palangwuy epeq tuwat tsovaltingwuqat pay yan lavayta. Pu'
pay hin pi puma tuwat sinot naanami tuuwiklalwa. Pu' pay puma qa naap
yep yeese. Puma yaw naap sinomuy qatsiyamuy akw yaaptotingwu. Pu'
pam yaw hakiy akw yaaptinik pam yaw hiita patukyat akw hakiy
unangwhoroknangwu. Pu' pay puma tuwat mihikqwsa put hiita tuwiy
hintsatskyangwu. Pu' pay puma piw yaw imuy hiituy popkotuy akw enang
yakta.

Noq pu' piw himuwa haqam pay as naap maqsoniy akw hiita
haqamniqw pay himuwa qa naane' hakiy aw qa kwangwatayte' pam
hakiy a'ni powaqsasvingwu. Noq himuwa pam himunen son put nakw-
hangwu. Pu' yaw hak put panhaqam hintsakqat nu'ansanqw pam yaw

young girl ground corn, she did it to a song—a grinding song. With the accompaniment of a song her work was not so tedious. Whenever a woman put her child to sleep she sang it a lullaby. When we were playing as children, we did so while chanting various songs. And when we swam, there was still another song. Even an evil person had a song at hand, a song that made you go crazy. With it he caused a person to go wild when he desired that person sexually.

All rituals are complete only with song. Thus, the members of the Wuwtsim and Maraw societies, the kachinas, the social dancers, and even the clowns, all have their individual songs. There are also Snake dance songs, Flute ceremonial songs, and the Kwan songs. People who played the guessing game *sosotukpi* also had songs of their own. Players sang as they competed against one another. At times when women are weaving wicker plaques, they weave while singing the Owaqol or Basket dance songs.

Finally, it seems that folktales generally include songs, but some of them have been forgotten. The Hopi is said to be a mockingbird. That is why he composes songs using the languages of many other people. Thus, a particular song might be in the Zuni language, another in Navajo. As a matter of fact, Hopi songs generally include the words of other cultures. Some are so ancient that the meaning of the words is completely obscure.

When Coyote sings within a story he always does so in a very deep voice. He never sings in a high-pitched tone. If anything, he bellows the song.

SORCERER/SORCERESS

A sorcerer is the equivalent of an evildoer. For this reason we, the Hopi, did not inform the sorcerers that we wanted to ascend to this upper world. Somehow, however, the sorcerers found out about it and made the emergence with us. They are reputed to congregate at a place called Palangwu. How they convert people into their ranks is not known. Sorcerers and witches do not live on their own. They increase their life spans at the expense of their relatives. Whenever one of them seeks to extend his life he extracts a relative's heart with a spindle. All witchcraft activities are carried out only at night. Sorcerers are also said to go about disguised as animals.

Sometimes when a Hopi acquires something through his own hard work another person, who is envious and looks upon the former with disfavor, will label him a witch. If he is one he will never admit it, of course. A witch who is caught red-handed performing acts of witchcraft will try to entice the person who finds him or her to accept some valuable object, such as a possession (in the case of a sorcerer) or even her own

hakiy hiita nukngwat akw uunatoynaniqey antingwu, it hiita himuy'-
tiwngwut sen tokoy, hak yaw put qa lalvayniqat oovi.

KYELEWYA

I' kyelewya pay as it tsirot an masay'tangwuniikyangw pam pay hihin
wuuyoqningwuniikyangw pam pay it angwusit qa aasayningwu. Pam pay
imuy hiituy töötöltuy, maatuy, puuvumuy'e'wakwmuy maqnumkyangw
pu' pumuy tuumoyta. Noq pu' i' hopi piw wiimiy ep kyeeley'tangwu.
Niikyangw pam i' naat pu' hiita pakiiqa naat qa hooyiwtaqa pam piw
kyelewyaningwu. Pu' i' wuwtsimvakqa pumuy kyelewya'am it pas kyelew-
yat suruyat nakway'tangwu.

KOOKYANGW

I' kookyangw pay tuwat peetuy hopiituy wu'ya'am, pu' pay mimuy-
watuy put qa wu'yay'yungqamuy amumi pam pay qa pas himu. Noq oovi
himuwa kiy ep put waynumqat pay niinangwu. Pu' pam yaw piw hakiy
aw sisiwkuqw hakiy yaw aapa u'yay'vangwu.

Noq pu' i' so'wuuti pam hopit a'ni hiita akw pa'angwankyangw pu'
piw nu'okso'wuuti. Pu' pam piw a'ni himu. Naat i' himu pooko pu' it
hikis tuuwaqatsit naat qa yukiltiqw pay put i' hikwsit himuy'taqa
mootihaq yuku. Noq itam hopiit put so'wuutit kookyangwso'wuuti yan
tuwiy'yungwa. Noq pay kya qa hak put pas suyan navotiy'tani hintiqw
pam tuwat pan maatsiwqw.

TSUKUVIKI

Tsukuviki pay sakwapngumnit angqw yukiltingwu. Niikyangw put
yukuniqa mooti paavaqwrit pu' put it sami'uyit naapiyat mangwnit ang
mokyaatangwu. Pu' pam put löövoq nan'ivoq tsukuy'tangwuniqw oovi
pam paniqw tsukuviki yan maatsiwngwu. Pam pay qa haqe' somiw-
tangwu. Noq put mangwnit so'ngwa'at pay ahoy put tsukuvikit aqw
paysoq tsurukiwtangwu. Paasat pu' pam put yan yukye' pu' pam put
kwalaknangwu. Noq tsukuviki tuwat mö'wit noova'atningwu.

TUTUVENTIWNGWU

I' tutuventiwngwu pay munqapiy pu' piw mawyaviy aatavang pam
pep pikyaqlöy'taqw pangso put pan tuwiy'yungwa. Pangso ima öngmok-
wisqam ökye' pu' puma pep naatoylay peenayangwu. Hak himuwu-

body (in the case of a sorceress). This is to keep the person from reveal-
ing their identity.

SPARROW-HAWK

The sparrow-hawk is a winged non-predatory bird. Although some-
what large, it is not as big as a crow. It feeds on grasshoppers, cicadas,
and similar prey, which it actively hunts.

In their ceremonies the Hopi have novices called *kyelewya*. The
person referred to in this manner has just gone through an initiation but
is not yet a full-fledged member of the secret society. The novice of the
Wuwtsim society adorns his head with the tail feathers of a real sparrow-
hawk.

SPIDER

For some Hopi the spider constitutes a clan totem. To those who are
not of the Spider clan a spider has no significance whatsoever. Thus,
when a person comes across a spider in his home he will kill it. It is also
commonly believed that if a spider urinates on you, you will break out in
sores.

There exists an old woman in Hopi mythology who assists the Hopi in
many ways. She is very compassionate and very powerful. The giver of all
life created her before the animals were created, even before this world
was made. The woman is known as *kookyangwso'wuuti* or "Old Spider
Woman" by the Hopi. But it is not known for sure why she is referred to
in this way.

TSUKUVIKI (a Hopi dish)

Tsukuviki consists of blue corn flour. To make it one first produces
a batter which is subsequently wrapped in the green leaf of the corn
stalk. The leaf is given a pointed shape at each end. Hence the name
tsukuviki or "bread with a point". It is not bound anywhere. The ends of
the corn leaf are merely tucked back into the *tsukuviki*. When the dough
is properly enclosed it is boiled. This dish is only prepared by a *mö'wi*.

TUTUVENTIWNGWU

Tutuventiwngwu is rocky terrain located to the southwest of Munqapi
and Mawyavi. Whenever participants of a salt expedition reached their
destination they depicted their clan symbols on the boulders strewn in

ngwanen pep put peenangwu. Niiqe oovi i' taawawungwa it taawat ep
peena, pu' i' tsu'wungwa tsuu'atwat ep peenangwu. Niiqe pay oovi kya qa
himungyamuy angqw pep naatoyla'am qa pey'ta.

ATKYA

Sinot i' hikwsit himuy'taqa susmooti yukuqw puma as pay angqaqw
atkyahaqam yesngwu. Noq puma oovi mooti yesvaqe puma qa hiita
akw maqsonlalwakyangw yeese. Pumuy amungem himu nöösiwniqa
songyawnen naap pumuy amungem a'aniwa. Pu' hikis puma imuy soosok
hiituy popkotuy amumum yesngwu. Puma hiitu qa tutumqamningwu.
Pu' puma it hiita namikyaptsit, nami'nangwat, yantaqat soosok tuway'-
wiskyangw yesqe puma pephaqam haalayya.

Nit pu' pay puma it hiita suutokyaqe koyaanisqatsit aw ökiqw pay
pam pumuy amumi qa kwangwatayte' pu' pam imuy nuunukpantuy
haqami hintsanngwu. Pu' ima poshumtiqam ayo' nöngakqam qa
hinyungqam oomiwat haqamiwat piw sukw tuuwaqatsit aw naakwiipa-
yangw. Pay angqaqw it hiita nukushintaqat nukpanat himuyat akw pan
pumuy qa suukw tuuwaqatsit aw i' pas itananiqa pumuy hisatsinmuy aw
waa'oya. Noq pu' it tuuwaqasit ep itam pu' yesqw itakw yaw itam pu'
paayis oomi pangqaqw atkyangaqw nöngakkyangw pay itam piw nuk-
panat enang pew horoknaya.

POKSÖ

I' hisatki pay pas sutsep haqaqw poksöy'tangwu. Noq hisat pi pay
hopiki qa panaptsay'tangwuniqw oovi pam kiiki panyungngwu. Pu' taala'
utuhu'niqw pangqw i' kosngwaw papkiqw pep kiihut aasonve qa pas
utuhu'tingwu. Noq pu' haqam himuwa ngumantaqw pep piw pay pas
hisat sonqa poksöy'tangwuniqw pangqw i' tiyo mantuway aw yu'a'ataqw
pam pep ngumantangwu.

KIKMONGWI

I' hisatkikmongwi imuy honngyamuy angqwningwu. Pam yaw pay
haqam kitsokive soosokmuy na'amningwu. Pu' pam oovi hisat piw
susmooti taytangwu, pu' pam piw nuutungk tuwat puwtongwu. Pu' pam
pay qa hisat pas hakiy hiita pas nu'an ayalawu. Pam qa naamisa
wuuwankyangw hiita hintsakngwu. Pam imuy timuy amungem nuk-
ngwatiniqat put wuuwankyangw hiita hintingwu. Pu' pam oovi piw qa
naala hiita aw yukungwu. Pam naat piw imuy mongsungwmuy amumi
maqaptsitikyangw hiita aw antsaniy'mangwu. Noq oovi it pahaanat
mongwi'atniqw pu' hopit mongwi'at puma qa sunta.

that area. A particular clan member would chip into the rock whatever symbol represented his clan. Thus, one of the Sun clan would etch the sun, and one of the Rattlesnake clan would draw a rattlesnake. There is probably no clan symbol that cannot be found there.

UNDERWORLD

From the time the great creator made man, people lived somewhere below in the underworld. When they first inhabited that place they endured no hardships. It was as if food grew on its own for their consumption. Moreover, people shared their life with all the various species of animals. Those animals were not skittish. People practiced respect and love for one another and lived together harmoniously.

Then some people forgot these things and wound up in a life of turmoil. The creator looked disfavorably upon them and did away with the evil ones. Those without blemish, who were spared as seedlings for the next world, would populate the next world up. From time immemorial, because of these evil ways, our creator took the ancient people to safety into more than one world. Counting the world that we inhabit now, this is the third emergence we have made from down below. Once again, however, we have brought evil up with us.

VENT HOLE

The ancient dwellings were never without vent holes. Because the Hopi did not have windows in those days, vent holes were there for the same purpose. In summer, when the weather was hot, it was through this opening that a cool breeze entered the house. Then it was not so hot in the interior. The room where a person ground corn was always equipped with this opening. Through it a suitor talked to his girlfriend while courting her.

VILLAGE LEADER

The *kikmongwi* or "village leader" of old came from the Bear clan. In a given village he is supposed to be the father of all. Therefore, in the olden days, he was the first to rise in the morning and the last to retire at night. The *kikmongwi* never gives orders. Nor is he selfish when he does things. On the contrary, his only concern is, that as an end result, his children the villagers will benefit. Therefore he is not alone when he takes on a task. He seeks advice from his fellow leaders as he works on it. Obviously, a white man's "leader" and the *mongwi* of the Hopi are not synonymous.

WALPI

Walpi pay pas hisatkitsoki. Pay puma walpit son oovi qa imuy orayvituy pu' piw imuy songoopavituy amuusaqhaqam pepeq tuwat yesvakyangw haqaqw pi puma tuwat pangsoq öki. Noq pay puma piw imuy songoopavituy amun as atkya yesngwuniqw pu' pay i' himu tuwqa pas peqw hopiikimiq kikiipoklawqw pu' pay puma haqam kitsoktotaqey put aa'omi yayvaqe pu' pepwat pay ngas'ewya. Noq pu' walpiy angqw hoopowat puma peetu naakwiipayat pu' pep piw it sukwat kitsoktotaqw pamwa pep sitsom'ovi yan natngwaniy'ta. Pu' pepeq sushopaq it waalay'- taqat aatavang piw ima hopaqkingaqwyaqam piw hisat peqw ökiiqe pu' pepeq yesva. Pay pam navoti qa sunta. Noq pepeq put kitsokit i' hopi hanoki yan tuwiy'ta.

PAALÖLÖQANGW

Paalölöqangw pi pay paangaqw kiy'tangwuniiqe oovi paniqw pan maatsiwa. Noq i' hopi pay put hiita as mamqaskyangw pu' pay piw put kyaptsiy'ta. Niiqe pam oovi put engem pay it paahot piw tumaltangwu, pam hapi put qa hinwat itsivutoynaniqe oovi, qa hinwat qövistoynaniqe oovi. Pam hapi pante' pam yaw poniniykuqw pu' yaw i' tutskwa tayay-aykuni.

I' paalölöqangw it paatuwaqatsit himuy'ta. Pam pay as it tsuu'at ankyangw pam pas hoskayaniikyangw pay hihin mokingpu. Pu' pam suplangput qötöy'kyangw pu' piw posvölöy'kyangw pu' a'ni tamay'ta. Pu' pam suukoopaveq aalay'taqw pam aakwayngyavoqwat ngölöwta. Pan-kyangw pu' pam imuy tsuutsu'tuy amuntaqat nakway'kyangw pu' piw aakwayngyavoq kwasrut pootakniy'ta. Pankyangw pu' pam pay pas sotsavatsa ngönta.

Pu' hopi piw put paalölöqangwuy wunimanangwu. Suukyawa pay kuysivut angqw yaymakngwu. Pam pay suyukiwta. Noq pu' i'wa naalöq-muy lölöqangwuy'taqa pas ḫiiḫinta. Pam naat piw powamuyat pas an yukiltingwuniikyangw pu' piw sinotukwa. Ep ima leelent piw pumuy amumumyangwu. Noq pu' himuwa wuuti nö'yiwte' pam oovi son pumuy pantsatskyaqw tiimayngwu ispi pam himu paalöölöqangw pay qa lomahintaqw oovi.

Pay pi peetuy hopiituy navoti'amniqw i' paalölöqangw antsa it paatuwaqatsit ep kiy'ta. Pu' yaw ima pöqangwhoyat put atsveq tsokiwta. Pu' puma yuk hopiituy aw tunatyawyungngwu. Kur antsa hopiit hisat pas qa unangwtalawvayaniniqw pu' antsa yaw puma pöqangwhoyat put pan aa'awnani, "Ta'ay," pu' yaw puma kitani, "pay kya antsa aw pituni. Kur pi yukhaqami ima itaatim qa unangwtalawvayaniniqw ura um it tutskwat namtöknani."

Pu' yaw pay i' kookyangwso'wuuti sonqa piw navotiy'tani. Pu' puma paasa'niiqam antsa navotiy'yungwe' pu', "Ta'ay," yaw kitotani, "pay

WALPI (First Mesa village)

Walpi is an old village. The people of Walpi may have settled at this location at about the same time as the people of Orayvi and Songoopavi. However, it is uncertain where they came from. Just like the Songoopavi residents, they used to live below the mesa, but due to continual raids by enemy groups they moved to a site above the origanal settlement, where they were better off. In time, some relocated at a place east of Walpi and founded a new village known as Sitsom'ovi. Finally, people from a Rio Grande pueblo arrived and settled at the easternmost end of the mesa, just west of the place called Waala. That village is termed Hanoki by the Hopi.

WATER SERPENT

The Water serpent is so named because he lives in water. This creature is both feared and respected by the Hopi. Therefore they fashion *paaho* for him lest he become angry or irritated in any manner. Were this to happen the Snake would cause earth tremors by his movements. The Water serpent is the master of the oceans. He is similar to a rattlesnake, but is of gigantic proportions and greenish in color. His head is round with protruding eyes, and his mouth is studded with teeth. On top of his head he sports a horn which is bent backwards. In addition, his head is crested with a bunch of ochre-stained feathers, similar to those worn by members of the Snake fraternity, and a fan of eagle tail feathers. Around his neck hangs a necklace made entirely of sea shells.

The Hopi also stage puppet dramas of the Water serpent. In one performance the serpent emerges from a water jar. This performance is very simple. Another version, in which four serpents are present, is more complex. It follows exactly the pattern of the Powamuy ceremony and requires a number of participants. Members of the Flute society also engage in this rite. A woman with child in not permitted to witness this dance since the Water serpent is a negative force in the eyes of the Hopi.

The tradition of some Hopi has it that the Water serpent inhabits the oceans and that the two Poqangwhoya brothers straddle him. All three of them keep watchful eyes on the Hopi. It is said that if the Hopi ever reach the point of utter disintegration the Brothers will issue certain instructions to the Serpent. "All right," they will say, "That is enough! You were instructed to turn this land over if ever these our children did not come to their senses." Since Old Spider Woman will also share this knowledge, all four of them will say, "Well then, it looks as if they are not going to heed our warnings. If they will not listen, then let it commence."

antsa kya pi qa itamumi tuuqayyungwni. Pay pi qa nanapta. Pay pi
nam tur aw pituniy," yaw kitotani. Pu' yaw puma pöqangwhoyat naama
paahot yawtaniqe puma yaw put qöhiknat pu' yaw puma put tuuvani.
Pu' yaw puma paalölöqangwuy aw pangqawni, "Ta'ay," yaw kitani, "pu'
umniy," yaw kitaqw pu' yaw pam pi a'ni öqalaniiqe pu' yaw poniniykuqw
pu' yaw i' tutskwa soosoy namtökni. Paayumiq yaw pam it tutskwat
tuuvani.

YUNGYAPU

Yungyapu pay yepeq orayveq, hotvelpeq, munqapeq, kiqötsmoveq
pu' paaqavit epsa yuykiwa. Noq ima momoyam put tuwat tumal-
makiway'yungwa. Pu' it mö'önghiita ep pam pas son qe'ningwu. Pu' ima
katsinam powamuyve imuy mamanhoymuy amungem put kivayangwu,
pu' nimantikive piw imuy kwaatuy amungem. Pu' paasat put makiwqa
pam putakw kyay sen soy akw aw nguman'intangwu. Pu' ima momoyam
hisat pay put ang hiita iniy'yungngwu, pay piikit'ewakw. Noq pu' put
yukuniqa tutskwava put hiita angqw yukuniqey oovi waynumngwu. Pu'
pam paasat piw naat neengem tuphentangwu. Noq pu' yepwat songoo-
pave, musangnuve, pu' piw supawlave ima momoyam tuwat pootat
yuykuya. Pamwa it söhöt angqw yukiwkyangw pu' it mootsiitsikvut
nana'löngöt kuwan'iwta. Noq i' yungyapu pay tuwat
pöqniwta. Pu' i' yungyapniqa pam it siwit sen suuvit angqw yukiw-
tangwu, niikyangw put pööqantaqa pam it sivaapit kuwan'iwtaqat akw
pööqanmangwu.

KWEWU

I' kwewu pay as pookoniikyangw pam pay pas put epniiqe wuuyoqa-
ningwu. Pu' pam piw pay hakiy niinangwu. Puma pay tuwat yang
löqöqlövasa pas yeese. Noq hisat ima qaqleetaqt pumuy pokmuy'yung-
ngwu. Pu' pay oovi puma hiita himuy hintsatskye' son pi qa put enang
pongyay'yungngwu. Pu' ima popwaqt yaw piw pumuy akw enang
yaktangwuniqw oovi hiitawat tuuwutsi'at powaqay'taqw puma kweekwewt
pay pas son puma haqam tsotsvalqw qa pepeq nuutumyangwu. Noq pu'
hopi pay piw put katsintaqw oovi pam ephaqam hiituy kanelmuy,
paavangwtuy, pay pumuy'e'wakwmuy amuqle'lawngwu.

KOPÖLÖPSONA

I' kopölöpsona pay as tsironiikyangw pam tuwat it kopölvut pu' piw
pay naap hiitawat himutskit ang motsovuy akw taapamnumngwu. Pang
ima hiitu pam pumuy kwangway'taqw pay puma tangawyungngwuniqw
pam pumuy oovi pang pantsaknumngwu. Niikyangw put suupan aw

Poqangwhoya and Palongawhoya, holding *paaho* in their hands, will break these now and cast them aside. Then they will direct the Water serpent, "Come, it is your turn." Following this order, the serpent who possesses enormous strength will start to writhe, causing the entire world to turn over and the land to be flung into the sea.

WICKER PLAQUE

The wicker plaque is manufactured only in the villages of Orayvi, Hotvela, Munqapi, Kiqötsmovi, and Paaqavi. It is the woman's task to engage in this weaving activity. Wicker plaques are items necessary for the wedding ceremony. At the Powamuya ceremony the kachinas bring them for the little girls, and likewise for the eagles during the Home dance. A girl receiving such a plaque carries flour on it to her aunt or grandmother. The women used to carry food such as *püki* on their plaques. A woman who intends to weave a plaque goes into the country-side to gather the material from which she will produce it. This material still has to be dyed.

At the villages of Songoopavi, Musangnuvi, and Supawlavi the women, in turn, weave coiled baskets. They are fashioned from a foundation of Galleta grass which is then wrapped with different hued yucca strips. The wicker plaque, on the other hand, is woven, using dyed Rabbit brush over a base of either Sumac or Dunebroom.

WOLF

The wolf is a canine but larger than a dog. It is capable of killing a man. Wolves, like other animals, live in the forest. Long ago Hopi warriors used wolves as fetishes. They probably incorporated such fetishes in their altars whenever they were conducting their ceremonies. Witches are also reputed to travel about in the guise of wolves. Thus, when stories involve sorcerers, wolves are always present at the site where the witches congregate. To the Hopis the wolf is also one of their kachinas. Occasionally, he takes on the role of a side dancer. This is for instance the case with kachinas such as Sheep, Mountain Sheep, and the like.

WOODPECKER

The woodpecker is classified as a *tsiro* or "small non-predatory bird" by the Hopi. It goes about pounding with its beak on stumps and trees in which live creatures that it enjoys feeding on. They are the object of all its pecking. In watching the woodpecker, however, it appears as if it likes

taytaqw pam it hiita kopölvut kwangway'tangwuniqw oovi itam peetu
hopiit put pan tuwiy'yungwa. Pu' ima paaholalwaqam ephaqam put
suruyat akw enang paahototangwu.

TUTSVO

I' himu tutsvo pay as tsironingwuniikyangw pam yaw tuwat piw
tuskyaptuwiy'tangwuniiqat pay hopiit it piw yan navotiy'yungwa. Noq
oovi hak hisat piw pangqawlawqw hak yaw hakiy maanat aw tunglay'te'
hak yaw put surunasayat nakwakwustat pu' put maanat kiiyat iip
tavingwu. Pay yaw hak panis yantingwu. Hak yaw put pantiqw pu' yaw
pam nakwakwusi hakiy put maanat engem angwutangwu. Paasat pu' yaw
pam maana pay naap hakiy aw pitungwuqat yan it piw peetu lavay-
tangwu.

to eat tree stumps. For this reason some Hopi refer to him as *kopölöpsona* or "stump-lover." When *paaho* are fashioned, the woodpecker's tail feathers are occasionally used.

WREN

According to Hopi tradition the rock wren belongs to the *tsiro* class of birds and is believed to possess the power to make a girl go sexually wild. Therefore, it was once said that if a man desired a female he should fashion a *nakwakwusi* or "prayer feather" using the middle section of the wren's tail feather and place it outside the girl's house. That was all that had to be done. The prayer feather was then supposed to cause the girl to submit to the man's desires. Some claim that the girl in question actually came to the maker of the prayer feather of her own volition.

The Hopi Alphabet

Ekkehart Malotki

Hopi, an American Indian language spoken in northeastern Arizona, is a branch of the large Uto-Aztecan family of languages, which covers vast portions of the western United States and Mexico. It is related to such languages as Papago, Paiute, Shoshone, Tarahumara, Yaqui, and Nahuatl, the language of the Aztecs, to mention only a few. Navajo, Apache, Havasupai, Zuni, Tewa, and many other languages in the American Southwest are completely unrelated to it, however. At least three regional Hopi dialects, whose differences in terms of pronunciation, grammar, and vocabulary are relatively minimal, can be distinguished. No prestige dialect exists.

While traditionally the Hopi, like most Amerindian groups, never developed a writing system of their own, there today exists a standardized —yet unofficial—orthography for the Hopi language. Langacker has presented a "simple and linguistically sound writing system" (Milo Kalectaca, *Lessons in Hopi,* edited by Ronald W. Langacker, Tucson,

1978) for the Second Mesa dialect of Shungopavi (Songoopavi). My own generalized Hopi orthography is equally phonemic in nature and is based on the dialect habits of speakers from the Third Mesa communities of Hotevilla (Hotvela), Bakabi (Paaqavi), Oraibi (Orayvi), Kykotsmovi (Kiqötsmovi), and Moenkopi (Munqapi), who comprise the majority of Hopis. Speakers from the First Mesa villages of Walpi and Sichomovi (Sitsom'ovi) as well as from the communities of Shungopavi (Songoopavi), Mishongnovi (Musangnuvi), and Shipaulovi (Supawlavi) simply need to impose their idiosyncratic pronunciation on the written "image" of the preponderant dialect, much as a member of the Brooklyn speech community applies his brand of pronunciation to such words as "bird" or "work."

Hopi standardized orthography is thus truly pan-Hopi; it is characterized by a close fit between phonemically functional sound and corresponding symbol. Unusual graphemes are avoided. For example, the digraph *ng* stands for the same phoneme that *ng* represents in English *sing*. Symbols like *ñ*, as the translator of the New Testament into Hopi elected to do, or *ŋ*, which is suggested in the symbol inventory of the International Phonetic Alphabet, are not employed. In all, twenty-one letters are sufficient to write Hopi, of which only the umlauted *ö* is not part of the English alphabet. For the glottal stop, one of the Hopi consonants, the apostrophe is used.

Hopi distinguishes the six vowels *a, e, i, o, ö,* and *u,* the last of which represents the international phonetic symbol *ɨ.* Their long counterparts are written by doubling the letter for the corresponding short vowel: *aa, ee, ii, oo, öö,* and *uu.* The short vowels are found in combination with both the *y-* and *w-*glide to form the following diphthongs: *ay, ey, iy, oy, öy, uy* and *aw, ew, iw, öw, uw.* Only the diphthong *ow* does not occur. The inventory of consonants contains a number of sounds which have to be represented as digraphs of trigraphs (two or three letter combinations): *p, t, ky, k, kw, q, qw, ', m, n, ngy, ng, ngw, ts, v, r, s, l.* The two semi-vowels are the glides *w* and *y.* Notably absent are the sounds b, d, and g, to mention only one prominent difference between the Hopi and English sound inventories. Because Hopi *p, t,* and *k* are pronounced without aspiration, speakers of English tend to hear them as *b, d,* and *g.* This accounts for many wrong spellings of Hopi words in the past.

The following table lists all the functional Hopi sounds, with the exception of those characterized by a falling tone—a phonetic feature not shared by First and Second Mesa speakers. Each phoneme is illustrated by a Hopi example and accompanied by phonetic approximations drawn from various Indo-European languages.

PHONEME	SAMPLE WORD		SOUND APPROXIMATIONS English (E), French (F) German (G), Russian (R)

1. Vowels:

   (a) short vowels

a	p*a*s	very	E c*u*t F p*a*tte
e	p*e*p	there	E m*e*t F h*e*rbe
i	s*i*hu	flower	E h*i*t G m*i*t
o	m*o*mi	forward	F c*o*l G s*o*ll
ö	q*ö*t*ö*	head	F n*eu*f G L*ö*ffel
u	t*u*wa	he found it/saw it	R B*bi*Tb E j*u*st (when unstressed)

   (b) long vowels

aa	p*aa*s	carefully/completely	F p*â*te G St*aa*t
ee	p*ee*p	almost	F *ê*tre G M*äh*ne
ii	s*ii*hu	intestines	F r*i*re G w*ie*
oo	m*oo*mi	he is pigeon-toed	F r*o*se G B*oo*t
öö	q*öö*t*ö*	suds	F f*eu* G T*ö*ne
uu	t*uu*wa	sand	G B*üh*ne (but lips spread without producing an [i] sound)

2. Diphthongs:

   (a) with y-glide

ay	ts*ay*	small/young	E fl*y* G Kle*i*der
ey	*ey*kita	he groans	E m*ay*
iy	yaap*iy*	from here on	E fl*ea*
oy	ah*oy*	back to	E t*oy* G h*eu*te
öy	h*öy*kita	he growls	F *oei*l
uy	*uy*to	he goes planting	G pf*ui* (but with lips spread instead of rounded)

   (b) with w-glide

aw	*aw*ta	bow	E f*ow*l G M*au*s
ew	p*ew*	here (to me)	E m*e*t + E *w*et
iw	p*iw*	again	E h*i*t + E *w*et
ow	nonexisting		
öw	ngöl*öw*ta	it is crooked	G L*ö*ffel + E *w*et
uw	p*uw*moki	he got sleepy	R B*bi*Tb + E *w*et

3. Consonants:

  (a) stops

p	*p*aahu	water/spring	F *p*ain
t	*t*upko	younger brother	F *t*able
ky	*ky*aaro	parrot	E *c*ure
k	*k*oho	wood/stick	F *c*ar
kw	*kw*ala	it boiled	E *qu*it
q	*q*ööha	he built a fire	G *Kr*aut (but *k* articulated further back in mouth)
qw	yang*qw*	from here	E *w*et, added to pronunciation of *q*
	pu'	now/today	G Ver'ein

  (b) nasals

m	*m*alatsi	finger	E *m*e
n	*n*aama	both/together	E *n*ut
ngy	yu*ngy*a	they entered	E ki*ng* + E *y*es E si*ng*ular (casually pronounced)
ng	*ng*öla	wheel	E ki*ng* G fa*ng*en
ngw	kookya*ngw*	spider	E ki*ng* + E *w*et E pe*ngu*in (casually pronounced)

  (c) affricate

ts	*ts*uku	point/clown	E hi*ts* G Zunge

  (d) fricatives

v	*v*otoona	coin/button	E *v*eal G *W*inter
r	*r*oya	it turned	syllable initial position: E lei*s*ure (with tongue tip curled toward palate)
r	hin'u*r*	very (female speaking)	syllable final position: E *sh*ip F *ch*arme
s	*s*akuna	squirrel	E *s*ong
h	*h*o'apu	carrying basket	E *h*elp

  (e) lateral

l	*l*aho	bucket	E *l*ot

4. Glides:

  (a) preceding a vowel

w	*w*aala	gap/notch	E *w*et, ho*w*
y	*y*uutu	they ran	E *y*es, ha*y*

  (b) succeeding a vowel

    see diphthongs